Michel Foucault

Arqueologia das Ciências e História dos Sistemas de Pensamento

O GEN | Grupo Editorial Nacional – maior plataforma editorial brasileira no segmento científico, técnico e profissional – publica conteúdos nas áreas de ciências humanas, exatas, jurídicas, da saúde e sociais aplicadas, além de prover serviços direcionados à educação continuada e à preparação para concursos.

As editoras que integram o GEN, das mais respeitadas no mercado editorial, construíram catálogos inigualáveis, com obras decisivas para a formação acadêmica e o aperfeiçoamento de várias gerações de profissionais e estudantes, tendo se tornado sinônimo de qualidade e seriedade.

A missão do GEN e dos núcleos de conteúdo que o compõem é prover a melhor informação científica e distribuí-la de maneira flexível e conveniente, a preços justos, gerando benefícios e servindo a autores, docentes, livreiros, funcionários, colaboradores e acionistas.

Nosso comportamento ético incondicional e nossa responsabilidade social e ambiental são reforçados pela natureza educacional de nossa atividade e dão sustentabilidade ao crescimento contínuo e à rentabilidade do grupo.

coleção | Ditos & Escritos | II

Michel Foucault

Arqueologia das Ciências e História dos Sistemas de Pensamento

3ª EDIÇÃO

Organização, seleção de textos e revisão técnica:
Manoel Barros da Motta

Tradução:
Elisa Monteiro

Dits et écrits
Edição francesa preparada sob a direção de Daniel Defert e François Ewald com a colaboração de Jacques Lagrange

- O autor e a editora se empenharam para citar adequadamente e dar o devido crédito a todos os detentores de direitos autorais de qualquer material utilizado neste livro, dispondo-se a editora a possíveis acertos posteriores caso, inadvertida e involuntariamente, a identificação de algum deles tenha sido omitida.
- **Atendimento ao cliente: (11) 5080-0751 | faleconosco@grupogen.com.br**
- Traduzido de:
  Dits et écrits
  Copyright © Éditions Gallimard, 1994
  All rights reserved.
  Sale is forbidden in Portugal.
- Direitos exclusivos para o Brasil para a língua portuguesa
  Copyright © 2013, 2025 (3ª impressão) by
  Forense Universitária, um selo da Editora Forense Ltda.
  Uma editora integrante do GEN | Grupo Editorial Nacional
  Travessa do Ouvidor, 11
  Rio de Janeiro – RJ – 20040-040
  www.grupogen.com.br
  Venda proibida em Portugal.
- Reservados todos os direitos. É proibida a duplicação ou reprodução deste volume, no todo ou em parte, em quaisquer formas ou por quaisquer meios (eletrônico, mecânico, gravação, fotocópia, distribuição pela Internet ou outros), sem permissão, por escrito, da Editora Forense Ltda.
  3ª edição brasileira – 2013
  3ª edição brasileira – 3ª tiragem – 2025
  Organização, seleção de textos e revisão técnica: Manoel Barros da Motta
  Tradução: Elisa Monteiro
  Foto da capa: Jacques Robert
- **CIP – Brasil. Catalogação-na-fonte.**
  Sindicato Nacional dos Editores de Livros, RJ.

F86a
3. ed

Foucault, Michel, 1926-1984
  Arqueologia das ciências e história dos sistemas de pensamento / Michel Foucault ; organização, seleção de textos e revisão técnica Manoel Barros da Motta ; tradução Elisa Monteiro. - 3. ed., 3. reimpr. - Rio de Janeiro : Forense Universitária, 2025. (Ditos & Escritos ; 2)

Tradução de: Dits et écrits
Inclui índice
ISBN 978-85-2180-485-7
Edição francesa preparada sob a direção de Daniel Defert e François Ewald com a colaboração de Jacques Lagrange.

1. Filosofia francesa. I. Motta, Manoel Barros da. II. Monteiro, Elisa. III. Título. IV. Série.

24-95433   CDD: 194
                                                        CDU 1(44)

Gabriela Faray Ferreira Lopes - Bibliotecária - CRB-7/6643

Sumário

Apresentação à Edição Brasileira VII

1961 – "Alexandre Koyré: Revolução Astronômica,
    Copérnico, Kepler, Borelli" 1

1964 – Informe Histórico 4

1966 – A Prosa do Mundo 10

1966 – Michel Foucault e Gilles Deleuze Querem Devolver
    a Nietzsche sua Verdadeira Cara 31

1966 – O que É um Filósofo? 35

1967 – Introdução Geral (às Obras Filosóficas Completas
    de Nietzsche) 37

1967 – Nietzsche, Freud, Marx 41

1967 – A Filosofia Estruturalista Permite Diagnosticar o
    que É "a Atualidade" 58

1967 – Sobre as Maneiras de Escrever a História 64

1967 – As Palavras e as Imagens 81

1968 – Sobre a Arqueologia das Ciências. Resposta ao
    Círculo de Epistemologia 85

1969 – Introdução (*in* Arnauld e Lancelot) 124

1969 – Ariadne Enforcou-se 147

1969 – Michel Foucault Explica seu Último Livro 151

1969 – Jean Hyppolite. 1907-1968 160

1969 – Linguística e Ciências Sociais 167

1970 – Prefácio à Edição Inglesa 190

1970 – (Discussão) 197

1970 – A Posição de Cuvier na História da Biologia 200

1970 – *Theatrum Philosophicum* 240

1970 – Crescer e Multiplicar 267

1971 – Nietzsche, a Genealogia, a História 273

1972 – Retornar à História 296

1975 – Com o que Sonham os Filósofos? 311

1980 – O Filósofo Mascarado 314

1983 – Estruturalismo e Pós-Estruturalismo 322

1984 – O que São as Luzes? 351

1985 – A Vida: a Experiência e a Ciência 369

VI Michel Foucault – Ditos e Escritos

Índice de Obras 385
Índice Onomástico 386
Índice de Lugares 391
Índice de Períodos Históricos 392
Organização da Obra Ditos e Escritos 393

Apresentação à Edição Brasileira

Construída sob o signo do novo, a obra de Michel Foucault subverteu, transformou, modificou nossa relação com o saber e a verdade. A relação da filosofia com a razão não é mais a mesma depois da *História da loucura*. Nem podemos pensar da mesma forma o estatuto da punição em nossas sociedades. A intervenção teórico-ativa de Michel Foucault introduziu também uma mudança nas relações de poder e saber da cultura contemporânea, a partir de sua matriz ocidental na medicina, na psiquiatria, nos sistemas penais e na sexualidade. Pode-se dizer que ela colabora para efetuar uma mutação de *episteme*, para além do que alguns chamam de pós-estruturalismo ou pós-modernismo.

A edição francesa dos *Ditos e escritos*, em 1994, pelas Edições Gallimard, desempenhou um papel fundamental na difusão de boa parte da obra do filósofo cujo acesso ao público era difícil ou, em muitos casos, impossível. Além de suas grandes obras, como *As palavras e as coisas*, *História da loucura*, *Vigiar e punir*, *O nascimento da clínica*, *Raymond Roussel* e *História da sexualidade*, Foucault multiplicou seus escritos e a ação de seus ditos, na Europa, nas Américas, na Ásia e no norte da África. Suas intervenções foram desde relações da loucura e da sociedade feitas no Japão a reportagens sobre a revolução islâmica em Teerã e debates no Brasil sobre a penalidade e a política. Esse trabalho foi em parte realizado mediante um grande número de textos, intervenções, conferências, introduções, prefácios, artigos, publicados em uma vasta gama de países que vai do Brasil aos Estados Unidos, à Itália e ao Japão. As Edições Gallimard recolheram esses textos, excluindo os livros, em quatro volumes. A edição francesa pretendeu a exaustividade, recolhendo a totalidade dos textos publicados quando Michel Foucault ainda vivia, embora seja provável que alguma pequena lacuna exista nesse trabalho. O testamento de Foucault, por outro lado, excluía as publicações póstumas. Daniel Defert e François Ewald rea-

VIII Michel Foucault – Ditos e Escritos

lizaram, assim, um monumental trabalho de edição e estabelecimento dos textos. Situando de maneira nova as condições da publicação dos textos, controlaram as circunstâncias das traduções, verificaram as citações e erros de tipografia. Jacques Lagrange ocupou-se da bibliografia. Defert elaborou uma cronologia, na verdade uma microbiografia de Foucault para o primeiro volume, que mantivemos na edição brasileira, na qual muitos elementos novos sobre a obra e a ação de Michel Foucault aparecem.

Esse trabalho eles o fizeram com uma visada ética que, de maneira muito justa, parece-me, chamaram de intervenção mínima. Para isso, a edição francesa de Defert e Ewald apresentou os textos segundo uma ordem puramente cronológica. Tal cuidado não impediu os autores de reconhecerem que a reunião dos textos produziu algo de inédito. O conjunto desses textos constitui um evento tão importante quanto o das obras já publicadas, pelo que complementa, retifica ou esclarece. As numerosas entrevistas – quase todas nunca publicadas em português – permitem atualizar os ditos de Foucault com relação a seus contemporâneos e medir os efeitos de intervenções que permanecem atuais, no ponto vivo das questões da contemporaneidade, sejam elas filosóficas, literárias ou históricas. A omissão de textos produz, por outro lado, efeitos de interpretação inevitáveis, tratando-se de uma seleção.

A edição brasileira dos *Ditos e escritos* é uma ampla seleção que tem como objetivo tornar acessível ao público brasileiro o maior número possível de textos de Foucault que não estivessem ainda editados em português. Como não nos era possível editar integralmente todos os textos, optamos por uma distribuição temática em alguns campos que foram objeto de trabalho por Foucault.

Assim, este volume, o segundo da série, concentra-se em torno das problemáticas da arqueologia das ciências elaborada por Foucault e, em seguida, da construção de uma genealogia ou dinastia dos saberes e poderes. Racionalidade científica, história da verdade, anatomia política são os sintagmas com os quais as obras de Koyré, François Jacob, Canguilhem, a herança de Kant e do Iluminismo, os trabalhos de Nietzsche, Marx e Freud, de Husserl, Weber, Heidegger, Hyppolite, Sartre, Bataille, Deleuze são lidos por meio de uma escrita que é uma experiência em que nossa atualidade mesma é questionada. O trabalho de Nietzsche para a constituição de uma genealogia, a relação das formas da verdade com seus efeitos epistemológico-políticos são pontos importantes presentes no conjunto de textos deste volume. Em termos de períodos históricos, a contemporaneidade aí está bastante presente, além da Renascença, a época clássica, com o grande texto sobre Port-Royal, o Iluminismo, o século XIX, com o texto extremamente importante sobre Cuvier, o trabalho sobre a interpretação que tem como eixo Nietzsche, Marx e Freud.

Dos algoritmos do vivo aos organismos geneticamente modificados

A problematização dos fenômenos referentes à vida, à história da biologia, da medicina e da psiquiatria ocupa um papel importante no conjunto destes textos, seja, como dissemos, nos debates sobre Cuvier, seja no extraordinário ensaio sobre *A lógica da vida*, de François Jacob.

Com *A lógica da vida*, Michel Foucault considera que François Jacob escreveu "um verdadeiro e extraordinário livro de história" (ver p. 267 neste volume). Esse trabalho, que Foucault chama também de notável, "tem um subtítulo muito modesto", o de uma história da hereditariedade. Na verdade, ou de fato, trata-se, como ressalva Foucault, de "toda a história da biologia", e, ainda mais, de sua redistribuição global em nossa época. Foucault refere-se à lógica do saber da biologia molecular como sendo "tão importante e revolucionária quanto puderam ser, cm sua época, as de Newton ou de Maxwell" (ver p. 270 neste volume), e lembra o papel essencial desempenhado por François Jacob nesse processo, que qualifica ainda como a "grande subversão do saber que se opera à nossa volta" (ver p. 270 neste volume). Não se trata da descoberta pouco a pouco das leis e mecanismos da hereditariedade. Trata-se da história de uma subversão do mais antigo saber do Ocidente: a princípio de forma silenciosa e depois "com grande alarde, nos subtraindo hoje de nossas familiaridades mais cotidianas" (ver p. 267 neste volume). Para Jacob, trata-se de pensar de modo inteiramente novo "a vida, o tempo, o indivíduo, o acaso". Qual o *locus* dessa interrogação? Ele não se dá nos limites do nosso mundo, mas, diz Michel Foucault, na pequena maquinaria de nossas células. Como vai operar a biologia a partir do fim do século XVIII? Ela

X Michel Foucault – Ditos e Escritos

vai sem indulgência contra tudo o que pretendia "conjurar o imprevisível" (ver p. 267 neste volume). Nesse sentido, a orientação do saber biológico tem uma face fortemente negativa: decepcionar, inquietar, seccionar, ferir. Todo o imenso trabalho de classificação e nomeação das coisas do mundo, dos animais, das rochas e das plantas, durante séculos, diz Foucault – "o trabalho precoce de Adão" (ver p. 267 neste volume) –, o homem o teria refeito com dificuldade. Esse trabalho se materializou repartindo, localizando e preenchendo as lacunas do que, desde o século XVII, se veio a chamar a grande cadeia do ser que, "sem ruptura, [conduzia] do mineral (...) ao animal racional, coroado por uma alma" (ver p. 267 neste volume). O trabalho de François Jacob, como descreve Michel Foucault, revela como, "em 150 anos, quatro abalos subverteram inteiramente esse reino" (ver p. 267 neste volume). Esses abalos são nomeados por Jacob, que organizou seu texto em função deles: "a organização, o tempo, o gene e a molécula". A história da biologia é vista a partir da constituição de seus objetos, que oferecem um campo novo de experiência no qual vão se ordenar os conceitos, as hipóteses e as observações.

As transformações que Foucault registra ante essa teoria, que vem até o século XVIII e compreende mesmo Lamarck, são aquelas feitas sob a égide de Cuvier, Darwin e Mendel. De forma rápida, Foucault se refere à empresa de Cuvier, de que ele tratara em outros trabalhos publicados nesta mesma coletânea, lembrando que sua "anatomia (...) rompia a antiga cadeia dos seres e justapunha os grandes ramos" (ver p. 268 neste volume). Sobre Darwin, Foucault diz, de maneira irônica, que ele "humilhava o homem, fazendo-o descender do macaco". Ele ressalta, no entanto, o que considera "coisa muito mais importante", o fato de que o saber darwiniano "desapropriava os indivíduos de seus privilégios estudando as variações aleatórias de uma população ao longo do tempo" (ver p. 268 neste volume).

A terceira etapa da história da biologia é a que compreende o trabalho de Mendel e dos geneticistas que o seguiram. Eles decompuseram "o ser vivo em traços hereditários, conduzidos pelos cromossomos" (ver p. 268 neste volume). Nesse ponto, entra em ação a reprodução sexual, que os combina "conforme probabilidades calculáveis e que apenas as mutações podem, subitamente, modificar" (ver p. 268 neste volume). Finalmente, entra em cena a biologia molecular, que

Apresentação à Edição Brasileira **XI**

vai descobrir, no núcleo da célula, uma ligação "entre ácidos nucleicos e proteínas", ligação esta que Michel Foucault diz ser "tão arbitrária quanto um código". Entra em cena o outro aspecto, cuja localização é também capital. É o que Foucault diz, em uma fórmula fulgurante, sobre o fato de que ao longo da vida o acaso joga com o descontínuo. Trata-se de que, no código genético, a biologia molecular localizou, ao transcrevê-lo, "erros, esquecimentos, inversões, como mancadas ou achados involuntários de um escriba por um instante distraído" (ver p. 268 neste volume). Foucault contrapõe o que seria a grande decepção cosmológica frequentemente citada, isto é, o fato de que o homem, depois de Copérnico, sofreria, por não mais estar no centro do mundo, a decepção biológica. Esta é de outra ordem, e nos ensina "que o descontínuo não somente nos delimita, mas nos atravessa". Seu ensinamento fundamental, para Michel Foucault, é que "os dados nos governam" (ver p. 268 neste volume). Foucault diz ainda que a genética nos fere de muitas outras maneiras, ao atingir os postulados fundamentais do que ele chama "nossas verdades transitórias" e onde se concentram "alguns de nossos sonhos imemoriais". Nesse questionamento, Foucault evoca um dos mais arraigados. Trata-se daquele que "subordina a reprodução ao indivíduo, ao seu crescimento e à sua morte" (ver p. 256 neste volume). Essa é a crença que perdurou por muito tempo. Reproduzir era, para o indivíduo que "'atingiu' o término de seu crescimento, um meio de se prolongar de qualquer forma para além dele mesmo e de compensar a morte, transmitindo ao futuro essa duplicação longínqua de sua forma" (ver p. 268 neste volume). Essa mutação se operou em 50 anos, o tempo necessário para saber "que o metabolismo da célula e os mecanismos de crescimento do indivíduo são comandados por um código presente, um ADN do núcleo, e transmitidos por elementos mensageiros". Esse tempo de investigação, relativamente curto na história do saber, foi necessário para conhecer que toda a pequena usina química de uma bactéria está destinada a produzir uma segunda. É o que François Jacob chama "seu sonho". É esse tempo da investigação ainda que foi preciso para saber que as mais complexas fórmulas de organização "com a sexualidade, a morte, sua companheira, como chama Michel Foucault, a linguagem e os signos, que ele chama de seus longínquos defeitos", todos não passam de desvios cujo papel é ainda e sempre assegurar a reprodução.

XII Michel Foucault – Ditos e Escritos

Dessa maneira, sim, o ovo é anterior à galinha. No nível da bactéria, organismo relativamente muito simples, será que é possível falar em indivíduo? A bactéria figura de uma certa maneira o fato de que no curso da evolução, antes de ser um organismo individual, o ser vivo foi uma máquina de reduplicação. A questão coloca-se: "há um início, um ponto inicial do processo evolutivo, quando a bactéria não passa da metade de uma célula anterior que, por sua vez, é a metade de uma outra até a mais remota antiguidade da mais antiga bactéria do mundo?" E Foucault pergunta se existe morte para a bactéria ao se dividir dando lugar para duas bactérias que, por sua vez, depressa insistem em se dividir também. Foucault resume dizendo da bactéria: "uma máquina de reproduzir, que reproduz seu mecanismo de reprodução, um material de hereditariedade que infinitamente prolifera por si mesmo, uma pura repetição anterior à singularidade do indivíduo" (ver p. 269 neste volume).

É importante situar no momento presente o quadro das discussões que a problematização da hereditariedade por François Jacob permite abordar. Nesse ponto, ele converge com as questões referentes à medicalização geral de nossas sociedades estudada por Michel Foucault. Essa questão é, aliás, um dos aspectos mais sérios da atualidade de Foucault, foi o que nos lembrou François Ewald no seu ensaio *Foucault e a atualidade*, publicado por ocasião do colóquio "L'histoire au risque de Foucault", realizado no Centro Georges Pompidou, em 1997. Assim, a medicalização, hoje, tomou um caráter extremamente forte e desenvolvido: "medicaliza-se tudo, e essa tendência vai se desenvolver numa medicalização sempre mais avançada de todas as nossas questões e todos os nossos problemas". Como ressalta Ewald, é no interior do exercício da medicina que se encontra hoje aquilo que está em questão quanto ao poder de forma mais grave e mais fundamental. O poder médico dispõe agora de uma capacidade normativa absolutamente gigantesca. A medicina genética e suas divisões entre o normal e o anormal começam a produzir partilhas absolutamente novas. Essa questão é também levantada de forma muito precisa por François Jacob. Vejamos como ele situa esses problemas mais de 20 anos depois de sua obra fundamental analisada por Foucault.

Fazendo um balanço em dezembro de 2000 de seu livro *A lógica da vida*, no qual "tentava seguir a evolução dos conhecimentos mas também das representações do mundo vivo em

Apresentação à Edição Brasileira XIII

biologia" (ver a entrevista com F. Jacob, *in* "Genética, verdadeiras questões e falsos debates", *Le débat*, n. 112, nov.-dez. 2000, Edições Gallimard, p. 216), Jacob dizia que considerava as camadas sucessivas que se tinham acumulado nesse saber. A última camada era constituída pelo saber da biologia molecular, isto é, o conhecimento da estrutura genética, que é o fundamento mesmo do conjunto dos seres vivos. Ele ressalta que, em 1970, a biologia era ainda uma ciência descritiva, característica até então de sua história desde os fins do século XVIII e início do XIX. Em pouco tempo, entretanto, a situação dos que tentavam olhar, fazer experimentos, análises e estudos vai mudar radicalmente, em 1975. É verdade que o estatuto da biologia, tendo em vista sua relação com o vivo, sempre se caracterizou no que diz respeito à experimentação por um aspecto ativo e que concernia sempre a nós também como seres vivos, como ressaltou George Canguilhem. Mas a situação com que deparavam os biólogos na década de 1970 era nova na perspectiva de Jacob. Diz ele que nos "apercebemos, com um semi-horror, que não apenas se podia olhar mas também que se podia intervir e manipular" (*in* "Genética, verdadeiras questões e falsos debates", *Le débat*, p. 216). Um marco do momento do qual emergiu essa nova perspectiva foi a reunião, na costa oeste dos Estados Unidos, de Asilomar, onde se disse: "podemos modificar os seres vivos, podemos acrescentar genes, retirá-los, atenção a não fazer besteiras, detenhamo-nos" (*in* "Genética, verdadeiras questões e falsos debates", *Le débat*, p. 216). O resultado foi uma parada das pesquisas durante um ano que levou a precauções, regras mais ou menos duras. Jacob situa essa conjuntura como de pânico que se espalhara na opinião pública. Lembra que esse estado não era novo: Pasteur já deparara com ele com a introdução das vacinas contra raiva. No entanto, o quadro atual tinha outro caráter, e Jacob figura que ele poderia ser sintetizado na fórmula: "Eles são loucos, eles vão fabricar monstros, vamos na direção de catástrofes tenebrosas" (*in* "Genética, verdadeiras questões e falsos debates", *Le débat*, p. 217). Depois de um ano, as experiências recomeçaram, mais prudentes, e nada de horrível aconteceu; e um movimento novo ressurgiu. Ele resume assim o que se compreendeu em 1975, isto é, que "é possível modificar os seres vivos intervindo em sua estrutura genética" (*in* "Genética, verdadeiras questões e falsos debates", *Le débat*, p. 217).

XIV   Michel Foucault – Ditos e Escritos

Essa modificação possui um caráter bastante geral e amplo na medida em que "todos os seres vivos repousam na base sob o mesmo ácido desoxirribonucleico" (*in* "Genética, verdadeiras questões e falsos debates", *Le débat*, p. 217). Este pode ser considerado a partir de um modelo linguístico ou informacional "como um texto que dá as instruções para transmitir e fabricar as gerações seguintes". Assim, pode-se retirar um gene de qualquer organismo estudando sua estrutura, pode-se estabelecer sua sequência e acrescentá-lo a um outro organismo. Jacob cita vários exemplos possíveis: tomar um gene do homem e colocá-lo numa mosca, num rato ou num colibacilo de maneira a estudar a estrutura e o funcionamento desse gene. Quando esse princípio é adquirido, as possibilidades se abrem de forma extremamente ampla e, diz Jacob, é possível fazer um pouco qualquer coisa, sendo isso que conduz às técnicas e aos problemas que inundam o noticiário de hoje.

Referindo-se aos organismos geneticamente modificados (OGN), Jacob afirma que o princípio de sua produção é extremamente simples: trata-se de tomar um gene de um organismo qualquer e ajuntá-lo a um outro organismo, quer seja planta, animal, inseto ou bacilo. Para um estudo do câncer, colocam-se genes que são implicados no câncer humano em ratos e estudam-se também, diz Jacob, os genes que governam os fatores de crescimento, ou ainda os hormônios. Faz-se isso do ponto de vista experimental nos animais e também nas moscas. Também se opera assim com os vegetais para melhorá-los, torná-los resistentes aos herbicidas. Jacob cita ainda o caso da experimentação com o gene humano que fabrica a insulina: ele pode ser colocado numa planta, que pode fabricá-la, e que torna muito fácil recolhê-la e purificá-la de forma mais simples do que a pesquisando nos animais. Jacob considera que não há muitas razões para não utilizar essas plantas modificadas. O grande problema, afirma ele, diz respeito ao público. Houve uma mutação na atitude do público ante as inovações da biologia e sua relação com a medicina. Até as décadas de 1960-1970, considerava-se que era a biologia que fazia avançar a medicina, o que lhe dava muito boa reputação. Foi depois da reunião Asilomar, nos Estados Unidos, que uma imagem horrível da biologia surgiu junto ao público, e Jacob diz que se chegou a pensar que se ia produzir um mundo à moda de Hieronymus Bosch.

Apresentação à Edição Brasileira **XV**

Os avanços da biologia produzem agora uma mistura de temor e esperança, paixão e expectativa. É todo um mundo fantasmático que surge, diz Jacob: "Os temores são proporcionais à esperança" (*in* "Genética, verdadeiras questões e falsos debates", *Le débat*, p. 218). A imagem da biologia, nem completamente positiva nem completamente negativa, "reflete a potência ao mesmo tempo fantástica e fantasmática" que ela inspira (*in* "Genética, verdadeiras questões e falsos debates", *Le débat*, p. 218). Um outro aspecto que ressalta Jacob é a conexão com os laboratórios farmacêuticos da pesquisa biológica. Ele se refere aos organismos geneticamente modificados desenvolvidos por grandes empresas norte-americanas, a Monsanto, por exemplo, que "não recuam diante de coisas muito desagradáveis, como essa mutação que se chama Terminator, que produz plantas que não dão sementes, o que faz que com cada ano se seja obrigado a comprar as sementes" (*in* "Genética, verdadeiras questões e falsos debates", *Le débat*, p. 218). Jacob afirma que esse lado mercantil explica uma boa parte das reações hostis. Referindo-se à ovelha Dolly, produzida por um pesquisador escocês, eis como ele descreve o barulho terrível produzido por seu aparecimento depois do fracasso dos experimentos com porcos e ratos de laboratório: "As reações foram extraordinárias, viram-se chefes de Estado, chefes de governo, os presidentes dos comitês de ética precipitarem-se na televisão para declarar unanimemente que era uma vergonha, que jamais, jamais, eles deixariam passar aquilo, o que era completamente absurdo" (*in* "Genética, verdadeiras questões e falsos debates", *Le débat*, p. 219). Jacob considera que o que está em questão e é importante não é forçosamente a reprodução. Da clonagem reprodutiva ele acha que estamos defendidos durante um certo tempo; por outro lado, quanto à clonagem para obter células, diz ele: "É algo que pode tornar-se importante e útil." Questões éticas então surgem: tem-se direito de se fazer experiências com um embrião; podemos manipulá-lo, ou não? Embriões congelados existem em quantidade; diz Jacob que essas experimentações podem ter um grande interesse, por exemplo, em algumas doenças para as quais não se tem tratamento hoje, como a doença de Alzheimer, ou ainda a coreia de Huntington.

Jacob comenta o anúncio recente do término do deciframento do genoma humano. Este intensificou reações extremadas de oposição, como as do conhecido politólogo americano

XVI Michel Foucault – Ditos e Escritos

Francis Fukuyama, no seu conhecido *Our posthuman future*, que chega a ver nas mutações introduzidas pelas biotecnologias a possibilidade de uma tirania suave prevista por Huxley no seu *Admirável mundo novo*, no qual todo mundo é saudável e feliz mas esqueceu o sentido da esperança, do medo e da luta (Francis Fukuyama, *Our posthuman future*, Nova Iorque, Farrar, Straus, and Giroux, 2002, p. 218). O genoma é o conjunto dos genes do indivíduo; desde que se soube isolar os genes e balizar suas sequências, percebeu-se que era apenas uma questão de tempo poder conhecer os pares de bases que os compõem. No ser humano, o sequenciamento era uma questão puramente técnica, que dependia de máquinas. Trata-se, no entanto, de um equívoco pensar que esse conhecimento fornece imediatamente o livro da vida, porque existe uma quantidade enorme de coisas sobre as quais nada se sabe. Por outro lado, muito se vai aprender com o estudo do genoma. No início de seu trabalho na biologia, pensava-se que cada organismo tinha seus próprios genes, de tal forma que os da vaca ou os da galinha eram diferentes dos da cabra. Era um erro total, observa Jacob, pois as proteínas de todos os organismos são muito semelhantes. A diferença de uma galinha ou uma mosca ou uma girafa não reside na natureza de seus componentes, mas nas proporções e distribuições relativas desses componentes. A descoberta da qual Jacob participou foi exatamente esta: a da importância fundamental da regulação em biologia. Assim, o genoma é uma espécie de enorme sistema regulador no qual numerosíssimos genes interagem uns com os outros. Ter o genoma completo vai permitir progressos importantes nos avanços da terapêutica e na compreensão das patologias, mas a interpretação desse material ainda vai exigir muito tempo. O que chama a atenção, diz Jacob, é o caráter seletivo das inquietações do público: "Ele se angustia fantasmaticamente sobre perigos muito hipotéticos, mas nem se incomoda quanto a técnicas que entraram na vida cotidiana e que são bastante problemáticas." Jacob se refere à procriação medicamente assistida (P.M.A.), que dá nascimento a crianças prematuras, e que muitas vezes utiliza três ou quatro embriões para dar certo, e, quando os quatro funcionam, há nascimentos muito prematuros e com fetos com muitos defeitos. Ele se refere ainda a outros procedimentos, como o da fabricação da esterilidade hereditária masculina no caso da reprodução medicamente assistida de homens estéreis. O efeito mais espetacular e preocupante, no entanto, diz respeito à previsão das doenças que podem ser conhecidas no feto e no bebê e que deverão atingir sua vida adulta e mesmo determinar talvez a sua morte. Diz Jacob: "Se a ideia da morte é suportável, é que se ignora totalmente quando e como ela deve sobrevir. Que será a vida, que será a medicina quando se tornar possível no início de uma existência prever as ameaças que pesam sobre ela a partir do seu interior?" (*in* "Genética, verdadeiras questões e falsos debates", *Le débat*, p. 223). Qual a atitude racional diante dessas questões? Como introduzir a racionalidade nesses debates? Jacob parece pensar que seria possível separar na informação os fatos dos fantasmas. Assim, quanto a questões candentes, como o furor terapêutico, a eutanásia e o aborto, é importante que análises objetivas possam ser fornecidas. Jacob não exclui os fatores de ordem cultural e subjetiva: "Se cada um pudesse dispor de informações objetivas, poder-se-ia então decidir em função de sua cultura, de sua religião, de suas crenças" (*in* "Genética, verdadeiras questões e falsos debates", *Le débat*, p. 224).

Do estruturalismo ao pós-modernismo

Foucault diz que sempre ficou um pouco desconfiado dessas formas de síntese em que se apresenta o pensamento francês, que teria sido freudo-marxista num dado momento e que em seguida teria descoberto Nietzsche. Sua tese é de que atualmente estamos num mundo plural, no qual os fenômenos surgem deslocados, e onde se dão "encontros bastante imprevistos" (ver p. 325 neste volume). Foucault toma então o freudo-marxismo. Diz ele que, na França, por um conjunto de causas políticas e culturais, a partir de 1945, o marxismo constituía o que Sartre considerou uma espécie de horizonte intransponível. Foucault situa esse horizonte como sendo ao mesmo tempo muito fechado e bastante dominante. Por outro lado, ele chama a atenção para um outro aspecto do que, de 1945 a 1955, a universidade francesa tratou de construir e estava muito preocupada com isso – não algo que era Freud-Marx, mas Husserl-Marx, a relação fenomenologia-marxismo. Nesse trabalho vão os esforços e a discussão de Merlau-Ponty, Sartre, além de Desanti e Ricoeur. Foucault lembra que se ten-

XVIII   Michel Foucault – Ditos e Escritos

tou casar o marxismo com a fenomenologia e que, em seguida, quando começou a desenvolver-se uma certa forma de pensamento ou de método estrutural, é o estruturalismo que vai substituir a fenomenologia, fazendo par com o marxismo. Qual foi o problema que substituiu a fenomenologia pelo estruturalismo? Como se deu essa passagem? Foucault esclarece que ela se deu a partir do problema da linguagem, no momento em que Merlau-Ponty começou a falar de Saussure. A comunidade linguística e filológica francesa conhecia Saussure, mas não o público erudito. A fenomenologia não era capaz de dar conta dos problemas da linguagem, "dos efeitos de sentido que podiam ser produzidos por uma estrutura de tipo linguístico" (ver p. 326 neste volume). Ela não podia competir com uma análise estrutural. Para Foucault, os esponsais da fenomenologia e do marxismo foram desqualificados porque a "esposa fenomenológica" estava incapacitada "de falar da linguagem" (ver p. 326 neste volume). E assim "o estruturalismo tornou-se a nova noiva" (ver p. 326 neste volume).

Foucault situa de forma análoga o problema da psicanálise, dizendo que esta, "em grande parte sob a influência de Lacan, também fazia aparecer um problema", ainda que muito diferente deste. Esse problema, lembra Foucault, era o do inconsciente, impossível de ser encaixado numa análise do tipo fenomenológico. A prova dessa impossibilidade era para Foucault o fato de que Sartre ou Merleau-Ponty "não pararam de tentar reduzir o que era, para eles, o positivismo, o mecanicismo ou o coisismo de Freud em nome da afirmação de um sujeito constitutivo" (ver p. 326 neste volume). Eis como Foucault, fazendo Lacan falar na ocasião em que a problemática da linguagem começou a ser colocada, situa a operação lacaniana: "Por mais que vocês se esforcem, o inconsciente tal como ele funciona não pode ser reduzido aos efeitos de atribuição de sentido dos quais o sujeito fenomenológico é capaz" (ver p. 327 neste volume). Assim, o problema proposto por Lacan era absolutamente simétrico àquele colocado pelos linguistas, e o sujeito fenomenológico era desqualificado pela psicanálise, como fora antes pela teoria linguística. Foucault situa nesse momento o fato de que se pode compreender "por que Lacan pôde dizer (...) que o inconsciente era estruturado como uma linguagem" (ver p. 327 neste volume). Foucault situa, então, a existência de um freudo-estruturalo-marxismo, em que se desqualificava a fenomenologia. Os pretendentes de Marx tomam cada um a sua mão e, diz Foucault, fazem uma bela roda, acrescentando que isso não anda muito bem.

Referindo-se ao pós-modernismo, Foucault diz que não sabe o que há de comum entre as pessoas chamadas pós-modernas, enquanto, diz ele, percebia "claramente que, atrás do que se chamou de estruturalismo, havia um certo problema, que era em geral o do sujeito e o do remanejamento do sujeito" (ver p. 339 neste volume).

Racionalidade científica, epistemologia e história da ciência

Foucault não aceita de maneira alguma a identificação da razão com as formas de racionalidade. Ele afirma isso ao tratar do modo como, na nossa época, as formas de racionalidade puderam ser dominantes nos tipos de saber, "nas técnicas e nas modalidades de governo e de racionalidade". Para ele, "nenhuma forma dada de racionalidade é a razão" (ver p. 340 neste volume). Considera que não se pode dizer que as formas de racionalidade presentes na técnica, no governo ou na dominação estejam ameaçadas de sucumbir ou de desaparecer. O que ele observa são transformações múltiplas, e não uma derrocada da razão. Criam-se outras formas de racionalidade todo o tempo, e não há sentido em dizer, com os pós-modernos, que a razão é um relato longo que acabou. Foucault chega a dizer que formular com solenidade um discurso filosófico reflexivo sobre o seu próprio tempo lhe parece estigma. Diz que é preciso ter modéstia e que "o momento em que se vive não é esse momento único, fundamental ou eruptivo da história a partir do qual tudo se realizou e tudo recomeça". Eis como ele situa a justa maneira de dizer: "É preciso ter a modéstia de se dizer ao mesmo tempo que – mesmo sem essa solenidade – o momento em que se vive é muito interessante e exige ser analisado, decomposto, e que de fato saibamos colocar a questão: o que é a atualidade?". Diz ele, como pergunta, se não se poderia caracterizar um dos grandes papéis do pensamento filosófico justamente a partir da questão kantiana: "*Was ist Aufklärung?*", afirmando que a tarefa da filosofia é dizer o que é a atualidade, dizer o que é esse "nós hoje" (ver p. 341 neste volume).

No campo da história das ciências, há os que não seguiram a linha que conectava a fenomenologia com o marxismo, que não

XX   Michel Foucault – Ditos e Escritos

seguiram esse movimento. Uma dessas orientações é a de que parte importante da história das ciências, na França, se desenvolve a partir de Comte. Nessa área, muitos estavam em torno de Canguilhem que, diz Foucault, "foi, na universidade francesa, na jovem universidade francesa, extremamente influente" (ver p. 327 neste volume). Ele diz que entre os alunos de Canguilhem muitos não eram "nem freudianos, nem marxistas e nem estruturalistas". E Foucault declara, de forma paradoxal, que "entre eles ele se inclui a si próprio" (ver p. 327 neste volume).

Importante é registrar, mesmo em se tratando de questões cujo caráter teórico é extremamente significativo, que o trabalho de elaboração por Foucault de seus livros, de seus textos, é uma experiência que, diz ele, "desejaria a mais plena possível". O sentido da experiência para Foucault é especial – é algo do qual se sai transformado. Escrever não é um ato de comunicar o que já se sabe. Esse tipo de escrita, diz Foucault, ele não teria coragem de fazê-lo. Ele escreve porque não sabe ainda exatamente o que pensar dessa coisa que ele deseja muitíssimo pensar. Trata-se de uma experimentação, e não de um trabalho de teoria para construir um sistema geral. Esse conceito de experiência é bastante distante da fenomenologia, na medida em que nesta se trata de lançar um olhar reflexivo sobre um objeto qualquer do vivido para apreender suas significações. A experiência em Nietzsche, Blanchot, Bataille, nas quais Foucault se inspira, tem como objetivo arrancar o sujeito de si mesmo, ou que ele chegue à sua dissolução. Empresa de dessubjetivação, diz Foucault, que podemos chamar também de destituição subjetiva. "Não se pode deixar de notar que o livro deve funcionar como uma experiência para quem o escreve, mas também para quem o lê." É mais nesse sentido do que a constatação de uma verdade histórica. Nesse sentido, o que diz o texto deve ser verdadeiro em termos de verdade acadêmica, historicamente verificável. Porém, o essencial não está aí, mas nas experiências que ele permite fazer na relação com os loucos, com a instituição psiquiátrica e com a prisão. Trata-se de uma relação com os efeitos da ficção. O livro é o agente de uma mudança da relação histórica, teórica e ética com o que ele estuda e constrói. Diz Foucault: "Uma experiência não é nem verdadeira nem falsa. Uma experiência é sempre uma ficção; é alguma coisa que nós próprios fabricamos, que não existe antes e que vai existir depois. Isso

Apresentação à Edição Brasileira **XXI**

é a relação difícil com a verdade, a maneira pela qual esta se encontra engajada em uma experiência que não é ligada a ela e que, até certo ponto, a destrói" (ver n. 281, p. 45, vol. IV da edição francesa desta obra). Problemas de epistemologia e história das ciências encontravam-se na elaboração de Foucault em uma posição estratégica. A fenomenologia aparecia na época em que Foucault iniciava seus trabalhos como um questionamento dos fundamentos da ciência, de sua racionalidade e de sua história. De um lado, a corrente existencial, que privilegiava a dimensão do vivido; de outro, a corrente que vinha de Husserl e Koyré. Em Husserl, principalmente na *Krisis der europäischen wissenchaften und die transzendentale phänomelogie*, colocou-se o projeto ocidental de um desdobramento universal da razão.

Para Foucault, a questão punha-se de forma diversa, graças à sua leitura de Nietzsche. Não bastava fazer uma história da racionalidade. O ponto de partida de Foucault partilhava nessa questão de forma paradoxal o de Nietzsche, Blanchot e Bataille. Não se tratava de perguntar a uma ciência em que medida sua história a aproximou ou não da verdade. Tratava-se de dizer que a verdade é uma certa relação do saber consigo próprio; tratava-se de "saber se essa relação tem ou não uma história" (ver n. 281, p. 54, vol. IV da edição francesa desta obra).

É assim que Foucault lê a história da revolução astronômica escrita por Koyré como uma "modalidade da história da verdade". O que interessa a Foucault na operação de leitura praticada por esse filósofo e historiador das ciências é que este "só toma as ideias no momento de sua turbulência, no momento em que o verdadeiro e o falso não estavam absolutamente separados". E nessa leitura Foucault retifica Freud. Com efeito, para Freud, Copérnico, Darwin e a psicanálise tinham sido as grandes feridas narcísicas impostas pelo saber europeu ao homem. Quanto a Copérnico, pelo menos, erro. Com o abandono do centro do mundo, com o fim do geocentrismo, o homem não está abandonado a um destino planetário anônimo, pelo contrário: Copérnico o faz descrever "um círculo rigoroso, imagem sensível da perfeição, em torno de um centro que é o luminar do mundo". Foucault lembra o papel da heliolatria na Renascença, da metafísica da luz para pintores, físicos e arquitetos e o retorno de um pensamento solar sob cuja égide vai se estabelecer o Classicismo. O papel do erro na história da verdade revela-se

XXII Michel Foucault – Ditos e Escritos

extremamente importante. Foucault foi um leitor de Bachelard, atento a suas reflexões sobre a descontinuidade na história das ciências e no trabalho da razão sobre si mesmo e na constituição de seus objetos de análise. Diz ele: há em Bachelard "toda uma série de elementos que aproveitei e retomei".

No entanto, o filósofo da ciência que exerceu mais influência sobre ele foi Georges Canguilhem, com seus estudos sobre as ciências da vida. O que interessava nos estudos de Canguilhem nos problemas das ciências da vida era mostrar o "homem como ser vivo que se punha em questão nessa experiência". Construindo as ciências da vida e constituindo um certo saber, o homem modificava-se como ser vivo, na medida em que, constituindo-se como sujeito racional, podia agir sobre si mesmo, mudar suas condições de vida e a própria vida. Foucault vê nas análises de Canguilhem da construção da biologia o aspecto recíproco de uma inclusão das ciências da vida na história geral da espécie humana. Michel Foucault ressalta aqui, nessa consideração de Canguilhem, aspectos extremamente importantes, que reconhecia ter um parentesco com Nietzsche. Dois aspectos fundamentais então: de um lado, os discursos sobre as experiências-limites e o discurso sobre a transformação do próprio sujeito pela constituição de um saber sobre a vida. A questão das doenças, da morte, do monstro, da anomalia, do erro na biologia tem uma visada completamente diversa dos domínios físico-químicos: é que a patologia foi o ponto a partir do qual pôde se constituir uma ciência do vivo.

"A oposição do verdadeiro e do falso", diz Foucault, "os valores que são atribuídos a um e a outro, os efeitos de poder que as diferentes sociedades e instituições associam a essa partilha, tudo isso talvez seja apenas a resposta mais tardia a essa possibilidade de erro intrínseca à vida" (ver p. 382 neste volume). Ao construir a história da ciência como descontínua, "ou seja, se ela só pode ser analisada como uma série de 'correções', como uma nova distribuição que nunca libera finalmente e para sempre o momento terminal da verdade, é que", diz Foucault, "ainda ali o 'erro' constitui não o esquecimento ou o atraso da realização prometida, mas a dimensão peculiar da vida dos homens e indispensável ao tempo da espécie" (ver p. 382 neste volume).

A questão do Iluminismo

Foucault interessa-se, assim, de forma particular, pela história das ciências e saberes, pelos fundamentos da racionalidade. Esse tema foi introduzido, pela primeira vez, pela filosofia do século XVIII. Colocou-se então o problema da natureza do pensamento racional, de seus fundamentos, ou, como diz Foucault, "de seus poderes e de seus direitos, mas também de sua história e de sua geografia, de seu passado imediato e de suas condições de exercício, de seu momento e de seu lugar, de sua atualidade".

Essa questão tornou-se para a filosofia interrogação essencial, à qual Mendelssohn e, em seguida, Kant deram uma resposta à pergunta da *Berlinische Monatsschrift*: *Was ist Aufklärung?* Essa questão vai revelar a filosofia ora como figura determinante de uma época, como a composição dos traços particulares do período em que aparecia ou como princípio de deciframento de toda sucessão histórica. É esse duplo aspecto que torna a questão do "momento presente", da atualidade, a interrogação sobre a história, uma questão da qual a filosofia não pode se separar. Para a filosofia, a história passa a ser um de seus maiores problemas. Na Alemanha, essa questão produziu uma reflexão histórica e política sobre a sociedade, tendo como eixo central a experiência religiosa, a ética protestante e as várias modalidades de ética em sua relação com a economia e o Estado. Lembra Foucault que essa reflexão está presente em Feuerbach, Nietzsche, Marx, Weber, Lukács e na Escola de Frankfurt.

Na França, a resposta à questão filosófica do que foi a *Aufklärung* foi dada pela história das ciências, inicialmente a partir de Saint-Simon e Comte e seus sucessores, discutindo as formas científicas do conhecimento, os conteúdos religiosos das representações, passagem do pré-científico ao científico, origem e limites da racionalidade. Foram os debates dos positivistas, a questão do cientificismo, a ciência medieval que colocaram em questão na França a herança do Iluminismo. A entrada da fenomenologia na França fez-se mesmo também, por um lado, por meio dos textos de Husserl, como *Meditações cartesianas* e *Krisis*.

Para Foucault, a questão do Iluminismo é fundamental. E ele declina de forma clara três questões que trouxeram para o primeiro plano do debate contemporâneo a questão das Luzes.

A primeira razão se deve à importância estratégica e sempre crescente tomada pela "racionalidade científica e técnica no desenvolvimento das forças produtivas e no jogo das decisões políticas" (ver p. 374 neste volume).

XXIV Michel Foucault – Ditos e Escritos

Uma segunda questão mais enigmática diz respeito aos efeitos de despotismo produzidos por uma "revolução" que era levada por todo um racionalismo. A questão levantada por Foucault diz respeito à parte que cabe a essa mesma razão nesses efeitos despóticos nos quais a esperança da chamada "revolução" perdeu-se. Tal questão, lembra o próprio Foucault, já fora levantada pela Escola de Frankfurt – a formação dos grandes sistemas de saber teve também efeitos de servidão e de dominação. Tal fato levara a uma revisão completa do postulado, segundo o qual o desenvolvimento de um saber é em si próprio uma garantia de liberação. O exercício da própria razão se inverteu em uma dominação da própria razão em que esta usurpa o lugar da liberdade. Essa questão levou os frankfurtianos e Horkheimer, por exemplo, a interrogarem Marx, designando, assim, as formas de opressão das sociedades capitalistas e socialistas. Foucault lembra a referência de Horkheimer a Marx, em que este concebia a sociedade sem classes como uma imensa usina.

Há, finalmente, uma questão mais geral, habitada, no entanto, pelo problema de todas as particularidades e singularidades: o questionamento das Luzes liga-se ao movimento pelo qual "começamos a nos perguntar, no Ocidente e ao Ocidente, que títulos sua cultura, sua ciência, sua organização social e, finalmente, sua própria racionalidade podiam deter para reivindicar uma validade universal: ela não é apenas uma miragem ligada a uma dominação e uma hegemonia política?" (ver p. 374 neste volume).

Essa questão é mais do que nunca atual, em um momento em que o poder hegemônico capitalista de hoje, com seu dispositivo técnico-científico, no processo conhecido como globalização, atravessa, perfura e funde, talvez, as civilizações de forma vertiginosa.

O retorno da questão das Luzes é, para Foucault, uma forma de interrogar-nos em uma dupla vertente sobre a razão. De um lado, uma forma de tomarmos consciência das possibilidades atuais da liberdade e, de outro, de interrogar-nos sobre os limites e poderes que usamos. Razão ocidental, ao mesmo tempo "despotismo e luz".

De Borges à *episteme* da Renascença

As palavras e as coisas é o livro em torno do qual gravita, para retificar, ampliar, desdobrar, um bom número de textos

Apresentação à Edição Brasileira **XXV**

deste volume. É, sem dúvida, uma das mais importantes obras do pensamento do século XX, comparável a *Ser e tempo*, de Heidegger, ou a *Tratactus*, de Wittgenstein, e aos *Escritos*, de Jacques Lacan. É fundamental explicar o contexto ideológico em que surgiu. Livro extremamente técnico, que Foucault endereçava principalmente a especialistas da história das ciências.

O texto inaugural do volume, além da introdução, é uma reflexão sobre o quadro de Velásquez, *Las meninas* (ver *As Damas de companhia*, vol. III da edição brasileira desta obra). Foucault vai organizar uma nova periodização epistêmica do saber ocidental. É dessa maneira que ele estuda a partir da Renascença o modo pelo qual o pensamento ocidental moderno vai se desdobrar. Assim, a versão de *A Prosa do mundo*, publicada também na revista *Diogene*, em março de 1956, vai ser incluída nos *Ditos e escritos*. Esse texto, com variações, vai constituir o segundo capítulo de *As palavras e as coisas*, retocado por Foucault. Ele abre a investigação sobre a *episteme* do século XVI ou da Renascença. O modo de organização do saber, nesse período, permite traçar uma diferença com o que Foucault considera nossa atualidade.

As formas do pensamento que giram em torno da semelhança indicam uma modalidade de saber que não é mais senão parcialmente como o nosso, com exceção talvez da literatura. Ele constitui como que uma margem daquilo que nos é possível pensar. Uma outra modalidade de pensamento, esta impossível para nós, é figurada por Foucault como o ponto de origem de seu livro: a enciclopédia chinesa, citada por Borges, cuja monstruosidade reside no caráter heteróclito de seus elementos na natureza inquietante do espaço em que ela se localiza, o da heterotopia.

Foucault inicia sua análise a partir da perspectiva que sucede a *episteme* da Renascença, quando, "na nossa cultura, a semelhança deixou de formar, no interior do saber, uma figura estável, suficiente e autônoma" (ver p. 10 neste volume). A racionalidade da época clássica é referida por Foucault em primeiro lugar como um tempo "do qual não saímos" e que coloca a semelhança em um lugar precário, provisório e no limite da ilusão. Poderes de encantamento apenas vão ser conservados nessa *episteme* para semelhança que ocupa agora o espaço "da ilusão de ótica, da ilusão cômica, do teatro duplicado", ou ainda nos sonhos, nas visões ou nos sentidos enganadores.

XXVI Michel Foucault – Ditos e Escritos

Diz Michel Foucault que essa época, chamada, com ou sem razão, de barroca, multiplica, pelo livre jogo e pelo espaço vazio que a ruptura da nova *episteme* lhe concede, os poderes de encantamento da semelhança. É o vazio aberto no interior da semelhança que em um certo sentido aloja todo o pensamento ocidental moderno. Ele fez "dela dissociar o desenho tornado bastante precário num quadro discursivo de identidades e diferenças" (ver p. 11 neste volume). Foucault ressalta, assim, que ele pensa a partir da diferença inaugurada pela Idade Clássica, na qual estão em "questão o Mesmo – definido pela identidade dos elementos ou das relações – e o Outro, com seus códigos e seus critérios de discriminação" (ver p. 11 neste volume). E ele delimita as modalidades desse novo espaço do saber que se estende até nós; nele vão se desdobrar "a medida do quantitativo, a formalização do que não pode ser numericamente determinado, os métodos gerais do pensamento analítico, as filosofias da evidência e do *a priori*, assim como aquelas da identidade e da alienação, enfim, a experiência da repetição ou do retorno" (ver p. 11 neste volume). É todo o espaço do pensamento ocidental moderno que aí surge, e ele como que se aloja, repetimos, no vazio que foi aberto no interior da semelhança.

Foucault ressalta a distância do semelhante com relação ao nosso saber, que nos faz esquecer rapidamente que ele foi "uma forma de saber positivo" (ver p. 11 neste volume). Essa reflexão sobre a Renascença está articulada, para Foucault, ao que constitui a nossa atualidade. É nesse momento que o pensamento antropológico entra em crise ou, como ele diz, nesse momento que a figura do homem se apaga "como no limite do mar um rosto de areia" (*Les mots et les choses*, Edições Gallimard, 1966, p. 398).

Tratava-se na *episteme* da Renascença de uma figura autônoma, a da similitude, que não era forçada a confessar as peças, pedaços ou mecanismos de sua arquitetura secreta, tal como nos revela a arqueologia constituída por Foucault. E assim ele figura a esfera de sua ação: "Ela podia dar conta, pelos poderes que lhe eram próprios, da maneira pela qual o mundo estava ligado a ele mesmo: conhecer dava acesso à semelhança, e a semelhança permitia conhecer" (ver p. 11 neste volume). E ele prossegue: "É ela que, em boa parte, conduzia a exegese e a interpretação dos textos; é ela que organizava o jogo dos símbolos, autorizava o conhecimento do visível através do invisível, guiava a arte de representá-lo" (ver p. 11 neste volume). É toda dimensão do cosmos e dos elementos do que pensamos do mundo animal, do mundo mineral e vegetal que aí se configura: o "mundo se enrolava sobre si mesmo: a terra repetindo o céu, o rosto se refletindo nas estrelas e as ervas envolvendo em seus caules os segredos que serviam ao homem" (ver p. 11 neste volume). Nesse jogo se incluíam também as artes: "A pintura imitava o espaço. E a representação – fosse ela festa ou saber – se dava como repetição: 'teatro da vida' ou 'espelho do mundo', eis ali o título de qualquer linguagem, sua maneira de se enunciar e de formular seu direito de falar" (ver p. 11 neste volume).

Foucault enuncia quatro modalidades de semelhança, as principais, que são: a *convenientia*, a *aemulatio*, a analogia e, finalmente, a simpatia. O jogo das similitudes é complementado pelas assinaturas. Comecemos por enunciar como Foucault figura a *convenientia*: ela designa mais a proximidade do lugar do que a similitude; assim, são convenientes "as coisas que, aproximando-se umas das outras, acabam por se tocar; elas se tocam no limite, suas franjas se misturam, a extremidade de uma designa o início da outra". Comunica-se o movimento da mesma forma que as paixões e as propriedades. Então, "nessa articulação das coisas, uma semelhança aparece, semelhança dupla quando vamos discriminá-la: semelhança do lugar onde as duas coisas foram colocadas pela natureza e semelhança das propriedades". Diz Foucault: "Nesse continente natural que é o mundo, a proximidade não é uma relação exterior entre os seres, mas o signo de um parentesco ao menos obscuro" (ver p. 12 neste volume). Assim, "a alma e o corpo, por exemplo, são duas vezes convenientes: foi preciso que o pecado tivesse tornado a alma densa e pesada, e terrestre, para que Deus a localizasse no mais oco da matéria" (ver p. 12 neste volume). E prossegue Foucault: "Por essa proximidade, a alma recebe os movimentos do corpo e se assimila a ele, enquanto 'o corpo se altera e se corrompe pelas paixões da alma'" (ver p. 12 neste volume). Assim, o mundo composto por uma vasta sintaxe terá os seres diversos ajustando-se uns aos outros: "A planta se relaciona com o animal, a terra, com o mar, o homem, com tudo aquilo que o cerca" (ver p. 12 neste volume). E ainda há o embaralhar do lugar e da similitude: "Veem-se crescer musgos nos cascos dos mariscos, plantas nos chifres dos veados,

XXVIII   Michel Foucault – Ditos e Escritos

espécies de ervas no rosto dos homens; e o estranho zoófito justapõe, misturando-as, as propriedades que também o tornam semelhante tanto à planta como ao animal" (ver p. 13 neste volume). Foucault ressalta que a *convenientia* é uma semelhança ligada ao espaço, segundo a modalidade do "próximo ao próximo" (ver p. 13 neste volume). Sendo da ordem da conjunção e do ajustamento, o mundo nada mais é do que "a conveniência" universal das coisas; assim, aos peixes da água correspondem na terra os animais e, ou ainda, os objetos que o homem ou a natureza produziram. Diz Foucault: "Na água e na superfície da terra existem tantos seres quanto no céu e aos quais eles correspondem." Resumindo, tudo que é criado se encadeia a tudo o que se poderia encontrar eminentemente contido em Deus, e, dessa maneira, pela força da conveniência, pelo encadeamento da similitude no espaço, o mundo se encadeia consigo mesmo. E, assim, em cada ponto de contato começa e termina um elo que se assemelha ao que precede e ao que vem depois dele, e isso por círculos e círculos, a similitude retém os extremos e os aproxima. Surge então a figura de uma imensa cadeia cuja descrição é feita por Girolamo della Porta na sua *Magia natural*: "Do ponto de vista de sua vegetação, a planta convém à fera bruta, e por sentimento o animal brutal ao homem, que se conforma ao resto dos astros por sua inteligência; essa ligação procede tão propriamente que ela parece uma corda estendida da causa primeira às coisas baixas e ínfimas, por uma ligação recíproca e contínua: de maneira que a virtude superior, aspergindo seus raios, atingirá esse ponto que, se tocamos a sua extremidade, ela tremerá e fará mover o resto" (ver p. 13 neste volume).

A *aemulatio*, segunda forma de semelhança, é um tipo de conveniência, mas que age de longe, a distância, como que liberta da lei do lugar. Foucault diz que é como se a conveniência espacial tivesse sido rompida e, uma vez destacados, os anéis da cadeia iriam reproduzir seus círculos a distância, longe uns dos outros, segundo uma semelhança sem contato. Há na figura da *aemulatio* algo do reflexo e do espelho, assim as coisas do mundo se respondem. O rosto é o êmulo do céu, assim como o intelecto humano reflete de forma imperfeita a sabedoria de Deus, e também, igualmente, os dois olhos "refletem a grande iluminação que o Sol e a Lua propagam no céu". E a boca? "É Vênus, já que por ela passam os beijos e as palavras de amor" (ver p. 14 neste volume). O nariz é a imagem do cetro de Júpiter, e a orelha, a do caduceu de Mercúrio, tal como diz Aldrovandi. Assim, as coisas do mundo se imitam através da emulação sem encadeamento nem proximidade. O que aí opera é a duplicação em espelho. As distâncias são abolidas, e a emulação triunfa sobre os lugares de cada coisa. Nesse jogo complexo de reflexos, pergunta-se Foucault: quais são os primeiros? E, ainda, onde está a realidade, onde está a imagem projetada? Citando Paracelso, Foucault diz que muitas vezes não se pode dizê-lo, já que a emulação é uma espécie de geminação natural das coisas, sua fonte é uma duplicação do ser ou, como diz ele, pode ser comparada à imagem de dois gêmeos que "se parecem perfeitamente sem que seja possível a ninguém dizer qual trouxe ao outro a semelhança".

Não há inércia, entretanto, na semelhança das figuras que se refletem, já que a mais fraca recebe forte influência daquela que vem se refletir no seu espelho. Assim se dá a relação das estrelas com as plantas: as estrelas predominam sobre as plantas. Diz Crollius, citado por Foucault, que as estrelas "são a matriz de todas as ervas e cada estrela do céu não passa da espiritual prefiguração de uma erva, tal como ela a representa, e exatamente como cada erva ou planta é uma estrela terrestre olhando o céu, também cada estrela é uma planta celeste em forma espiritual, que difere das terrestres unicamente pela matéria (...), as plantas e as ervas celestes estão voltadas para o lado da terra e olhando diretamente as ervas que elas procriaram, incutindo-lhes alguma virtude particular" (ver p. 15 neste volume).

A terceira figura é a da analogia, que, Foucault recorda, era já conhecida pela ciência grega e na Idade Média, mas que tomara uma forma nova na Renascença. A analogia renascentista vai sobrepor a *convenientia* e a *aemulatio*. Por meio da analogia vai se assegurar o que Foucault chama de a maravilhosa confrontação das semelhanças por meio do espaço. Na analogia trata-se de ajuntamentos, ligações e junções. Imenso é o poder da analogia, já que as similitudes que acarreta não são aquelas "visíveis, maciças, das próprias coisas; basta que sejam as semelhanças mais sutis das relações" (ver p. 16 neste volume). Assim, ela propaga um número, diz Foucault, infinito de parentescos: "A relação dos astros com o céu onde eles cintilam (...): da erva com a terra, dos seres vivos com a terra em que eles habitam, dos minerais e diamantes com os rochedos

XXX   Michel Foucault – Ditos e Escritos

onde estão enterrados, dos órgãos dos sentidos com o rosto que eles animam, das manchas da pele com o corpo que elas marcam secretamente" (ver p. 16 neste volume). O exemplo que ilustra essa forma é o da analogia entre a planta e o animal, multiplicada por Cesalpino. À analogia antiga da planta como um animal sustentado de cabeça para baixo com a boca ou raízes mergulhadas na terra Cesalpino vai opor que a planta é um animal de pé em que os princípios nutritivos sobem de baixo para cima através do caule, que sobe como um corpo e acaba em uma cabeça – buquês, flores, folhas. É uma relação sobreposta, mas que não contradiz a primeira analogia.

Caracterizada pela reversibilidade e pela ambivalência, a analogia tem um campo universal de aplicação; por meio dela todas as figuras do mundo se aproximam. Nesse espaço povoado pela analogia, um ponto privilegiado se destaca. Existe esse ponto saturado de analogia que é o lugar de apoio de cada uma delas, nele as relações se invertem sem se alterarem. Diz Foucault que é o homem esse ponto: "Ele está em harmonia tanto com o céu, como com os animais e as plantas, como com a terra, os metais, as estalactites ou as tempestades" (ver p. 17 neste volume). O homem tem relação com o firmamento, na medida em que seu rosto é para seu corpo o que a face do céu é para o éter; a pulsação do homem bate em suas veias assim como se dá a circulação dos astros em suas vias; os sete orifícios formam no seu rosto um desenho igual ao dos sete planetas do céu; essas relações são deslocadas pelo homem. E é a Crollius que Foucault recorre de novo ao situar a analogia do homem com a terra por ele habitada: "Sua carne é uma gleba, seus ossos, rochedos, suas veias, grandes rios; sua bexiga é o mar, e seus sete membros principais, os sete metais que se escondem no fundo das minas" (ver p. 17 neste volume). Assim, Foucault resume a ação do homem na *episteme* do século XVI com a bela fórmula: "O corpo do homem é sempre a metade possível de um atlas universal" (ver p. 17 neste volume).

Essa leitura arqueológica vai permitir a Foucault entender o que escapava, por exemplo, a Buffon. É George Canguilhem que nos adverte de que "Buffon não compreendia por que Aldrovandi escreveu como o fez a *História das serpentes*". Foucault acredita compreendê-lo: "Aldrovandi não era um observador nem melhor nem pior do que Buffon; não era mais crédulo do que ele nem estava menos apegado à fidelidade do olhar ou à racionalidade das coisas, muito simplesmente, seu olhar não estava ligado às coisas pelo mesmo sistema nem a mesma disposição da *episteme*" (George Canguilhem, "Muerte del hombre o agotamiento del *cogito?*", *in* Analisis de Michel Foucault, Buenos Aires, Editorial Tiempo Conteporaneo, 1970, p. 133). Tal como aparece nesse exemplo, e é Canguilhem que nos lembra, o que Foucault propõe nada mais é do que um programa sistemático de subversão dos métodos de trabalho estabelecidos pela maioria dos historiadores da biologia, cheios, aliás, de *a priori* ideológicos. Quando se referiu a Cuvier na sua *História das ciências*, Foucault lembrou que Belon foi o primeiro a traçar uma tábua comparativa do esqueleto humano com o dos pássaros. Diz Belon: "A ponta da asa chamada apêndice é proporcional, na asa, ao lugar do polegar na mão; a extremidade da asa é como os dedos em nós (...); o osso dado para as pernas nos pássaros correspondendo ao nosso calcanhar, tal como temos quatro artelhos nos pés, os pássaros têm quatro dedos, dos quais o de trás é proporcional ao grande arquelho em nós" (ver p. 17 neste volume). Foucault observa que "tanta precisão só é anatomia comparada para um olhar armado dos conhecimentos do século XIX". É o caso de Cuvier, como sabemos. Tocamos aí em um ponto muito especial em que é a nossa grade teórica que permite fazer, diz Foucault, "chegar ao nosso saber as figuras do isomorfismo". Recorta quase unicamente nesse ponto a grade "que o saber do século XVI havia disposto sobre as coisas" (ver p. 17 neste volume).

É a estrutura do saber ou a positividade da *episteme* que torna possível, e apenas ela, a descrição de Belon. Para Foucault, ela não é nem mais racional nem mais científica do que a observação feita por Aldrovandi ao comparar as partes baixas do homem seja aos lugares infectos do mundo ou ao inferno e suas trevas, seja aos amaldiçoados para quem ou a quem ele considera como que os excrementos do universo. A esse campo do saber que Foucault chama de cosmografia analógica pertence tanto a comparação de Belon quanto aquela clássica de Crollius entre a apoplexia e a tempestade.

A forma final da semelhança na *episteme* da Renascença se dá pelo jogo das *simpatias*. Nessa modalidade, diz Foucault, não há caminhos predeterminados, distâncias supostas ou encadeamentos prescritos. O modo de agir da simpatia é livre e se

XXXII Michel Foucault – Ditos e Escritos

dá nas profundezas do mundo. Vai do planeta ao homem que ele rege, ou, ainda, nasce de um contato preciso. O exemplo retirado de della Porta, em sua *Magia natural*, será o das rosas de luto, "das quais se será servido nos funerais que, pela simples proximidade com a morte, tornam qualquer pessoa que lhes aspira ao perfume 'triste e moribunda'" (ver p. 18 neste volume).

A analogia é princípio de mobilidade, pois incita o movimento das coisas e aproxima as mais distantes: "atrai os pesados para o peso do solo e os leves para o éter sem peso"; e, diz Foucault, "faz girar com o movimento do sol a grande flor amarela do girassol" (ver p. 18 neste volume). Se há um movimento exterior e visível provocado pelas simpatias, por outro lado, elas suscitam também um movimento interior, "um deslocamento das qualidades que se substituem umas às outras". E é o que ocorre com o fogo, que, ao elevar-se no ar, "perde sua própria sequidão (que pertencia à terra) e adquire uma umidade (que o liga à água e ao ar); desaparece então em um ligeiro vapor, em fumaça azul, em nuvem; transformou-se em ar" (ver p. 19 neste volume). A simpatia, assim, é a instância do mesmo que é capaz de tornar as coisas idênticas umas às outras, de fazê-las perder sua individualidade e torná-las outras, diversas do que eram. A simpatia opera na direção do mesmo, do idêntico.

Por isso, Foucault lembra que a simpatia é contrabalançada pela antipatia, sua figura gêmea. É essa figura que mantém as coisas no seu isolamento, na sua diferença. Foucault cita Cardanus a respeito do mundo vegetal: "É bastante conhecido que as plantas se odeiam entre si (...); diz-se que a azeitona e a videira odeiam o repolho; o pepino foge da azeitona" (ver p. 19 neste volume). Foucault se refere ainda ao exemplo do rato da Índia e do crocodilo, dizendo terem sido feitos pela natureza inimigos: a antipatia os tornou inimigos, fazendo com que, quando o crocodilo dorme de goela escancarada, o rato por ela escorregue até o ventre e lhe devore as entranhas. Nessas formas imaginárias com que esses signos explicam o funcionamento do mundo, vê-se como o jogo das antipatias produz dispersão mas também combate entre os seres. Diz Foucault que por aí se descobre "que as coisas e os animais e todas as figuras do mundo permanecem aquilo que são" (ver p. 20 neste volume). Assim, há uma correspondência entre antipatias e simpatias que permite seu equilíbrio constante. Ele explica que as coisas crescem e se desenvolvem, desaparecem, morrem e perpetua-

Apresentação à Edição Brasileira **XXXIII**

mente se reencontram. Há um espaço com marca e repetição e um tempo onde se reaparecem sem parar "as mesmas figuras, as mesmas espécies, os mesmos elementos" (ver p. 20 neste volume). O par simpatia-antipatia é soberano; ele dá lugar a todas as formas da semelhança, explicando e retomando as três primeiras similitudes; "todo o volume do mundo, todas as proximidades da conveniência, todos os ecos da emulação, todos os encadeamentos da analogia são suportados, mantidos e duplicados por esse espaço da simpatia e da antipatia, que não cessa de aproximar as coisas e de mantê-las a distância" (ver p. 20 neste volume).

Foucault diz que esse sistema das similitudes é um sistema aberto; fechado, no entanto, por uma figura nova que encerra o círculo e o torna "perfeito e manifesto".

O sistema das semelhanças preparado pela ordem do mundo visa ao nosso maior benefício. Quem assegura o seu conhecimento é um sinal, uma assinatura, uma marca visível. Há, assim, uma assinatura nas coisas que é a marca visível das analogias invisíveis. É ela, por exemplo, que faz com que se saiba que entre um homem e seu planeta há uma relação gemelar ou de rivalidade, porque há em seu corpo e nas rugas de seu rosto o sinal, e que ele é rival de Marte ou aparentado com Saturno. Não há, então, semelhança sem assinatura. Assim, o mundo do semelhante é o mundo marcado. E Foucault cita Paracelso, no seu *Die 9 Bücher der Natura Rerum*: "Não é vontade de Deus (...) que aquilo que ele cria para benefício do homem e o que lhe deu permaneça escondido... E, mesmo que Ele tenha escondido certas coisas, nada deixou sem sinais exteriores e visíveis com marcas especiais – tal como o homem enterrou um tesouro, marcando o lugar para que ele possa encontrá-lo" (ver p. 21 neste volume). Foucault diz que o sistema das assinaturas inverte a relação do visível com o invisível. Se a face do mundo está coberta de brasões, de caracteres, de cifras, de palavras obscuras, de hieróglifos, o espaço da semelhança transmuta-se num grande livro aberto coberto de grafismos ao longo de cujas páginas se veem estranhas figuras a se repetirem e se entrecruzarem. Conhecer é decifrar: "Não é verdade que todas as ervas, plantas, árvores e outras, provindo das entranhas da terra, são tanto livros como sinais mágicos?" Tudo fala, e o mundo, diz Foucault, pode-se compará-lo a um homem que fala: "Tal como os secretos movimentos de seu

XXXIV Michel Foucault – Ditos e Escritos

entendimento são manifestados pela voz, da mesma forma não parece que as ervas falam ao médico curioso por sua assinatura, revelando-lhe (...) suas virtudes interiores, guardadas sob o véu do silêncio da natureza?" (ver p. 22 neste volume). Nesse ponto, Foucault diz que é preciso realizar uma operação de análise e considerar na própria linguagem a maneira pela qual os signos remetem ao que indicam. O exemplo que ele dá é o do acônito. Entre ele e os olhos há simpatia. Ela permaneceria desconhecida se na planta não existisse uma assinatura ou marca, que é como uma palavra, dizendo que "ela é boa para as doenças dos olhos". Esse signo está impresso na coisa, nos seus grãos: "são pequenos globos sombrios engastados em películas brancas, que representam aproximadamente o que as pálpebras são para os olhos", é o que diz Crollius. É o mesmo que refere afinidade entre a noz e a cabeça; assim é a casca verde do fruto que cura as feridas do pericrânio, assim como os males interiores da cabeça são prevenidos pelo caroço da noz. É a analogia o signo da afinidade. Jacob Boehme identifica a palavra de Deus com a pessoa divina: "Deus pelo Seu verbo engendra Sua natureza, Ele fala à Sua natureza, e esta reproduzindo essa palavra criadora produz ela própria o ser deste mundo (...) os objetos materiais, as plantas e os animais" (Alexandre Koyré, *La philosophie de Jacob Boehme*, Paris, Vrin, 1929, p. 275-276). A palavra divina expressa o espírito de Deus em letras e sílabas, que têm o poder criativo e dinâmico da linguagem. O mundo é distinto de Deus e ao mesmo tempo encarna a palavra divina no plano temporal: "Os seres são assinaturas de Deus, são as palavras da fala divina" (*La philosophie de Jacob Boehme*, p. 447).

Quanto ao problema da proporção, Foucault pergunta: "Como seria possível saber que os sulcos da mão ou as rugas do rosto desenham no corpo dos homens o que são as tendências, os acidentes ou as travessias no grande tecido da vida?" (ver p. 23 neste volume). A resposta que a *episteme* do século XVI apresenta é que a simpatia estabelece uma comunicação do corpo com o céu e faz com que o movimento dos planetas seja transmitido às aventuras dos homens. E a analogia prossegue: "A brevidade de uma linha é a simples imagem de uma vida curta" (ver p. 23 neste volume); "o tamanho é sinal de riqueza e importância". É a continuidade, nessa forma de pensamento, que privilegia o contínuo, marca a sorte e a descontinuidade do infortúnio.

A semelhança é, no saber do século XVI, ao mesmo tempo, o que há de mais visível e mais universal. E é também o que há de mais escondido e que se deve descobrir: determina a forma do conhecimento e garante a riqueza do seu conteúdo. Foucault chama de hermenêutica "o conjunto dos conhecimentos e técnicas que permitem falar os signos e descobrir seus sentidos" (ver p. 25 neste volume). E ele a distingue da semiologia, que seria o conjunto dos conhecimentos e técnicas que permitem distinguir o que é signo, definir o que os institui como tais, conhecer suas ligações e as leis de seu encadeamento. Foucault nos diz que o século XVI sobrepõe semiologia e hermenêutica na forma da similitude. Do ponto de vista hermenêutico, buscar o sentido é evidenciar o que se assemelha, e do ponto de vista semiológico buscar as leis dos signos é descobrir as coisas que são semelhantes. A gramática dos seres é sua exegese. Assim, a natureza é tomada na fina densidade que sustenta uma sobre a outra semiologia e hermenêutica. Há uma hermenêutica das semelhanças e uma semiologia das assinaturas que não coincidem. Existe, dessa forma, uma fenda, uma decalagem, entre "as similitudes que formam grafismo e as que formam discurso". É aí que o saber recebe o espaço para o seu trabalho infinito.

Como se apresenta esse saber na *episteme* do século XVI? A primeira conclusão é de que se trata de um saber ao mesmo tempo pletórico e pobre. Pletórico porque ilimitado; como não permanece estável em si mesmo, a semelhança remete a outra semelhança que, por sua vez, exige novas semelhanças. É então "o mundo inteiro [que] deve ser percorrido para que a mais ínfima das analogias seja justificada" (ver p. 26 neste volume). É, assim, um saber que terá de proceder por acumulação infinita de confirmações. Será também um saber árido, que só conhece como forma de ligação a adição.

Ao colocar a semelhança como ligação entre o signo e o que ele indica, o saber da Renascença condenou-se a só reconhecer a mesma coisa. É nesse ponto, diz Michel Foucault, que vai funcionar a ilustre categoria do microcosmo, velha noção que já operava na Idade Média e que fora reativada na Renascença pelo retorno do neoplatonismo. No entanto, o que ressalta Foucault é que ela ocupa no pensamento do século XVI uma função fundamental no saber. Ele retifica dizendo que, na verdade, são duas funções precisas que ela tem na configuração

XXXVI   Michel Foucault – Ditos e Escritos

epistemológica dessa época. Em primeiro lugar, como categoria de pensamento, se aplica a todos os domínios da natureza em que se realiza o jogo das semelhanças reduplicadas. Nesse espaço cada coisa vai encontrar numa escala maior seu espelho e sua confirmação macroscópica. Por outro lado, concebida como configuração geral da natureza, vai estabelecer limites reais e tangíveis ao avanço das semelhanças que se desdobram. Indica que há um grande mundo, cujo perímetro desenha o limite de tudo o que é criado, e que na outra ponta há uma criatura privilegiada que reproduz no seu espaço próprio e limitado "a ordem imensa do céu, dos astros, montanhas, rios e tempestades" (ver p. 27 neste volume). O jogo das semelhanças desenrola-se nos limites dessa analogia fundadora. Foucault ressalta que é preciso estar precavido para não invertermos as ligações. Se a ideia de macrocosmo é importante no século XVI e se é das mais frequentes, no entanto, no nível da interrogação da análise arqueológica, as relações entre o macrocosmo e o microcosmo surgem para Foucault como "um simples efeito de superfície" (ver p. 27 neste volume). As críticas ao pensamento do século XVI que ignoram sua estrutura epistêmica tendem a vê-lo como constituído "de uma mistura instável de saber racional, de noções derivadas das práticas de magia e de toda uma herança cultural, da qual a descoberta de textos antigos havia multiplicado os poderes de autoridade" (ver p. 28 neste volume). Resumindo essa crítica, diz Foucault que a ciência dessa época surge dotada de uma estrutura frágil: "lugar liberal de uma confrontação entre a fidelidade aos Antigos, o gosto pelo maravilhoso e uma atenção já despertada sobre essa soberana racionalidade na qual nos reconhecemos" (ver p. 28 neste volume).

Foucault, no entanto, nos fornece uma outra perspectiva, renovada, da Renascença. A partir da leitura arqueológica, podemos conceber que o saber do século XVI não possui uma estrutura insuficiente. As configurações de seu espaço são bastante meticulosas, e é essa estrutura que permite acolher simultaneamente num mesmo plano a erudição e a magia. É seu rigor que impõe a relação entre estas: "O mundo está coberto de signos que é preciso decifrar, e esses signos, que revelam as semelhanças e as afinidades, são eles próprios apenas formas da similitude" (ver p. 28 neste volume). A forma do conhecimento, então, será a interpretação: "ir da marca visível ao que se diz através dela" (ver p. 28 neste volume). E Foucault cita Paracelso, na sua *Archidoxa magica*: "Nós, homens diferentes, descobrimos tudo o que está escondido nas montanhas pelos signos e por correspondências exteriores; foi assim que encontramos todas as propriedades das ervas e tudo o que está nas pedras. Não há nada na profundidade dos mares, nada nas alturas do firmamento que o homem não seja capaz de descobrir. Não há montanha que seja bastante vasta para esconder do olhar do homem o que nela existe; isso lhe será revelado pelos signos correspondentes" (ver p. 28 neste volume). Assim, diz Foucault, a adivinhação não funciona como uma forma concorrente de conhecimento, ela dá corpo ao próprio conhecimento. Os signos que são interpretados designam o que é escondido na medida em que a ele se assemelham. A atuação sobre as marcas vai operar ao mesmo tempo sobre aquilo que em segredo elas indicam; assim, as plantas que representam a cabeça, os olhos, o fígado ou o coração vão ter eficácia sobre um órgão, e, diz Paracelso, os animais mesmos são sensíveis às marcas que os designam: "Diga-me então (...) por que a serpente na Helvécia, Argélia, Suécia entende as palavras gregas *Osy, Osya, Osy...* Em que academias as aprenderam para que, apenas ouvida a palavra, elas imediatamente virem seu rabo para não ouvi-la de novo? Logo que elas ouvem a palavra, não obstante sua natureza e seu espírito, permanecem imóveis e não envenenam ninguém com sua mordida venenosa" (ver p. 29 neste volume). Foucault conclui considerando que o projeto das magias naturais não é um "efeito residual na consciência europeia". Era a configuração fundamental do saber que o determinava: "A forma mágica era inerente à maneira de conhecer" (ver p. 29 neste volume).

Por outro lado, a linguagem vale como signo das coisas. Não há diferença entre as marcas na superfície das coisas e as palavras da escritura ou dos sábios da Antiguidade, e isso explica a relação particular com a erudição. Assim, diz Foucault, "a relação com os textos é da mesma natureza que a relação com as coisas" (ver p. 29 neste volume). Em ambos os casos, são signos construídos, e se na natureza há figuras a decifrar, semeadas por Deus, os antigos já deram interpretações que só temos de recolher. Desse modo, a herança do mundo antigo é como a própria natureza um amplo espaço a interpretar. Trata-se de construir signos e fazê-los falar. Dessa maneira, a *divinatio* e

XXXVIII Michel Foucault – Ditos e Escritos

a *eruditio* constituem a mesma hermenêutica, e a "natureza e o verbo" entrecruzam-se infinitamente, "formando para quem sabe ler um grande texto único" (ver p. 30 neste volume). Entre os séculos XVI e XVII e depois entre os séculos XVIII e XIX, Foucault, arqueólogo, vai descobrir uma "descontinuidade enigmática", a que ele chama ora de mutação, ora de acontecimento radical, ou ainda de acontecimento fundamental e mesmo deslocamento ínfimo mas absolutamente essencial, como lembra Canguilhem. Tratando-se da *episteme* do século XVI e sua substituição no século XVII, Foucault procurou escapar ao que era realizado pela história das ideias, que, com conceitos "já feitos, considera que o século XVII assinala o desaparecimento das velhas crenças supersticiosas ou mágicas e, por fim, a entrada da natureza na ordem científica" (*in Analisis de Michel Foucault*, Editorial Tempo Contemporâneo, p. 129). A modificação fundamental de que Foucault dá conta diz respeito à linguagem. Esta, como nota Canguilhem, não é mais como na Renascença a assinatura ou a marca das coisas, tornando-se instrumento de manipulação, de aproximação e comparação das coisas; ou ainda o órgão de sua composição no quadro universal de identidades e diferenças. Assim, a história das ciências não aparece apenas no século XVII como a história do triunfo do mecanicismo ou da matematização. Esse aspecto da revolução científica do século XVII, estudada especialmente por Koyré, leva a pensar a matematização da natureza principalmente sobre seu aspecto de medida, de mensuração. Canguilhem lembra que em Foucault é a ordenação que aparece como o elemento primeiro, e é ela que explica o "aparecimento na mesma época de teorias como a gramática geral, a taxonomia dos naturalistas e a análise das riquezas" (*Analisis de Michel Foucault*, p. 129).

Do nascimento da história natural à história botânica do Brasil

Foucault se interroga como a Idade Clássica pode definir o domínio da história natural; na contemporaneidade, quando do ponto de vista do saber, como observou Wolf Lepenies, ela morreu. A natureza aparece próxima de si e aberta para a classificação, e ao mesmo tempo distante para ser lida pela reflexão.

Michel Foucault diz que, para uma certa historiografia, aparentemente a história da natureza surge com a queda do mecanicismo cartesiano quando se revelou impossível fazer entrar o mundo nas leis do movimento retilíneo. Esta situação se instauraria quando a complexidade do vegetal e a do animal teriam resistido às formas da substância simples. Mas a tese de Foucault contraria os historiadores da ciência que formulam essa problemática. Nestes termos, para ele é impossível para uma ciência nascer da ausência de uma outra. Na verdade o campo de possibilidade da história natural é contemporâneo do cartesianismo, e não de seu fracasso. Com efeito, Ray, Jonston, Christophe Knaut e suas obras constituíram este saber. Este campo epistemológico, esta episteme, é quem autoriza "a mecânica a partir de Descartes até D' Alembert e a história natural de Tournefort até Daubeton" (Foucault, *Les mots et les choses*. Paris: Ed. Gallimard, 1966. p. 140). Não houve um espessamento, nem um obscurecimento da natureza para que ela adquirisse o peso de uma história. Ocorreu o contrário, isto é, foi necessário que a história se tornasse natural. Foucault observa que até o século XVII existiam histórias, como as de Belon para os pássaros, uma história admirável das plantas ou ainda a história das serpentes e dos dragões de Aldrovandi. A data de nascimento da história natural, não de todo precisa, é o ano de 1657, quando Jonston escreveu uma *História natural dos quadrúpedes*. Não de todo precisa porque John Ray em 1686 ainda escreveu uma *História plantarum generale*. Trata-se, quanto a esta data, de uma baliza, que simboliza uma referência e marca um acontecimento enigmático. Agora se decantam dois tipos, duas ordens diversas de conhecimentos. De um lado até Aldrovandi havia um tecido inextrincável e unitário do que se vê das coisas e dos signos que foram descobertos e nelas depositados. O que era fazer a história de uma planta e de um animal? Era dizer quais são seus elementos e seus órgãos, quais são as semelhanças que nelas se podem encontrar. E também quais as virtudes a elas atribuídas, as histórias em que se envolvem. Os brasões em que figura, os medicamentos que se fabrica com ela, os alimentos feitos a partir dela. E ainda o que os antigos diziam dela e também o que narraram a seu respeito os viajantes. A história de um ser vivo era"este mesmo ser, no interior de uma rede semântica que a ligava ao mundo" (*idem*).

XL   Michel Foucault – Ditos e Escritos

Para nós existe uma partilha óbvia, evidente, entre o que vemos e os outros viram e transmitiram ou ainda o que outros sujeitos imaginam e inventam ou creem de forma ingênua. Na episteme governada pela semelhança e que domina a Renascença, a tripartição da Observação, da Fábula e do documento não existia. Não se tratava da oposição entre uma vocação racional e o peso de uma tradição ingênua. A razão é que os signos faziam parte das coisas. O século XVII vai assistir a ruptura maciça que cai fazer dos signos modalidades da representação. Qual a diferença entre o saber de Jonston e o de Aldrovandi. Aspecto importante é que Jonston não sabe muito mais que Aldrovandi. Este expunha para qualquer animal sua anatomia e os modos de capturá-lo; suas utilizações alegóricas e também seu modo de reprodução, seus hábitos e os palácios de suas lendas. A divisão do estudo do cavalo para Jonston se faz em onze rubricas: nome, partes anatômicas, habitação, idade, reprodução, voz, movimentos, simpatia, antipatia, usos, aplicações médicas. Em Aldrovandi tudo isto estava presente, e também muito mais. Para Foucault é no que falta que está a diferença fundamental, cai como uma parte inútil toda a semântica animal. Surge agora o ser em sua anatomia, em sua forma e costumes. Há agora uma distância entre as palavras e as coisas na qual se aloja a História Natural. Não é no momento que surge uma renúncia ao calcular que começa a observação dos seres da natureza. Não se trata da experiência forçando o acesso a um conhecimento que espiava em outro lugar a verdade da natureza. Trata-se do espaço aberto na representação do que Foucault chama de uma análise que antecipa a possibilidade de nomear. É a possibilidade de ver o que se poderia dizer: aqui as coisas e as palavras se comunicam em uma representação. Vejamos a fórmula que Lineu propõe para a História Natural já no século XVIII. Para estudar um animal é preciso seguir a *demarche* seguinte: nome, teoria, gênero, espécie, atributos, usos e por fim *literária*. Na parte literária deveria ser deixado tudo o que foi depositado pelo tempo e que dizia respeito às tradições, às descobertas, às crenças, às imagens poéticas, antes de toda linguagem, é a própria coisa que surge na realidade recortada pelo nome. A História Natural é uma formação discursiva autônoma, específica, e não o efeito de uma racionalidade formada a partir da geometria analítica ou da mecânica cartesiana e galileana. A História Natural liga-se à teoria geral dos signos e ao projeto geral de uma *mathesis* universal.

A palavra história muda de sentido. Se na Grécia antiga o historiador era o que via, este sentido retorna na nossa cultura na Idade Clássica. A história, até a segunda metade do século XVII, era algo diverso. O historiador estabelecia uma grande coletânea dos documentos e dos signos. E das marcas que se formavam no mundo. O historiador retomava, redizia na palavra, sua existência não era marcada pelo que via. A História Natural na Idade Clássica lança um olhar minucioso sobre as próprias coisas. Sua base documental é constituída por herbários, coleções e jardins. Qual o lugar desta história? Diz Foucault: "é um retângulo intemporal – onde despojados de todo comentário, de toda linguagem vizinha, os seres se apresentam uns ao lado dos outros, com suas superfícies visíveis, aproximadas segundo seus traços comuns" (Foucault, *idem*, p. 143), e por aí já virtualmente analisados e transportados por seu próprio nome. A curiosidade pelas plantas e pelos animais exóticos já existia antes. O que surge agora, e que muda, é o espaço em que podemos vê-los e podemos descrevê-los. Há uma diferença radical, extrema entre a estranheza do animal na Renascença inscrita em espetáculos, figurando em festas, justas, combates reais e imaginários, em que os bestiários desenrolavam suas fábulas imemoriais.

O gabinete de História Natural e o jardim da época clássica desdobram as coisas em um quadro. Não se trata de um novo desejo de saber, mas de uma nova maneira de fazer história. Instauram-se agora classificações, arquivos, reorganizam-se bibliotecas, estabelecem-se catálogos, inventários, que introduzem na linguagem uma ordem que é a mesma que se estabelece entre os vivos.

A condição de possibilidade da História Natural é que as coisas e a linguagem pertençam ambas à representação. Mas coisas e linguagem encontram-se separadas. A História Natural deveria reduzir sua distância e colocá-la bem perto do olhar. Assim como as coisas olhadas bem perto das palavras. A História Natural surge assim apenas como a nomeação do visível. Poder-se-ia pensar que com Lineu, Tournefort ou Buffon se começou a dizer o que permanecera mudo diante dos olhares distraídos.

Na verdade surge todo um campo novo de visibilidade que na botânica brasileira será ocupado por Alexandre Rodrigues Ferreira e Frei José Mariano da Conceição Veloso. Há, no entanto, que saber que suas classificações foram utilizadas em

XLII Michel Foucault – Ditos e Escritos

vários casos por Geoffrey Saint-Hilaire, quando seus textos e herbários foram capturados em Lisboa durante a ocupação napoleônica de Portugal.

Há que ressaltar que a classificação do universo botânico – e mesmo animal – brasileiro entra na classificação de Lineu pelo trabalho do autor do *Systema naturae*. Não foi por que se olhou melhor de perto que se constitui a História Natural. A Idade Clássica passou a submeter o olhar a condições negativas estruturalmente estabelecidas. Observar exclui o que se ouve dizer. O gosto e o sabor, por demais variáveis, não são incluídos na classificação. O tato é por sua vez reduzido a algumas posições simples, como o liso e o rugoso. Há um privilégio da vista que a coloca numa posição singular, central. Neste campo têm lugar especial linhas, superfícies, formas e relevos.

Mesmo os instrumentos óticos, como o microscópio, estão submetidos também às mesmas condições negativas da visão. Para observar com uma lente é preciso renunciar também ao uso dos outros sentidos e ao ouvir dizer. Assim, os instrumentos de ótica foram, sobretudo, usados para resolver os problemas da reprodução. Tratava-se de ver como as formas, as proporções próprias dos indivíduos adultos e de suas espécies podem se transmitir no tempo conservando de forma rigorosa sua identidade. Com o microscópio se mantém a identidade das formas visíveis através das gerações. É a relação entre as coisas e os olhos que mantém a História Natural. Dizia Lineu em seu *Systema naturae* (p. 214) que as *Naturalia*, em oposição às *Coelestia* e às *Elementa* "eram destinadas a serem oferecidas aos sentidos".

Observar quer dizer contentar-se em ver sistematicamente poucas coisas. Vê-se na riqueza confusa da representação o que se pode analisar recebendo um nome reconhecível por todos. Lineu, na sua *Philosophia botanica* (p. 299), demarcando a nova concepção quanto à estrutura, diz: "todas as semelhanças obscuras são introduzidas apenas para vergonha da arte". Esvaziadas de toda semelhança, sem as cores, as representações no plano visível vão fornecer à História Natural o que constitui seu objeto: o que ela faz passar na linguagem que ela pretende construir. Este objeto é a extensão constituída exclusivamente de quatro variáveis: forma dos elementos, quantidade, maneira com que eles se distribuem no espaço uns com relação aos outros, grandeza relativa de cada um. É a definição textualmente fundamental de Lineu: "toda nota deve ser tirada do número da figura, da proporção e da situação". O exemplo de Lineu na sua *Philosophia botanica* é o do estudo dos órgãos sexuais das plantas, em que bastará enumerar-se os estames e o pistilo, definir a forma que tomam, qual a forma geométrica com que se distribuem na flor (triângulo, hexágono, círculo). Trata-se ainda de ver seu tamanho com relação aos outros órgãos. Estas quatro variáveis podem ser aplicadas às cinco partes da planta: raízes, caule, folhas, flores e frutos. Os elementos especificam a extensão que se oferece à representação. Que possa ser articulado numa descrição aceitável por todos. Assim como os elementos da estrutura, diante de um indivíduo, a mesma descrição poderá ser feita por vários. O naturalista – o *historiens naturalis* – "distingue pela visão as partes dos corpos naturais e as descreve convenientemente pelo número, a figura e a proporção, e a nomeia" (*Systema naturae*, p. 215). Toda incerteza poderá ser excluída graças a esta articulação fundamental do visível, afastamento inicial da linguagem e das coisas. Assim os quatro valores que afetam um órgão ou elemento de uma planta ou de um animal constituem o que os botânicos, como Tournefort, chamam sua estrutura: "pela estrutura das partes das plantas se entende a composição e montagem das peças que formam seu corpo" (*Elements de botanique*, p. 558). Ela vai permitir descrever o que se vê de duas formas. De um lado a contagem e a medida podem determinar o número e a grandeza, isto é, expressar se em termos quantitativos. Outros procedimentos permitem as formas e disposições. Aqui entram em cena a identificação, as formas geométricas ou as analogias muito evidentes. É a estrutura que, filtrando e limitando o visível, lhe permite se transcrever na linguagem. E o discurso recolhe então tudo da visibilidade do animal ou da planta. Lineu queria que se constituíssem como caligramas botânicos nos quais a ordem da descrição se repartisse em parágrafos. E mesmo que os modelos tipográficos reproduzissem a figura da própria planta. Assim o texto, mesmo nas suas variáveis, seja de forma, disposição ou quantidade, vai ter uma estrutura vegetal. "É bom", diz Lineu, "seguir a natureza, passar da raiz ao caule, ao pecíolo, às folhas, aos pedúnculos e às flores". Pela estrutura, o que a representação dá na forma da simultaneidade encontra-se no desenrolar

XLIV Michel Foucault – Ditos e Escritos

linear da linguagem. A teoria que atravessa a História Natural se liga aos papéis que desempenham nesta mesma episteme a proposição e a articulação. E por aí elas ligam a possibilidade da História Natural e a *mathesis*. Mas todo o campo do visível é remetido a um sistema de variáveis. Estas podem ser referidas, senão a uma quantidade, pelo menos a uma descrição finita e clara. Estabelece-se assim um sistema de identidades e de diferenças. Será o sonho de Adamson, para quem a botânica poderá ser uma ciência rigorosamente matemática.

Por toda a grande diversidade dos seres do mundo, graças aos poderes da estrutura na sucessão de uma linguagem descritiva e no campo da *mathesis*, que surge para Foucault como "ciência geral da ordem". Surge então esta dimensão que é simples, apenas aparentemente de um visível descrito.

Surge assim com esses elementos a História Natural definida quanto a seu objeto. A História Natural se define assim por linhas e superfície, e não por tecidos ou órgãos inacessíveis à visão. Não é a unidade orgânica, definida pelo conceito de vida, que une animais e plantas, mas o recorte visível de seus órgãos. O que importa são patas e dentes, tronco e flores, e não a circulação ou os líquidos internos.

A anatomia perde seu privilégio, que ela vai retomar com a anatomia comparada e a biologia. O privilégio epistemológico da botânica frente à zoologia, o espaço comum entre as palavras e as coisas é de fato um lugar bem mais receptivo, uma rede interpretativa mais envolvente do que para os animais. É que nas plantas muitos órgãos fundamentais são visíveis, o que não ocorre com os animais. Na ordem botânica a taxonomia é mais coerente e rica graças à estrutura visível, cuja percepção é mais imediata do que no plano da zoologia.

A combinatória botânica dos elementos que trata de ordenar e classificar é particularmente difícil por múltiplos motivos. Em primeiro lugar por causa do número das variedades conhecidas. Em seguida por causa da continuidade suposta entre as formas vivas. Não se trata da semelhança entre folhas e pelos, por exemplo, mas da trama ininterrupta, da grande cadeia do ser que caracteriza até o século XIX a natureza. Ela manda, diz Buffon "o morcego voar entre os pássaros. Enquanto aprisiona o tatu sob a cabeça de um crustáceo... Para mostrar o parentesco universal de todas as gerações saídas do seio da mãe comum" (*Oeuvres complètes*. Ed. Floures, 1857. p. 589). Para Buffon,

Apresentação à Edição Brasileira XLV

"não há realmente na natureza senão indivíduos, e gêneros; ordens e classes só existem na nossa imaginação" (*De la manière d' étudier l' histoire naturelle*. Paris, 1779. p. 54). A classificação nestes termos se prolongaria infinitamente. Para classificar as plantas há que articulá-las em um sistema de símbolos, isto é, nomeá-las. Nomear uma planta já é classificá-la. Para Lineu, a planta se conhece pelo nome e reciprocamente o nome pela planta "é o efeito do caráter próprio de um e de outro, traçado naquela, escrito neste" (*Philosophia botanica*, p. 246). Ligado à estrutura o caráter é o que define a marca própria da planta. Com ele a História Natural faz seu trabalho de classificação. A classificação é constituída no século XVIII por uma pirâmide disposta numa hierarquia de cinco níveis: o reino, a classe, a ordem, o gênero e a espécie. Para construir este edifício existem duas técnicas: a do sistema e a do método.

Os sistemas, lembra F. Jacob, são muito mais antigos do que o método e "descendem de Aristóteles através da escolástica" (F. Jacob, *La logique du vivant*. Paris, Gallimard, 1970. p. 59). Para construir um sistema é preciso ter uma ideia dos objetos a classificar, assim como das relações que os constituem. Os sistemas procuram o agenciamento dos caracteres e também a relação lógica mais adequada à articulação das classes. Para isto, como diz Tournefort, recorre-se "à arte das combinações: quer dizer que as partes das plantas devem ser tão bem combinadas entre si uma a uma que no fim se possa escolher aquelas segundo as quais podem ser constituídos os caracteres genéricos que trazem mais luz e os mais conformes à experiência" (*Introduction à la Botanique*, p. 289).

Para Lineu o caráter é a estrutura escolhida para ser o lugar das semelhanças e diferenças pertinentes. Assim, ele vai se "compor da descrição mais cuidadosa da frutificação da primeira espécie, todas as outras espécies do gênero são comparadas à primeira, banindo todas as notas discordantes; finalmente, depois deste trabalho, o caráter se produz" (*Philosophia botanica*, p. 193). Tournefort escolheu como caráter, por exemplo, para fundar o gênero a combinação da flor e do fruto. Lineu calculou que os 38 órgãos da geração, comportando cada um as quatro variáveis do número, da figura, da situação e da proposição, autorizavam 5.776 configurações que bastam para definir os gêneros. Com o sistema cada grupo poderá receber um nome. Com o sistema de Lineu se nomeia o gênero, a espécie e a variedade. Permanecem silenciosas, não nomeadas, a classe e a ordem.

XLVI   Michel Foucault – Ditos e Escritos

Com o método não há concepção *a priori*. As diferenças são isoladas pela comparação dos objetos com rigor e minúcia. A *demarche* consiste em escolher uma planta de referência, de forma arbitrária e examiná-la frente às outras, todas as ultrapassagens, todas as distâncias. Este trabalho é recomeçado para a espécie seguinte. A descrição deve ser tão total quanto na primeira vez, mas com a exceção de que nada do que foi notado na primeira deve aparecer repetido na segunda, só aparecem as diferenças. Quanto mais se acentua o leque das diferenças, mais vai aparecer a hierarquia das classes. A classificação é uma estrutura combinatória que é autônoma frente à natureza, distante do essencialismo que dominava a concepção dos animais e das plantas, e que constituía a unidade de um grupo vivo desde Aristóteles. O que permite a permanência da estrutura através das gerações é a espécie, elemento exterior e ponto de apoio sobre a realidade da natureza. Será o conceito de espécie esta bússola que faz a ligação entre o saber e o real da natureza no século XVII. Este ponto privilegiado consiste não apenas em uma certa semelhança, mas também na sucessão das gerações. Isto é, ele está articulado à reprodução.

Quando Lineu estabeleceu o seu sistema ele se apoiou no seu herbário, que, dizia ele na sua autobiografia, era o maior jamais visto por quem quer que seja. Nele reunira desde a infância todas as plantas da Suécia. Durante suas viagens à Dinamarca, à Alemanha, à Holanda, à Inglaterra e à França não economizara esforços para procurar plantas. Mas isto não bastava para ele: plantas vinham para Upsala dos jardins botânicos da França, da Inglaterra , da Alemanha e da Holanda.

Mas ele tinha também correspondentes fora da Europa: um médico escocês, Alexander Garden, na Colômbia, o matemático e naturalista José Celestino Mutis. Outros fizeram coletas perto do mar de Barents, como Steller, Baster em Java e Browne na Jamaica. Alunos de Lineu fizeram coletas em vários continentes: Lofling, na América do Sul; Kalm, na América do Norte; Hassselquist, no Oriente Médio; e Forsskal, na Arábia . Thunberg, a do Japão, Sparmann, a da África do Sul, Osbeck foi para Cantão, na China. É o que nos relata Nils Uddenberg, no seu *Linné, le rêve de l' ordre dans la nature* (Paris: Ed. Belin, 2007). Malgrado a crítica de Buffon e de todos os defensores do método, a obra de Lineu espalhou-se pelo mundo.

Para classificar plantas e animais do Brasil, Lineu recorreu à obra de Willem Pies e George Marcgrave (1648), *Historia naturalis Brasiliae*, dedicada a Mauricio de Nassau. No seu sistema da natureza, na classe dos animais, na ordem dos primatas no gênero dos macacos, ele classifica a Ouarine, nomeada símia Beelzebul, a partir de Marcgrave, assim como Tamanoir é o tamanduá, *mirmecophaga jubata*, o primeiro e *myrmecophaga tetradactyla*, o segundo. Outras fontes, como Gesner, o levam a classificar o tatu. Marcgrave é também a fonte para a classificação do jaguar. Há ainda o cougar, *felis concolor*, que ele cita também a partir de Marcgrave, dizendo habitar do Canadá até a Patagônia.

Cabe ressaltar aqui a importância da presença holandesa no nordeste brasileiro, com a Companhia das Índias Ocidentais no período em que, à frente do Brasil holandês, esteve João Mauricio de Nassau. Com efeito pode-se dizer que a entrada do Brasil na Idade Clássica, da ciência moderna, contemporânea, a revolução científica se faz então. De um lado observações astronômicas, classificação botânica e zoológica ou ainda farmacopeia. Por outro a entrada do mundo visível humano e natural na representação pictórica com a obra de Franz Post e Albert Eckhout. Estes ultrapassam o mundo da arte dominado pela religião com visões de santos, martírios e milagres. É um novo mundo que surge: a paisagem dos engenhos, um grande número de pássaros, indígenas, animais e frutos brasileiros. Algumas destas pinturas vão ser doadas por Nassau a Luís XIV – obras de Franz Post – e vão constituir as únicas obras pictóricas feitas no Brasil sobre o mundo brasileiro – não apenas colonial – que figuram no Museu do Louvre.

Quando Frei Manuel da Conceição Velozo escreveu um estudo preliminar para a flora fluminense, entre as ilustrações das espécies botânicas, há na abertura com uma dedicatória ao Vice-Rei D. Luis de Vasconcelos e Souza algo que ressalta especialmente. Na base há um indígena sentado. De seus cabelos nascem galhos que se desdobram em folhas, flores e frutos de espécies brasileiras. Ela figura na verdade como que uma lembrança da episteme da semelhança que figura o indígena, como uma metáfora da natureza americana, a partir dos cabelos que, na episteme da Renascença, equivale às folhas das plantas.

Uma referência contemporânea ao saber indígena é a de Barbosa Rodrigues que, em suas obras *Sertum palmarum* e

XLVIII Michel Foucault – Ditos e Escritos

no livro *Mbaé Kaã* – Tapyiyetá Enoyndaua (a botânica, nomenclatura indígena), atribui aos indígenas um saber botânico de estatuto igual ao da ciência ocidental, distinto "daquele dado arbitrariamente como o vulgo faz". Ele diz que as categorias indígenas de classificação das plantas estão, mais ou menos, de acordo com a taxonomia e a glossologia científicas, de acordo com as regras de Lineu (*apud* Ariane Peixoto, Rejan Bruni, Moacir Haverroth e Inês Macline Silva, Saberes e Práticas sobre as Plantas. In: *Revista brasileira de história da ciência*, vol. 5, p. 27, suplemento 2012). Todo o problema reside no mais ou menos. No entanto, há que remeter ao saber que Lévi-Strauss chama selvagem dotado de uma lógica própria que engloba vários códigos, seja culinários, botânicos, geográficos, de parentesco, das cores, sonoros, astronômicos, geográficos, e cuja lógica se ancora também na bipolaridade simbólica do significante. É nesta direção que talvez a articulação com as classificações indígenas deve ser feita.

No importante prefácio que escreveu para a edição inglesa de *As palavras e as coisas*, Foucault diz que seria melhor intitular seu prefácio de "modo de emprego". Na linha dessa concepção instrumental e eminentemente prática, ele chegou a chamar seu trabalho de produção de análises de uma caixa de instrumentos. Nesse sentido, afirma que o leitor é livre para fazer com o livro o que desejar. E, assim como Joyce desejou um leitor ideal sofrendo de uma insônia também ideal, Foucault supõe o modo como o seu leitor ideal agiria: ele "teria abordado meu livro se minhas intenções tivessem sido mais claras e meu projeto mais capaz de tomar forma" (ver p. 190 neste volume). O primeiro aspecto que ele ressalta é o do campo de estudos a que *As palavras e as coisas* se volta. Se a história das ciências, na França, voltou-se principalmente para o estudo da matemática, da cosmologia e da física, "ciências nobres, ciências rigorosas, ciências do necessário", diz Foucault, "pode-se ler, na sua história, a emergência quase ininterrupta da verdade e da razão pura" (ver p. 190 neste volume). Em *As palavras e as coisas*, ele vai tratar então de outras disciplinas, as que estudam os seres vivos, as línguas e os fatos econômicos, bem menos abordadas pela história das ciências. Essas disciplinas, em geral, são consideradas por demais próximas do pensamento empírico, ou, ainda, diz Foucault, "muito expostas aos caprichos do acaso ou às figuras da retórica, às tradições seculares e aos acontecimentos exteriores" (ver p. 190 neste volume). Assim, sua história só pode ser irregular, testemunhando um estado de espírito, ou ainda uma moda passageira, ou uma mistura de arcaico e avaliação ousada, "de intuição e de cegueira" (ver p. 190 neste volume). A hipótese de Foucault é, no entanto, de que o saber empírico num período e sua cultura específica expõem de fato uma regularidade perfeitamente definida; e, mais ainda, a possibilidade de registrar fatos, de se deixar convencer por eles, de deformá-los em tradições também não é submetida ao acaso. Tanto as verdades como os erros, e "não somente as verdadeiras descobertas, mas também as ideias mais ingênuas" (ver p. 191 neste volume), tudo isso obedece num período determinado a um certo código do saber. Assim, o ponto de partida de Foucault, o risco que ele assumiu, é a ideia de que a própria história do saber não formalizado possui um sistema.

Foucault gostaria que o leitor entrasse nesse seu livro, *As palavras e as coisas*, como num campo aberto, ainda por ser trabalhado. Muitas questões permaneciam para ele sem respostas, e nesse terreno havia lacunas que remetiam a trabalhos anteriores, ou outros em processo, ou ainda nem começados. Nesse campo ele evoca três problemas: o da mudança, o da causalidade e o do sujeito.

Como opera habitualmente um historiador das ciências? Em geral, diz Foucault, em dois níveis. No primeiro, a história das ciências figura o progresso dos descobrimentos, a maneira de formular os problemas, e registra o que Foucault chama de tumulto das controvérsias; analisa também, lembra ele, a economia ou a estrutura interna das teorias. Resumindo, diz ele, "descreve os processos e os produtos da consciência científica" (ver p. 192 neste volume). O outro aspecto da história das ciências é seu esforço por descrever o inconsciente da ciência, isto é, ela tenta restituir o que escapa a essa consciência sob a forma da marca que imprimiram as influências, "as filosofias implícitas que a sustentam, as temáticas não formuladas, os obstáculos invisíveis" (ver p. 192 neste volume). Trata-se, no que diz respeito ao inconsciente da ciência, de sua versão negativa, isto é, do que a ela resiste, do que a perturba ou do que a faz desviar-se. Para Foucault, no entanto, trata-se de evidenciar na sua empresa "um *inconsciente positivo* do saber". O que é esse inconsciente positivo do saber? Trata-se de "um nível que

L Michel Foucault – Ditos e Escritos

escapa à consciência do pesquisador e que, no entanto, faz parte do discurso científico" (ver p. 193 neste volume). Na história natural, na gramática da época clássica e na teoria da riqueza, analisadas por Foucault, o que esses saberes tinham em comum não pertencia à consciência do cientista ou era objeto de uma consciência superficial e limitada, e mesmo fantasiosa. No entanto, os gramáticos, os economistas e os naturalistas, ainda que não tivessem consciência, "utilizavam as mesmas regras para definir os objetos próprios ao seu campo de estudo, para formar seus conceitos, construir suas teorias" (ver p. 193 neste volume). O lugar específico que Foucault isolou e que denominou arqueológico foi aquele que ele tentou evidenciar, isto é, o dessas regras de formação comuns aos três campos. Elas nunca tiveram uma formulação distinta e só eram perseguidas por meio das teorias, dos conceitos e dos objetos extremamente dispersos de cada uma dessas disciplinas.

Foucault reage aos críticos de *As palavras e as coisas* que negavam a seu trabalho a própria possibilidade da mudança, ou que ele, como disse Sartre, transformara o cinema em lanterna mágica. No entanto, diz ele, em confronto direto com seus críticos, sua principal preocupação era a questão da mudança. Dois acontecimentos o impressionam. O primeiro: a forma radical e súbita com que certas ciências se reorganizaram; e, em segundo lugar, na mesma época, as mudanças semelhantes que ocorreram em disciplinas aparentemente muito diversas. Assim, Foucault ressalta a substituição da gramática geral pela filologia histórica, a subordinação das classificações naturais às análises da anatomia comparada e o surgimento de uma economia política cujos temas centrais eram a produção e o trabalho. A tese de Foucault é que surgiram no interior do discurso científico vários tipos de mudança em níveis diversos, com ritmos de desenvolvimento próprios e com leis também diferentes. Dessa forma, essas mudanças não podiam ser reduzidas a um só nível, nem reunidas em um só ponto. Foucault recusou-se também a relacioná-las ao gênio de um indivíduo ou a um novo espírito coletivo, a alguma forma de *zeitgeist*. Ele pensou que era melhor "respeitar essas diferenças, e mesmo tentar apreendê-las em sua especificidade" (ver p. 194 neste volume). Assim, ele buscou combinar as "transformações concomitantes ao nascimento da biologia, da economia política, da filologia, de um certo número de ciências humanas e de um novo tipo de filosofia na virada do século XIX" (ver p. 194 neste volume).

Apresentação à Edição Brasileira LI

A tese de Foucault é que não é fácil definir o que determinou uma mudança específica no interior de uma ciência, quer seja no que diz respeito a uma descoberta, ao surgimento de um conceito, à proveniência de uma ou outra teoria. São questões, diz ele, extremamente espinhosas, porque inexistem princípios metodológicos definidos de maneira clara para tratá-las. Ele considera que essa situação é ainda mais embaraçosa quando o problema é analisar a transformação global de uma ciência ou quando deparamos com várias mudanças que se correspondem. O ápice da dificuldade, diz Foucault, surge nas ciências empíricas, porque se nelas "o papel dos instrumentos, das técnicas, das instituições, dos acontecimentos, das ideologias e dos interesses é (...) totalmente manifesto" (ver p. 195 neste volume), não se sabe o modo como se dá essa articulação ao mesmo tempo extremamente complexa e diversa. Diz ele ter considerado as explicações tradicionais pelo espírito da época, pelas mudanças tecnológicas e sociais e todo tipo de influências como mais de caráter mágico do que efetivo. Por isso ele renunciou em *As palavras e as coisas* a tratar o problema das causas que estudou, por exemplo, no caso das histórias da medicina e da psiquiatria. Ele se limitou, portanto, às descrições das transformações que considerou uma etapa necessária na constituição de "uma teoria da mudança científica e da causalidade epistemológica" (ver p. 195 neste volume).

Foucault escreveu *As palavras e as coisas* depois de muitas discussões com Canguilhem. Essa obra dirigia-se principalmente a pesquisadores. Alcançou enorme sucesso junto ao público, e recebeu uma crítica extremamente negativa de Sartre, Garaudy, Henri Lefebvre, Michel Amiot, Jean Piaget, Sylvie Le Bon, Mikel Dufrenne, que se incluía no amplo debate sobre o estruturalismo. Sartre chegou a chamar o trabalho de Foucault de "última fortaleza ideológica da burguesia".

Para Foucault, por trás do barulho da polêmica, existia uma razão de fundo. É que o estruturalismo nascera de um conjunto de pesquisas que se desenvolveram na URSS e na Europa central na altura dos anos de 1920. As pesquisas de Propp, Troubetzkoi, Jacobson, Bakhtin contam-se entre as mais significativas dessa corrente. Esses trabalhos, que compreendiam o campo da linguística, do folclore, da mitologia, da poética, precederam a revolução russa e foram suprimidos e perseguidos pelo estalinismo. Essas correntes de forma meio subterrânea

LII Michel Foucault – Ditos e Escritos

acabaram por atingir a França e marcaram os trabalhos de Dumézil e Lévi-Strauss. Na agressividade com que um certo marxismo historicista atacava o estruturalismo estava o fato de que este "fora a grande vítima cultural do estalinismo, uma possibilidade diante da qual o marxismo não soubera o que fazer" (ver p. 62, vol. IV da edição francesa desta obra).

Assim, o escândalo em torno do estruturalismo aparece como o contragolpe de problemas muito mais importantes que se colocavam na Europa oriental sob domínio da antiga União Soviética. Assim, esforços teórico-políticos foram realizados na época da desestalinização por muitos intelectuais – soviéticos, da antiga Tchecoslováquia etc. – que desejavam tornar-se autônomos ante o poder político e libertar-se da ideologia oficial. O formalismo e o estruturalismo eram a grande tradição que esses intelectuais podiam oferecer à cultura ocidental. Eram trabalhos inovadores que estavam ligados direta ou indiretamente à Revolução Russa. No momento em que o estalinismo se desestabilizou, retomar essa tradição não podia sofrer a acusação de pertencer a uma corrente reacionária e ocidental.

Na França, nos meios mais ou menos marxistas, diz Foucault, sentiu-se que no estruturalismo, tal como era ali praticado, havia como que um fim de linha para a corrente marxista tradicional. Os ataques ao livro *As palavras e as coisas*, como obra tecnocrática, idealista, publicados na revista de Sartre, eram totalmente iguais "aos que foram avançados no período de Kruchev sobre o formalismo e o estruturalismo". Foucault refere-se a duas pequenas histórias que ilustram esse quadro. A primeira era a visita de um grande filósofo ocidental – provavelmente Sartre –, que era esperado pelos tchecos como um messias, tratando-se do primeiro grande intelectual não comunista convidado no período de grande efervescência cultural que precedia a primavera de Praga. Esse filósofo atacou o estruturalismo, afirmando que ele se encontrava a serviço do grande capital e que este tentava se opor à grande corrente ideológica marxista. A plateia o recebeu decepcionada, porque ele fornecia uma arma excepcional ao poder constituído pelos estalinistas e seus remanescentes na antiga Tchecoslováquia, que podiam atacar o estruturalismo, considerado ideologia reacionária por um filósofo não comunista.

A outra anedota vem da própria experiência de Foucault em 1967 na Hungria. Ele propôs como tema o debate em curso no

Apresentação à Edição Brasileira   LIII

Ocidente sobre o estruturalismo. Os temas propostos por Foucault foram aceitos, e, tendo ele feito as conferências no teatro da universidade, faltava uma conferência específica sobre o estruturalismo. Disseram-lhe – o que Foucault sabia ser uma mentira – que se tratava de questão extremamente difícil, que não suscitava muito interesse. Falando com seu intérprete, este respondeu: "Há três coisas sobre as quais não podemos falar na universidade: o nazismo, o regime Horty e o estruturalismo". Foucault compreendeu que o problema do estruturalismo era um problema do leste europeu, e a confusão ideológica e as discussões inflamadas que reinavam na França eram o eco de uma luta extremamente importante que se desenrolava na Europa oriental.

O que estava em questão eram problemáticas que não eram irracionalistas, que não eram de direita e que não estavam inseridas dentro do dogmatismo estalinista, ou do humanismo marxista e suas variantes. A construção de uma pesquisa teórica racional, científica, fora das leis do materialismo dialético era uma questão importante na Europa ocidental, na França e no leste europeu. Era isso, segundo Foucault, o que explicava os anátemas de que ele fora objeto.

Foucault chama a atenção para a forma diferente com que o marxismo funcionava na Europa oriental e nos países do Terceiro Mundo, como a Tunísia e o Brasil, principalmente no meio estudantil. Tendo vivido dois anos e meio naquele país, estava presente quando alguns meses antes de Maio de 1968, precisamente em março, rebeliões estudantis muito intensas explodiram com greve geral, interrupçao de cursos, prisões, estudantes feridos gravemente ou condenados até a 14 anos de prisão. Foucault impressionou-se vivamente com os que, redigindo um panfleto, distribuindo-o ou conclamando à greve, se expunham a enormes riscos. Foi para ele uma formidável experiência política. Todos os estudantes se reclamavam em Túnis do marxismo. Este para eles não era apenas uma espécie de energia moral, mas de ato existencial. Era algo totalmente diverso da situação polonesa, que Foucault também conhecia, em que o marxismo era recebido com total desprezo por ser ensinado como um catecismo. Diferente também do funcionamento francês do marxismo, em que as discussões eram frias e acadêmicas no início dos anos 1960. Na Tunísia, pelo contrário, a maneira de afirmar seu modo de ser marxista possuía uma violência e uma intensidade radicais, e um en-

LIV Michel Foucault – Ditos e Escritos

tusiasmo impressionante. Amargura, eis o que invadia Foucault, ao pensar na distância entre a maneira de ser marxista na Tunísia e aquilo que ele "sabia do funcionamento do marxismo na Europa" (França, Polônia e União Soviética) (ver n. 281, p. 79, vol. IV da edição francesa desta obra).

Da positividade à formalização: elementos para uma teoria dos discursos

O "Círculo de Epistemologia da Escola Normal", que se organizou em fevereiro de 1966, tendo à frente Jacques-Alain Miller, além de François Regnault, Alain Grosrichard, Alain Badiou, Jean Claude Milner, no conselho de redação organizado com o apoio de Lacan e Canguilhem, passou a editar os *Cahiers pour l'Analyse*. Como lema de um trabalho que pretendia elaborar uma teoria do discurso, uma citação de Canguilhem: "Trabalhar um conceito é fazer variar sua extensão e sua compreensão, generalizá-lo pela incorporação de traços excepcionais, exportá-lo fora de sua região de origem, tomá-lo como modelo ou, inversamente, procurar para ele um modelo, em suma, conferir-lhe progressivamente, por transformações calculadas, a função de uma forma" (*in Cahiers pour l'Analyse*, Le Graf, mar.-abr. 1967, n. 7, p. 2). O Círculo propôs a Foucault questões de método para um número dedicado à genealogia das ciências. A partir de Georges Canguilhem, que distingue a mutação, caracterizada pela obra de Galileu, Newton, Lavoisier e também Einstein e Mendeleïev, daquelas que caracterizam as mudanças ou as rupturas observadas na sucessão "Tournefort-Lineu-Engler em sistemática botânica" (ver p. 85 neste volume), o Círculo formula sua questão sobre a *episteme* e a ruptura epistemológica. Trata-se de saber a partir da descontinuidade vertical entre a configuração epistêmica de uma época e a seguinte que relações mantêm "entre si essa horizontalidade e essa verticalidade" (ver p. 85 neste volume). Foucault retomou suas questões, corrigiu-as e ampliou-as em *A arqueologia do saber*. Ele especifica, então, quatro critérios que marcam os momentos fundamentais de uma prática discursiva:
Positividade – "momento a partir do qual uma prática discursiva se individualiza e assume sua autonomia; o momento, por conseguinte, em que se encontra em ação um único e mesmo sistema de formação de enunciados, ou, ainda, o momento em que esse sistema se transforma".

Epistemologização – "quando no jogo de uma formação discursiva um conjunto de enunciados se delineia, pretende fazer valer (mesmo sem consegui-lo) normas de verificação e de coerência e o fato de que exerce em relação ao saber uma função dominante (modelo, crítica ou verificação)".

Cientificidade – "quando uma figura epistemológica assim delineada obedece a um certo número de critérios formais, quando seus enunciados não respondem somente a regras arqueológicas de formação, mas, além disso, a certas leis de construção de proposições".

Formalização – "quando esse discurso científico, por sua vez, puder definir os axiomas que lhe são necessários, os elementos que usa, as estruturas proposicionais que lhe são legítimas e as transformações que aceita, quando puder assim desenvolver, a partir de si mesmo, o edifício formal que constitui".

A arqueologia não especifica particularmente estruturas das ciências, mas os diferentes domínios do saber. Foucault formula em sua resposta ao Círculo de Epistemologia um amplo conjunto de condições negativas para definir o saber: este não é "uma soma de conhecimentos – pois destes se pode dizer se são verdadeiros ou falsos, exatos ou não, aproximativos ou definidos, contraditórios ou coerentes; nenhuma dessas distinções é pertinente para descrever o saber, que é o conjunto dos elementos (objetos, tipos de formulações, conceitos e escolhas teóricas) formados a partir de uma só e mesma positividade, no campo de uma formação discursiva unitária" (ver p. 114 neste volume).

Em *As palavras e as coisas*, Michel Foucault procurou comparar três práticas científicas. O fato de que a história natural, a gramática e a economia política se tenham constituído mais ou menos na mesma época parecera a Foucault algo de singular. Tratava-se de estudar práticas heterogêneas. Foucault não procurava estudar o nascimento da análise das riquezas e a formação do capitalismo. O problema era encontrar pontos comuns entre várias práticas discursivas: uma análise comparativa dos procedimentos internos ao discurso científico. No *Prefácio à Edição Inglesa*, publicado neste volume, Foucault ressalta que se trata de um estudo em um setor da história das ciências relativamente negligenciado. As disciplinas referentes aos seres vivos, às línguas e aos fatos econômicos, que ele estuda, supõe-se que sejam por demais tingidas pelo pensamento empírico para que tenham uma história diversa da irregular. A

LVI   Michel Foucault – Ditos e Escritos

hipótese de Foucault que acompanha seu conceito de *episteme* é que a história mesma do saber não formalizado está articulada como um sistema.

Foucault não pretendeu, a partir de um tipo particular de saber, esboçar o quadro de um período ou reconstituir o espírito de um século. Ele apresenta um número preciso de elementos – bem preciso, frisa ele – sobre o conhecimento dos seres vivos, sobre o conhecimento das leis da linguagem e sobre o conhecimento dos fatos econômicos. Relaciona esses saberes ao discurso filosófico de seu tempo, durante um período que se estende do século XVII ao século XIX. Esse método diverge dos estudos unidisciplinares. Não há em *As palavras e as coisas* uma história justaposta da biologia, da linguística e da economia política. Há um quadro inteiramente diverso que subverte as grandes classificações conhecidas e familiares. Foucault não foi buscar nos séculos XVII e XVIII os começos da biologia ou os da economia ou da linguística. Ele observou as figuras características do que chamou de "Idade Clássica", uma taxonomia ou uma história natural pouco contaminada pelo saber existente da fisiologia animal ou vegetal. E é assim que Foucault pôde dizer que a "vida" não existia na Idade Clássica, e que a história natural morre, desaparece, quando surge a *episteme* do século XIX. Essa leitura permite produzir uma perspectiva inteiramente nova sobre a função de Cuvier na história da biologia – nela, Cuvier aparece como a condição de possibilidade da teoria da evolução. No debate sobre Cuvier, do qual participam Ivette Conry, Bernard Balan e François Dagognet, Foucault dá conta de um embaraço que não superou em *As palavras e as coisas*. Ao colocar Cuvier, Bopp e Ricardo, isto é, nomes, parecia designar a totalidade de uma obra. Na verdade, tratava-se de compreender Cuvier ou Ricardo "não como o nome que permite classificar um certo número de obras, (...) mas como a sigla de uma transformação" (ver p. 233 neste volume). Referindo-se a um efeito da física, o efeito Ramsey, Foucault diz que se deveria dizer a transformação Ricardo ou Cuvier.

Diferente da epistemologia bachelardiana, com a qual partilha o papel heurístico da construção da descontinuidade, dos tempos diferenciais na história do saber, não há na arqueologia qualquer aspecto evolutivo, progressivo ou retrospectivo. Se ela permite uma leitura retroativa é porque elimina o juízo sobre o saber do passado a partir da atualidade da ciência. Não há passado sancionado ou ultrapassado na perspectiva de Foucault.

Apresentação à Edição Brasileira **LVII**

O ponto em que se situa a leitura arqueológica de Foucault é o limiar da epistemologização. Este é definido como "o ponto de clivagem entre as formações discursivas definidas por sua positividade e figuras epistemológicas que não são todas, forçosamente, ciências (e que, de resto, talvez jamais cheguem a sê-lo). Nesse nível, a cientificidade não serve como norma: o que se tenta revelar, na *história arqueológica*, são as práticas discursivas na medida em que dão lugar a um saber, e em que esse saber assume o *status* e o papel de ciência" (*A arqueologia do saber*, 7ª ed., Rio de Janeiro, Forense Universitária, 2004, p. 213).

Foucault chamou em *A arqueologia do saber* a análise das formações discursivas, das positividades e do saber de "análise da *episteme*". Ele a distingue, assim, de outras formas de história da ciência.

E a *episteme* é "o conjunto das relações que podem unir, em uma dada época, as práticas discursivas que dão lugar a figuras epistemológicas, a ciências, eventualmente a sistemas formalizados; o modo segundo o qual, em cada uma dessas formações discursivas, se situam e se realizam as passagens à epistemologização, à cientificidade, à formalização" (*A arqueologia do saber*, p. 214).

Contra todas as leituras herdeiras do *Zeitgeist* hegeliano, Foucault afirma: "A *episteme* não é uma forma de conhecimento, ou um tipo de racionalidade que, atravessando as ciências mais diversas, manifestaria a unidade soberana de um sujeito, de um espírito ou de uma época; é o conjunto das relações que podem ser descobertas, para uma época dada, entre as ciências, quando estas são analisadas no nível das regularidades discursivas" (*A arqueologia do saber*, p. 214). A *episteme*, por outro lado, é única: "Em uma cultura e em um momento dado, existe apenas uma *episteme*, que define as condições de possibilidade de todo saber" (*Les mots et les choses*, Paris, Edições Gallimard, 1966, p. 27). Cabe ressaltar a diferença do conceito de *episteme* com qualquer tipo de *Weltanschauung* com que um ideólogo como Raymond Aron, seu futuro colega no Collège de France, tentava identificá-la.

É um nível de trabalho distinto do historiador da ciência corrente. Foucault procura descrever o que ele chama de "*inconsciente positivo* do saber: um nível que escapa à consciência do pesquisador e que, no entanto, faz parte do discurso científico" (ver p. 193 neste volume). Um exemplo visível está

LVIII   Michel Foucault – Ditos e Escritos

no fato de que naturalistas e economistas por vezes utilizavam as mesmas regras para definir os objetos próprios de seu campo de estudo para formar seus conceitos, construir suas teorias. O nível arqueológico aqui é definido como o "fundamento comum a toda uma série de representações" ou de "produtos científicos dispersos através da história natural, da economia e da filosofia da época clássica".

Cabe ressaltar aqui um pequeno detalhe da história da *episteme* do século XIX que teve amplas consequências políticas. O fato de Foucault ter localizado a teoria econômica de Marx no interior do século XIX, no quadro da *episteme*, em que a obra de Ricardo era o ponto inaugural da economia política, rendeu-lhe um dilúvio de injúrias. E muitas destas partiram dos que consideravam Marx o ponto inaugural de um modo de cientificidade a partir do qual a história do mundo devia ser estudada, julgada etc. Nesse ponto é que se devem situar as relações complexas da obra de Foucault com a de Althusser. Este também fora situado como estruturalista e tornara-se objeto de ataques por parte dos ideólogos humanistas do PCF, como Garaudy. Em março de 1966, como lembra Defert (ver p. 19, vol. I da edição brasileira desta obra), o Comitê Central do PCF em Argenteuil declara contra Althusser que o "marxismo é o humanismo de nosso tempo". Em maio, Foucault proclama o seguinte: "Nossa tarefa é nos libertamos do humanismo... é nesse sentido que meu trabalho é um trabalho político, na medida em que todos os regimes do Leste ou do Oeste fazem passar suas mercadorias sob a bandeira do humanismo" (ver n. 37, p. 516, vol. I da edição francesa desta obra). Foucault situa o equívoco de o considerarem estruturalista, assim como Althusser e Lacan, no fato de que os três abandonavam um postulado fundamental da filosofia francesa, o fato de colocarem de forma nova a questão do sujeito, de a situarem de maneira diversa da tradição cartesiana reforçada pela fenomenologia.

Nietzsche: da genealogia à ontologia do presente

Na entrevista feita com Raymond Bellour, em 1967, Foucault ressalta o papel de Nietzsche na construção de sua arqueologia. É a Nietzsche – lido antes por Blanchot e Bataille – mais do que ao estruturalismo ou à epistemologia que ela se vincula. Em 1971, Foucault escreve seu grande texto, *Nietzsche, a Genea-*

logia, a História (ver p. 272 neste volume), em que o fulcro de suas análises se desloca para uma genealogia das relações poder-saber. Será esse trabalho que constituirá o campo mais importante das pesquisas que irá fazer nos cursos que irá ministrar no Collège de France, para o qual fora eleito em novembro de 1969, na cadeira de História dos Sistemas de Pensamento. A genealogia nietzschiana – é o que mostra Foucault – choca-se com a crença na metafísica e a maneira tradicional de fazer história: ela se opõe à pesquisa da origem, porque nesta há "um esforço para captar a essência da coisa, sua mais pura possibilidade, sua identidade cuidadosamente guardada em si mesma, sua forma imóvel e anterior a tudo o que é externo, acidental e sucessivo" (ver p. 275 neste volume). O genealogista, ao escutar a história, aprende que "por trás das coisas há 'algo completamente diferente': não absolutamente seu segredo essencial e sem data, mas o segredo de que elas são sem essência ou que sua essência foi construída peça por peça a partir de figuras que lhe eram estranhas" (ver p. 275 neste volume).

A genealogia não é uma análise presa ao postulado da origem (*Ursprung*), na medida em que este seria o lugar da verdade, "ponto completamente recuado e anterior a qualquer conhecimento positivo, [e a origem] tornaria possível um saber que, no entanto, a recobre, e não cessa, em sua falação, de desconhecê-la; ela estaria nessa articulação inevitavelmente perdida em que a verdade das coisas se liga a uma verdade do discurso que logo a obscurece e a perde. (...) Por trás da verdade, sempre recente, avara e comedida, há a proliferação milenar dos erros. Não acreditamos mais 'que a verdade permaneça verdadeira quando lhe arrancamos o véu: já vivemos bastante para crer nisto'" (ver p. 276 neste volume). O que é a verdade, então? "A verdade, espécie de erro que tem a seu favor o fato de não poder ser refutada, sem dúvida porque a longa cocção da história a tornou inalterável. E, além disso, a própria questão da verdade, o direito que ela se dá de refutar o erro ou de se opor à aparência, a maneira pela qual alternadamente ela se tornou acessível aos sábios, depois reservada apenas aos homens piedosos, a seguir retirada para um mundo fora de alcance, onde desempenhou simultaneamente o papel de consolo e de imperativo, rejeitada, enfim, como ideia inútil, supérflua, contradita em todo lugar – tudo isso não é uma história, história de um erro que tem o nome de verdade?" (ver p. 277 neste volume).

LX   Michel Foucault – Ditos e Escritos

As forças que estão em jogo na história, campo de batalha, não obedecem nem a uma destinação nem a uma mecânica, mas ao acaso da luta... "Elas surgem sempre no aleatório singular do acontecimento" (ver p. 286 neste volume).

Seguir Nietzsche, ao fazer a genealogia dos valores, da moral, do ascetismo, do conhecimento, nunca será, portanto, partir em busca de sua "origem", negligenciando como impossíveis todos os episódios da história. O genealogista reconhece os abalos, as surpresas, as vitórias vacilantes e as derrotas maldigeridas dos acontecimentos da história, que dão conta dos começos.

A proveniência (*Herkunft*), revela-nos Foucault, é para Nietzsche o objeto específico da genealogia. Permite "descobrir todas as marcas sutis, singulares, subindividuais que podem se entrecruzar nele e formar uma rede difícil de desembaralhar" (ver p. 278 neste volume). Foucault ressalta não ser ela uma figura da semelhança, que ele analisou na *episteme* da Renascença, a proveniência.

A proveniência, diz Foucault, permite também reencontrar sob o aspecto único de uma característica ou de um conceito a proliferação dos acontecimentos contra os quais, ou graças aos quais, o conceito se formou.

Para ele seguir o filão complexo da proveniência é, pelo contrário, manter o que se passou na dispersão que lhe é própria; é situar os acidentes, os ínfimos desvios – ou, pelo contrário, as completas inversões, os "cálculos errôneos que fizeram nascer o que existe e tem valor para nós; é descobrir que, na raiz do que conhecemos e do que somos, não há absolutamente a verdade e o ser, mas a exterioridade do acidente" (ver p. 279 neste volume).

E Foucault ressalta ainda que a proveniência se relaciona com o corpo. Inscreve-se no sistema nervoso, no humor, no aparelho digestivo, na má respiração, na má alimentação, no corpo débil e vergado daqueles cujos ancestrais cometeram erros. Por que os homens inventaram a vida contemplativa? Porque atribuíram um valor supremo a esse tipo de existência. Em *Aurora*, é o que refere Nietzsche: "Durante as épocas bárbaras (...) se o vigor do indivíduo decai, se ele se sente fatigado ou doente, melancólico ou saciado, e, consequentemente, de forma temporária, sem desejo ou sem apetites, ele se torna um homem relativamente melhor, ou seja, menos perigoso, e suas ideias pessimistas se formulam apenas por palavras e reflexões. Nesse estado de espírito ele se tornará um pensador e anunciador, ou

Apresentação à Edição Brasileira **LXI**

então sua imaginação desenvolverá suas superstições." No corpo se encontra o estigma dos acontecimentos passados, assim como dele nascem os desejos, os desfalecimentos e os erros. O corpo é uma superfície de inscrição dos acontecimentos, lugar de dissolução do uno, volume em perpétua pulverização. A genealogia está na articulação do corpo com a história.

Um outro elemento fundamental da genealogia é a emergência – *Entstehung* –, a lei singular de um aparecimento. Ela não deve ser buscada em uma continuidade ininterrupta. Seria também um engano dar conta da emergência pelo termo final. Os fins últimos não passam do episódio final de uma série de submissões. O castigo que será depois objeto da pesquisa precisa de Foucault sobre o nascimento da prisão foi alternadamente submetido à necessidade de se vingar, de "excluir o agressor, de libertar-se da vítima, de aterrorizar os outros" (ver p. 281 neste volume). A genealogia restabelece os sistemas de submissão. Não a potência antecipadora de um sentido, "mas o jogo casual das dominações" (ver p. 281 neste volume). A emergência sempre se produz em um determinado estado de forças. A análise da *Entstehung* deve mostrar seu jogo, a maneira pela qual umas lutam contra as outras, ou o combate que travam diante de circunstâncias adversas... de escapar à degenerescência e recobrar o vigor a partir de seu próprio enfraquecimento. Por exemplo, "a emergência de uma espécie (animal ou humana)" e sua solidez são asseguradas "por um longo combate contra as condições constante e essencialmente desfavoráveis" (ver p. 281 neste volume).

Nietzsche opõe a história tradicional à *wirkliche Historie*. De um lado, a tradição teológica ou racionalista, que tende a dissolver o acontecimento singular em uma continuidade ideal – movimento teleológico ou encadeamento natural. A "história efetiva" faz surgir o acontecimento, faz aparecer o acontecimento no que pode ter de único e agudo. E o que é o acontecimento? Não é decisão, tratado, reino ou batalha, mas uma relação de forças que se inverte, um poder confiscado, um vocabulário retomado contra seus utilizadores, uma dominação que se enfraquece, se amplia e se envenena e uma outra que faz sua entrada, mascarada.

O trabalho da genealogia vai também se transformar progressivamente nos livros e ensaios seguintes de Foucault, até tomar a forma de uma ontologia do presente. Genealogia e arqueologia se articulam sob o signo das problematizações. Em um momento posterior de seu trabalho, já quando escrevia a história da

LXII   Michel Foucault – Ditos e Escritos

sexualidade, é sob a égide da problematização que ele opera. Eis como ele define essa etapa de seu trabalho e redefine o que realizara antes: "analisar não os comportamentos nem as ideias, não as sociedades nem suas ideologias", mas as problematizações por meio das quais o ser se dá como podendo e devendo ser pensado e as práticas a partir das quais elas se formam. A dimensão arqueológica da análise permite analisar as formas mesmas da problematização; sua dimensão genealógica, sua formação a partir das práticas e suas modificações. Problematização da loucura e da doença a partir de práticas sociais e médicas, definindo um certo perfil de "normalização"; problematização da vida, da linguagem e do trabalho em práticas discursivas que obedecem a certas regras "epistêmicas"; problematização do crime e do comportamento criminoso a partir de certas práticas punitivas que obedecem a um modelo "disciplinar" (*L'usage des plaisirs*, Edições Gallimard, p. 17-18).

Se o trabalho de Nietzsche foi um dos eixos que permitiram operar a passagem da arqueologia à genealogia, é interessante notar o trabalho do arqueólogo Foucault na descrição das dificuldades para o empreendimento internacional de uma nova edição das obras de Nietzsche, de que ele e Deleuze foram durante certa etapa os responsáveis. A edição desse texto de Foucault se justifica na medida em que não temos notícia de projetos de edição em língua portuguesa das obras completas do autor da *Genealogia da moral* – quando o interesse pela obra de Nietzsche é entre nós intenso. Para Foucault, trata-se nessa edição de restituir a paisagem intelectual do filósofo. Isso significa que cada volume foi acompanho "dos esboços, notas e rascunhos", do que Foucault chamou de "sua confusão característica". Trata-se de construir "um terreno de discussão". Nele, diz Foucault, "os historiadores da filosofia poderão fazer a sua parte". Projeto diverso da nova edição de Nietzsche na coleção da "Bibliothèque de la Pléiade", na qual o conjunto dos fragmentos póstumos escritos pelo filósofo não será publicado, ainda que siga o modelo da edição feita por Giorgio Colli e Mazzino Montinari.

Quanto ao estudo de Nietzsche, é preciso não esquecer o curso fundamental de Heidegger. Foucault diz o seguinte sobre esse filósofo: "Sempre foi para mim o filósofo essencial (...). Todo o meu futuro filosófico foi determinado por minha leitura de Heidegger (...). É provável que, se eu não tivesse lido Heidegger, não teria lido Nietzsche. Tentei ler Nietzsche nos anos 1950, mas Nietzsche sozinho não me dizia nada. Já Nietzsche com Heidegger foi um abalo filosófico" (ver p. 259, vol. V da edição brasileira desta obra).

Sobre a edição brasileira

A edição brasileira é bem mais ampla do que a americana, publicada em três volumes, e também do que a italiana. Sua diagramação segue praticamente o modelo francês. A única diferença significativa é que na edição francesa a cada ano abre-se uma página e os textos entram em sequência numerada (sem abrir página). Na edição brasileira, todos os textos abrem página e o ano se repete. Abaixo do título há uma indicação de sua natureza: artigo, apresentação, prefácio, conferência, entrevista, discussão, intervenção, resumo de curso. Essa indicação, organizada pelos editores, foi mantida na edição brasileira, assim como a referência bibliográfica de cada texto, que figura sob seu título.

A edição francesa possui um duplo sistema de notas: as notas numeradas foram redigidas pelo autor, e aquelas com asterisco foram feitas pelos editores franceses. Na edição brasileira, há também dois sistemas, com a diferença de que as notas numeradas compreendem tanto as originais de Michel Foucault quanto as dos editores franceses. Para diferenciá-las, as notas do autor possuem um (N.A.) antes de iniciar-se o texto. Por sua vez, as notas com asterisco, na edição brasileira, se referem àquelas feitas pelo tradutor ou pelo revisor técnico, e vêm com um (N.T.) ou um (N.R.) antes de iniciar-se o texto.

Essa edição permite o acesso a um conjunto de textos antes inacessíveis, fundamentais para pensar questões cruciais da cultura contemporânea, e, ao mesmo tempo, medir a extensão e o alcance de um trabalho, de um *work in progress* dos mais importantes da história do pensamento em todas as suas dimensões, éticas, estéticas, literárias, políticas, históricas e filosóficas.

Manoel Barros da Motta

1961

"Alexandre Koyré: a Revolução Astronômica, Copérnico, Kepler, Borelli"

"Alexandre Koyré: La Révolution, Copernico, Kepler, Borelli". *La nouvelle revue française*, 9º ano, n. 108, 1º de dezembro de 1961, p. 1.123-1.124. (Sobre A. Koyré, *op. cit.*, Paris, Hermann, col. "Histoire de la pensée", 1961.)

Há histórias tristes da verdade: essas que enlutam a narrativa de tantos erros feéricos e mortos; no máximo elas nos oferecem, às vezes, a graça de um reconforto: as almas reitoras pelas quais Kepler guiava seus planetas definitivamente elípticos nos consolam de saber que elas não mais girarão em círculo; o orgulho de Copérnico que nos tornou estrela recompensa certamente o tédio de não estar mais no centro do mundo.

O livro do Sr. Koyré é tudo o que há de menos triste; ele narra, com uma voz grave de erudito, as bodas maravilhosas e ininterruptas do verdadeiro e do falso. Mas somos ainda nós que, do fundo de nossa linguagem gasta, falamos de verdade ou de erro e admiramos sua aliança. A autoridade desse trabalho paciente e profundo vem de mais longe: o rigor na apresentação de textos tão pouco conhecidos e sua justa exegese se sustentam em um duplo propósito de historiador e de filósofo: só tomar as ideias no momento de sua turbulência, em que o verdadeiro e o falso não estão absolutamente ainda separados; o que é relatado é um indissociável trabalho subjacente às partilhas que a história faz a seguir. As elipses de Kepler faziam apenas uma coisa com a surda música dos números dispersos no universo.

O Sr. Koyré mostra como essa astronomia, que para nós se torna científica de Copérnico a Kepler, era sustentada por um grande projeto pitagórico. Para Freud, Copérnico, Darwin e a psicanálise tinham sido as três grandes frustrações impostas pelo saber europeu ao narcisismo do homem. Para Copérnico pelo menos, erro. Quando o centro do mundo deixa o nosso solo, ele não abandona o animal humano a um destino

2 Michel Foucault – Ditos e Escritos

planetário anônimo: ele o faz descrever um círculo rigoroso, imagem sensível da perfeição, em torno de um centro que é o luminar do mundo, o deus visível de Trismegisto, a grande pupila cósmica. Nessa claridade, a Terra é liberada do peso sublunar. É preciso lembrar o hino de Marsilio Ficino ao Sol, e toda essa teoria da luz que foi a dos pintores, dos físicos, dos arquitetos. A filosofia do homem era a de Aristóteles; o próprio humanismo está associado a um grande retorno da cultura do Ocidente ao pensamento solar. O classicismo se estabelecerá nesse mundo iluminado, uma vez dominada a jovem violência do Sol; o grande trono de fogo com o qual se encantava a cosmologia de Copérnico irá se tornar o espaço homogêneo e puro das formas inteligíveis.

O próprio Kepler é assaltado por lembranças que remontam para além de Aristóteles. Ele precisou de 10 anos de cálculos, ou seja, de escrúpulos, para arrancar os planetas da perfeição dos círculos, e 10 anos mais para reconstituir em torno dessas elipses um mundo inteiramente harmonioso; ele precisou desses 20 anos para fazer entrar o problema físico do movimento dos planetas e de sua causa na velha abóbada plana, onde unicamente a geometria das esferas movia as coisas celestes. Passo a passo, o Sr. Koyré restaurou essa pesquisa, duas vezes fiel àquele que seguiu: Kepler não anunciava uma nova verdade sem indicar ele próprio por qual vereda de erro acabara de passar: assim era *sua* verdade. Montaigne perdia as pistas e sabia que as perdia. Descartes, de um golpe, reagrupa todos os erros possíveis, fazendo deles um grande maço essencial, e o trata impacientemente como o fundo diabólico de todos os perigos eventuais; depois, considera-se quite. Entre os dois, Kepler – que não *diz* a verdade sem *relatar* o erro. A verdade se profere no encontro de um enunciado e de um relato. Coisa capital na história de nossa linguagem: de um lado, o relato vai abandonar sua vocação simplesmente histórica ou fantástica, para transmitir alguma coisa que é da ordem do definitivo e do essencial; quanto à enunciação do verdadeiro, ela poderá se encarregar de todas as modulações individuais, das aventuras e dos vãos devaneios. Nesse início do século XVII, o lugar do nascimento da verdade se deslocou: ele não está mais do lado das figuras do mundo, mas nas formas interiores e cruzadas da linguagem. A verdade se escreve na curva de um pensamento que se engana e o diz. É esse pequeno círculo à altura do homem que Kepler traçou, apagando do céu os grandes círculos imaginários onde se inscrevia a perfeição dos planetas. Esse novo mundo luminoso, cuja geometria é de pleno direito física e que, subitamente, se encurva no círculo minúsculo mas decisivo de um pensamento que sempre retoma sua fala, compreende-se que tenha sido a paisagem natural de uma filosofia, de uma linguagem e de uma cultura mais ocupadas com a verdade das coisas do que com o seu ser.

1964

Informe Histórico

"Notice historique", in Kant (I.), *Anthropologie du point de vue pragmatique* (trad. M. Foucault), Paris, Librairie philosophique, J. Vrin, 1964, p. 7-10.

Em 1961, M. Foucault apresenta como tese complementar para a obtenção do doutorado em Letras uma tradução comentada, de 347 páginas, da *Anthropologie in pragmatischer Hinsichtabgefaßt*, de Immanuel Kant, precedida de uma introdução de 128 páginas. O conjunto está preservado sob forma datilografada pela biblioteca da Sorbonne. Foucault só publicou a tradução precedida deste "informe histórico".

Uma nota da *Anthropologie*[1] *indica que o texto, antes de ser redigido, tinha sido objeto de um* curso durante "uns 30 anos"; as aulas do semestre de inverno lhe sendo consagradas, as do verão anterior devendo ser reservadas à geografia física. Na verdade, esse número não é exato. Kant tinha começado seu ensino de geografia em 1756; os cursos de antropologia, em compensação, só foram inaugurados provavelmente durante o inverno de 1772-1773.[2]

A edição do texto que conhecemos coincide com o fim dos cursos e com a aposentadoria definitiva de Kant como professor. O *Neues Teutsche Merkur* de 1797 faz menção da notícia, que lhe é transmitida de Königsberg: "Kant publica esse ano sua *Anthropologie*. Ele a havia guardado em seu poder até agora porque, de suas conferências, os estudantes quase não frequentavam nada além desta. Atualmente, ele não dá mais cursos, e não tem mais escrúpulos de apresentar este texto ao público."[3]

---

1 (N.A.) Kant (I.), *Anthropologie in pragmatischer Hinsichtabgefabt*, Königsberg, Friedrich Nicolovius, 1798. (*Anthropologie du point de vue pragmatique*, trad. M. Foucault, Paris, Vrin, 1964, Prefácio, p. 13 (N.E.).)

2 (N.A.) Ver Arnoldt (E.), *Kritische Excurse im Gebiete des Kantsforschung*, Königsberg, F. Beyer, 1894, p. 269 *sq.*

3 (N.A.) *Neues Teutsche Merkur*, 1797, vol. II, p. 82. Citado por Oswald Külpe in *Kants Werke*, Ed. Königlische Preussischen Akademie der Wissenschaft, Berlim, Georg Reimer, vol. VII: *Anthropologie*, 1917, p. 354.

1964 – Informe Histórico 5

Sem dúvida, Kant deixa seu programa figurar ainda no catálogo da universidade, para o semestre do verão de 1797, mas ele havia declarado em público, mesmo que não de maneira oficial, que, "em função de sua idade avançada, não queria mais fazer conferências na universidade."[4] Definitivamente interrompido o curso, Kant decidiu mandar imprimir o texto.

De seus diversos estágios, antes dessa última redação, não conhecemos nada ou quase nada. Em duas ocasiões, Starke publicou, após a morte de Kant, notas que teriam sido tomadas pelos ouvintes.[5] Nenhuma dessas obras merece, no entanto, confiança absoluta; é difícil dar crédito a notas publicadas 35 anos após a morte de Kant. Apesar disso, a segunda coletânea inclui um elemento importante que não figura no texto publicado por Kant: um capítulo "Von der intellectuellen Lust und Unlust". Segundo Starke, o manuscrito desse capítulo teria sido perdido quando Kant o enviou de Königsberg a Iena para mandar imprimi-lo. De fato, nada no manuscrito da *Anthropologie*, tal como ele existe na biblioteca de Rostock, permite supor que um fragmento tenha sido perdido. É mais verossímil que Kant não tenha querido incluir, na obra impressa, um texto que, outrora, tinha feito parte de seu ensino oral. Quanto à primeira compilação de Starke, se é necessário deter-se nela é porque ela comporta uma precisão de data; as notas que a constituem teriam sido tomadas durante o semestre do inverno de 1790-1791: sobre um ponto relativo à concepção e à própria estrutura da *Anthropologie*, elas indicam que uma mudança deve ter se produzido entre essa data e a redação definitiva do manuscrito. Ainda por volta de 1791, o curso se dividia em uma *Elementarlehre* e uma *Methodenlehre*. Considerando que essa não era a organização primitiva, é provável que ela tenha sido, em um dado momento, tomada emprestada das *Critiques*. Na *Anthropologie*, tal como foi publicada, as duas partes trazem o título de *Didactique* e de *Caractéristique*, sem que o conteúdo tenha sido, no entanto, modificado. Talvez esses tenham sido

---

4 (N.A.) Citado por Külpe, *ibid*. Ver Emil Arnoldt, *Beiträge zu dem Material der Geschichte von Kants Leben*, Berlim, Bruno Cassirer, 1909.

5 (N.A.) Starke (F. C.), *Kants Anweisung zur Menschen und Weltkennetniss*. Leipzig, 1831; *Kants Menschenkunde, oder philosophische Anthropologie*, Leipzig, 1831.

6 Michel Foucault – Ditos e Escritos

os títulos originais que Kant teria abandonado por uns tempos visando a estabelecer uma simetria com as três críticas.

No volume XV da edição da Academia, encontramos as *Collegentwürfe* divididas em duas seções: uma reunindo os anos 1770-1780, a outra, os anos 1780-1790.[6] Há muitos pontos comuns entre esses esboços e o texto publicado; no entanto, podem-se notar deslizamentos maiores na própria significação da *Anthropologie* e na definição do ponto de vista pragmático (importância bem maior dada pela *Collegentwürfe* aos temas da história, cidadania e cosmopolitismo).

Enfim, a edição da Academia reagrupou as *Reflexionen*[7] reportando-se à *Anthropologie*, tentando lhes dar uma data. Mas, nesse nível, apenas as modificações de detalhe podem se tornar decifráveis (a classificação desses fragmentos, segundo o plano de 1798, é o feito dos editores).

*

Um certo número de indícios permite situar com bastante exatidão o momento em que foi redigido o texto da *Anthropologie*, publicado por Nicolovius, em outubro de 1798.

1) Em uma carta a Christoph Wilhem Hufeland, que data da segunda quinzena do mês de março de 1797, Kant agradece a seu correspondente pelo envio que ele lhe fez. Trata-se da *Makrobiotik oder die Kunst das menschliche Leben zu verlängern* (Iena, 1796); ele promete ler o livro, mas medindo seu prazer, "ao mesmo tempo para conservar a vivacidade de seu apetite e para apreender claramente as ideias audaciosas e excitantes para a alma que concernem à força da disposição moral, animadora do homem físico, com as quais conta se servir bastante para a *Anthropologie*".[8]

---

6 *Entwürfe zu dem Colleg über Anthropologie aus den 70 er und 80 er Jahren, Kants Werke, op. cit.*, vol. XV, t. I: *Collegentwürfe aus den 70 er Jahren*, p. 657-798, e *Collegentwürfe aus den 80 er Jahren*, p. 799-899
7 *Reflexionen zur Anthropologie, ibid.*, vol. XV, t. I, p. 55-654, e t. II, p. 494-899.
8 (N.A.) *Lettre à Christoph Wilhem Hufeland*, 15 de março de 1797 (n. 347), *in Kants Werke*, vol. X: *Briefe von und an Kant*, t. II: 1790-1803, t. II, Berlim, Bruno Cassirer, 1923, p. 299. (A obra do médico e professor Hufeland foi, de início, publicada em série em Iena em 1796, antes de ser publicada com o título *Die Kunst das menschliche Leben zu verlängern*, Viena, Franz Buch-

1964 – Informe Histórico   7

2) Em 20 de setembro de 1797, o texto está bem adiantado para que o círculo de amigos e correspondentes aguarde uma publicação próxima. "É com grande alegria, escreve Biester, que os leitores vão acolher sua *Anthropologie*"; e, pensando provavelmente que a redação já está acabada, acrescenta: "Seria excelente se você entregasse o texto ao editor ainda este ano, porque há muito tempo se deseja lê-lo."[9]

3) Em 5 de novembro do mesmo ano, Tieftrunk pede notícias da obra, surpreendendo-se um pouco de que ela não tenha sido ainda publicada: "O público espera de você uma Anthropologie: ela será publicada em breve?"[10]

4) De fato, é difícil saber se a redação está ou não concluída nessa data. Quanto mais Kant está ocupado com obstinação e minúcia com a publicação de *Conflit des facultés*,[11] mais ele é avaro, em sua correspondência, de informações sobre a *Anthropologie*. Quando, em uma carta de 13 de outubro de 1797, ele evoca a possibilidade da proximidade de sua morte, recomenda a Tieftrunk duas "memórias", das quais o professor Gensichen se encarregará. Uma está inteiramente redigida – já há dois anos –, a outra está quase concluída.[12] É infinitamente pouco provável que o manuscrito da *Anthropologie* se refira a isso: o termo *Abhandlung* não convém a um texto tão longo; trata-se de preferência de duas seções do *Conflit des facultés*. Daí é preciso admitir que a verdadeira redação da *Anthropologie* ainda não foi feita ou, pelo contrário, está completamente terminada e já encaminhada ao editor?

5) Schöndörffer confirma que o manuscrito da *Anthropologie* não designa nominalmente o Dr. Less a propósito de Albrecht Haller: trata-se apenas de um "teólogo conhecido, antigo colega

---

händler, 1797, 2 vol. O título *Makrobiotik oder die...* só aparece na edição de Wittlich, Berlim, 1805. *L'art de prolonger la vie de l'homme ou le macrobiotique*, trad. A. J. L. Jourdan, Paris, Baillière, 1838 (N.E.).)

---

9 (N.A.) *Lettre de Biester*, 20 de setembro de 1797, *in Kants Schriften*, t. III, Berlim, p. 217.

10 (N.A.) *Lettre de Biester*, 5 de novembro de 1797, *ibid*.

11 (N.A.) *Der Streit der Facultäten*, Königsberg, 1798. (*Le conflit des facultés*, trad. J. Gibelin, 4ª ed., Paris, Vrin, 1988. Alusão às cartas de Kant: *Lettre à Friedrich Nicolovius*, 9 de maio de 1798, n. 427, Kants Werke, Ed. Bruno Cassirer, vol. X, t. II, p. 345-346, e *Lettre à Carl Friedrich Stäudlin*, 1º de julho de 1798, n. 429, *ibid.*, p. 348 (N.E.).)

12 (N.A.) *Lettre à Tieftrunk*, 13 de outubro de 1797 (n. 414), *ibid.*, p. 329.

8 Michel Foucault – Ditos e Escritos

(de Haller) na universidade". Ora, o texto impresso traz o nome do Dr. Less.[13] Tendo este morrido em 1797, pode-se supor que Kant não tenha querido, durante a sua vida, citá-lo expressamente; a notícia do falecimento seria divulgada, uma vez o manuscrito acabado e, sem dúvida, remetido à gráfica.

6) Mais importante e convincente o fato de que certas passagens que figuram no manuscrito passaram, quase da mesma forma, no texto *Von der Macht des Gemüts durch den blossen Vorsatz seiner krankhaften Gefühle meister zu sein*.[14] Esse texto constitui a terceira parte do *Conflit des facultés*. Em uma carta de 17 de abril de 1797,[15] Kant se refere a esse tema da obra como uma ideia que lhe veio muito recentemente. Ele acaba de completar 74 anos e se encontra felizmente preservado de qualquer doença; essa experiência o capacita para falar de uma *psychologisches Arzneimittel*.[16] De fato, em sua carta precedente para Hufeland (fim do mês de março), isso ainda não está em pauta. A leitura da *Makrobiotik* o determinou, como o deixa entender a "Resposta a Hufeland" que abre *Von der Macht des Gemüts*. Ora, esse texto foi publicado no *Journal der praktischen Arzneikunde und Wundarzneikunst* (4te Stück, V Band, 1798), com textos retirados do texto da *Anthropologie*.[17] Pode-se então supor que este estava concluído, ou quase, quando o artigo destinado à revista de Hufeland foi redigido.

7) Uma nota do texto impresso remete a *Von der Macht des Gemüts*.[18] Ora, essa nota não figura no manuscrito de Rostock, o que deixa supor que, na época em que ele o redigiu, Kant ainda não tinha acabado e talvez nem mesmo começado a composição do artigo que destinava a Hufeland.

---

13 (N.A.) *Anthropologie*, Ed. Vrin, p. 22.
14 *Le conflit des facultés, op. cit.*, 3ª seção: *Conflit de la faculté de philosophie avec la faculté de médecine: de la puissance qu'a l'âme d'être par sa résolution seule maîtresse de ses sentiments morbides. N. 19.*
15 *Lettre réponse à M. le Conseiller aulique et professeur Hufeland, in Le conflit des facultés, op. cit.*, p. 113-117.
16 (N.A.) *Lettre du 19 avril 1797* (n. 398), *Kants Werke*, Ed. Bruno Cassirer, vol. X, t. II, p. 300.
17 (N.A.) Trata-se, essencialmente, de uma passagem que figurava no manuscrito no § 26; o sono é aí definido como uma detenção muscular, o despertar, como uma tensão. A prova disso é que um homem tirado bruscamente de seu sono e logo depois testado "é pouco mais do que meia-pataca" se comparado ao mesmo homem testado após o repouso depois do sono.
18 (N.A.) *Anthropologie*, Ed. Vrin, p. 144.

1964 – Informe Histórico 9

8) Observou-se que uma nota marginal do manuscrito remete à obra de Hearne, cujas duas traduções alemães tinham sido publicadas em 1797. Kant as teria lido na segunda metade desse ano, uma vez o manuscrito redigido. Mas é preciso ainda observar que Hearne já fora citado em *La religion à l'intérieur des limites de la simple raison*.[19] Poderia então tratar-se de uma lembrança e de um acréscimo.

Todos esses esclarecimentos indicam uma data bastante precisa; o manuscrito da *Anthropologie* deve ter sido concluído, no essencial, na primeira metade do ano de 1797 – talvez nos três ou quatro primeiros meses. A súbita inspiração que fez nascer *Von der Macht* não deve, sem dúvida, ter interrompido uma redação quase acabada; mas provavelmente adiou sua impressão e conclusão definitiva. Uma vez concluído *Von der Macht* e talvez já enviado a Hufeland, foram feitas as últimas modificações na *Anthropologie* (supressão de passagens que tinham duplo emprego, acréscimo de referências), sendo então enviadas diretamente à gráfica ou acrescentadas às provas.[20]

---

19 (N.A.) *Anthropologie, in Kants Werke*, Berlim, vol. VII, 1917, p. 354, nota 1. *Die Religion innerhalb der Grenzen der blossen Vernunft*, Königsberg, 1793. (*La religion dans les limites de la simple raison*, trad. J. Gibelin, 1ª parte, § 3, Paris, Vrin, 1943, p. 53. Samuel Hearne, oficial da Companhia da Baía de Hudson, é o autor da obra *A journey from Prince of Wales's Fort in Hudson's Bay to the Northern Ocean*, Londres, T. Cadell, 1795. Foi publicada em alemão em 1797: *S. Hearne's Tagebuch einer Reise von Fort Prinz Wallis in der Hudsonbay, nach dem nördlichen Weltmeer*, Halle, Matthias Sprengel, 1797 (N.E.).)
20 (N.A.) As relações do pensamento crítico e da reflexão antropológica serão estudadas em uma obra posterior.

1966

A Prosa do Mundo

"La prose du monde", *Diogène*, n. 53, janeiro-março de 1966, p. 20-41. Reedição, com algumas diferenças, do Capítulo II de *As palavras e as coisas*, solicitada por Roger Caillois. Ver *A Roger Caillois*, vol, VII da edição brasileira desta obra.

Eis que, há mais de dois séculos na nossa cultura, a semelhança deixou de formar, no interior do saber, uma figura estável, suficiente e autônoma. A época clássica a mandou embora: Bacon,[1] de início, depois Descartes instauraram, para um tempo do qual não saímos, uma ordem de conhecimentos em que a similitude pode ter apenas um lugar precário e provisório, no limite da ilusão: "É um hábito frequente, quando se descobrem algumas semelhanças entre duas coisas, atribuir tanto a uma como à outra, mesmo em pontos em que na realidade elas são diferentes, o que se reconheceu verdadeiro somente para uma das duas."[2] Desde o século XVII, o *similar* só oferece ao saber uma face perturbadora, pronta a se desfazer, e que cabe ao conhecimento analisar imediatamente para que apareçam, lado a lado e cuidadosamente separados, o idêntico e o diferente.

Licenciada pelo pensamento racional, a semelhança apenas conservará poderes de encantamento. Estes se encontrarão então, nessa época que com ou sem razão se chama barroca, multiplicados pelo livre jogo, pelo espaço vazio que subitamente lhes são concedidos: é o tempo privilegiado da ilusão de ótica, da ilusão cômica, do teatro duplicado em seu próprio interior;

---

1 (N.A.) Bacon (F.), *Novum organum scientiarum*, livro I, §§ 45 e 55, Londres, J. Billium, 1620.

2 (N.A.) Descartes (R.), *Regulae ad directionem ingenii*, I, 1628 (*Règles pour la direction de l'espirit, Règle I*, G. Le Roy, *in Oeuvres et lettres*, Paris, Gallimard, col. "Bibliothèque de la Pléiade", 1952, p. 37 (N.E.).)

é o tempo do quiproquó, dos sonhos e das visões, dos sentidos enganadores; é o tempo em que as metáforas, as comparações e as alegorias definiam o espaço poético da linguagem. Mas a *ratio* entra em um espaço no qual apenas estará em questão o Mesmo – definido pela identidade dos elementos ou das relações – e o Outro, com seus códigos e seus critérios de discriminação: nesse espaço se desdobrarão a medida do quantitativo, a formalização do que não pode ser numericamente determinado, os métodos gerais do pensamento analítico, as filosofias da evidência e do *a priori*, assim como aquelas da identidade e da alienação, enfim, a experiência da repetição ou do retorno. Como se todo o pensamento ocidental moderno – aquele no qual nos reconhecemos desde o início da época clássica – estivesse alojado no vazio que foi aberto no interior da semelhança, quando lhe foi requerido, senão fazê-la desaparecer, pelo menos dela dissociar o desenho tornado bastante precário em um quadro discursivo de identidades e diferenças.

Atualmente, o semelhante é tão alheio ao nosso saber, tão misturado aos jogos solitários da percepção, da imaginação e da linguagem, que facilmente esquecemos que ele tenha podido ser, e por muito tempo, uma forma de saber positivo. Figura autônoma, a similitude não tinha de confessar de que peças ou pedaços era feita secretamente; ela podia dar conta, pelos poderes que lhe eram próprios, da maneira pela qual o mundo estava ligado a ele mesmo: conhecer dava acesso à semelhança, e a semelhança permitia conhecer. É ela que, em boa parte, conduzia a exegese e a interpretação dos textos; é ela que organizava o jogo dos símbolos, autorizava o conhecimento do visível através do invisível, guiava a arte de representá-lo. O mundo se enrolava sobre si mesmo: a terra repetindo o céu, os rostos se refletindo nas estrelas e as ervas envolvendo em seus caules os segredos que serviam ao homem. A pintura imitava o espaço. E a representação – fosse ela festa ou saber – se dava como repetição: "teatro da vida" ou "espelho do mundo", eis ali o título de qualquer linguagem, sua maneira de se anunciar e de formular seu direito de falar.

As quatro similitudes

A trama semântica da semelhança é bastante rica: *amicitia, aequalitas (contractus, consensus, matrimonium, societas,*

12 Michel Foucault – Ditos e Escritos

pax et similia), consonantia, concertus, continuum, paritas, proportio, similitudo, conjunctio, copula.[3] E ainda há muitas outras noções que, na superfície do pensamento, se entrecruzam, se sobrepõem, se reforçam ou se limitam. Basta por hora indicar as principais figuras que prescrevem suas articulações com o saber da semelhança. Há quatro que são, certamente, essenciais.

Inicialmente, a *convenientia*. Na verdade, a proximidade dos lugares se encontra, por essa palavra, mais fortemente designada do que a similitude. São "convenientes" as coisas que, aproximando-se uma da outra, acabam por se tocar; elas se tocam no limite, suas franjas se misturam, a extremidade de uma designa o início da outra. Por ali o movimento se comunica, as influências e as paixões, as propriedades também. De modo que, nessa articulação das coisas, uma semelhança aparece. Dupla, desde que se tente discriminá-la: semelhança do lugar, do sítio em que a natureza colocou as duas coisas, portanto, semelhança das propriedades; pois, nesse continente natural que é o mundo, a proximidade não é uma relação exterior entre os seres, mas o signo de um parentesco ao menos obscuro. E, em seguida, desse contato nascem por troca novas semelhanças, um regime comum se impõe; à similitude como razão surda da proximidade se sobrepõe uma semelhança que é o efeito visível da proximidade. A alma e o corpo, por exemplo, são duas vezes convenientes: foi preciso que o pecado tivesse tornado a alma densa e pesada, e terrestre, para que Deus a localizasse no mais oco da matéria. Mas, por essa proximidade, a alma recebe os movimentos do corpo e se assimila a ele, enquanto "o corpo se altera e se corrompe pelas paixões da alma".[4] Na vasta sintaxe do mundo, os seres diferentes se ajustam uns aos outros; a planta se relaciona com o animal, a terra, com o mar, o homem, com tudo aquilo que o cerca. A semelhança prescreve vizinhanças que, por sua vez, asseguram semelhanças. O lugar e a similitude se embaralham: veem-se crescer musgos nos cascos dos mariscos, plantas nos chifres dos veados, espécies de ervas no rosto dos homens; e

---

3 (N.A.) Grégoire (P.), *Syntaxeon artis mirabilis*, Colônia, L. Zetzneri, 1610, p. 28.
4 (N.A.) Porta (G. Della). *De humana physiognomonia*, Hanôver, G. Antonium, 1593 (*La physionomie humaine*, trad. Rault, Rouen, J. Berthelin, 1655, p. 1).

o estranho zoófito justapõe, misturando-as, as propriedades que também o tornam semelhante tanto à planta quanto ao animal.[5] Igualmente formas de conveniência. A *convenientia* é uma semelhança ligada ao espaço sob a forma do "próximo ao próximo". Ela é da ordem da conjunção e do ajustamento. Porque ela pertence menos às próprias coisas do que ao mundo no qual elas se encontram. O mundo é a "conveniência" universal das coisas; aos peixes na água correspondem na terra os animais ou os objetos produzidos pela natureza ou os homens (não há peixes que se chamam *Episcopus*, outros *Catena* e outros *Priapus*?); na água e na superfície da terra há tantos seres quanto no céu, e aos quais eles correspondem; enfim, tudo o que é criado se encadeia a tudo o que se poderia encontrar eminentemente contido em Deus, "Semeador da Existência, do Poder, do Conhecimento e do Amor".[6] Assim, pelo encadeamento da similitude e do espaço, pela força dessa conveniência que aproxima os semelhantes e assimila os próximos, o mundo se encadeia com ele mesmo. Em cada ponto de contato começa e termina um elo que se assemelha ao precedente e ao subsequente; e, de círculo em círculo, as similitudes prosseguem, retendo os extremos em sua distância (Deus e a matéria), aproximando-os de maneira que a vontade do Todo-Poderoso penetre até nos confins mais adormecidos. É essa cadeia imensa, tensa e vibrante, essa corda da conveniência que Porta evoca em um texto de sua *Magie naturelle*: "Do ponto de vista de sua vegetação, a planta convém à fera bruta, e por sentimento o animal brutal ao homem, que se conforma ao resto dos astros por sua inteligência; essa ligação procede tão propriamente que ela parece uma corda estendida da causa primeira às coisas baixas e ínfimas, por uma ligação recíproca e contínua: de maneira que a virtude superior, espargindo seus raios, atingirá esse ponto que, se tocamos a sua extremidade, ela tremerá e fará mover o resto."[7]

---

5 (N.A.) Aldrovandi (U.), *Monstrorum historia, cum paralipomenis historiae omnium animalium*. Bolonha, N. Tebaldini, 1647, p. 663.

6 (N.A.) Campanella (T.), *Realis philosophiae epilogisticae partes quatuor, hoc est de rerum natura, hominum moribus, política et oeconomia, cum adnotationibus physiologicis*, Frankfurt, G. Tampachii, 1623, p. 98.

7 (N.A.) Porta (G. Della), *Magiae naturalis, sive de Miraculis rerum naturalium*, Nápoles, Canar, 1558 (*La magie naturelle, qui est les secrets et miracles de nature*, Rouen, J. Lucas, 1650, p. 22).

14 Michel Foucault – Ditos e Escritos

A segunda forma de similitude é a *aemulatio*: uma espécie de conveniência, mas que será liberada da lei do lugar e atuará, imóvel, na distância. Um pouco como se a conivência espacial tivesse sido rompida e os anéis da cadeia, destacados, reproduzissem seus círculos, longe uns dos outros, de acordo com uma semelhança sem contato. Há na emulação alguma coisa do reflexo e do espelho: por ela, as coisas dispersas no mundo se dão resposta. De longe, o rosto é o êmulo do céu; e tal como o intelecto do homem reflete, imperfeitamente, a sabedoria de Deus, da mesma forma os dois olhos, com sua claridade limitada, refletem a grande iluminação que o sol e a lua propagam no céu. A boca é Vênus, já que por ela passam os beijos e as palavras de amor; o nariz oferece a minúscula imagem do cetro de Júpiter e a orelha, a do caduceu de Mercúrio.[8] Por essa relação de emulação, as coisas podem se imitar de uma ponta à outra do universo sem encadeamento nem proximidade: por sua duplicação em espelho, o mundo abole a distância que lhe é própria; através dela, ele triunfa sobre o lugar que é dado a cada coisa. Desses reflexos que percorrem o espaço, quais são os primeiros? Onde está a realidade, onde está a imagem projetada? Frequentemente, não é possível dizê-lo, pois a emulação é uma espécie de geminação natural das coisas; ela nasce de uma duplicação do ser, cujos dois lados imediatamente se defrontam. Paracelso compara essa duplicação fundamental do mundo à luta de "dois soldados igualmente ferozes e irritados", ou, ainda, à imagem de dois gêmeos que "se parecem perfeitamente, sem que seja possível a ninguém dizer qual trouxe ao outro a semelhança".[9]

No entanto, a emulação não deixa inertes, uma diante da outra, as duas figuras refletidas que ela opõe. Ocorre que uma seja a mais fraca e receba forte influência daquela que vem se refletir em seu espelho passivo. As estrelas não predominam sobre as plantas da terra, das quais elas são o modelo imutável, a forma inalterável, e sobre as quais lhes é dado derramar secretamente toda a dinastia de suas influências? A terra sombria é o espelho do céu semeado, mas nesse torneio os dois

---

8 (N.A.) Aldrovandi (U.), *op. cit.*, p. 3.
9 (N.A.) Paracelso (P. T. von Hohenheim, dito), *Das Buch Paramirisches*, Mulhouse, Peter Schmid, 1562 (*Liber paramirum*, trad. Grillot de Givry, in *Oeuvres complètes*, t. I, Paris, Chacornac, col. "Les classiques de l'occulte", 1913, p. 3).

1966 – A Prosa do Mundo   15

rivais não são nem de valor nem de dignidade iguais. As luminosidades da vegetação reproduzem sem violência a forma pura do céu: "As estrelas, diz Crollius, são a matriz de todas as ervas e cada estrela do céu não passa da espiritual prefiguração de uma erva, tal como ela a representa, e, exatamente como cada erva ou planta é uma estrela terrestre olhando o céu, também cada estrela é uma planta celeste em forma espiritual, que difere das terrestres unicamente pela matéria (...), as plantas e as ervas celestes estão voltadas para o lado da terra e olhando diretamente as ervas que elas procriaram, incutindo-lhes alguma virtude particular."[10]

Mas ocorre também que a luta permaneça em aberto e que nos dois espelhos opostos se reflita apenas a imagem de "dois soldados irritados". A similitude torna-se, então, o combate de uma forma contra a outra – ou, melhor, da mesma forma separada de si mesma pelo peso da matéria ou pela distância dos lugares. O homem de Paracelso é, como o firmamento, "constelação de astros": mas não está ligado a ele como "o ladrão ao cárcere, o assassino à roda, o peixe ao pescador, a caça àquele que a caça". Pertence ao firmamento do homem ser "livre e poderoso", "não obedecer a nenhuma ordem", "não ser regido por nenhuma das outras criaturas". Seu céu interior pode ser autônomo e repousar apenas nele próprio: mas desde que, por sua sabedoria, que é também saber, ele se torne semelhante à ordem do mundo, a retome em si e, assim, faça oscilar em seu firmamento interno aquele onde cintilam as visíveis estrelas. Então, essa sabedoria do espelho envolverá, retroativamente, o mundo onde ela estava localizada; seu grande anel girará até os confins do céu, e mais além; o homem descobrirá que ele contém "as estrelas no interior dele mesmo (...), e que assim ele comporta o firmamento com todas as suas influências".[11]

A emulação se dá, inicialmente, sob a forma de um simples reflexo, furtivo, longínquo; ela percorre em silêncio os espaços do mundo. Mas a distância que ela transpõe não é anulada por sua sutil metáfora; ela permanece aberta para a visibilidade. E, nesse duelo, as duas figuras confrontadas se apoderam uma da

---

10 (N.A.) Crollius (O.), *Tractatus novus de signatures rerum internis*, Frankfurt, C. Marmium, 1609 (Traité *des signatures, in La royale chymie de Crollius*, trad. Marcel de Boulenc, Lyon, P. Drouet, 1624, p. 28).

11 (N.A.) Paracelso, *op. cit.*

16   Michel Foucault – Ditos e Escritos

outra. O semelhante envolve o semelhante, que, por sua vez, o cerne, e talvez seja novamente envolvido por um desdobramento que tem o poder de prosseguir infinitamente. Os anéis da emulação não formam uma cadeia como os elementos da conveniência: mas, antes, círculos concêntricos, refletidos e rivais. Terceira forma de similitude, a *analogia*. Antigo conceito já familiar à ciência grega e ao pensamento medieval, mas cujo uso tornou-se provavelmente diferente. Nessa analogia se sobrepõem *convenientia* e *aemulatio*. Como esta, ela assegura a maravilhosa confrontação das semelhanças através do espaço; mas ela fala, como aquela, de ajustamento, de ligações e junções. Seu poder é imenso, pois as similitudes que ela acarreta não são aquelas, visíveis, maciças, das próprias coisas; basta que sejam as semelhanças mais sutis das relações. Assim aliviada, ela pode propagar, a partir de um mesmo ponto, um número infinito de parentescos. Por exemplo, a relação dos astros com o céu onde eles cintilam também pode ser encontrada: da erva com a terra, dos seres vivos com a terra que eles habitam, dos minerais e diamantes com os rochedos onde estão enterrados, dos órgãos dos sentidos com o rosto que eles animam, das manchas da pele com o corpo que elas marcam secretamente. Uma analogia pode assim retornar sobre si mesma, sem, no entanto, ser contestada. A antiga analogia da planta com o animal (o vegetal é um animal que se sustenta de cabeça para baixo, a boca – ou as raízes – enterrada na terra), Cesalpino não a critica nem a apaga; ao contrário, ele a reforça; multiplica-a por ela mesma quando descobre que a planta é um animal de pé, cujos princípios nutritivos sobem de baixo para o cume, ao longo do caule que se estende como um corpo e termina em uma cabeça – buquês, flores, folhas: essa relação sobreposta, mas não contrária à primeira analogia, localiza "a raiz na parte inferior da planta, o caule na parte superior, pois, nos animais, a rede venosa começa também na parte inferior do ventre e a veia principal sobe para o coração e a cabeça".[12]

Essa reversibilidade, assim como essa polivalência, dá à analogia um campo universal de aplicação. Por ela, todas as figuras do mundo podem se aproximar. Há, no entanto, nesse espaço sulcado em todas as direções, um ponto privilegiado:

---

12 (N.A.) Cesalpino (A.), *De plantis*, livro XVI, Florença, G. Marescottum, 1583.

ele é saturado de analogias (cada uma pode nele encontrar um dos seus pontos de apoio) e, passando por ele, as relações se invertem sem se alterarem. Esse ponto é o homem; ele está em harmonia tanto com o céu, como com os animais e as plantas, como com a terra, os metais, as estalactites ou as tempestades. Erigido entre as duas faces do mundo, ele tem relação com o firmamento (seu rosto é, para seu corpo, o que a face do céu é para o éter; sua pulsação bate em suas veias como os astros circulam conforme suas próprias vias; as sete aberturas formam em seu rosto o mesmo desenho que os sete planetas no céu); mas todas essas relações ele as desloca, e as encontramos, similares, na analogia do animal humano com a terra que ele habita: sua carne é uma gleba, seus ossos, rochedos, suas veias, grandes rios; sua bexiga é o mar, e seus sete membros principais, os sete metais que se escondem no fundo das minas.[13] O corpo do homem é sempre a metade possível de um atlas universal. Sabe-se como Pierre Belon traçou, e detalhadamente, a primeira tábua comparativa do esqueleto humano com o dos pássaros; vemos aí que "a ponta da asa chamada apêndice é proporcional, na asa, ao lugar do polegar na mão; a extremidade da asa é como os dedos em nós (...); o osso dado para as pernas nos pássaros correspondendo ao nosso calcanhar, tal como temos quatro artelhos nos pés, os pássaros têm quatro dedos, dos quais o de trás é proporcional ao grande artelho em nós".[14] Tanta precisão só é anatomia comparada para um olhar armado dos conhecimentos do século XIX. Ocorre que a grade, pela qual deixamos chegar ao nosso saber as figuras do isomorfismo, recorta nesse ponto (e quase unicamente nesse ponto) aquela que o saber do século XVI havia disposto sobre as coisas.

Mas a descrição de Belon decorre, na verdade, apenas da positividade que a tornou possível em sua época. Ela não é nem mais racional nem mais científica do que aquela observação de Aldrovandi, quando ele compara as partes baixas do homem aos lugares infectos do mundo, ao Inferno, às suas trevas, aos amaldiçoados que são como os excrementos do Universo;[15]

---

13 (N.A.) Crollius (O.), *op. cit.*, p. 88.
14 (N.A.) Belon (P.), *L'historie de la nature des oiseaux avec leurs descriptions et naïfs portraits*. Paris, G. Corrozet, 1555, p. 37.
15 (N.A.) Aldrovandi (U.), *op. cit.*, p. 4.

18 Michel Foucault – Ditos e Escritos

ela pertence à mesma cosmografia analógica que a comparação, clássica na época de Crollius, entre a "apoplexia" e a tempestade: a tormenta começa quando o ar se torna pesado e se agita, e a crise, no momento em que os pensamentos se tornam pesados, inquietos; depois as nuvens se acumulam, o ventre estufa, o trovão retumba e a bexiga se rompe; os relâmpagos fulminam, enquanto os olhos brilham com um clarão terrível, a chuva cai, a boca espuma, o raio se desencadeia enquanto os espíritos fazem a pele arrebentar; mas eis que o tempo se torna claro e a razão se restabelece no doente.[16] O espaço das analogias é, no fundo, um espaço de irradiação. De todos os lados o homem é concernido por ele, mas esse mesmo homem, inversamente, transmite as semelhanças que ele recebe do mundo. Ele é o grande foco das proporções, o centro em que as relações vêm se apoiar e de onde elas são novamente refletidas.

Por fim, a quarta forma de semelhança é assegurada pelo jogo das *simpatias*. Ali, nenhum caminho é determinado de saída, nenhuma distância é suposta, nenhum encadeamento, prescrito. A simpatia age em estado livre nas profundezas do mundo. Ela percorre em um instante os mais vastos espaços: do planeta ao homem que ele rege, a simpatia cai de longe como um raio; ela pode, ao contrário, nascer de um contato preciso – como essas "rosas de luto, das quais se será servido nos funerais" que, pela simples proximidade com a morte, tornam qualquer pessoa que lhes aspira o perfume "triste e moribunda".[17] Mas o poder da simpatia é tal que ela não se contenta em jorrar de um único contato e de percorrer os espaços; ela incita o movimento das coisas no mundo e provoca a aproximação das mais distantes. Ela é princípio de mobilidade; atrai os pesados para o peso do solo e os leves para o éter sem peso, empurra as raízes para a água e faz girar com o movimento do sol a grande flor amarela do girassol. Bem mais, atraindo as coisas umas na direção das outras, por um movimento exterior e visível, ela suscita em segredo um movimento interior, um deslocamento das qualidades que se substituem umas às outras: o fogo, por ser quente e ligeiro, eleva-se no ar, na direção do qual suas chamas incansavelmente se erguem; mas ele perde sua própria sequidão (que pertencia à terra)

---

16 (N.A.) Crollius (O.), *op. cit.*, p. 87.
17 (N.A.) Porta (G. Della), *La magie naturelle*, *op. cit.*, p. 72.

1966 – A Prosa do Mundo   19

e adquire uma umidade (que o liga à água e ao ar); desaparece então em um ligeiro vapor, em fumaça azul, em nuvem; transformou-se em ar. A simpatia é uma instância do *Mesmo* tão forte e tão esmagadora que não se contenta em ser uma das formas do semelhante; ela tem o perigoso poder de assimilar, de tornar as coisas idênticas umas às outras, de misturá-las, de fazê-las desaparecer em sua individualidade – portanto, de torná-las alheias ao que elas eram. A simpatia transforma. Ela altera, mas na direção do idêntico, de maneira que, se seu poder não fosse equilibrado, o mundo seria reduzido a um ponto, a uma massa homogênea, à morna figura do Mesmo: todas as suas partes se sustentariam e se comunicariam entre si sem ruptura nem distância, como essas cadeias de metal suspensas pela simpatia à atração de um único ímã.[18]

Eis por que a simpatia é compensada por sua figura gêmea, a antipatia. Esta mantém as coisas em seu isolamento e impede a assimilação; ela enclausura cada espécie em sua diferença obstinada e em sua propensão a perseverar no que ela é: "É bastante conhecido que as plantas se odeiam entre si (...); diz-se que a azeitona e a videira odeiam o repolho; o pepino foge da azeitona (...). Entendido que elas cruzam pelo calor do sol e o humor da terra, é preciso que qualquer árvore opaca e espessa seja perniciosa às outras e também àquela que tem muitas raízes."[19] Assim perpetuamente, através dos tempos, os seres do mundo se odiarão e contra toda simpatia manterão seu feroz apetite. "O rato da Índia é pernicioso ao crocodilo, pois a Natureza lhe fez seu inimigo; de maneira que, quando esse violento se diverte ao sol, ele lhe prepara armadilha e astúcia mortal, percebendo que o crocodilo, adormecido em suas delícias, dorme de goela escancarada, ele entra por aí e escorrega por sua grande goela até o ventre daquele, devorando-lhe as entranhas, saindo, enfim, pelo ventre do animal morto." Mas, por sua vez, os inimigos do rato o espreitam; pois ele está em discórdia com a aranha e, "combatendo várias vezes com o áspide, ele morre".[20] Por esse jogo da antipatia que os dispersa, mas que da mesma forma os

---

18 (N.A.) Porta (G. Della), *La magie naturelle, op. cit.*, p. 72.
19 (N.A.) Cardan (J.), *De subtilitate*, Bâle, Petrina, 1560 (*De la subtilité*, trad. R. Le Blanc, Paris, G. Le Noir, 1656, p. 154).
20 (N.A.) Goulart (S.), *Annotations et observations sur le texte pour l'explication de plusieurs difficultés, in* Du Chesne (J.), *Le grand miroir du monde* (1587), 2ª ed. revista e ampliada, Lyon, E. Vignon, 1593, p. 498.

20 Michel Foucault – Ditos e Escritos

lança ao combate, os torna assassinos e os expõe por sua vez à morte, descobre-se que as coisas e os animais e todas as figuras do mundo permanecem aquilo que são.

A identidade das coisas – o fato de poderem se assemelhar às outras e se aproximar delas, mas sem se colar e mantendo-se distintas delas – corresponde ao equilíbrio constante entre a simpatia e a antipatia, que lhe corresponde. Explica que as coisas cresçam, se desenvolvam, se misturem, desapareçam, morram, mas perpetuamente se reencontrem; em suma, que haja ali um espaço (que, no entanto, não é sem marca nem repetição, sem porto seguro de similitude) e um tempo (que, no entanto, deixa reaparecer ininterruptamente as mesmas figuras, as mesmas espécies, os mesmos elementos). "Ainda que, em si mesmos, os quatro corpos (água, ar, fogo, terra) sejam simples e tendo suas qualidades distintas, na medida em que o Criador ordenou que os corpos elementares serão compostos de elementos misturados, eis por que suas conveniências e discordâncias são notáveis, o que se conhece por suas qualidades. O elemento do fogo é quente e seco; ele tem, portanto, antipatia com os da água, que é fria e úmida. O ar quente é úmido, a terra, fria e seca, é a antipatia. Para conciliá-los, o ar foi colocado entre o fogo e a água, a água, entre a terra e o ar. À medida que o ar é quente, ele se aproxima do fogo e sua umidade se acomoda com a da água. Mas, uma vez que sua umidade é temperada, ela modera o calor do fogo e dele também recebe ajuda, assim como, por outro lado, por seu calor medíocre, ele amorna a frieza úmida da água. A umidade da água é aquecida pelo calor do ar e alivia a fria secura da terra."[21] A soberania do par simpatia-antipatia, o movimento e a dispersão que ele prescreve dão lugar a todas as formas de semelhança. Assim se encontram retomadas e explicadas as três primeiras similitudes. Todo o volume do mundo, todas as proximidades da conveniência, todos os ecos da emulação, todos os encadeamentos da analogia são suportados, mantidos e duplicados por esse espaço da simpatia e da antipatia, que não cessa de aproximar as coisas e de mantê-las a distância. Por esse jogo, o mundo permanece idêntico; as semelhanças continuam a ser o que elas são e a se parecer. O mesmo permanece o mesmo, e trancafiado em si.

---

21 (N.A.) Goulart (S.), *op. cit.*

As assinaturas

E, no entanto, o sistema não é fechado. Uma abertura se mantém: por ela, todo o jogo das semelhanças tenderia a escapar dele mesmo ou a permanecer desconhecido, se uma nova figura não viesse fechar o círculo, torná-lo ao mesmo tempo perfeito e manifesto.

Convenientia, aemulatio, analogia e *sympathia* nos dizem como o mundo deve se redobrar sobre si mesmo, se duplicar, se refletir ou se encadear para que as coisas possam se parecer. Elas nos falam dos caminhos da similitude e por onde eles passam; não onde ela existe, nem como a vemos, nem a marca na qual a reconhecemos. Ora, talvez nos ocorresse atravessar toda essa maravilhosa abundância de semelhanças sem mesmo duvidar de que ela é preparada há bastante tempo pela ordem do mundo, e para nosso maior benefício. Para saber que o acônito cura as doenças dos olhos e que a noz socada com vinagre trata das dores de cabeça, é preciso certamente que um sinal nos advirta disso: sem o qual esse segredo permaneceria imediatamente adormecido. Como saber que entre um homem e seu planeta há uma relação gemelar ou de rivalidade, se não houvesse em seu corpo e nas rugas de seu rosto o sinal que ele é rival de Marte ou aparentado com Saturno? É preciso que as similitudes soterradas sejam assinaladas na superfície das coisas; é necessária uma marca visível das analogias invisíveis. Qualquer semelhança não é, simultaneamente, o que é o mais manifesto e o que está mais bem escondido? Ela não é composta de fato por pedaços justapostos, uns idênticos, outros diferentes: ela é, ao mesmo tempo, uma similitude que se vê e que não se vê. Portanto, ela não teria critério se nela não houvesse – em cima ou ao lado – um elemento de decisão que transforme sua cintilação duvidosa em clara certeza.

Não há semelhança sem assinatura. O mundo do similar só pode ser um mundo marcado. "Não é vontade de Deus, diz Paracelso, que aquilo que ele cria para benefício do homem e o que ele lhe deu permaneça escondido... E mesmo que Ele tenha escondido certas coisas, nada deixou sem sinais exteriores e visíveis com marcas especiais – tal como o homem que enterrou um tesouro, marcando o lugar para que ele possa encontrá-lo."[22] O saber das similitudes se fundamenta no levanta-

---

22 (N.A.) Paracelso (P. T. von Hohenheim, dito), *Die 9 Bücher der Natura Rerum, in Sämtliche Werke*, t. IX: *Paramirisches, und anderes Schriftwerke der Jahre 1531-1535*, Karl Sudhoff ed., Berlim, R. Oldenbourg, 1925, p. 393.

22 Michel Foucault – Ditos e Escritos

mento dessas assinaturas e em sua decifração. Inútil deter-se na casca das plantas para conhecer sua natureza: é preciso ir direto às suas marcas, "à sombra e imagem de Deus que elas trazem ou à virtude interna, que lhes foi dada pelo céu assim como por dote natural (...), virtude, digo, que se reconhece de preferência pela assinatura".[23] O sistema de assinaturas inverte a relação do visível com o invisível. A semelhança era a forma invisível do que, nos confins do mundo, tornava as coisas visíveis; mas, para que essa forma por sua vez venha à luz, é necessária uma figura visível que a arranque de sua profunda invisibilidade. Eis por que a face do mundo está coberta de brasões, de "caracteres", de cifras, de palavras obscuras – de hieróglifos, dizia Turner. E o espaço das semelhanças imediatas se transforma em um grande livro aberto; ele é coberto por grafismos; veem-se, ao longo da página, figuras estranhas que se entrecruzam e, às vezes, se repetem. Resta apenas decifrá-las: "Não é verdade que todas as ervas, plantas, árvores e outras, provindo das entranhas da terra, são tanto livros como sinais mágicos?"[24] O grande espelho calmo, no fundo do qual as coisas se refletem e remetem suas imagens uma à outra, é, na realidade, murmurante de palavras. Os reflexos mudos são duplicados pelas palavras que os indicam. E, pelo dom de uma última forma de semelhança que envolve todas as outras e as fecha em um único círculo, o mundo pode se comparar a um homem que fala: "Tal como os secretos movimentos de seu entendimento são manifestados pela voz, da mesma forma não parece que as ervas falam ao médico curioso por sua assinatura, revelando-lhe (...) suas virtudes interiores, guardadas sob o véu do silêncio da natureza?"[25]

Mas é preciso nos determos por um instante na própria linguagem, nos signos dos quais ela é formada; na maneira pela qual esses signos remetem ao que eles indicam.

Há simpatia entre o acônito e os olhos. Essa afinidade imprevista permaneceria desconhecida se não houvesse na planta uma assinatura, uma marca e como uma palavra dizendo que ela é boa para as doenças dos olhos. Esse signo é perfeitamente legível em seus grãos: são pequenos globos sombrios engasta-

---

23 (N.A.) Crollius (O.), *op. cit.*, p. 4.
24 (N.A.) Crollius (O.), *ibid.*, p. 6.
25 (N.A.) Crollius (O.), *ibid.*, *loc. cit.*

dos em películas brancas, que representam aproximadamente o que as pálpebras são para os olhos.[26] O mesmo para a afinidade entre a noz e a cabeça; o que cura "as feridas do pericrânio" é a espessa casca verde que repousa sobre os ossos – sobre a casca – do fruto; mas os males interiores da cabeça são prevenidos pelo próprio caroço, "que mostra perfeitamente o cérebro".[27] O signo da afinidade, e o que a torna visível, é simplesmente a analogia; a cifra da simpatia reside na proporção. Mas que assinatura trará a própria proporção para que seja possível reconhecê-la? Como seria possível saber que os sulcos da mão ou as rugas do rosto desenham no corpo dos homens o que são as tendências, os acidentes ou as travessias no grande tecido da vida? Somente porque a simpatia comunica o corpo com o céu, e transmite o movimento dos planetas às aventuras dos homens. Também porque a brevidade de uma linha é a simples imagem de uma vida curta, o cruzamento de duas linhas, o encontro de um obstáculo, o movimento ascendente de uma prega, a escalada de um homem para o sucesso. O tamanho é sinal de riqueza e importância; a continuidade marca a sorte; a descontinuidade, o infortúnio.[28] A grande analogia do corpo com o destino é indicada por todo um sistema de reflexos e atrações. São as simpatias e as emulações que assinalam as analogias.

Quanto à emulação, pode-se reconhecê-la pela analogia: os olhos são as estrelas porque espalham a luz sobre os rostos como os astros na escuridão, e porque os cegos estão no mundo como os clarividentes na mais sombria noite. Pode-se reconhecê-la também pela conveniência: sabe se, desde os gregos, que os animais fortes e corajosos têm a extremidade dos membros larga e bem desenvolvida. O tamanho da mão, em um homem, é a imagem de seu vigor. Mas essa imagem apenas é signo na medida em que é sustentada pelo conhecimento de um encadeamento constante. "Como toda a espécie dos leões – as extremidades notáveis em força ou tamanho; e em todas as outras espécies de animais, ocorre que cavalos, touros, ou o homem, sendo fortes, têm as extremidades da fortuna, consequentemente aqueles que não têm as extremidades fortes e

---

26 (N.A.) Crollius (O.), *op. cit.*, p. 33.
27 (N.A.) Crollius (O.), *ibid.*, p. 33-34.
28 (N.A.) Cardan (J.), *La métoposcopie* (trad. C. M. de Laurendière), Paris, Jolly, 1658, p. III-VIII.

24   Michel Foucault – Ditos e Escritos

grandes são tidos de fato por fracos e débeis: esse será então o sinal da força, ter extremidades grandes."[29] O reconhecimento das semelhanças mais visíveis se faz, portanto, em função de uma descoberta, que é a da conveniência das coisas entre si. E se imaginamos agora que a conveniência nem sempre é definida por uma localização atual, mas que muitos seres se convêm estando separados (como ocorre entre a doença e seu remédio, entre o homem e os astros, entre a planta e o solo do qual ela tem necessidade), será preciso novamente um signo da conveniência. Ora, que outra marca existe de que duas coisas estão encadeadas, senão que elas se atraem reciprocamente, como o sol e a flor do girassol, ou como a água e o broto do pepino?[30] A não ser que haja entre elas tanto afinidade como simpatia? Assim o círculo se fecha. Vê-se, no entanto, por que sistema de desdobramentos. As semelhanças exigem uma assinatura, pois nenhuma delas poderia ser distinguível se não fosse legivelmente marcada. Mas quais são esses signos? Em que se reconhece, dentre todos os aspectos do mundo e tantas figuras que se entrecruzam, que há aqui uma característica na qual convém se deter, porque ela indica uma secreta e essencial semelhança? Que forma constitui o sinal em seu singular valor de signo? É a semelhança. Ele significa na medida em que há semelhança com isso que ele indica (ou seja, com uma similitude). Mas, no entanto, não é a homologia que ele assinala; pois seu ser distinto de assinatura se apagaria no rosto daquilo de que ele é signo: ele é uma *outra* semelhança, uma semelhança próxima, e de um outro tipo, que, por sua vez, é revelada por uma terceira. Qualquer semelhança recebe uma assinatura; mas essa assinatura não passa de uma forma intermediária da semelhança. Embora o conjunto de marcas faça deslizar sobre o círculo das similitudes um segundo círculo, que duplicaria exatamente e ponto por ponto o primeiro, não fosse essa pequena defasagem que faz com que o signo da simpatia resida na analogia, o da analogia na emulação, o da emulação na conveniência, que requer, por sua vez, para ser reconhecida, a marca da simpatia... A assinatura e o que ela designa são

---

29 (N.A.) Porta (G. Della), *La physionomie humaine, op. cit.*, p. 64.
30 (N.A.) Bacon (F.), *Sylvia sylvarum, or A natural historie. In ten centuries* (1626), Londres, William Rawley, 1627 (*Histoire naturelle de Mre François Bacon*, Paris, Sommaville e Soubron, 1631, p. 221).

exatamente da mesma natureza; obedecem apenas a leis ou distribuições diferentes; o recorte é o mesmo. Forma assinante e forma assinada são semelhanças, mas à parte. E é isso, sem dúvida, que faz com que a semelhança seja, no saber do século XVI, o que há de mais universal: ao mesmo tempo o que há de mais visível, mas que, no entanto, se deve procurar descobrir, pois é o mais escondido; o que determina a forma de conhecimento (pois só se conhece seguindo os caminhos da similitude) e o que lhe garante a riqueza de seu conteúdo (pois, desde que se destaquem os signos e que se observe o que eles indicam, deixa-se emergir e cintilar cm sua própria luz a semelhança mesma).

Chamemos de hermenêutica o conjunto dos conhecimentos e técnicas que permitem fazer falar os signos e descobrir seus sentidos; chamemos de semiologia o conjunto dos conhecimentos e técnicas que permitem distinguir o que é signo, definir o que os institui como signos, conhecer suas ligações e as leis de seu encadeamento. O século XVI sobrepôs semiologia e hermenêutica na forma da similitude. Buscar o sentido é evidenciar o que se assemelha. Buscar a lei dos signos é descobrir as coisas que são semelhantes. A gramática dos seres é sua exegese. E a linguagem que eles falam revela apenas a sintaxe que os liga. A natureza das coisas, sua coexistência, o encadeamento que as associa e pelo qual elas se comunicam não são diferentes de sua semelhança. E esta aparece apenas na rede de signos que, de uma extremidade à outra, percorre o mundo. A "natureza" é tomada na fina densidade que sustenta, uma sobre a outra, semiologia e hermenêutica; ela é misteriosa e velada, apenas se oferece ao conhecimento que, às vezes, ela derrota, na medida em que essa sobreposição não ocorre sem uma ligeira defasagem das semelhanças. De repente, a grade não é clara; a transparência se encontra confusa desde o primeiro dado. Surge um espaço sombrio, que exige ser progressivamente esclarecido. Eis aí a "natureza", e é isso que é preciso empenhar-se em conhecer. Tudo seria imediato e evidente se a hermenêutica da semelhança e a semiologia das assinaturas coincidissem sem a menor oscilação. Mas porque há uma "fenda" entre as similitudes que formam grafismo e as que formam discurso, o saber e seu trabalho infinito recebem ali o espaço que lhes é próprio: eles terão de trilhar essa distância, indo, em um zigue-zague indefinido, do semelhante ao que lhe é semelhante.

26   Michel Foucault – Ditos e Escritos

Os limites do mundo

Eis, em seu esboço mais geral, a *episteme* do século XVI. Essa configuração traz consigo um certo número de consequências. De início, o caráter simultaneamente pletórico e absolutamente pobre desse saber. Pletórico, já que ele é ilimitado. A semelhança nunca permanece estável em si mesma; ela não é fixada a não ser que remeta a uma outra similitude que, por sua vez, exige novas semelhanças; de maneira que cada semelhança só vale pela acumulação de todas as outras; e o mundo inteiro deve ser percorrido para que a mais ínfima das analogias seja justificada e apareça, enfim, como certa. Portanto, é um saber que poderá, que deverá proceder por acumulação infinita de confirmações, umas exigindo as outras. E, por isso, desde os seus fundamentos, esse saber será árido. A única forma de ligação possível entre os elementos do saber é a adição. Daí essas imensas colunas, daí sua monotonia. Colocando como ligação entre o signo e aquilo que ele indica a semelhança (ao mesmo tempo terceiro poderoso e poder único, já que ela habita da mesma forma a marca e o conteúdo), o saber do século XVI se condenou a reconhecer apenas a mesma coisa, mas só reconhecê-la no término jamais atingido de um percurso indefinido.

E é ali que funciona a categoria, muito ilustre, do microcosmo. Essa velha noção tinha sido, sem dúvida, reanimada, ao longo da Idade Média e desde o início do Renascimento, por uma certa tradição neoplatônica. Mas ela acabou por desempenhar no século XVI uma função fundamental no saber. Pouco importa que ela seja ou não, como se dizia antigamente, visão do mundo ou *Weltanschauung*. De fato, ela tem uma, ou melhor, duas funções muito precisas na configuração epistemológica dessa época. Como *categoria de pensamento*, ela aplica a todos os domínios da natureza o jogo das semelhanças reduplicadas; garante à investigação que cada coisa encontrará, em uma escala maior, seu espelho e sua confirmação macroscópica; afirma que a ordem visível das mais altas esferas voltará, retroativamente, a se refletir na profundeza mais sombria da terra. Mas, concebida como *configuração geral* da natureza, ela coloca limites reais, e, por assim dizer, tangíveis, à progressão infatigável das semelhanças que se relançam. Ela indica que existe um mundo grande e que seu perímetro traça o limite de todas as coisas criadas; que, na outra extremidade, existe uma criatura de privilégio que reproduz, em suas dimensões restritas, a ordem imensa do céu, dos astros, montanhas, rios e tempestades; e que é entre os limites efetivos dessa analogia constitutiva que se desenrola o jogo das semelhanças. Por esse fato mesmo a distância do microcosmo ao macrocosmo, por imensa que seja, não é infinita; os seres que ali habitam, por mais numerosos que sejam, poderiam no limite ser contados; e, consequentemente, as similitudes que, pelo jogo dos signos que elas exigem, se apoiam sempre umas nas outras não correm mais o risco de escapar infinitamente. Elas têm, para se apoiar e se reforçar, um domínio perfeitamente fechado. A natureza, como jogo de signos e de semelhanças, volta a se fechar sobre si mesma conforme a figura reduplicada do cosmo.

É preciso, então, se precaver para não inverter as relações. Certamente, a ideia do microcosmo é, como se diz, "importante" no século XVI; entre todas as formulações que uma pesquisa poderia recensear, provavelmente ela seria uma das mais frequentes. Mas não se trata aqui de um estudo de opiniões que a simples análise estatística do material escrito permitiria conduzir. Se, pelo contrário, se interroga o saber do século XVI em seu nível arqueológico – ou seja, no que o tornou possível –, as relações entre o macrocosmo e o microcosmo aparecem como um simples efeito de superfície. Não é porque se acreditava em tais relações que se passou a buscar novamente todas as analogias do mundo. Mas havia no cerne do saber uma necessidade: era preciso ajustar a infinita riqueza de uma semelhança introduzida como terceiro entre os signos e seus sentidos, e a monotonia que impunha o mesmo corte da semelhança ao significante e ao que ele designava. Em uma *episteme* na qual signos e similitudes se enrolavam reciprocamente segundo uma voluta sem fim, era preciso certamente que se colocasse na relação do microcosmo com o macrocosmo a garantia desse saber e o término de sua expansão.

Pela mesma necessidade, esse saber devia acolher simultaneamente e no mesmo plano magia e erudição. Acreditamos facilmente que os conhecimentos do século XVI eram constituídos de uma mistura instável de saber racional, de noções derivadas das práticas de magia e de toda uma herança cultural, da qual a descoberta de textos antigos havia multiplicado os poderes de autoridade. Assim concebida, a ciência dessa época parecia dotada de uma estrutura frágil; ela seria apenas o lugar liberal de uma confrontação entre a fidelidade aos An-

28   Michel Foucault – Ditos e Escritos

tigos, o gosto pelo maravilhoso e uma atenção já despertada sobre essa soberana racionalidade na qual nos reconhecemos. E essa época trilobulada se refletiria no espelho de cada obra e de cada pensamento partilhado... Na verdade, o saber do século XVI não sofre de uma insuficiência de estrutura. Vimos, pelo contrário, o quanto são meticulosas as configurações que definiam seu espaço. É esse rigor que impõe a relação entre magia e erudição – não conteúdos aceitos, mas formas convenientes. O mundo está coberto de signos que é preciso decifrar, e esses signos, que revelam as semelhanças e as afinidades, são eles próprios apenas formas da similitude. Conhecer será, portanto, interpretar: ir da marca visível ao que se diz através dela, e que, sem ela, permaneceria palavra muda, adormecida nas coisas. "Nós, homens diferentes, descobrimos tudo o que está escondido nas montanhas pelos signos e por correspondências exteriores; foi assim que encontramos todas as propriedades das ervas e tudo o que está nas pedras. Não há nada na profundidade dos mares, nada nas alturas do firmamento que o homem não seja capaz de descobrir. Não há montanha que seja bastante vasta para esconder do olhar do homem o que nela existe; isso lhe será revelado pelos signos correspondentes."[31] A adivinhação não é uma forma concorrente de conhecimento; ela dá corpo ao próprio conhecimento. Ora, esses signos que são interpretados apenas designam o escondido na medida em que se assemelham a ele; e não se atuará sobre as marcas sem operar simultaneamente sobre aquilo que é secretamente indicado por elas. Eis por que as plantas que representam a cabeça, os olhos, o coração ou o fígado terão eficácia sobre um órgão; eis por que os próprios animais serão sensíveis às marcas que os designam. "Diga-me então, pergunta Paracelso, por que a serpente na Helvécia, Argélia, Suécia entende as palavras gregas *Osy, Osya, Osy...* Em que academias as aprenderam para que, apenas ouvida a palavra, elas imediatamente virem seu rabo para não ouvi-la de novo? Logo que elas ouvem a palavra, não obstante sua natureza e seu espírito, permanecem imóveis e não envenenam ninguém com sua mordida venenosa." E que não se diga que aí está apenas o efeito do barulho das palavras

---

31 (N.A.) Paracelso (P. T. von Hohenheim, dito), *Archidoxa magica, seu de secretis naturae mysteriis*, Bâle, Pernam, 1570 (*Les sept livres de l'Archidoxe magique*, trad. M. Haven, Paris, Dujols e Thomas, 1909, p. 21-23).

1966 – A Prosa do Mundo **29**

pronunciadas: "Se você escreve, em tempo favorável, apenas essas palavras na pele de veado, no pergaminho, no papel, e você as impõe à serpente, esta não permanecerá menos imóvel do que se você as tivesse articulado em voz alta."[32] O projeto das "magias naturais", que ocupa um amplo espaço no fim do século XVI e avança ainda em pleno meado do século XVII, não é um efeito residual na consciência europeia; ele foi ressuscitado, como o diz expressamente Campanella[33] – e por razões contemporâneas: porque a configuração fundamental do saber remetia, umas às outras, às marcas e às similitudes. A forma mágica era inerente à maneira de conhecer.

E pelo mesmo fato à erudição: pois, no tesouro que a Antiguidade nos transmitiu, a linguagem vale como o signo das coisas. Não há diferença entre essas marcas visíveis que Deus dispôs na superfície da terra, para nos fazer conhecer os segredos interiores, e as palavras legíveis que a Escritura ou os sábios da Antiguidade, esclarecidos por uma luz divina, depositaram nos livros que a tradição salvou. A relação com os textos é da mesma natureza que a relação com as coisas. Aqui e lá, são signos o que se constrói; mas Deus, para exercitar nossa sabedoria, apenas semeou na natureza figuras a decifrar (e é nesse sentido que o conhecimento deve ser *divinatio*), enquanto os antigos já deram interpretações que só temos que recolher. Que deveríamos somente recolher, se não fosse preciso aprender sua linguagem, ler seus textos, compreender o que eles disseram. A herança da Antiguidade é, como a própria natureza, um vasto espaço a interpretar; aqui e ali, é preciso construir signos e, pouco a pouco, fazê-los falar. Em outros termos, *divinatio* e *eruditio* são uma mesma hermenêutica. Mas ela se desenvolve, de acordo com figuras semelhantes, em dois níveis diferentes: uma vai da marca muda à própria coisa (e ela faz falar a natureza); a outra, do grafismo imóvel à clara palavra (ela dá novamente vida às linguagens adormecidas). Mas, tal como os signos naturais estão ligados ao que eles indicam pela profunda relação de semelhança, também o discurso dos Antigos é a imagem do que ele enuncia; se ele tem para nós o valor de um signo precioso é porque, no fundo de seu ser, e pela luz que

---

32 (N.A.) Paracelso, *op. cit.*
33 (N.A.) Campanella (T.), *De sensu rerum et magia libri quatuor*, Frankfurt, Emmelium, 1620, p. 261.

30 Michel Foucault – Ditos e Escritos

não cessou de atravessá-lo desde o seu nascimento, é ajustado às próprias coisas, forma o seu espelho e sua emulação; ele é, para a verdade eterna, o que esses signos são para os segredos da natureza (ele é a marca a decifrar dessa palavra); ele tem, com as coisas que desvela, uma afinidade imemorial. Inútil, então, pedir-lhe seu título de autoridade: ele é um tesouro de signos ligados pela semelhança ao que eles podem designar. A única diferença é que se trata de um tesouro de segundo grau, remetendo às notações da natureza, que indicam obscuramente o fino ouro das próprias coisas. A verdade de todas essas marcas – quer elas atravessem a natureza ou se perfilem nos pergaminhos e nas bibliotecas – é em toda parte a mesma: tão arcaica quanto a instituição de Deus.

Entre as marcas e as palavras não há diferença da observação à autoridade aceita, ou do verificável à tradição. Em tudo há o mesmo jogo, o do signo e do similar, e é por isso que a natureza e o verbo podem se entrecruzar infinitamente, formando para quem sabe ler um grande texto único.

1966

Michel Foucault e Gilles Deleuze Querem Devolver a Nietzsche sua Verdadeira Cara*

"Michel Foucault et Gilles Deleuze veulent rendre à Nietzsche son vrai visage" (entrevista com C. Jannoud), *Le Figaro littéraire*, n. 1.065, 15 de setembro de 1966, p. 7.

– A edição das obras completas é um antigo projeto. Efetivamente, desde a publicação de *Vontade de potência*, pessoas do círculo de Nietzsche – dentre os quais seu mais antigo amigo, Overbeck – denunciaram os procedimentos, muito pouco científicos, da irmã do filósofo. Mas se a publicação das obras completas tinha sido adiada até hoje é porque ela apresenta dificuldades esmagadoras.

A massa de inéditos de Nietzsche é enorme. Ela pode ser dividida em duas grandes rubricas: os escritos anteriores a 1884 – ano da publicação de *Zaratustra* –, geralmente notas ou primeiros esboços de obras publicados pelo próprio filósofo. A seguir, os manuscritos posteriores a 1884, não publicados por Nietzsche, que compreendem numerosos inéditos e também aqueles dos quais Elisabeth Forster se serviu para *Vontade de potência*.

---

* (N.R.) Nas notas que trazem referência das obras de Nietzsche, a remissão das páginas refere-se à edição de Georgio Colli e Mazzino Montinari, das obras filosóficas completas de Nietzsche, cuja edição francesa foi dirigida por Foucault e Deleuze, inicialmente, e depois por Deleuze e Maurice de Gandillac para as Éditions Gallimard.

O trabalho de Colli e Montinari permanece como referência atual para o estabelecimento dos textos de Nietzsche.

A Bibliothèque de la Pléiade publicará em três tomos os textos do filósofo, editados enquanto estava vivo, tendo como referência os editores italianos de Nietzsche.

Ver, neste volume, p. 36, a Introdução Geral (às Obras Filosóficas Completas de Nietzsche) escrita por M. Foucault para explicar os critérios da edição que ele organizou com Deleuze.

32 Michel Foucault – Ditos e Escritos

Essa massa impressionante de inéditos é uma das explicações da longa demora das obras completas. Razões políticas puderam igualmente intervir. De fato, a publicação das obras completas tinha sido decidida na Alemanha antes da guerra. Foram publicados cinco volumes, compostos unicamente de escritos da juventude de Nietzsche anteriores à publicação de seu primeiro livro. Trabalhos de filologia essencialmente, mas também poemas, alguns dos quais escritos aos 14 anos, sobre diversos temas: Saint-Just, a Revolução Francesa etc.

– *Como se apresenta a edição em preparação?*

– Em primeiro lugar, um fato paradoxal: os alemães não participam desse empreendimento de caráter internacional. Três editores: um italiano, um holandês e um francês (Gallimard) tomaram a decisão de financiar a nova coleção de manuscritos. É evidentemente a tarefa capital. Ela constituirá uma interrogação histórica implacável, da mesma natureza da que foi colocada anteriormente, por exemplo, pela edição científica dos *Pensées* de Pascal. Vai se tratar eventualmente de demolir a falsa arquitetura, criação de terceiros excessivamente zelosos, para reconstruir, na medida do possível, os textos conforme as próprias perspectivas de Nietzsche.

Impossível, naturalmente, julgar previamente os resultados desse trabalho. Há um processo em curso, movido contra a irmã do filósofo, mas não se pode dizer precisamente em que reside a falsificação, se ela existe. Esse trabalho de elucidação será uma obra de grande fôlego. Mas, desde agora, na França, uma primeira etapa será cumprida em breve. Publicaremos as traduções das obras publicadas pelo próprio Nietzsche.

Já existem traduções desses livros, algumas excelentes. Utilizaremos, aliás, algumas. Mas nos esforçaremos para homogeneizar as traduções, não somente de acordo com a linguística, mas em função dos conceitos fundamentais de Nietzsche. Em suma, tentaremos restituir a paisagem intelectual do filósofo. Seus livros serão acompanhados dos esboços, notas e rascunhos que os precederam. Assim, cada obra terá seu verdadeiro volume, seu memorial. *A gaia ciência*, traduzido por Pierre Klossowski, será editado muito em breve. A seguir, *Aurora, Humano, demasiado humano, Genealogia da moral* etc. Ulteriormente, essas obras serão publicadas na coleção da Pléiade.

– *Terminada a nova coleção dos textos, você acredita que surgirá uma nova imagem do filósofo? Alguns acham, apoian-*

1966 – Michel Foucault e Gilles Deleuze querem Devolver a Nietzsche... 33

do-se nas declarações de Nietzsche, que, desde Zaratustra, os conceitos fundamentais de sua filosofia tinham sido estabelecidos, as obras seguintes sendo essencialmente polêmicas. Outros, ao contrário, afirmam que os manuscritos póstumos marcam uma nova virada do pensamento do filósofo.

– É impossível ainda uma vez julgar previamente os resultados do trabalho da nova coleção. Nossa tarefa consiste em construir um terreno de discussão. Sobre ele, os historiadores da filosofia poderão evoluir, fazer a sua parte. Confiemos neles!

– *Mas, desde agora, como vocês definem o papel de Nietzsche na história da filosofia? Ele é um filósofo, na acepção clássica do termo? Ele é acusado principalmente de ter um conhecimento de filosofia de segunda mão.*

– Essa última crítica é inexata, no que se refere a Schopenhauer e também aos filósofos gregos. Certamente, Nietzsche tinha sobre eles um conhecimento essencialmente filológico. Muitos especialistas ficam, inclusive, desconcertados pelos começos filológicos de Nietzsche. É uma via pouco habitual para um filósofo. A massa cultural e filosófica lhe foi transmitida através de manuscritos. Não é menos verdade que o surgimento de Nietzsche constitui um corte na história do pensamento ocidental. O modo do discurso filosófico mudou com ele. Anteriormente, esse discurso era um *Eu* anônimo. Assim, as *Meditações metafísicas* têm um caráter subjetivo. No entanto, o leitor pode se substituir a Descartes. Impossível dizer "eu" no lugar de Nietzsche. Por esse fato, ele desapruma todo o pensamento ocidental contemporâneo.

– *No entanto, o discurso filosófico clássico parece dominar o pensamento ocidental. Aparentemente, Marx e Hegel, por exemplo, exerceram uma influência mais decisiva?*

– Nietzsche abriu uma ferida na linguagem filosófica. Apesar dos esforços dos especialistas, ela não foi fechada. Veja Heidegger, cada vez mais obcecado por Nietzsche em sua longa meditação; da mesma forma, Jaspers. Se Sartre é uma exceção à regra é porque, depois de muito tempo, ele deixou de filosofar.

– *Mas Heidegger acusa Nietzsche de ter caído nas armadilhas da metafísica.*

– Desde o final do século XVII, cada filósofo importante fez essa acusação contra seus predecessores. Isso começou com Locke. De fato, a era metafísica havia se concluído com Descartes. Para acabar com essas acusações permanentes e recí-

34 Michel Foucault – Ditos e Escritos

procas, seria necessário definir o que tinha sido a filosofia depois de Descartes, descrever seu esforço para se definir como contrametafísica, em suma, para ser uma reflexão autônoma concentrando sua atenção essencialmente no sujeito.

– *Retomemos seu livro*, As palavras e as coisas, *no qual você se insurge contra essa tradição.*

– Sim, estamos hoje na era do saber. Fala-se correntemente de um empobrecimento do pensamento filosófico; julgamento inspirado por conceitos ultrapassados. Existe hoje uma reflexão filosófica extremamente rica em um campo que, antigamente, não fazia parte da reflexão filosófica. Os etnólogos, os linguistas, os sociólogos, os psicólogos comentam os atos filosóficos. O saber se disseminou. O problema filosófico contemporâneo é cernir o saber em seu próprio limite, definir seu próprio perímetro.

– *Como você situa Nietzsche dentro dessa concepção da filosofia?*

– Nietzsche multiplicou os gestos filosóficos. Ele se interessou por tudo, pela literatura, história, política etc. Ele vai buscar a filosofia em tudo. Nesse aspecto, mesmo se em certos domínios ele permanece um homem do século XIX, ele antecipou genialmente a nossa época.

1966

O que É um Filósofo?

"Qu'est-ce qu'un philosophe?" (entrevista com M.-G. Foy), *Connaissance des hommes*, n. 22, outono de 1966, p. 9.

– *Qual o papel do filósofo na sociedade?*

– O filósofo não tem papel na sociedade. Não se pode situar seu pensamento em relação ao movimento atual do grupo. Sócrates é um excelente exemplo: a sociedade ateniense pôde apenas lhe atribuir um papel subversivo, seus questionamentos não podiam ser admitidos pela ordem estabelecida. Na verdade, é ao cabo de um certo número de anos que se toma consciência do lugar de um filósofo; em suma, atribuímos a ele um papel retrospectivo.

– *Mas, então, como você se integra na sociedade?*

– Integrar-me... Você sabe, até o século XIX, os filósofos não eram reconhecidos. Descartes era matemático; Kant não ensinava filosofia, mas antropologia e geografia; aprendia-se retórica, não filosofia, e então não existia para o filósofo a questão de se integrar. É no século XIX que se encontram, enfim, as cadeiras de filosofia; Hegel era professor de filosofia. Mas, nessa época, se estava de acordo em pensar que a filosofia atingia o seu fim.

– *Isso coincide aproximadamente com a ideia da morte de Deus?*

– Em certa medida, mas é preciso não se enganar. A noção da morte de Deus não tem o mesmo sentido segundo você a encontre em Hegel, Feuerbach ou Nietzsche. Para Hegel, a Razão assume o lugar de Deus, é o espírito humano que se realiza pouco a pouco. Para Feuerbach, Deus era a ilusão que alienava o Homem; uma vez varrida essa ilusão, é o Homem que toma consciência de sua liberdade. Para Nietzsche, finalmente, a morte de Deus significa o fim da metafísica, mas o lugar permanece vazio; não é absolutamente o Homem que toma o lugar de Deus.

– *Sim, o último homem e o super-homem.*

36 Michel Foucault – Ditos e Escritos

– De fato, somos os últimos homens no sentido nietzschiano do termo. O super-homem será aquele que tiver superado a ausência de Deus e a ausência do homem no mesmo movimento de ultrapassagem. Mas, no que se refere a Nietzsche, podemos voltar à sua questão: para ele, o filósofo era aquele que podia diagnosticar o estado do pensamento. Podemos, aliás, considerar dois tipos de filósofos, aquele que abre de novo os caminhos para o pensamento, como Heidegger, e aquele que desempenha de alguma forma um papel de arqueólogo, que estuda o espaço no qual se desdobra o pensamento, assim como as condições desse pensamento, seu modo de constituição.

1967

Introdução Geral (às Obras Filosóficas Completas de Nietzsche)

"Introduction générale" (com G. Deleuze) às *Oeuvres philosophiques complètes* de F. Nietzsche, Paris, Gallimard, 1967, t. V: *Le gai savoir. Fragments posthumes (1881-1882)*, à parte, p. I-IV.

Os pensadores "malditos" são reconhecidos externamente por três traços: uma obra brutalmente interrompida, parentes abusivos que pesam na publicação dos póstumos, um livro-mistério, alguma coisa como "o livro" do qual não se acaba de pressentir os segredos. A obra de Nietzsche é brutalmente interrompida pela loucura, no início de 1889. Sua irmã, Elisabeth, se fez guardiã autoritária da obra e da memória. Ela fez publicar um certo número de notas póstumas. Os críticos lhe reprovam talvez menos as falsificações (as únicas que são evidentes se referem às cartas) do que as deformações: ela afiançou a imagem de um Nietzsche antissemita e precursor do nazismo – o anti-Nietzsche por excelência.

*

Do ponto de vista da edição, o problema essencial é o do *Nachlass*, por muito tempo identificado com o projeto de um livro que seria chamado *Vontade de potência*. Já que não foi possível aos pesquisadores mais sérios ter acesso ao conjunto dos manuscritos de Nietzsche, sabia-se somente de maneira vaga que *Vontade de potência* não existia como tal, que não era um livro de Nietzsche, mas resultava de um recorte arbitrário operado nos póstumos no qual se misturavam anotações de data e de origem diversa. Em torno de um núcleo de aproximadamente 400 "notas" e de um plano quadripartido, os primeiros editores tinham composto um volume fictício.

38 Michel Foucault – Ditos e Escritos

É necessário lembrar que Nietzsche esboçava simultaneamente muitos planos diferentes; que ele variava os projetos de seu grande livro; que renunciava talvez a ele, decidindo publicar seus livros de 1888 e, em todo caso, que ele concebia a sequência de sua obra de acordo com "técnicas" que não se pode, sem contrassenso, pretender reconstituir e fixar. Os leitores de Nietzsche sabem que prodigiosas novidades ele legou, e não apenas na técnica da expressão filosófica: o fragmento voluntário (que não se confunde com a máxima), o aforismo longo, o livro santo, a composição muito especial de *O Anticristo* ou de *Ecce homo*. O teatro, a ópera-bufa, a música, o poema, a paródia estão perpetuamente presentes na obra de Nietzsche. Ninguém pode prejulgar a forma ou o assunto que teriam tido o grande livro (nem as outras formas que Nietzsche teria inventado se ele tivesse renunciado ao seu projeto). No máximo, o leitor pode sonhar; mas é preciso dar-lhe os meios.

*

O conjunto dos cadernos manuscritos representa pelo menos o triplo da obra publicada pelo próprio Nietzsche. Os póstumos já editados são muito menos numerosos do que aqueles que ainda aguardam uma publicação.

Certos editores sustentaram que o conhecimento desses póstumos não traria nada de novo. De fato, quando um pensador como Nietzsche, um escritor como Nietzsche apresenta muitas versões da mesma ideia, é evidente que essa ideia deixa de ser a mesma. Além disso, as notas tomadas por Nietzsche em seus cadernos deviam servir não somente para retomadas, mudanças, mas para futuros livros. Seria absurdo pensar que ele tenha utilizado tudo, ainda mais absurdo pretender que as notas inéditas não contenham nada de diferente das que foram publicadas. Citemos somente dois exemplos. Em um caderno de 1875, Nietzsche estuda e critica de maneira detalhada um livro de Dühring, *Der Werth des Lebens*. Como pretender que a publicação integral desse caderno não nos ensine nada sobre a formação e a significação do conceito nietzschiano de valor? Todo um caderno de 1881 se refere a *O eterno retorno*; parece, a partir de *Ecce homo*, que Nietzsche tinha retomado essa caderneta justamente antes da doença. Nesse caso ainda, como negar que uma edição completa se impõe?

1967 – Introdução Geral (às Obras Filosóficas Completas de Nietzsche) 39

O fato novo é a liberdade de acesso aos manuscritos, após sua transferência do antigo *Nietzsche-Archiv* para o *Goethe und Schiller Archiv* de Weimar, na República Democrática Alemã (1950). Nossa leitura de Nietzsche é, por ele, profundamente modificada em três pontos essenciais. Podemos apreender as deformações promovidas por Elisabeth Nietzsche e Peter Gast; podemos destacar os erros de data, os erros de leitura, as inumeráveis omissões que comportavam, até o presente, as edições do *Nachlass*. Por fim, e sobretudo, podemos conhecer a massa de inéditos.

Os Srs. Colli e Montinari, concluindo o imenso trabalho que consiste em examinar os arquivos de Weimar, determinaram a única via possível para uma publicação científica: *editar o conjunto dos cadernos seguindo a ordem cronológica.* Sem dúvida, ocorria a Nietzsche reabrir um antigo caderno para acrescentar uma nota; ou, no interior de um caderno, não seguir a ordem cronológica. Daí decorre que cada caderno em seu conjunto pode ser datado (e isso ocorreria graças apenas às alusões pessoais e aos rascunhos das cartas) e corresponde a um período determinado da atividade criadora de Nietzsche. Ora, esses cadernos repercutem singularmente nas obras publicadas de Nietzsche. Eles mostram de fato como Nietzsche retoma e transforma uma ideia anterior, como renuncia a utilizar agora uma ideia que retomará mais tarde, como se prepara ou se esboça uma ideia futura, em que momento se forma tal ou qual grande conceito nietzschiano. Seria então preciso editar o conjunto dos cadernos seguindo a série cronológica, e *conforme os períodos correspondentes aos livros publicados por Nietzsche.* Somente dessa maneira a massa de inéditos pode revelar seus múltiplos sentidos.

A presente edição é estabelecida a partir dos textos manuscritos tal como eles foram decifrados e transcritos pelos Srs. Colli e Montinari. As obras publicadas por Nietzsche tinham sido traduzidas após a última edição publicada enquanto ele vivia. O conjunto incluirá então:

– os escritos da juventude;

– os estudos filológicos e os cursos de 1869 a 1878;

– todas as obras publicadas por Nietzsche de *O nascimento da tragédia* (1872) a *A gaia ciência* (1882), cada uma sendo acompanhada dos fragmentos póstumos que pertencem ao seu período de preparação e de redação;

40 Michel Foucault – Ditos e Escritos

– as obras publicadas ou prontas para publicação entre 1882 e 1888 (*Assim falou Zaratustra*, *Além do bem e do mal*, *Genealogia da moral*, *O caso Wagner*, *O crespúsculo dos ídolos*, *O Anticristo*, *Ecce homo*, *Nietzsche contra Wagner*, *Os ditirambos de Dionísio*) e as poesias inéditas do inverno de 1882-1883 a 1888;

– a massa de fragmentos póstumos redigidos entre o outono de 1882 e a derrocada final.

Com exceção das cartas e das obras musicais, eis que surge finalmente na França uma tradução das obras completas de Nietzsche, no momento mesmo em que uma edição crítica, estabelecida a partir dos mesmos documentos, é publicada em língua alemã, e quando uma tradução italiana é realizada sob a direção dos Srs. Colli e Montinari. A maioria das traduções francesas, mesmo as das obras já conhecidas, será nova. Não esquecemos certamente o que significou no início desse século o trabalho de Charles Andler e Henri Albert, nem a importância das traduções já feitas. Em determinados casos, pouco numerosos, estas serão retomadas.

Desejamos que o novo dia, trazido pelos inéditos, seja o do retorno a Nietzsche. Desejamos que as notas que ele pôde deixar, com seus múltiplos planos, resgatem aos olhos dos leitores todas as suas possibilidades de combinação, de permutação, que contenham de agora para sempre, em matéria nietzschiana, o estado inacabado do "livro a advir".

1967

Nietzsche, Freud, Marx

"Nietzsche, Freud, Marx", *Cahiers de Royaumont*, t. VI, Paris, Ed. de Minuit, 1967, *Nietzsche*, p. 183-200. (Colóquio de Royaumont, julho de 1964.)

Quando esse projeto de "mesa-redonda" me foi proposto, pareceu-me muito interessante, mas, evidentemente, bem espinhoso. Sugiro um viés: alguns temas relativos às *técnicas de interpretação* em Marx, Nietzsche e Freud.

Na realidade, por trás desses temas, há um sonho, que seria o de poder fazer, um dia, uma espécie de *Corpus* geral, de Enciclopédia de todas as técnicas de interpretação que pudemos conhecer dos gramáticos gregos aos nossos dias. Acredito que, até o presente, poucos capítulos desse grande *corpus* de todas as técnicas de interpretação foram redigidos.

Parece-me que seria possível dizer o seguinte, como introdução geral à ideia de uma história das técnicas de interpretação: a linguagem, em todo caso, a linguagem nas culturas indo-europeias, sempre fez nascer dois tipos de suspeitas:

– inicialmente, a suspeita de que a linguagem não diz exatamente o que ela diz. O sentido que se apreende, e que é imediatamente manifesto, é talvez, na realidade, apenas um sentido menor, que protege, restringe e, apesar de tudo, transmite um outro sentido, sendo este, por sua vez, o sentido mais forte e o sentido "por baixo". É isso que os gregos chamavam de *allegoria* e *hyponoïa*.

– por outro lado, a linguagem faz nascer esta outra suspeita: que, de qualquer maneira, ela ultrapassa sua forma propriamente verbal, que há certamente no mundo outras coisas que falam e não são linguagem. Afinal, é possível que a natureza, o mar, o sussurro das árvores, os animais, os rostos, as máscaras, as facas cruzadas, tudo isso fale; talvez haja linguagem se articulando de uma maneira que não seria verbal. Isso seria, se vocês querem, muito grosseiramente, o *semaïnon* dos gregos.

42 Michel Foucault – Ditos e Escritos

Essas duas suspeitas, que se veem aparecer já nos gregos, não desapareceram e ainda são contemporâneas, já que voltamos a acreditar, precisamente, desde o século XIX, que os gestos mudos, as doenças, qualquer tumulto à nossa volta também pode falar; e mais do que nunca estamos à escuta de toda essa linguagem possível, tentando surpreender por baixo das palavras um discurso que seria mais essencial.

Creio que cada cultura, quero dizer, cada forma cultural na civilização ocidental, teve seu sistema de interpretação, suas técnicas, seus métodos, suas maneiras próprias de supor que a linguagem quer dizer outra coisa do que ela diz, e de supor que há linguagem para além da própria linguagem. Parece, portanto, que haveria uma empreitada a ser inaugurada para estabelecer o sistema ou o quadro, como se dizia no século XVII, de todos esses sistemas de interpretação.

Para compreender que sistema de interpretação o século XIX fundou e, consequentemente, de que sistema de interpretação nós, ainda hoje, fazemos parte, parece-me que seria necessário retomar uma referência remota, um tipo de técnica, tal como pôde existir, por exemplo, no século XVI. Nessa época, o que dava *lugar* à interpretação, simultaneamente seu sítio geral e a unidade mínima que a interpretação tinha a tratar, *era a semelhança*. Lá onde as coisas se assemelhavam, lá onde *isso* se parecia, alguma coisa queria ser dita e podia ser decifrada; sabe-se bem o importante papel que desempenharam, na cosmologia, na botânica, na zoologia, na filosofia do século XVI, a semelhança e todas as noções que giram em torno dela como satélites. Na verdade, aos nossos olhos de homens do século XX, toda essa rede de similitudes é sofrivelmente confusa e embaralhada. De fato, no século XVI, esse *corpus* da semelhança era perfeitamente organizado. Havia pelo menos cinco noções totalmente definidas:

– a noção de conveniência, a *convenentia*, que é ajustamento (por exemplo, da alma ao corpo, ou da série animal à vegetal);

– a noção de *sympatheïa*, a simpatia, que é a identidade dos acidentes nas distintas substâncias;

– a noção de *emulatio*, que é o mais curioso paralelismo dos atributos nas substâncias ou em seres distintos, de tal maneira que os atributos são como o reflexo uns dos outros em uma substância e na outra. (Assim, Porta explica que o rosto humano é, com as setes partes que ele distingue, a emulação do céu com seus sete planetas.);

1967 – Nietzsche, Freud, Marx   43

– a noção de *signatura*, a assinatura, que é, dentre as propriedades visíveis de um indivíduo, a imagem de uma propriedade invisível e escondida;

– e de resto, certamente, a noção de *analogia*, que é a identidade das relações entre duas ou mais substâncias distintas. Nessa época, a teoria do signo e as técnicas de interpretação se baseavam em uma definição perfeitamente clara de todos os tipos possíveis de semelhança, e elas fundavam dois tipos de conhecimento completamente distintos: a *cognitio*, que era a passagem, de qualquer forma lateral, de uma semelhança à outra; e a *divinatio*, que era o conhecimento em profundidade, indo de uma semelhança superficial a outra mais profunda. Todas essas semelhanças manifestam o *consensus* do mundo que as funda; elas se opõem ao *simulacrum*, a má semelhança, que repousa na dissensão entre Deus e o Diabo.

*

Se essas técnicas de interpretação do século XVI foram deixadas em suspenso pela evolução do pensamento ocidental nos séculos XVII e XVIII, se a crítica baconiana, a crítica cartesiana da semelhança desempenharam certamente um grande papel para colocá-las entre parênteses, o século XIX e, muito singularmente, Marx, Nietzsche e Freud nos põem diante de uma nova possibilidade de interpretações; eles fundaram novamente a possibilidade de uma hermenêutica.

O primeiro livro do *Capital*,[1] textos como *O nascimento da tragédia*[2] e *Genealogia da moral*,[3] a *Traumdeutung*[4] nos con-

---

1 Marx (K.), *Das Kapital. Kritik der politischen Oekonomie*, livro I: *Der Produktionsprozess des Kapitals*, Hamburgo, O. Meissner, 1867 (*Le capital. Critique de l'économie politique*, livro I: *Le développement de la production capitaliste*, trad. J. Roy, revista por M. Rubel, in Oeuvres, t. I: *Économie*, Paris, Gallimard, col. "Bibliothèque de la Pléiade", 1965, p. 630-690).

2 Nietzsche (F.), *Die Geburt der Tragödie. Oder: Griechenthum und Pessimismus*, Leipzig, E. W. Fritzsch, 1872 (*La naissance de la tragédie. Ou hellénité et pessimisme*, trad. P. Lacoue-Labarthe, in *Oeuvres philosophiques complètes*, Paris, Gallimard, t. I, 1977, p. 23-156).

3 Nietzsche (F.), *Zur Genealogie der Moral*, Leipzig, C. G. Naumann, 1887 (*La généalogie de la morale*, trad. I. Hildenbrand e J. Gratien, in *Oeuvres philosophiques complètes*, Paris, Gallimard, t. VII, 1971, p. 213-347).

4 Freud (S.), *Die Traumdeutung*, Viena, Franz Deuticke, 1900 (*L'interprétation des rêves*, trad. D. Berger, Paris, PUF, 1967).

44 Michel Foucault – Ditos e Escritos

frontam com técnicas interpretativas. E o efeito de choque, a espécie de ferida provocada no pensamento ocidental por essas obras, vem provavelmente do fato de elas reconstituírem aos nossos olhos alguma coisa que, inclusive, o próprio Marx chamava de "hieróglifos". Isso nos colocou em uma postura desconfortável, já que essas técnicas de interpretação nos implicam, visto que nós mesmos, intérpretes, somos levados a nos interpretar por essas técnicas. É com essas técnicas de interpretação que, em compensação, devemos interrogar esses intérpretes que foram Freud, Nietzsche e Marx, embora sejamos remetidos perpetuamente a um perpétuo jogo de espelhos.

Freud fala, em algum lugar, que há três grandes feridas narcísicas na cultura ocidental: a ferida imposta por Copérnico; aquela feita por Darwin, quando ele descobriu que o Homem descendia do macaco; e a ferida feita por Freud, já que ele próprio, por sua vez, descobriu que a consciência repousava na inconsciência.[5] Eu me pergunto se não seria possível dizer que Freud, Nietzsche e Marx, nos envolvendo em uma tarefa de interpretação que sempre se reflete sobre si mesma, constituíram à nossa volta, e para nós, esses espelhos, de onde nos são enviadas as imagens, cujas feridas inesgotáveis formam nosso narcisismo atual. Em todo caso – e é sobre isso que eu gostaria de dar algumas sugestões –, não me parece que, de qualquer forma, Marx, Nietzsche e Freud tenham multiplicado os signos no mundo ocidental. Eles não deram um sentido novo a coisas que não tinham sentido. Na realidade, eles mudaram a natureza do signo e modificaram a maneira pela qual o signo em geral podia ser interpretado.

A primeira questão que eu gostaria de colocar é a seguinte: Marx, Freud e Nietzsche modificaram profundamente o espaço de distribuição no qual os signos podem ser signos?

Na época que tomei como ponto de referência, no século XVI, os signos se distribuíam de uma maneira homogênea em um espaço que era ele próprio homogêneo, e em todas as direções. Os

---

5 Alusão à tríplice humilhação infligida ao narcisismo do Homem por Nicolau Copérnico ("humilhação cosmológica"), Charles Darwin ("humilhação biológica") e Sigmund Freud ("humilhação psicológica") da qual fala Freud em *Eine Schwierigkeit der Psychoanalyse*, 1917 (*Une difficulté de la psychanalyse*, trad. M. Bonaparte e E. Marty, in *Essais de psychanalyse appliquée*, Paris, Gallimard, col. "Les essais", no 61, 1933, p. 141-147).

1967 – Nietzsche, Freud, Marx   45

signos da terra remetiam ao céu, mas também ao mundo subterrâneo; eles remetiam do homem ao animal, do animal à planta, e vice-versa. A partir do século XIX – ou seja, desde Freud, Marx e Nietzsche – os signos foram escalonados em um espaço muito mais diferenciado, segundo uma dimensão que se poderia chamar de a da profundidade, desde que não a entendamos como interioridade, mas, ao contrário, como exterioridade. Penso, em particular, nesse longo debate que Nietzsche não cessou de manter sobre a profundidade. Há em Nietzsche uma crítica da profundidade ideal, da profundidade de consciência, que ele denuncia como uma invenção dos filósofos; essa profundidade seria busca pura e interior da verdade. Nietzsche mostra como ela implica a resignação, a hipocrisia, a máscara; embora o intérprete deva, ao percorrer os signos para denunciá-los, descer até o fim da linha vertical e mostrar que essa profundidade da interioridade é, na verdade, outra coisa do que ela diz. É preciso, consequentemente, que o intérprete desça, que seja, como ele próprio diz, "o bom escavador dos subterrâneos".[6]

Mas, na realidade, apenas se pode percorrer essa linha descendente quando se interpreta para restituir a exterioridade cintilante que estava recoberta e soterrada. Porque, se o próprio intérprete deve ir até o fundo como um escavador, o movimento de interpretação é, ao contrário, o de um desaprumo, de um desequilíbrio cada vez maior, que deixa sempre, acima dele, a profundidade revelar-se de uma maneira cada vez mais visível; a profundidade é então restituída como segredo absolutamente superficial, de tal maneira que o voo da águia, a ascensão da montanha, toda essa verticalidade tão importante em *Zaratustra* é, no sentido estrito, a reviravolta da profundidade, a descoberta de que a profundidade não passava de um jogo e de uma dobra da superfície. À medida que, sob o olhar, o mundo se torna mais profundo, nos apercebemos de que tudo o que exerceu a profundidade do homem não passava de uma brincadeira de criança.

Essa espacialidade, esse jogo de Nietzsche com a profundidade, eu me pergunto se eles não podem ser comparados ao jogo, aparentemente diferente, que Marx fez com a platitude.

---

6 (N.A.) Nietzsche (F.), *Morgenröthe*, Leipzig, C. G. Naumann, 1880. *Aurore. Pensées sur les préjugés moraux*, § 446: "Hiérarchie". (Trad. Julien Hervier, *Oeuvres philosophiques complètes*, Paris, Gallimard, t. IV, 1980, p. 238 (N.E.).)

46 Michel Foucault – Ditos e Escritos

O conceito de platitude é muito importante em Marx; no começo do *Capital*, ele explica como, diferentemente de Perseu, ele deve mergulhar na bruma para mostrar de fato que não há monstros nem enigmas profundos, porque tudo o que existe de profundidade na concepção que a burguesia tem da moeda, do capital, do valor etc. não passa, na verdade, de platitude.

E, certamente, seria necessário chamar o espaço de interpretação que Freud constituiu, não somente na famosa topologia da Consciência e do Inconsciente, mas também nas regras que ele formulou relativas à atenção do psicanalista e à decifração pelo analista do que se diz durante o desenrolar da "cadeia" falada. Seria necessário relembrar a espacialidade, no final das contas muito material, à qual Freud atribuiu tanta importância, e que instala o doente sob o olhar inclinado do psicanalista.

*

O segundo tema que gostaria de lhes propor, e que inclusive está um pouco ligado a esse, seria indicar, a partir desses três homens de que falamos há pouco, que a interpretação finalmente tornou-se uma tarefa infinita.

Na verdade, ela já o era no século XVI, mas os signos remetiam uns aos outros simplesmente porque a semelhança só pode ser limitada. A partir do século XIX, os signos se encadeiam em uma rede inesgotável, ela também infinita, não porque repousem em uma semelhança sem limite, mas porque há uma hiância e abertura irredutíveis.

O inacabado da interpretação, o fato de que ela seja sempre retalhada, e permaneça em suspenso no limite dela mesma, é encontrado, acredito, de uma maneira bastante análoga em Marx, Nietzsche e Freud, sob a forma da recusa do começo. Recusa da "*robinsonade*", dizia Marx; distinção, tão importante em Nietzsche, entre o começo e a origem; e caráter sempre interminável do processo regressivo e analítico em Freud. É sobretudo em Nietzsche e em Freud, inclusive, e em menor grau em Marx, que se vê delinear essa experiência, que acredito ser tão importante para a hermenêutica moderna, de que, quanto mais longe vamos na interpretação, ao mesmo tempo mais nos aproximamos de uma região absolutamente perigosa, na qual a interpretação vai encontrar não só seu ponto de retrocesso, mas onde ela própria vai desaparecer como interpretação, ocasionando talvez o desaparecimento do próprio intérprete. A existência

1967 – Nietzsche, Freud, Marx **47**

sempre aproximativa do ponto absoluto da interpretação seria, simultaneamente, a aproximação de um ponto de ruptura. Em Freud, sabe-se claramente como é feita progressivamente a descoberta desse caráter estruturalmente aberto da interpretação, estruturalmente vazio. Ela foi feita inicialmente de uma maneira muito alusiva, muito velada a si mesma na *Traumdeutung*, quando Freud analisa seus próprios sonhos, e invoca razões de pudor ou de não divulgação de um segredo pessoal para se interromper.

Na análise de Dora, vemos aparecer essa ideia de que a interpretação deve deter-se, não pode ir até o fim por causa de alguma coisa que será chamada, alguns anos mais tarde, de *transferência*. E depois se afirma, ao longo de todo o estudo da transferência, o interminável da análise, no caráter infinito e infinitamente problemático da relação do analisando com o analista, relação que é evidentemente constituinte para a psicanálise, e que abre o espaço no qual ela não cessa de se desdobrar, sem nunca poder terminar.

Em Nietzsche, também, é evidente que a interpretação é sempre inacabada. O que é, para ele, a filosofia, senão uma espécie de filologia sempre em suspenso, uma filologia sem término, desenvolvida sempre mais adiante, uma filologia que nunca seria absolutamente fixada? Por quê? Porque, como ele o diz em *Além do bem e do mal*, "morrer pelo conhecimento absoluto bem poderia fazer parte do fundamento do ser".[7] E, no entanto, ele mostrou em *Ecce homo*[8] o quanto ele estava próximo desse conhecimento absoluto que faz parte do fundamento do ser. Da mesma forma, durante o outono de 1888, em Turim.

Se, na correspondência de Freud, deciframos suas perpétuas preocupações desde o momento em que ele descobriu a psicanálise, podemos nos perguntar se a experiência de Freud não é, no fundo, bem semelhante à de Nietzsche. O que está em questão no ponto de ruptura da interpretação, nessa con-

---

7 (N.A.) Nietzsche (F.), *Jenseits von Gut und Böse. Vorspiel einer Philosophie der Zukunft*, Leipzig, C. G. Naumann, 1886. (Par-*delà le bien et le mal. Prélude d'une philosophie de l'avenir*, trad. C. Heim, in *Oeuvres philosophiques complètes*, Paris, Gallimard, t. VII, 1971, § 39, p. 56 (N.E.).)
8 Nietzsche (F.), *Ecce homo. Wie man wird, was man ist*, Leipzig, C. G. Naumann, 1889 (*Ecce homo. Comment on devient ce que l'on est*, trad. J.-C. Hémery, in *Oeuvres philosophiques complètes*. Paris, Gallimard, t. VIII, 1974, p. 237-341).

48 Michel Foucault – Ditos e Escritos

vergência da interpretação na direção de um ponto que a torna impossível, poderia ser certamente alguma coisa como a experiência da loucura.

Experiência contra a qual Nietzsche se debateu e pela qual ele era fascinado; experiência contra a qual o próprio Freud lutou ao longo de toda a sua vida, não sem angústia. Essa experiência da loucura seria a sanção de um movimento de interpretação, que se aproxima infinitamente do seu centro, e que desmorona, calcinada.

*

Esse aspecto essencial de inconclusão da interpretação creio que está ligado a dois outros princípios, também fundamentais, e que constituiriam com os dois primeiros, de que acabo de falar, os postulados da hermenêutica moderna. Inicialmente este: se a interpretação nunca pode se concluir, é muito simplesmente porque nada há a interpretar. Nada há de absolutamente primeiro a interpretar, pois no fundo tudo já é interpretação; cada signo é nele mesmo não a coisa que se oferece à interpretação, mas interpretação de outros signos.

Nunca há, se vocês querem, um *interpretandum* que não seja já *interpretans*, embora seja estabelecida, na interpretação, uma relação tanto de violência como de elucidação. De fato, a interpretação não esclarece uma matéria a interpretar, que se ofereceria a ela passivamente; ela pode apenas apoderar-se, e violentamente, de uma interpretação já ali, que ela deve subverter, revirar, quebrar a marteladas.

Vemos isso já em Marx, que não interpreta a história das relações de produção, mas uma relação já se oferecendo como interpretação, já que ela se apresenta como natureza. Da mesma forma, Freud não interpreta signos, mas interpretações. O que Freud descobre, de fato, sob os sintomas? Ele não descobre, como se diz, os "traumatismos"; ele revela os *fantasmas*,* com sua carga de angústia, ou seja, um núcleo que já é ele próprio, em seu próprio ser, uma interpretação. A anorexia, por exemplo, não remete ao desmame, como o significante remeteria ao significado, mas a anorexia como signo, sintoma a

---

* (N.R.) Preferimos a tradução de *fantasme* por fantasma em português, como se fez em espanhol, de acordo com o significante da língua francesa.

1967 – Nietzsche, Freud, Marx   **49**

interpretar, remete aos fantasmas do mau seio materno, que já é em si mesmo uma interpretação, que já é em si mesmo um corpo falante. Eis por que Freud só tem a interpretar na linguagem de seus pacientes o que eles lhe oferecem como sintomas; sua interpretação é a interpretação de uma interpretação, nos termos em que essa interpretação é dada. Sabe-se claramente que Freud inventou o superego no dia em que um paciente lhe disse: "Sinto um cachorro em cima de mim."

Da mesma forma, Nietzsche se apodera de interpretações que já se apoderaram umas das outras. Não há para Nietzsche um significado original. As próprias palavras não passam de interpretações; ao longo de sua história, elas interpretam antes de serem signos, e só significam finalmente porque são apenas interpretações essenciais. É o que testemunha a famosa etimologia de *agathos*.[9] É também o que diz Nietzsche, quando ele fala que as palavras sempre foram inventadas pelas classes superiores; elas não indicam um significado, impõem uma interpretação. Consequentemente, não é porque há signos primeiros e enigmáticos que estamos agora dedicados à tarefa de interpretar, mas, sim, porque há interpretações, porque não cessa de haver, debaixo de tudo o que se fala, a grande trama das interpretações violentas. É por essa razão que há signos, signos que nos prescrevem a interpretação de sua interpretação, que nos prescrevem revirá-los como signos. Neste sentido, pode-se dizer que a *allegoria* e a *hyponoïa* são, no fundo e antes dela, linguagem, não aquilo que deslizou *a posteriori* sob as palavras para deslocá-las e fazê-las vibrar, mas aquilo que fez nascer as palavras, que as faz cintilar em um clarão que nunca se fixa. Eis por que também o intérprete, para Nietzsche, é o "verídico"; ele é o "verdadeiro", não porque se apodera de uma verdade adormecida para proferi-la, mas porque ele pronuncia a interpretação que toda verdade tem por função velar. Talvez essa primazia da interpretação em relação aos signos seja o que há de mais decisivo na hermenêutica moderna.

A ideia de que a interpretação precede o signo implica que o signo não seja um ser simples e generoso, como era o caso ainda no século XVI, em que a pletora dos signos, o fato de as coisas se assemelharem provavam simplesmente a benevolência de Deus, e apenas afastavam por um véu transparente o sig-

---

9 (N.A.) Cf. *La généalogie de la morale*, op. cit., 1ª dissertação, §§ 4 e 5.

50 Michel Foucault – Ditos e Escritos

no do significado. Ao contrário, desde o século XIX, a partir de Freud, Marx e Nietzsche, parece-me que o signo vai se tornar malévolo; quero dizer que há no signo uma maneira ambígua e um pouco equivocada de malquerer e de "malevolência". E isso na medida em que o signo já é uma interpretação que não se dá como tal. Os signos são interpretações que tentam se justificar, e não o inverso. Assim funciona a moeda, tal como a vemos definida na *Critique de l'économie politique*, e sobretudo no primeiro livro do *Capital*.[10] É assim que funcionam os sintomas para Freud. E, em Nietzsche, as palavras, a justiça, as classificações binárias do Bem e do Mal, consequentemente os signos, são máscaras. O signo, adquirindo essa nova função de recobrimento da interpretação, perde seu ser simples de significante que possuía ainda na época do Renascimento, sua densidade própria vem como que se abrir, e podem então se precipitar na abertura todos os conceitos negativos que até agora tinham permanecido alheios à teoria do signo. Esta conhecia apenas o momento transparente e quase negativo do véu. Agora poderá organizar-se no interior do signo todo um jogo de conceitos negativos, de contradições, de oposições, enfim, o conjunto desse jogo de forças reativas que Deleuze tão bem analisou em seu livro sobre Nietzsche.

"Repor a dialética sobre seus pés", se essa expressão deve ter um sentido, não seria justamente ter recolocado na densidade do signo, nesse espaço aberto, sem fim, vazio, nesse espaço sem conteúdo real nem reconciliação, todo esse jogo da negatividade que a dialética tinha finalmente neutralizado dando-lhe um sentido positivo?

*

Enfim, última característica da hermenêutica: a interpretação se confronta com a obrigação de interpretar a si mesma infinitamente, de sempre se retomar. Donde duas consequências importantes. A primeira é que a interpretação será sempre, desde então, interpretação através do "quem?"; não se interpreta o que há no significado, mas, no fundo, quem colocou a interpretação.

---

10 Marx (K.), *Zur Kritik der politischen Oekonomie*, Berlim, Franz Dancker, 1859 (*Critique de l'économie politique*, trad. M. Rubel e L. Évrard, 1ª seção: *Le capital en général*, Capítulo II: "La monnaie", in *Oeuvres*, t. I: *Économie*, Paris, Gallimard, col. "Bibliothèque de la Pléiade", 1965, p. 317-452).

1967 – Nietzsche, Freud, Marx 51

O princípio da interpretação nada mais é do que o intérprete. E talvez seja esse o sentido que Nietzsche deu à palavra "psicologia". A segunda consequência é que a interpretação tem sempre que interpretar a si mesma, e não pode deixar de retornar a si mesma. Em oposição ao tempo dos signos, que é um tempo do fracasso, e em oposição ao tempo da dialética, que, apesar de tudo, é linear, há um tempo da interpretação, que é circular. Esse tempo é, certamente, obrigado a passar novamente por onde ele já passou, o que faz com que finalmente o único perigo que a interpretação realmente corra, mas é um perigo supremo, sejam paradoxalmente os signos que a fazem deslizar. A morte da interpretação é acreditar que há signos, signos que existem primeiramente, originalmente, realmente, como marcas coerentes, pertinentes e sistemáticas.

A vida da interpretação, pelo contrário, é acreditar que só há interpretações. Parece-me que é preciso compreender uma coisa que muitos de nossos contemporâneos esquecem, que a hermenêutica e a semiologia são dois inimigos implacáveis. Uma hermenêutica, que se restringe de fato a uma semiologia, acredita na existência absoluta dos signos: ela abandona a violência, o inacabado, a infinitude das interpretações, para fazer reinar o terror do índice e suspeitar da linguagem. Reconhecemos aqui o marxismo, após Marx. Ao contrário, uma hermenêutica que se envolve consigo mesma entra no domínio das linguagens que não cessam de implicar a si mesmas, essa região intermediária entre a loucura e a pura linguagem. É ali que reconhecemos Nietzsche.

Discussão

Sr. Boehm: Você mostrou claramente que, em Nietzsche, a interpretação nunca cessa e que ela constituía a própria trama da realidade. Inclusive, para Nietzsche, interpretar o mundo e mudá-lo não são duas coisas diferentes. Mas isso vale para Marx? Em um texto célebre, ele opõe mudança do mundo e interpretação do mundo...

Sr. Foucault: Eu esperava que essa frase de Marx me fosse contraposta. De qualquer forma, se você se reportar à economia política, observará que Marx a trata sempre como uma maneira de interpretar. O texto sobre a interpretação diz respeito à filosofia e ao fim da filosofia. Mas será que a economia

52 Michel Foucault – Ditos e Escritos

política, tal como Marx a concebe, seria capaz de constituir uma interpretação que não fosse condenável, na medida em que ela pudesse levar em conta a mudança do mundo e, de alguma forma, a interiorizasse?

Sr. Boehm: Outra questão: o essencial, para Marx, Nietzsche e Freud não está na ideia de uma automistificação da consciência? Não se trata aí dessa nova ideia, que não surge antes do século XIX e que encontraria sua fonte em Hegel?

Sr. Foucault: Foi negligência minha não dizer que essa não era precisamente a questão que eu queria colocar. Eu quis tratar da interpretação como tal. Por que somos levados a interpretar? Será por influência de Hegel?

Uma coisa é certa: a importância do signo, pelo menos uma certa mudança na importância e no crédito que se dava ao signo, produziu-se no final do século XVIII ou no início do XIX, por razões que são muito numerosas. Por exemplo, a descoberta da filologia, no sentido clássico do termo, a organização da rede das línguas indo-europeias, o fato de os métodos de classificação terem perdido sua utilidade, tudo isso provavelmente reorganizou inteiramente nosso mundo cultural dos signos. Coisas como a filosofia da natureza, entendida em um sentido muito amplo, não somente em Hegel, mas em todos os contemporâneos alemães de Hegel, são, sem dúvida, a prova dessa alteração no regime dos signos produzida na cultura naquele momento.

Tenho a impressão de que seria, digamos, mais fecundo, atualmente, em relação ao tipo de problema que nos colocamos, ver na ideia da mistificação da consciência um tema nascido talvez mais da modificação do regime fundamental dos signos do que encontrar aí, ao contrário, a origem da preocupação em interpretar.

Sr. Taubes: A análise de M. Foucault não é incompleta? Ele não levou em conta as técnicas de exegese religiosa, que tiveram um papel decisivo. E ele não seguiu a articulação histórica verdadeira. Apesar do que M. Foucault acaba de dizer, parece-me que a interpretação no século XIX começa com Hegel.

Sr. Foucault: Não me refiri à interpretação religiosa que, de fato, teve extrema importância, porque, na muito resumida história que tracei, localizei-me do lado dos signos, e não do lado do sentido. Quanto ao corte do século XIX, podemos atribuí-lo a Hegel. Mas, na história dos signos, tomados em sua mais ampla extensão, a descoberta das línguas indo-europeias,

1967 – Nietzsche, Freud, Marx   53

o desaparecimento da gramática geral, a substituição do conceito de organismo pelo conceito de caráter não são menos "importantes" do que a filosofia hegeliana. É preciso não confundir história da filosofia e arqueologia do pensamento.

Sr. Vattimo: Se eu o compreendi bem, Marx deveria ser classificado entre os pensadores que, como Nietzsche, descobrem o interminável da interpretação. Estou inteiramente de acordo com você no que se refere a Nietzsche. Mas, em relação a Marx, não há necessariamente um ponto de chegada? O que quer dizer a infraestrutura senão alguma coisa que deve ser considerada como base?

Sr. Foucault: Em relação a Marx, quase não desenvolvi minha ideia; temo mesmo não poder demonstrá-la ainda. Mas tomem o *Dezoito brumário*,[11] por exemplo: Marx jamais apresenta sua interpretação como interpretação final. Ele sabe claramente, e o diz, que se poderia interpretar em um nível mais profundo, ou em um nível mais geral, e que não há explicação que seja rasteira.

Sr. Wahl: Creio existir uma guerra entre Nietzsche e Marx, e entre Nietzsche e Freud, apesar de haverem analogias. Se Marx tem razão, Nietzsche deve ser interpretado como um fenômeno da burguesia de sua época. Se Freud tem razão, seria preciso analisar o inconsciente de Nietzsche. Vejo então uma espécie de guerra entre Nietzsche e os outros dois.

Não é verdade que temos interpretações em demasia? Estamos "obsedados pela interpretação". Sem dúvida, é preciso interpretar sempre. Mas há sempre o que interpretar? E me pergunto ainda: quem interpreta? E, por fim: estamos sendo enganados, mas por quem? Há um mistificador, mas quem é ele? Há sempre uma pluralidade de interpretações: Marx, Freud, Nietzsche, e também Gobineau... Há o marxismo, a psicanálise, há ainda, digamos, as interpretações raciais...

Sr. Foucault: Creio que o problema da pluralidade das interpretações, da guerra das interpretações, se tornou estruturalmente possível pela própria definição da interpretação como aquilo que não tem fim, sem que haja um ponto absoluto

---

11 Marx (K.), *Der Achtzehnte Brumaire des Louis Bonaparte, in Die Revolution. Eine Zeitschrift in zwanglosen Heften*, Ed. J. Weydemeyer, Erstes Heft, Nova Iorque, 1852 (*Le dix-huit brumaire de Louis Bonaparte*, Paris, Éditions Sociales, 1962).

54 Michel Foucault – Ditos e Escritos

a partir do qual ela se julga e se decide. De maneira que *isso*, o próprio fato de que estejamos dedicados a ser interpretados no momento mesmo em que interpretamos, todo intérprete deve sabê-lo. Essa pletora de interpretações é, certamente, um traço que caracteriza profundamente a cultura ocidental atualmente.

Sr. Wahl: Há, de qualquer forma, pessoas que não são intérpretes.

Sr. Foucault: Neste momento, elas repetem, repetem a própria linguagem.

Sr. Wahl: Por quê? Por que dizer isso? Pode-se, naturalmente, interpretar Claudel de múltiplas maneiras, à maneira marxista, ao modo freudiano, mas, apesar de tudo, o importante é a obra de Claudel. Quanto à obra de Nietzsche, é mais difícil dizer. Em relação às interpretações marxistas e freudianas, ele arrisca sucumbir...

Sr. Foucault: Oh, eu não diria que ele sucumbiu! É claro que existe, nas técnicas de interpretação de Nietzsche, alguma coisa que é radicalmente diferente, e que faz com que não se possa, se vocês querem, inscrevê-lo nos corpos constituídos que representam, atualmente, por um lado, os comunistas e, por outro, os psicanalistas. Os nietzschianos não têm, do ponto de vista do que eles interpretam...

Sr. Wahl: Há nietzschianos? Duvidava-se disso essa manhã!

Sr. Baroni: Gostaria de lhe perguntar se você concorda que entre Nietzsche, Freud e Marx o paralelo poderia ser o seguinte: Nietzsche, em sua interpretação, busca analisar os bons sentimentos e mostrar o que eles escondem na realidade (tal como na *Genealogia da moral*). Freud, na psicanálise, vai desvelar o que é o conteúdo latente: e, aqui também, a interpretação será bastante catastrófica para os bons sentimentos. Enfim, Marx atacará a boa consciência da burguesia, e mostrará o que existe no fundo. Embora as três interpretações pareçam estar dominadas pela ideia de que há signos a traduzir, dos quais é preciso descobrir a significação, mesmo se essa tradução não é simples e deva ser feita em etapas, talvez infinitamente.

Mas existe, me parece, um outro tipo de interpretação em psicologia, que é totalmente oposta, e que nos remete ao século XVI do qual você falou. É a de Jung, que denunciava, precisamente, no tipo de interpretação freudiana, o veneno depreciativo. Jung opõe o símbolo ao signo, o signo sendo o que deve ser traduzido em seu conteúdo latente, enquanto o símbolo

1967 – Nietzsche, Freud, Marx   55

fala por si mesmo. Se eu disse há pouco que me parecia que Nietzsche estava do lado de Freud e de Marx, creio de fato que, em relação a esse ponto, Nietzsche pode também ser aproximado de Jung. Tanto para Nietzsche, como para Jung, há uma oposição entre o "eu" e o "si", entre a pequena e a grande razão. Nietzsche é um intérprete extremamente agudo, e mesmo cruel, mas há nele uma certa maneira de se colocar à escuta da "grande razão", o que o aproxima de Jung.

Sr. Foucault: Sem dúvida, você tem razão.

Srta. Ramnoux: Gostaria de retornar a um ponto: por que você não falou do papel da exegese religiosa? Parece-me que talvez não se possa neglicenciar a questão das traduções, porque, no fundo, todo tradutor da Bíblia considera que ele diz o sentido de Deus, e que, consequentemente, deve colocar ali uma consciência infinita. Finalmente, as traduções evoluem com o tempo, e alguma coisa se revela através dessa evolução das traduções. É uma questão muito complicada...

Antes de ouvi-lo, eu também refletia sobre as possíveis relações entre Nietzsche e Freud. Se tomarmos o índice das obras completas de Freud, e como suplemento o livro de Jones, encontraremos no final das contas muito pouca coisa. De repente, eu me disse: o problema é inverso. Por que Freud se cala sobre Nietzsche?

Ora, em relação a isso, há dois pontos. O primeiro é que, em 1908, creio, os alunos de Freud, ou seja, Rank e Adler, tomaram como tema de um de seus pequenos congressos as semelhanças ou as analogias entre as teses de Nietzsche (particularmente na *Genealogia da moral*) e as teses de Freud. Freud permitiu que o fizessem, mas guardou extrema reserva, e creio que o que ele disse nesse momento foi mais ou menos o seguinte: Nietzsche traz muitas ideias ao mesmo tempo.

O outro ponto é que, desde 1910, Freud inicia seu contato com Lou Salomé; sem dúvida, ele fez um esboço ou uma análise didática de Lou Salomé.[12] Consequentemente, devia haver, por meio de Lou Salomé, uma espécie de relação médica entre Freud e Nietzsche. Ora, ele não podia falar sobre isso. Mas o certo é

---

12 Referência à correspondência entre Lou Andreas-Salomé e Freud, que se estende por um quarto de século. Lou Andreas-Salomé, *Correspondance avec Sigmund Freud (1912-1936)*. Seguida do *Journal d'une anée (1912-1913)*, trad. L. Jumel, Paris, Gallimard, col. "Connaissance de l'inconscient", 1970.

56 Michel Foucault – Ditos e Escritos

somente que tudo o que Lou Salomé publicou depois faz parte, no fundo, de sua análise interminável. Seria preciso lê-lo nessa perspectiva. A seguir, encontramos o livro de Freud, *Moïse et le monothéisme*,[13] em que há uma espécie de diálogo de Freud com o Nietzsche de *Genealogia da moral* – veja, eu apenas lhe submeto os problemas; você poderia acrescentar alguma coisa?

Sr. Foucault: Não, não sei rigorosamente nada mais. Fiquei realmente surpreso com o espantoso silêncio, com exceção de uma ou duas frases, de Freud em relação a Nietzsche, mesmo em sua correspondência. É realmente muito enigmático. A explicação pela análise de Lou Salomé, o fato de ele não poder falar disso...

Srta. Ramnoux: Ele não queria dizer mais nada sobre isso...

Sr. Demonbynes: Sobre Nietzsche, você disse que a experiência da loucura era o ponto mais próximo do conhecimento absoluto. Eu lhe pergunto em que medida, do seu ponto de vista, Nietzsche teve experiência da loucura? Se você tiver tempo, naturalmente, seria muito interessante colocar a mesma questão a respeito de outros grandes homens, sejam eles poetas ou escritores, como Hölderlin, Nerval ou Maupassant, ou mesmo músicos, como Schumann, Henri Duparc ou Maurice Ravel. Mas fiquemos no plano de Nietzsche. Será que compreendi bem? Pois você falou claramente dessa experiência da loucura. Foi isso, na verdade, o que você quis dizer?

Sr. Foucault: Sim.

Sr. Demonbynes: Você não quis dizer "consciência" ou "presciência", ou pressentimento da loucura? Você acredita verdadeiramente que possa existir... que grandes homens como Nietzsche possam ter tido "a experiência da loucura"?

Sr. Foucault: Eu lhe respondo: sim, sim.

Sr. Demonbynes: Não compreendo o que isso quer dizer, porque eu não sou um grande homem.

Sr. Foucault: Eu não disse isso.

Sr. Kelkel: Minha questão será muito breve: ela se relaciona, no fundo, com o que você chamou de "técnicas de interpre-

---

13 Freud (S.), *Der Mann Moses und die Monotheistische Religion. Drei Abhandlungen*, Amsterdã, Allert de Lange, 1939 (*L'homme Moïse et la religion monothéiste. Trois essais*, trad. C. Heim, Paris, Gallimard, col. "Connaissance de l'inconscient", 1986).

tação", nas quais você parece ver, eu não diria um substituto, mas em todo caso um sucessor, uma sucessão possível à filosofia. Você concorda que essas técnicas de interpretação do mundo são antes de tudo técnicas de "terapêutica", técnicas de "cura", no sentido mais amplo do termo: da sociedade em Marx, do indivíduo em Freud e da humanidade em Nietzsche?

Sr. Foucault: Penso de fato que o sentido da interpretação, no século XIX, certamente se aproximou do que você concebe por terapêutica. No século XVI, a interpretação talvez encontrasse seu sentido do lado da revelação, da salvação. Eu lhe citarei simplesmente uma frase de um historiador chamado Garcia: "Em nossos dias – diz ele, em 1860 – a saúde substituiu a salvação".

1967

A Filosofia Estruturalista Permite Diagnosticar o que É "a Atualidade"

"La philosophie structuraliste permet de diagnostiquer ce qu'est 'aujourd'nui'" (entrevista com G. Fellous), *La presse de Tunisie*, 12 de abril de 1967, p. 3.

– A sociologia, a psicologia, a pedagogia faziam parte, há alguns decênios, da filosofia. Essas disciplinas dela se destacaram para descer a rua e ter aplicações na vida cotidiana moderna. A filosofia parece ter ficado para trás dessa evolução. Ela lhe parece ameaçada por isso?

– Creio que, de fato, a situação da filosofia mudou bastante de um século para cá.

Inicialmente, a filosofia se desobrigou de toda uma série de pesquisas que constituíram as ciências humanas, e essa é a primeira mudança.

Por outro lado, a filosofia perdeu seu *status* privilegiado em relação ao conhecimento em geral, e à ciência em particular. Ela parou de legiferar, de julgar.

A terceira mudança, à qual não se tem o hábito de dar atenção, é muito característica e importante. A filosofia deixou de ser uma especulação autônoma sobre o mundo, o conhecimento ou o ser humano. Ela se tornou uma forma de atividade engajada em um determinado número de domínios. Quando a matemática passou por sua grande fase de crise no começo do século XX, foi através de uma série de atos filosóficos que se buscaram novos fundamentos para ela. Foi também por um ato filosófico que a linguística foi fundada por volta de 1900, 1920. Igualmente, foi um ato filosófico que Freud realizou, descobrindo o inconsciente como significação de nossas condutas. Da mesma forma, podemos nos perguntar se, nos domínios da prática, o socialismo, por exemplo, não é uma espécie de filosofia em ato.

1967 – A Filosofia Estruturalista Permite Diagnosticar o que é... 59

Nessa medida, se é verdade que as ciências humanas desceram a rua e impregnaram um certo número de nossas ações, elas reencontraram, nessa mesma rua, instalada bem antes delas, a filosofia.

Pode-se dizer que, no século XX, qualquer homem que descobre ou que inventa, qualquer homem que muda alguma coisa no mundo, o conhecimento ou a vida dos homens, é, de alguma forma, um filósofo.

– *O estruturalismo não nasceu recentemente. Ele está em questão desde o início do século. Contudo, só falamos dele atualmente. Para o grande público, você é o papa do "estruturalismo". Por quê?*

– Talvez eu seja mais o coroinha do estruturalismo. Digamos que sacudi a sineta, os fiéis se ajoelharam, os incrédulos gritaram. Mas a missa tinha começado há muito tempo. O verdadeiro mistério não fui eu que o realizei. Como observador inocente com sua sobrepeliz branca, eis como vejo as coisas.

Poderíamos dizer que há duas formas de estruturalismo: a primeira é um método que permitiu seja a fundação de certas ciências como a linguística, seja a renovação de algumas outras como a história das religiões, seja o desenvolvimento de certas disciplinas como a etnologia e a sociologia. Esse estruturalismo consiste em uma análise não tanto das coisas, das condutas e de sua gênese, mas das relações que regem um conjunto de elementos ou um conjunto de condutas; ele estuda muito mais os conjuntos em seu equilíbrio atual do que os processos em sua história. Esse estruturalismo mostrou seu valor ao menos nisto: ele permitiu o surgimento de novos objetos científicos, desconhecidos até então (a língua, por exemplo), como também descobertas em domínios já conhecidos: a solidariedade das religiões e das mitologias indo-europeias, por exemplo.

O segundo estruturalismo seria uma atividade por meio da qual os teóricos, não especialistas, se esforçam para definir as relações atuais que podem existir entre tal e tal elemento de nossa cultura, tal ou tal ciência, tal domínio prático e tal domínio teórico etc. Dito de outra forma, seria uma espécie de estruturalismo generalizado e não mais limitado a um domínio científico preciso e, por outro lado, um estruturalismo que concerniria a nós, nossa cultura, nosso mundo atual, o conjunto das relações práticas ou teóricas que definem nossa modernidade.

É nisso que o estruturalismo pode valer como uma atividade filosófica, se admitimos que o papel da filosofia é o de diag-

60   Michel Foucault – Ditos e Escritos

nosticar. Efetivamente, o filósofo parou de querer falar do que existe eternamente. Ele tem a tarefa bem mais árdua e mais fugidia de dizer o que se passa. Nessa medida, pode-se certamente falar de um tipo de filosofia estruturalista, que poderia ser definida como a atividade que permite diagnosticar o que é a atualidade.

– *Nessa perspectiva, seria possível pensar que o filósofo será convocado, em um futuro próximo, para tarefas muito práticas.*

– Na verdade se pode conceber o filósofo como um tipo de analista da conjuntura cultural. A cultura sendo entendida aqui no sentido amplo, não apenas produção de obras de arte mas, igualmente, instituições políticas, formas de vida social, proibições e imposições diversas.

– *Em 1945, o existencialismo encontrava na França, e a seguir em outros países europeus, uma ressonância tão forte que ele tomou o aspecto de uma moda definidora de uma época. Diz-se que 1967 será para o estruturalismo o que 1945 foi para o existencialismo.*

– De fato, 1945 marcou a data em que uma certa forma de filosofia galgou o limiar da notoriedade, e 1967 marca também o limiar de notoriedade do estruturalismo.

Dito isso, não se pode comparar de forma alguma a situação do existencialismo com a do estruturalismo, pela simples razão de que o existencialismo surgiu na França a partir de uma tradição filosófica (Hegel, Kierkegaard, Husserl e Heidegger) e também de uma experiência política muito rica, que era a da luta, desde 1933, contra o fascismo e o nazismo.

O estruturalismo, ao contrário, nasceu e se desenvolveu em um período de entressafra política, ao menos na França, onde, após o fim da guerra da Argélia, o gaullismo teve que fazer muito esforço para mobilizar o interesse dos intelectuais.

Deserto político, por um lado, mas, em compensação, extraordinária proliferação de disciplinas teóricas, mas não filosóficas, no qual o estruturalismo encontrou simultaneamente sua origem e seu lugar de manifestação. Embora o existencialismo provavelmente tenha oferecido, durante uma década, um estilo de vida a um certo número de intelectuais franceses e talvez também europeus, pode-se dizer que nenhum saber jamais pôde ser dito existencialista. Entretanto, "estruturalista" pode ser colocado em epíteto a um grande número de pesquisas teóricas ou práticas: linguística, sociologia, história, economia etc. Certamente, ele ainda não penetrou na existência concreta dos homens, a não ser sob a forma de uma certa preocupação com o rigor. O sistema é atualmente nossa maior forma de honestidade.

– *Pela primeira vez, o marxismo é colocado em dificuldade pelo sistema estruturalista. Até que ponto o marxismo está ameaçado e por quê?*

– O que está ameaçado pelo estruturalismo não é – creio – o marxismo, mas uma certa maneira de compreender o marxismo. Há, efetivamente, hábitos mentais que estão começando a desaparecer, e cujos traços só são encontrados como limites em certas mentes petrificadas: hábito de acreditar que a história deve ser uma longa narrativa linear, às vezes ligada por crises; hábito de acreditar que a descoberta da causalidade é o *nec plus ultra* da análise histórica; hábito de acreditar que existe uma hierarquia das determinações indo da causalidade material mais estrita à aurora mais ou menos vacilante da liberdade humana. Se o marxismo fosse isso, não resta nenhuma dúvida de que o estruturalismo não lhe daria muita importância.

Mas, felizmente, o marxismo é outra coisa. Em todo caso, em nossa época, ele continua a existir e a viver como tentativa de analisar todas as condições da existência humana, como tentativa de compreender, em sua complexidade, o conjunto das relações que constituíram nossa história, como tentativa de determinar em que conjuntura nossa ação é atualmente possível.

Quanto ao estruturalismo, ele é um método de análise, uma tentativa de leitura, uma colocação em relação, uma tentativa de constituição de uma rede geral de elementos. Parece-me que entre o marxismo e o estruturalismo não pode haver a menor sombra de incompatibilidade, pois eles não se situam no mesmo nível.

Um estruturalista pode ser marxista ou não, mas ele o será sempre um pouco, na medida em que ele se der por tarefa diagnosticar as condições de nossa existência.

Um marxista poderá ser estruturalista ou não, mas ele o será sempre pelo menos um pouco, se ele quiser ter nas mãos um instrumento rigoroso para resolver as questões que ele coloca.

– *Quais são as relações entre sua teoria estruturalista e suas obras?*

– O que tentei fazer foi introduzir análises de estilo estruturalista em domínios nos quais elas não haviam penetrado até

62 Michel Foucault – Ditos e Escritos

o presente, ou seja, no domínio da história das ideias, da história dos conhecimentos, da história da teoria. Nessa medida, fui levado a analisar em temos de estrutura o nascimento do próprio estruturalismo.

Desse ponto de vista, tenho com o estruturalismo uma relação ao mesmo tempo de distância e de reduplicação. De distância, já que falo dele em vez de praticá-lo diretamente, e de reduplicação, já que não quero falar dele sem falar sua linguagem.

– *Quais são suas obras estruturalistas já publicadas? Você está preparando agora alguma outra obra estruturalista?*

– Não há um manual, um tratado de estruturalismo. O estruturalismo é, precisamente, uma atividade teórica que existe apenas no interior de determinados domínios. É uma certa maneira de analisar as coisas. Portanto, não pode haver uma teoria geral do estruturalismo. Apenas se podem indicar obras que provocaram modificações importantes em um domínio particular ou simultaneamente em vários domínios.

É preciso citar, no domínio da etnologia, os trabalhos de Lévi-Strauss, aqueles que são consagrados às formas de parentesco nas sociedades protoamericanas e os que foram dedicados à análise dos mitos americanos; no domínio da sociologia, os de Jacques Berque. Outra grande obra é a de Dumézil, que acaba de publicar uma espécie de inventário intitulado *La religion romaine archaïque*, em que ele relaciona a religião romana com o conjunto das mitologias e das religiões indo-europeias. No domínio da análise literária, é preciso citar as obras de Barthes sobre Racine.

Estou preparando agora um trabalho de metodologia relativo às formas de existência da linguagem em uma cultura como a nossa.

(No artigo, aparecem duas chamadas:)

Michel Foucault Contado por Ele mesmo

Após ter permanecido na universidade francesa por tão longo tempo para fazer o que é preciso e ser o que se deve ser, fui passear no estrangeiro, o que ofereceu ao meu olhar míope o exercício da distância e permitiu, talvez, o restabelecimento de uma perspectiva mais justa sobre as coisas.

Na Suécia, o que me permitiu saber o que seremos, daqui a 50 ou 100 anos, quando todos formos ricos, felizes, esterilizados. Na Polônia. Em Hamburgo. Na América do Sul. Sou celibatário. Oh, sim.

O que Michel Foucault Pensa da Tunísia

Vim por causa dos mitos que qualquer europeu cria atualmente para si mesmo sobre a Tunísia: o sol, o mar, a grande tepidez da África; vim buscar, enfim, uma tebaida sem ascetismo.

Na verdade, encontrei estudantes tunisianos, e então foi amor à primeira vista. Provavelmente, não encontrei nos estudantes, a não ser no Brasil e na Tunísia, tanta seriedade e tanta paixão, paixões tão sérias, e, o que me encanta mais do que tudo, a avidez absoluta de saber.

1967

Sobre as Maneiras de Escrever a História

"Sur lestaçons d'écrite l'historie" (entrevista com R. Bellour), *Les lettres françaises*, n. 1.187, 15-21 de junho de 1967, p. 6-9.

– *A dupla recepção, de crítica e de público, entusiasta e reticente, em relação ao seu livro, incita a dar continuidade à entrevista na qual, aqui mesmo, há mais de um ano, você expôs a natureza e o campo de suas pesquisas. Qual foi, para você, a mais surpreendente reação suscitada por* As palavras e as coisas?

– Fiquei surpreso com o seguinte fato: os historiadores profissionais nele reconheceram um livro de história, e muitos outros, que têm uma concepção antiga da história e, sem dúvida, bastante obsoleta, alardearam o assassinato da história.

– *Não lhe parece que a forma do livro – por forma, entendo tanto a ausência de notas extensas e de bibliografia, de referências acumuladas e declaradas, habituais nesse tipo de obra, como o jogo de espelho constituído por* Las meninas *– e mesmo o seu estilo puderam contribuir para mascarar a sua natureza?*

– Sem dúvida, a apresentação do livro não é indiferente, mas creio, sobretudo, que alguns ignoram a mais importante mutação do saber histórico já em ação há mais de 20 anos. Sabe-se que os livros de Dumézil, Lévi-Strauss e Lacan se relacionam entre os mais importantes de nossa época; mas será que se sabe mesmo que, dentre os trabalhos que hoje asseguram uma aventura nova no saber, é necessário incluir os livros de Braudel, de Furet e de Denis Richet, de Le Roy Ladurie, as pesquisas da escola histórica de Cambridge e da escola soviética?

– *Você se situa então deliberadamente como historiador. A que atribui esse desconhecimento?*

– Acredito que a história foi objeto de uma curiosa sacralização. Para muitos intelectuais, o respeito distante, não infor-

1967 – Sobre as Maneiras de Escrever a História   65

mado e tradicionalista em relação à história era a maneira mais simples de harmonizar sua consciência política e sua atividade de pesquisa ou de escrita; sob o signo da cruz da história, qualquer discurso se tornava prece ao deus das justas causas. Há, também, uma razão mais técnica. É preciso de fato reconhecer que, em domínios como a linguística, a etnologia, a história das religiões, a sociologia, os conceitos, formados no século XIX, e que podem ser caracterizados como de ordem dialética, foram em boa parte abandonados. Ora, aos olhos de alguns, a história como disciplina constituía o último refúgio de ordem dialética: nela, se podia salvar o reino da contradição racional... Assim, em muitos intelectuais se manteve, por essas duas razões e contra toda verossimilhança, uma concepção da história organizada a partir do modelo da narrativa como grande sequência de acontecimentos tomados em uma hierarquia de determinações: os indivíduos são apreendidos no interior dessa totalidade que os ultrapassa e que brinca com eles, mas da qual eles são talvez, ao mesmo tempo, os autores pouco conscientes. Ao ponto de essa história, simultaneamente projeto individual e totalidade, ter se tornado para alguns intocável: recusar tal forma de dizer histórico seria atacar a grande causa da revolução.

– *Em que consiste exatamente a novidade dos trabalhos históricos aos quais você se refere?*

– Eles podem ser caracterizados de uma maneira um pouco esquemática:

1) Esses historiadores se colocam o problema muito difícil da periodização. Percebeu-se que a periodização manifesta, escandida pelas revoluções políticas, não era sempre, metodologicamente, a melhor forma possível de recorte.

2) Cada periodização recorta na história um certo nível de acontecimentos e, opostamente, cada estrato de acontecimentos exige sua própria periodização. Trata-se de um conjunto de problemas delicados, já que, de acordo com o nível escolhido, será preciso delimitar periodizações diferentes, e, conforme a periodização que se dê, atingir-se-ão níveis diferentes. Acede-se, assim, à metodologia complexa da descontinuidade.

3) A velha oposição tradicional entre as ciências humanas e a história (as primeiras estudando o sincrônico e o não evolutivo, e a segunda analisando a dimensão da grande mudança incessante) desaparece: a mudança pode ser objeto de análise em termos de estrutura, o discurso histórico é povoado por

66 Michel Foucault – Ditos e Escritos

análises tomadas emprestado da etnologia e da sociologia, das ciências humanas.

4) Introduzem-se, na análise histórica, tipos de relação e de modos de ligação muito mais numerosos do que a universal relação de causalidade pela qual se havia querido definir o método histórico.

Assim, talvez pela primeira vez, há a possibilidade de analisar como objeto um conjunto de materiais que foram depositados no decorrer dos tempos sob a forma de signos, de traços, de instituições, de práticas, de obras etc. De todas essas mudanças, há duas manifestações essenciais:

– do lado dos historiadores, os trabalhos de Braudel, da escola de Cambridge, da escola russa etc.;

– a extraordinária crítica e análise da noção de história desenvolvida por Althusser no início de *Lire "Le Capital"*.[1]– *Você assinala dessa forma um parentesco direto entre os seus trabalhos e os de Althusser?*

– Tendo sido seu aluno e lhe devendo bastante, talvez eu tenha a tendência de atribuir à sua influência um esforço com o qual ele poderia não concordar, embora não possa responder por ele no que lhe concerne. De qualquer forma, eu diria: abram os livros de Althusser.

Permanece, no entanto, entre Althusser e eu, uma diferença evidente: ele emprega a palavra corte epistemológico a propósito de Marx, e eu afirmo, ao contrário, que Marx não representa um corte epistemológico.

– *Essa diferença da qual Marx é objeto não é precisamente o sinal mais manifesto do que pareceu incontestável em suas análises das mutações estruturais do saber durante o século XIX?*

– O que eu disse a propósito de Marx se refere ao domínio epistemológico preciso da economia política. Seja qual for a importância das modificações promovidas por Marx nas análises econômicas de Ricardo, não creio que suas análises econômicas escapem ao espaço epistemológico instaurado por Ricardo. Em compensação, é possível supor que Marx introduziu um corte radical na consciência histórica e política dos homens e

---

1 Althusser (L.), *Du "Capital" à la philosophie de Marx*, in Althusser (L.), Macherey (P.), Rancière (J.), *Lire "Le Capital"*, Paris, Maspero, t. 1, 1965, p. 9-89.

1967 – Sobre as Maneiras de Escrever a História **67**

que a teoria marxista da sociedade instaurou, certamente, um campo epistemológico inteiramente novo.

Meu livro trazia como subtítulo "Uma arqueologia das ciências humanas": esta supõe uma outra, que seria justamente a análise do saber e da consciência histórica no Ocidente desde o século XVI. E, antes mesmo de ter avançado muito nesse trabalho, parece-me que o grande corte deve se situar no nível de Marx. Somos remetidos aqui ao que eu dizia há pouco: a periodização dos domínios do conhecimento não pode ser feita da mesma maneira conforme os níveis em que nos colocamos. Encontramo-nos diante de uma espécie de superposição de tijolos e o interessante, o estranho, o curioso será precisamente saber como e por que o corte epistemológico para as ciências da vida, da economia e da linguagem se situa no início do século XIX, e, para a teoria da história e da política, em meados do século XIX.

– *Trata-se então de romper deliberadamente com o privilégio da história como ciência harmônica da totalidade, tal como ela nos é apresentada pela tradição marxista.*

– Do meu ponto de vista, essa ideia, que se encontra disseminada, não aparece realmente em Marx. Mas eu responderia sobretudo que, nesse domínio, no qual só abordamos os princípios possíveis, é ainda muito cedo para colocar o problema das determinações recíprocas desses estratos. Não é de todo impossível que se possam encontrar formas de determinações tais que todos os níveis concordem em marchar juntos como um pelotão sobre a ponte do devir histórico. Mas são apenas hipóteses.

– *Enfatizam-se, nos artigos que atacam seu livro, estas palavras: "congelar a história", que retornam sob a forma de um leitmotiv e parecem formular a mais fundamental acusação, adequada para questionar tanto o seu corte conceitual quanto a técnica narrativa que ele implica, fazendo disso a própria possibilidade de formular, como você acabou de fazê-lo, uma lógica da mutação. O que você pensa disso?*

– No que se chama de história das ideias, descreve-se em geral a mudança, permitindo-se dois expedientes fáceis:

1) Utilizam-se conceitos que me parecem um pouco mágicos, como a influência, a crise, a tomada de consciência, o interesse conferido a um problema etc. Todos utilitários, eles não me parecem operatórios.

2) Quando se encontra uma dificuldade, passa-se do nível de análise, que é o dos próprios enunciados, para um outro,

68 Michel Foucault – Ditos e Escritos

que lhe é exterior. Assim, diante de uma mudança, uma contradição, uma incoerência, recorre-se a uma explicação pelas condições sociais, pela mentalidade, pela visão do mundo etc. Eu quis, pelo jogo sistemático, tentar evitar esses expedientes e, consequentemente, esforcei-me para descrever os enunciados, grupos inteiros de enunciados, fazendo surgir as relações de implicação, de oposição, de exclusão, que podem ligá-los novamente. Disseram-me, por exemplo, que eu havia admitido ou inventado um corte absoluto entre o fim do século XVIII e o início do XIX. De fato, quando se observam os discursos científicos do final do século XVIII, constata-se uma mudança muito rápida e, na verdade, bastante enigmática ao olhar mais atento. Eu quis descrever justamente essa mudança, ou seja, estabelecer o conjunto de transformações necessárias e suficientes para passar da forma inicial do discurso científico, o do século XVIII, à sua forma final, o do século XIX. O conjunto de transformações que defini mantém um certo número de elementos teóricos, desloca outros, vemos desaparecerem alguns elementos antigos e surgirem novos; tudo isso permite definir a regra de passagem nos domínios que considerei. O que eu quis estabelecer é justo o contrário de uma descontinuidade, já que evidenciei a própria forma da passagem de um estado ao outro.

– *Eu me pergunto se o mal-entendido não decorre da dificuldade de conceber lado a lado os termos: por um lado, mudança e passagem, e, por outro, quadro e descrição.*

– Há mais de 50 anos, no entanto, nos demos conta de que as tarefas da descrição eram essenciais em domínios como os da história, da etnologia e da língua. Afinal, a linguagem matemática, desde Galileu e Newton, não funciona como uma explicação da natureza, mas como uma descrição de processos. Não vejo por que se poderiam criticar as disciplinas não formalizadas, como a história, por também empreenderem as tarefas primordiais da descrição.

– *Como você concebe a orientação metódica dessas tarefas primordiais?*

1º) Deve ser possível, se o que digo é verdade, dar conta e analisar exatamente, segundo os mesmos esquemas, trazendo algumas transformações suplementares, os textos aos quais não me referi.

2º) Podem-se muito bem retomar os textos de que falei e esse mesmo material de que tratei em uma descrição que teria uma outra periodização, e que se situaria em um outro nível. Quando se fizer, por exemplo, a arqueologia do saber histórico, será preciso evidentemente utilizar novamente os textos sobre a linguagem, e será necessário correlacioná-los com as técnicas da exegese, da crítica das fontes, com todo o saber relativo à sagrada escritura e à tradição histórica; sua descrição será, portanto, diferente. Mas essas descrições, se são corretas, deveriam ser tais que se pudessem definir as transformações que permitem passar de uma à outra.

Em um sentido, a descrição é infindável; em outro, ela é fechada, na medida em que tende a estabelecer o modelo teórico capaz de dar conta das relações existentes entre os discursos estudados.

– *Parece que é precisamente esse duplo caráter da descrição que é capaz de suscitar reticência ou confusão, já que a história se encontra assim, ao mesmo tempo, diretamente inserida no infinito de seus arquivos – portanto na falta de sentido característica de todo infinito – e organizada a partir dos modelos, cujo caráter formal acusa, em sua própria lógica, a falta de sentido própria de todo fechamento de caráter interno e circular. E o efeito é tanto mais intenso que seu livro se mantém em uma distância absoluta em relação ao que se poderia chamar de "história viva", esta cuja prática – quaisquer que sejam o nível teórico em que a solicitemos e os modelos nos quais se possa restringir sua diversidade infatigável – encontra a falta de sentido, em uma espécie de familiaridade, no mundo "natural" de ações e instituições. Como você pensa esse corte sobre o qual se estabelece* As palavras e as coisas?

– Tentando colocar em jogo uma descrição rigorosa dos próprios enunciados, pareceu-me que o domínio dos enunciados obedecia a leis formais, que se podia, por exemplo, encontrar um único modelo teórico para domínios epistemológicos diferentes, e que, nesse sentido, se podia concluir que haveria uma autonomia de discursos. Mas só há interesse em descrever esse estrato autônomo dos discursos na medida em que se pode relacioná-lo com outros estratos, de práticas, de instituições, de relações sociais, políticas etc. É essa relação que sempre me obsedou; e eu quis, precisamente, na *História da loucura* e em *O nascimento da clínica*, definir as relações entre esses dife-

70 Michel Foucault – Ditos e Escritos

rentes domínios. Tomei como exemplo o domínio epistemológico da medicina e o das instituições de repressão, de hospitalização, de seguros aos desempregados, de controle administrativo da saúde pública etc. Mas me dei conta, nesses dois primeiros livros, de que as coisas eram mais complicadas do que eu supunha, que os domínios discursivos não obedeciam sempre a estruturas que lhes eram comuns com seus domínios práticos e institucionais associados, que eles obedeciam, ao contrário, a estruturas comuns a outros domínios epistemológicos, que havia um isomorfismo dos discursos entre si em uma época dada. De maneira que me confrontei com dois eixos de descrição perpendiculares: o dos modelos teóricos comuns a vários discursos e aquele das relações entre o domínio discursivo e o domínio não discursivo. Em *As palavras e as coisas*, percorri o eixo horizontal; na *História da loucura* e em *O nascimento da clínica*, a dimensão vertical da figura.

No primeiro me empenhei em demonstrar, apoiando-me em alguns textos, que tal coerência teórica entre os discursos não existe, e assim uma verdadeira discussão poderá começar. Quanto a minimizar o domínio da prática, meus livros precedentes estão aí para demonstrar que estou longe disso e, para me remeter a eles, vou me referir a um ilustre exemplo. Quando Dumézil demonstra que a religião romana mantém uma relação de isomorfismo com as lendas escandinavas ou célticas, ou com tal ritual iraniano, ele não quer dizer que a religião romana não tenha seu lugar no interior da história romana, que a história de Roma não exista, mas que só poderemos descrever a história da religião romana, suas relações com as instituições, as classes sociais, as condições econômicas levando em conta a sua morfologia interna. Da mesma forma, demonstrar que os discursos científicos de uma época decorrem de um modelo teórico comum não quer dizer que eles escapem à história e flutuem no ar como desencarnados e isolados, mas que não será possível fazer sua história, a análise do funcionamento, do papel desse saber, das condições que lhe são impostas, da maneira pela qual ele se enraíza na sociedade, sem levar em conta a força e a consistência desses isomorfismos.

– *Essa objetividade que você atribui aos modelos teóricos visando a uma análise extensa da história como ciência e à lógica descritiva, para a constituição desses modelos, na medida em que esta exige se interrogar sobre o ponto de partida dessa descrição, enfim, sobre sua origem, isso quer dizer, no caso de um livro tão pessoal quanto o seu, tentar compreender a relação do autor com seu texto, qual o lugar exato ele pode, quer e deve ocupar nele.*

– A única forma de responder a isso é me aprofundando no próprio livro. Se o estilo de análise que nele tentei formular é admissível, seria possível definir o modelo teórico ao qual pertencem não só o meu livro mas os que pertencem à mesma configuração de saber. Sem dúvida, é ela que nos permite tratar a história atualmente como conjunto de enunciados efetivamente articulados, a língua como objeto de descrição e conjunto de relações conectadas ao discurso, e os enunciados que foram objeto da interpretação. É nossa época, e somente ela, que torna possível o aparecimento desse conjunto de textos que tratam da gramática, da história natural ou da economia política, como de tantos outros objetos.

Embora o autor, nisso e somente nisso, seja constitutivo daquilo sobre o que ele fala. Meu livro é uma pura e simples ficção: é um romance, mas não fui eu que o inventei; foi a relação de nossa época e sua configuração epistemológica com toda uma massa de enunciados. Embora o sujeito esteja de fato presente na totalidade do livro, ele é apenas o "se" anônimo que fala hoje em tudo aquilo que se diz.

– *Como você pensa o estatuto desse "se" anônimo?*

– Talvez estejamos começando a desfazer, pouco a pouco, mas não sem dificuldade, a grande desconfiança alegórica. Por desconfiança alegórica entendo a ideia simples que consiste em, diante de um texto, não mais se perguntar sobre o que esse texto diz *verdadeiramente* por baixo do que ele diz *realmente*. Sem dúvida, essa é a herança de uma antiga tradição exegética: diante de qualquer coisa dita, supomos que se diz outra coisa. A versão leiga dessa desconfiança alegórica teve o efeito de assinalar para qualquer comentador que ele devia procurar em todos os lugares o pensamento verdadeiro do autor, o que ele tinha dito sem dizê-lo, querido dizer sem conseguir, desejado esconder e, no entanto, deixado aparecer. Percebe-se hoje que há muitas outras possibilidades de tratar a linguagem. Assim, a crítica contemporânea – e é isso que a distingue do que era feito até muito recentemente – está começando a formular, sobre os diversos textos que ela estuda, seus textos-objetos, uma espécie de combinatória nova. Em vez de reconstituir seu

72 Michel Foucault – Ditos e Escritos

segredo imanente, ela apreende o texto como um conjunto de elementos (palavras, metáforas, formas literárias, conjunto de narrativas) entre os quais é possível fazer surgir relações absolutamente novas, na medida em que eles não foram determinados pelo projeto do escritor, mas apenas tornados possíveis pela própria obra como tal. As relações formais que assim se descobrem não estavam presentes na cabeça de ninguém; elas não constituem o conteúdo latente dos enunciados, seu segredo indiscreto; são uma construção, mas uma construção precisa desde que as relações assim descritas possam ser atribuídas realmente aos materiais tratados. Aprendemos a colocar as palavras dos homens em relações ainda não formuladas, ditas por nós pela primeira vez, e, no entanto, objetivamente exatas. Assim, a crítica contemporânea começa a abandonar o grande mito da interioridade: *Intimior intimio ejus*. Ela se encontra totalmente desencaixada dos velhos temas do encaixe, do cofrinho do tesouro que convém ir procurar no fundo do armário da obra. Localizando-se no exterior de um texto, ela o constitui como exterioridade nova, escrevendo textos de textos.

– Parece-me que, nessa própria fecundidade e em suas relações múltiplas, a moderna crítica literária procura, por exemplo, como você a descreve, marcar em um sentido uma curiosa regressão em relação àquele em quem ela buscava o essencial de suas exigências: quero dizer, Blanchot. Pois se Blanchot, sob o nome de "literatura", efetivamente conquistou, no espaço do pensamento moderno, uma exterioridade imperiosa do texto, ele não se permitiu absolutamente essa concessão que tende a afastar a violência da obra como lugar de um nome e de uma biografia, cujo segredo, precisamente, é ser atravessado diversamente pela força irredutível e abstrata da literatura, da qual Blanchot retraça, em cada caso, o itinerário rigoroso, sem se preocupar, como deseja uma crítica mais intelectual, em descrevê-lo como tal na lógica de suas formas.

– Foi efetivamente Blanchot quem tornou possível qualquer discurso sobre a literatura. De início, porque ele foi o primeiro a mostrar que as obras se conectam umas com as outras por essa face exterior de sua linguagem na qual surge a "literatura". A literatura é, assim, o que constitui o fora de qualquer obra, o que sulca toda linguagem escrita e deixa em qualquer texto a marca vazia de uma ranhura. Ela não é um modo de lingua-

1967 – Sobre as Maneiras de Escrever a História   73

gem, mas um oco que percorre como um grande movimento todas as linguagens literárias. Fazendo aparecer essa instância da literatura como "lugar comum", espaço vazio onde vêm se alojar as obras, creio que ele assinalou à crítica contemporânea qual deve ser seu objeto, o que torna possível seu trabalho ao mesmo tempo de exatidão e de invenção.

Pode-se afirmar que, por outro lado, Blanchot a tornou possível instituindo entre o autor e a obra um modo de relação até então insuspeitado. Sabe-se agora que a obra não pertence a um projeto de seu autor, nem mesmo àquele de sua existência, que ela mantém com ele relações de negação, de destruição, que ela é para ele o jorro do eterno fora, existindo, no entanto, entre eles essa função primordial do nome. É pelo nome que, em uma obra, se marca a modalidade irredutível do murmúrio anônimo de todas as outras linguagens. Não há dúvida de que a crítica contemporânea ainda não questionou verdadeiramente essa exigência do nome que Blanchot lhe propôs. Será preciso que ela se preocupe com isso, já que o nome marca para a obra suas relações de oposição, de diferença com outras obras, e caracteriza totalmente o modo de ser da obra literária em uma cultura e em instituições como as nossas. Afinal, há séculos, seis ou sete, que o anonimato, salvo caso excepcional, desapareceu inteiramente da linguagem literária e de seu funcionamento.

– É por isso, creio, que a lição de Blanchot encontra, em comparação com as críticas técnicas em relação às quais ele próprio guarda igual distância, um mais justo eco em uma interpretação do tipo psicanalítico, que se sustenta por definição em um espaço do sujeito, do que em uma interpretação do tipo linguístico, na qual aflora frequentemente um risco de abstração mecânica.

O que precisamente é importante, problemático, em certas pesquisas do tipo científico, como a sua, é uma certa relação de familiaridade um pouco nova que elas parecem manter com as obras mais explicitamente "subjetivas" da literatura.

– Seria muito interessante saber em que consiste a individualidade designável, "nomeável", de uma obra científica; as de Abel ou de Lagrange, por exemplo, são marcadas por características de escrita que as individualizam certamente tanto quanto um quadro de Ticiano ou uma página de Chateaubriand. Da mesma forma, os escritos filosóficos ou escritos descritivos como os de Lineu e de Buffon. No entanto, elas estão articuladas à rede de

74 Michel Foucault – Ditos e Escritos

todas aquelas que falam da "mesma coisa", que lhes são contemporâneas e lhes sucedem: essa rede que as envolve delineia essas grandes figuras sem estado civil que chamamos de "matemática", "história", "biologia".

O problema da singularidade ou da relação entre o nome e a rede é muito antigo, mas antigamente havia tipos de canais, de vias balizadas que separavam as obras literárias das obras físicas ou matemáticas, das obras históricas; cada uma evoluía no seu nível próprio e, de qualquer forma, na parte do território que lhe era designada, apesar de todo um conjunto de recobrimentos, de empréstimos, de semelhanças. Constata-se, atualmente, que toda essa divisão, essa compartimentalização está começando a se apagar ou a se reconstituir de uma forma totalmente diferente. Assim, as relações entre a linguística e as obras literárias, entre a música e a matemática, entre o discurso dos historiadores e o dos economistas não são mais simplesmente da ordem do empréstimo, da imitação ou da analogia involuntária, nem mesmo do isomorfismo estrutural; essas obras, esses procedimentos se formam uns em relação aos outros, existem uns para os outros. Há uma literatura da linguística, e não uma influência dos gramáticos na gramática e no vocabulário dos romancistas. Da mesma forma, a matemática não é aplicável à construção da linguagem musical, como no fim do século XVII e no início do XVIII; ela constitui atualmente o universo formal da própria obra musical. Assim, se assiste a um apagamento geral e vertiginoso da antiga distribuição das linguagens.

Diz-se de boa vontade que, hoje, nada nos interessa mais do que a linguagem e que ela se tornou o objeto universal. É preciso não se enganar: essa soberania é a soberania provisória, equívoca, precária, de uma tribo em migração. Certamente, nos interessamos pela linguagem; no entanto, não por termos conseguido finalmente tomar posse dela, mas antes porque, mais do que nunca, ela nos escapa. Suas fronteiras se desmoronam e seu calmo universo entra em fusão; se estamos submersos nela, não é tanto por seu rigor intemporal, mas pelo movimento atual de sua onda.

– *Como você se situa pessoalmente nessa mutação que arrasta, em uma espécie de aventura romanesca, as obras mais exigentes do saber?*

– Diferentemente daqueles que são chamados de estruturalistas, não estou tão interessado pelas possibilidades formais ofere-

1967 – Sobre as Maneiras de Escrever a História **75**

cidas por um sistema como a língua. Pessoalmente, estou antes obcecado pela existência dos discursos, pelo fato de as palavras terem surgido: esses acontecimentos funcionaram em relação à sua situação original; eles deixaram traços atrás deles, eles subsistem e exercem, nessa própria subsistência no interior da história, um certo número de funções manifestas ou secretas.

– *Você cede assim à paixão própria do historiador que quer responder ao rumor infinito dos arquivos.*

– Sim, pois meu objeto não é a linguagem, mas o arquivo, ou seja, a existência acumulada dos discursos. A arqueologia, tal como eu a entendo, não é parente nem da geologia (como análise dos subsolos), nem da genealogia (como descrição dos começos e das sucessões); ela é a análise do discurso em sua modalidade de *arquivo*.

Um pesadelo me persegue desde a infância: tenho, diante dos olhos, um texto que não posso ler, ou do qual apenas consigo decifrar uma ínfima parte. Eu finjo que o leio, sei que invento; de repente, o texto se embaralha totalmente e não posso ler mais nada, nem mesmo inventar, minha garganta se fecha e desperto.

Não ignoro tudo o que pode haver de pessoal nessa obsessão pela linguagem que existe em todos os lugares e nos escapa em sua própria sobrevivência. Ela persiste desviando de nós seus olhares, o rosto inclinado na direção de uma escuridão da qual nada sabemos.

Como justificar esse discurso sobre os discursos que eu mantenho? Que estatuto lhe dar? Começa-se, sobretudo do lado dos lógicos, alunos de Russell e de Wittgenstein, a se dar conta de que a linguagem apenas poderia ser analisada em suas propriedades formais, desde que se leve em conta seu funcionamento concreto. A língua é um conjunto de estruturas, mas os discursos são unidades de funcionamento, e a análise da linguagem em sua totalidade não pode deixar de fazer face a essa exigência essencial. Nessa medida, o que faço localiza-se no anonimato geral de todas as pesquisas que, atualmente, giram em torno da linguagem, ou seja, não somente da língua que permite dizer, mas dos discursos que foram ditos.

– *O que você entende mais precisamente por essa ideia de anonimato?*

– Pergunto-me se não reencontramos atualmente, sob a forma da relação do nome com o anonimato, uma certa transpo-

76 Michel Foucault – Ditos e Escritos

sição do antigo problema clássico do indivíduo e da verdade, ou do indivíduo e da beleza. Como é possível que um indivíduo nascido em um dado momento, tendo tal história ou tal rosto, possa descobrir, e ele sozinho e sendo o primeiro, tal verdade, talvez a mesma verdade? Eis a questão à qual respondem as *Meditações*[2] de Descartes: como eu pude descobrir a verdade? E, anos mais tarde, a reencontramos no tema romântico do gênio: como um indivíduo localizado em uma dobra da história pode descobrir formas de beleza nas quais se exprime toda a verdade de uma época e de uma civilização? Atualmente, o problema não se coloca mais nesses termos: não estamos mais na verdade, mas na coerência dos discursos, não mais na beleza, mas nas complexas relações de formas. Trata-se, atualmente, de saber como um indivíduo, um nome pode ser o suporte de um elemento ou grupo de elementos que, vindo se integrar na coerência dos discursos ou na rede infinita das formas, vem apagar ou, ao menos, tornar vazio e inútil esse nome, essa individualidade da qual ele traz, até um certo ponto, durante um certo tempo e para certos olhares, a marca. Temos que conquistar o anonimato, justificar-nos pela enorme presunção de nos tornarmos um dia, enfim, anônimos, um pouco como os clássicos tinham que se justificar pela enorme presunção de ter encontrado a verdade e de ligar seu nome a ela. Antigamente, para aquele que escrevia, o problema era se destacar do anonimato de todos; hoje é chegar a apagar seu nome próprio e vir alojar sua voz nesse grande murmúrio anônimo dos discursos que se mantêm.

– *Não lhe parece que isso é, justamente quando esse movimento é levado ao extremo, entrar no duplo jogo recíproco da afirmação e do apagamento, da palavra e do silêncio, do qual Blanchot fazia a essência do ato literário, quando ele atribui à obra a função eleita de uma rica morada do silêncio em face da insuportável imensidão falante, sem a qual, no entanto, ela não existiria? Quando Lévi-Strauss diz sobre Le cru et le cuit: "Assim esse livro sobre os mitos é, à sua maneira, um mito", ele visa à impessoalidade soberana do mito, e,*

---

2 Descartes (R.), *Meditationes de prima philosophia*, Paris, Soly, 1641 (*Méditations touchant la première philosophie, dans lesquelles l'existence de Dieu et la distinction réelle entre l'âme et le corps de l'homme sont démontrées*, in *Oeuvres et lettres*, Ed. André Bridoux, Paris, Gallimard, col. "Bibliothèque de la Pléiade", 1953, p. 253-547).

1967 – Sobre as Maneiras de Escrever a História **77**

no entanto, poucos livros, por este fato mesmo, são tão pessoais como suas Mythologiques.[3] *Você, de maneira bem diferente, está em uma posição parecida em relação à história.*

– O que dá a livros como este, que não têm outra pretensão senão serem anônimos, tantas marcas de singularidade e de individualidade não são os signos privilegiados de um estilo, nem a marca de uma interpretação singular ou individual, é a fúria de um golpe de borracha pelo qual se apaga meticulosamente tudo o que poderia remeter a uma individualidade escrita. Entre os escritores e os escreventes, há os que apagam. O Bourbaki[4] é, no fundo, o modelo. O sonho de todos seria fazer, cada um em seu domínio, alguma coisa parecida com o Bourbaki, no qual a matemática foi elaborada sob o anonimato de um nome de fantasia. Talvez a diferença irredutível entre as pesquisas matemáticas e nossas atividades seja que os golpes de borracha destinados a buscar o anonimato marcam mais seguramente a assinatura de um nome do que as canetas ostentatórias. Ainda se poderia dizer que Bourbaki tem seu estilo e sua maneira característica de ser anônimo.

– *Isso, assim como sua referência à relação clássica do indivíduo, convida a pensar que a posição do autor nesse tipo de pesquisas aparece de fato como uma duplicação da posição do filósofo, permanentemente ambígua, entre a ciência e a literatura. Nesse sentido, qual seria, do seu ponto de vista, o estatuto moderno da filosofia?*

– Parece-me que a filosofia hoje não existe mais, não no sentido de que ela teria desaparecido, mas de que está disseminada em uma grande quantidade de atividades diversas: assim, as atividades do matemático, do linguista, do etnólogo, do historiador, do revolucionário, do político podem ser formas de atividade filosófica. No século XIX, era filosófica a reflexão que se interrogava sobre as condições de possibilidade dos objetos; hoje, é filosofia qualquer atividade que faz aparecer um objeto novo para o conhecimento ou para a prática – seja essa atividade decorrente da matemática, da linguística, da etnologia ou da história.

---

3 Lévi-Strauss (C.), *Mythologiques*, t. I: *Le cru et le cuit*, Paris, Plon, 1964.
4 Nicolas Bourbaki, pseudônimo coletivo assumido por um grupo de matemáticos franceses (Henri Cartan, Claude Chevalley, Jean Dieudonné, Charles Ehresmann, André Weyl etc.) que empreenderam a refundação da matemática em bases axiomáticas rigorosas.

78 Michel Foucault – Ditos e Escritos

– No entanto, no último capítulo de As palavras e as coisas, *no qual você trata das ciências humanas atualmente, você atribui à história um privilégio sobre todas as outras disciplinas. Seria uma nova maneira de reencontrar esse poder de legislação sintética que constituía até então o privilégio próprio do pensamento filosófico, e que Heidegger reconhecia já não mais como o da filosofia tradicional, mas como o da "história da filosofia"?*

– De fato, a história detém, em relação à minha investigação, uma posição privilegiada. Porque em nossa cultura, pelo menos há vários séculos, os discursos se encadeiam sob a forma de história: recebemos as coisas que foram ditas como vindas de um passado no qual elas se sucederam, se opuseram, se influenciaram, se substituíram, se engendraram e foram acumuladas. As culturas "sem história" não são evidentemente aquelas nas quais não haveria acontecimento, evolução, nem revolução, mas nas quais os discursos não se acumularam sob a forma de história; eles se justapõem; eles se substituem; são esquecidos; transformam-se. Pelo contrário, em uma cultura como a nossa, todo discurso aparece sobre um fundo de desaparecimento de qualquer acontecimento.

Eis por que, estudando o conjunto de discursos teóricos concernindo à linguagem, à economia, aos seres vivos, eu não quis estabelecer as possibilidades ou as impossibilidades *a priori* de tais conhecimentos. Quis fazer um trabalho de historiador mostrando o funcionamento simultâneo desses discursos e as transformações que davam conta de suas mudanças visíveis.

No entanto, a história não tem que representar o papel de uma filosofia das filosofias, se prevalecer de ser a linguagem das linguagens, como o queria, no século XIX, um historicismo que tendia a atribuir à história o poder legislador e crítico da filosofia. Se a história possui um privilégio, este estaria, de preferência, na medida em que ela desempenharia o papel de uma etnologia interna de nossa cultura e de nossa racionalidade, e encarnaria, consequentemente, a própria possibilidade de toda etnologia.

– Gostaria, após esse longo desvio, de retornar ao livro, e lhe perguntar a razão dessa defasagem que se experimenta na sua posição quando se passa da análise dos séculos XVII e XVIII para a dos séculos XIX e XX, desnível que é objeto certamente das mais vivas reservas formuladas em relação ao seu trabalho.

1967 – Sobre as Maneiras de Escrever a História   79

– De fato, alguma coisa parece mudar, com o século XIX, na distribuição do livro. A mesma coisa ocorreu em relação à *História da loucura*, pois supuseram que eu queria atacar a psiquiatria moderna, e em *As palavras e as coisas*, que eu polemizava com o pensamento do século XIX. Há, de fato, uma diferença entre as duas análises. Posso, efetivamente, definir a época clássica em sua configuração própria pela dupla diferença que a opõe ao século XVI, por um lado, e ao século XIX, por outro. Ao contrário, não posso definir a Idade Moderna em sua singularidade senão opondo-a ao século XVII, por um lado, e a nós, por outro; é preciso, então, para poder operar sem cessar a partilha, fazer surgir, sob cada uma de nossas frases, a diferença que nos separa dela. É preciso, então, destacar-se dessa época moderna que começa em torno de 1790-1810 e vai até por volta de 1950, ao passo que, em relação à época clássica, trata-se apenas de descrevê-la.

O caráter aparentemente polêmico se liga assim ao fato de que se trata de furar toda a massa do discurso acumulado sob nossos próprios pés. Podem-se descobrir, em um movimento suave, as velhas configurações latentes; mas, desde que se trate de determinar o sistema de discurso no qual ainda vivemos, no momento em que somos obrigados a questionar palavras que ressoam ainda em nossos ouvidos, que se confundem com aquelas que tentamos sustentar, aí então o arqueólogo, como o filósofo nietzschiano, é forçado a operar a golpes de martelo.

– *O estatuto único e apaixonado que você atribui a Nietzsche não é precisamente o sinal mais manifesto dessa defasagem irremediável?*

– Se eu tivesse que recomeçar esse livro concluído há dois anos, tentaria não dar a Nietzsche esse estatuto ambíguo, absolutamente privilegiado, meta-histórico que tive a fraqueza de lhe atribuir. Ela advém do fato, sem dúvida, de minha arqueologia dever mais à genealogia nietzschiana do que ao estruturalismo propriamente dito.

– *Mas como, nesse caso, associar Nietzsche à arqueologia sem arriscar ser falso tanto com um como com a outra? Parece-me que há, nesse fato mesmo, uma contradição insuperável. Eu a veria, em seu livro, sob a forma figurada de um conflito de princípio entre Nietzsche e* Las meninas. *Pois, sem recorrer a jogos fáceis sobre sua predileção por metáforas espaciais, é claro que o quadro se confirma no livro como o lugar privilegiado, como ele o é em certo sentido em todo o estruturalismo:*

80 Michel Foucault – Ditos e Escritos

é nisso, creio, que você compara o anonimato atual com o do século XVII, em nome de uma ideia da leitura que possa dispor a história em um quadro, tal como no texto de Borges sobre a enciclopédia chinesa, onde seu livro tem "seu lugar de nascimento". Eis por que o século XIX, no qual a história se inventa sob a forma de uma defasagem entre os signos e o homem, é objeto de debate, e nossa época é a esperança de uma resolução nova através de uma tentativa de reintegrar o sujeito histórico no espaço do quadro, em um novo anonimato.

Nietzsche não é precisamente o lugar em que todos os signos convergem na dimensão irredutível de um sujeito, anônimo por força de ser esse "si", por força de incorporar a totalidade das vozes sob a forma do discurso fragmentário; e não está nisso a forma extrema e exemplar do pensamento e de toda expressão como autobiografia sem resto, que sempre faz falta no espaço do quadro, assim como ela faz falta no tempo da história, em que ela é e não é, pois apenas se pode dizê-la no sentido de sua própria loucura, e não pelo recurso a uma lei exterior? Assim, o fato de que Nietzsche escapa, e com ele uma certa verdade da literatura, a seu livro, que lhe deve e lhe trouxe tanto, esse fato não testemunha uma impossibilidade de tratar todos os discursos em um mesmo nível? E isso mesmo, sob a forma de sua presença no livro, não estaria na exata medida do impossível anonimato com o qual você sonha, que, se fosse total, hoje só poderia significar um mundo sem palavra escrita ou, até a loucura, a literatura circular de Nietzsche?

– É difícil responder a esta questão; porque é dela, no fundo, que procedem todas as suas questões, consequentemente, todo o nosso diálogo. É ela que suporta o interesse apaixonado, um pouco distante, que você tem pelo que se passa à sua volta, nas gerações que lhe precedem; dessa questão vem seu desejo de escrever e de questionar. Aqui começa então a entrevista de R. Bellour por Michel Foucault, entrevista que se estende há vários anos e das quais *Les lettres françaises* publicarão, talvez um dia, um fragmento.

1967

As Palavras e as Imagens

"Les mots et les images", *Le nouvel observateur*, n. 154, 25 de outubro de 1967, p. 49-50 (Sobre E. Panofsky, *Essais d'iconologie*, Paris, Gallimard, 1967, c *Architecture gothique et pensée scolastique*, Paris, Ed. de Minuit, 1967).

Que se perdoe minha pouca competência. Não sou historiador da arte. De Panofsky, até o mês passado, eu nada havia lido. Duas traduções foram publicadas simultaneamente: os famosos *Essais d'iconologie*, surgidos há quase 30 anos (são cinco estudos sobre a Renascença, precedidos e ligados entre si por uma importante reflexão de método; Bernard Teyssèdre apresenta a edição francesa), e dois estudos sobre a Idade Média gótica, reunidos e comentados por Pierre Bourdieu. Após tão longa espera, essa simultaneidade surpreende. Estou mal posicionado para falar do benefício que os especialistas poderão tirar dessa publicação há tanto tempo desejada. Sendo um panofskiano neófito, mas certamente entusiasta, explicarei o destino do mestre pelas palavras do mestre, e direi que o benefício será grande: entre nós essas traduções vão transformar a longínqua e a estranha *iconologia* em *hábitos*; para os historiadores aprendizes, esses conceitos e métodos deixarão de ser o que é preciso aprender para se tornarem isso a partir do que se vê, se lê, se decifra, se conhece.

Mas não me precipitarei. Gostaria apenas de dizer o que encontrei de novo nesses textos que, para outros, já são clássicos: o deslocamento ao qual eles nos convidam e que tende, eu o espero, a nos expatriar.

Um primeiro exemplo: a análise das relações entre o discurso e o visível.

Estamos convencidos, *sabemos* que tudo fala em uma cultura: as estruturas da linguagem dão forma à ordem das coisas. Outra versão (muito fecunda, é sabido) desse postulado da soberania do discurso já suposta pela iconografia clássica.

82 Michel Foucault – Ditos e Escritos

Para Émile Mâle, as formas plásticas eram textos gravados na pedra, nas linhas ou nas cores; analisar um capitel, uma iluminura era manifestar o que "isso queria dizer": restaurar o discurso lá onde, para falar mais diretamente, ele estava despojado de suas palavras. Panofsky eleva o privilégio do discurso. Não para reivindicar a autonomia do universo plástico, mas para descrever a complexidade de suas relações: entrecruzamento, isomorfismo, transformação, tradução, em suma, toda essa franja do *visível* e do *dizível* que caracteriza uma cultura em um momento de sua história.

Às vezes, os elementos de discurso se mantêm como *temas* através dos textos, dos manuscritos recopiados, das obras traduzidas, comentadas, imitadas; mas eles ganham corpo em *motivos* plásticos que são submetidos às transformações (a partir do mesmo texto de Ovídio, o rapto da Europa é cena de banho em uma miniatura do século XVI, rapto violento em Dürer); outras vezes, a forma plástica se mantém, mas acolhe uma sucessão de diversos temas (a mulher nua, que é Vício na Idade Média, transforma-se em Amor despojado, portanto puro, verdadeiro e sagrado no século XVI). O discurso e a forma se movimentam um em direção ao outro. Mas eles não são absolutamente independentes: quando a Natividade não é mais representada por uma mulher em trabalho de parto, mas por uma Virgem ajoelhada, a ênfase é colocada no tema da Mãe do Deus vivo, mas também se trata da substituição de um esquema triangular e vertical por uma organização retangular. Ocorre, finalmente, que o discurso e a plástica sejam ambos submetidos, como por um único movimento, a uma única disposição de conjunto. O discurso escolástico, no século XII, rompe com o longo fluxo contínuo das provas e das discussões: as "súmulas" farão aparecer sua arquitetura lógica, espacializando tanto a escrita como o pensamento: divisões em parágrafos, subordinação visível das partes, homogeneidade dos elementos do mesmo nível; visibilidade, portanto, do conjunto do argumento. Nessa mesma época, a ogiva torna perceptível o ponto nevrálgico da construção; substitui, pela grande continuidade do berço, a compartimentalização das traves; dá a mesma estrutura a todos os elementos que têm função idêntica. Aqui e ali, um só e mesmo princípio de *manifestação*.

O discurso não é, portanto, o fundo interpretativo comum a todos os fenômenos de uma cultura. Fazer aparecer uma for-

1967 – As Palavras e as Imagens   83

ma não é uma maneira desviada (mais sutil ou mais ingênua, como se queira) de *dizer* alguma coisa. Naquilo que os homens fazem, tudo não é, afinal de contas, um ruído decifrável. O discurso e a figura têm, cada um, seu modo de ser; mas eles mantêm entre si relações complexas e embaralhadas. É seu funcionamento recíproco que se trata de descrever. Outro exemplo: a análise da função representativa da pintura nos *Essais d'iconologie*. Até o final do século XIX, a pintura ocidental "representava": por sua disposição formal, um quadro tinha sempre relação com um certo objeto. Problema incansavelmente retomado de saber o que, dessa forma ou desse sentido, determina o essencial de uma obra. Panofsky substitui essa oposição simples pela análise de uma função representativa complexa que atravessa, com valores diferentes, toda a densidade formal do quadro. O que representa um quadro do século XVI está presente nele sob quatro formas. As linhas e as cores representam os objetos – homens, animais, coisas, deuses –, mas sempre de acordo com as regras formais de um estilo. Nos quadros de uma época há posicionamentos rituais, que permitem saber se deparamos com um homem ou um anjo, com uma aparição ou uma realidade; eles também indicam valores expressivos – cólera de um rosto, melancolia de uma floresta –, mas de acordo com as regras formais de uma convenção (as paixões em Le Brun não têm a mesma característica que em Dürer); por sua vez, esses personagens, essas cenas, essas mímicas e esses gestos encarnam temas, episódios, conceitos (queda de Vulcano, primeiras eras do mundo, inconstância do Amor), mas de acordo com as regras de uma tipologia (no século XVI, a espada pertence a Judith, não a Salomé); enfim, esses temas dão *lugar* (no sentido estrito da palavra) a uma sensibilidade, a um sistema de valores, mas conforme as regras de um tipo de sintomatologia cultural.

A representação não é exterior nem indiferente à forma. Ela está ligada a esta por um funcionamento que pode ser descrito, desde que se discriminem os seus níveis e que se precise, para cada um deles, o modo de análise que deve ser específico a ele. Então, a obra aparece em sua unidade articulada.

A reflexão sobre as formas, cuja importância se reconhece hoje, foi a história da arte desde o século XIX que a fez nascer. Há cerca de 40 anos, ela havia emigrado para as regiões da

84 Michel Foucault – Ditos e Escritos

linguagem e das estruturas linguísticas. Ora, colocam-se múltiplos problemas – e bastante difíceis de resolver – quando se deseja ultrapassar os limites da língua, do instante mesmo em que se pretende tratar dos discursos reais. É possível que a obra de Panofsky valha como uma indicação, talvez como um modelo: ela nos ensina a analisar não apenas os elementos e as leis de sua combinação, mas o funcionamento recíproco dos sistemas na realidade de uma cultura.

1968

Sobre a Arqueologia das Ciências. Resposta ao Círculo de Epistemologia

"Sur l'archéologie des sciences". Réponse au Cercle d'épistémologie", *Cahiers pour l'analyse*, n. 9: *Généalogie des sciences*, verão de 1968, p. 9-40.

Nossa única intenção nas perguntas aqui dirigidas ao autor de *História da loucura*, *O nascimento da clínica* e *As palavras e as coisas* foi pedir-lhe para falar sobre sua teoria e sobre as implicações de seu método de proposições críticas que fundam a sua possibilidade. O interesse do Círculo é pedir-lhe para definir suas respostas em relação ao estatuto da ciência, de sua história e de seu conceito.

Sobre a episteme *e a ruptura epistemológica*

Desde a obra de Bachelard, a noção de ruptura epistemológica serve para nomear a descontinuidade que a filosofia e a história das ciências acreditam marcar entre o nascimento de qualquer ciência e a "trama de erros positivos, tenazes, solidários", retrospectivamente reconhecida como a precedendo. Os exemplos prototípicos de Galileu, Newton, Lavoisier, mas também de Einstein e Mendeleïev, ilustram a perpetuação horizontal dessa ruptura.

O autor de *As palavras e as coisas* marca uma descontinuidade vertical entre a configuração epistêmica de uma época e a subsequente.

Perguntamo-lhe que relações mantêm entre si essa horizontalidade e essa verticalidade.[1]

---

[1] Tentamos retomar nessa pergunta a seguinte passagem do artigo de G. Canguilhem consagrada ao livro de M. Foucault (*Critique*, n. 242, p. 612-613): "Tratando-se de um *saber* teórico, é possível pensá-lo, na especificidade de seu conceito, sem referência a qualquer norma? Dentre os discursos teóricos mantidos de acordo com o sistema epistêmico dos séculos XVII e XVIII, alguns, como a história natural, foram descartados pela *episteme* do século XIX, enquanto outros foram nela integrados. Embora tenha servido de modelo para os fisiologistas da economia animal durante o século XVIII, a física de Newton não se desacreditou com ela. Buffon foi refutado por Darwin, mesmo que ele não o tenha sido por Étienne Geoffroy Saint-Hilaire. Mas Newton não foi mais refutado por Einstein do que por Maxwell. Darwin não foi refutado por Mendel e Morgan. A sucessão Galileu-Newton-Einstein não apresenta rupturas semelhantes às observadas na sucessão Tournefort-Lineu-Engler em sistemática botânica."

86   Michel Foucault – Ditos e Escritos

A periodização arqueológica delimita, no contínuo, conjuntos sincrônicos, reunindo os saberes sob a forma de sistemas unitários. Seria aceitável uma alternativa que lhe foi proposta entre um historicismo radical (a arqueologia poderia predizer sua própria reinscrição em um novo discurso) e uma espécie de saber absoluto (do qual alguns autores poderiam ter tido o pressentimento independentemente das exigências epistemológicas)?

O Círculo de Epistemologia

A história e a descontinuidade

Uma curiosa interseção. Por décadas até hoje a atenção dos historiadores se voltou preferencialmente sobre os longos períodos. Como se, sob as peripécias políticas e seus episódios, eles buscassem esclarecer os equilíbrios estáveis e difíceis de romper, os imperceptíveis processos, os constantes reajustes, os fenômenos tendenciais que culminam e se invertem após continuidades seculares, os movimentos de acumulação e as lentas saturações, as grandes bases imóveis e mudas que o emaranhado das narrativas tradicionais tinha recoberto por toda uma densidade de acontecimentos. Para conduzir essa análise, os historiadores dispõem de instrumentos que, por um lado, fabricaram e, por outro, receberam: modelos do crescimento econômico, análise quantitativa dos fluxos de mudanças, perfis dos crescimentos e das regressões demográficos, estudo das oscilações do clima. Esses instrumentos lhes permitiram distinguir, no campo da história, diversos estratos sedimentares; as sucessões lineares, que tinham constituído até então o objeto da pesquisa, foram substituídas por uma série de rupturas em profundidade. Da mobilidade política às lentidões características da "civilização material", os níveis de análise se multiplicaram; cada um tem suas rupturas específicas; cada um comporta um corte que apenas lhe pertence; e, à medida que se desce até os estratos mais profundos, as escansões se fazem cada vez mais amplas. A velha questão da história (que ligação estabelecer entre os acontecimentos descontínuos?) foi substituída desde então por uma série de interrogações difíceis: que estratos é preciso isolar uns dos outros? Que tipo e que critério de periodização é necessário adotar para cada um deles? Que sistema de relações (hierarquia, dominância, estratificação, determinação unívoca, causalidade circular) pode ser descrito entre eles?

1968 – Sobre a Arqueologia das Ciências. Resposta ao Círculo... 87

Ora, quase na mesma época, nessas disciplinas que se chamam história das ideias, das ciências, da filosofia, do pensamento, também da literatura (sua especificidade pode ser negligenciada no momento), disciplinas que, apesar de seus títulos, escapam em grande parte ao trabalho do historiador e a seus métodos, a atenção deslocou-se, ao contrário, das vastas unidades formando "época" ou "século" para os fenômenos de ruptura. Sob as grandes continuidades do pensamento, sob as manifestações maciças e homogêneas da razão, sob a evolução tenaz de uma ciência obstinando-se para existir e se aperfeiçoar desde o seu começo, procura-se atualmente detectar a incidência das interrupções. G. Bachelard delimitou os limiares epistemológicos que rompem o acúmulo infinito de conhecimentos; M. Gueroult descreveu os sistemas fechados, arquiteturas conceituais fechadas que escandem o espaço do discurso filosófico; G. Canguilhem analisou as mutações, os deslocamentos, as transformações no campo de validade e as regras de uso dos conceitos. Quanto à análise literária, é a estrutura interna da obra – menos ainda, do texto – que ela interroga.

Mas que essa interseção não crie, no entanto, ilusão. Não é para se imaginar, a partir da crença na aparência, que certas disciplinas históricas tenham ido do contínuo ao descontínuo, enquanto outras – para dizer, de imediato, a história – iriam da abundância das descontinuidades às grandes unidades ininterruptas. De fato, foi a noção de descontinuidade que mudou de estatuto. Para a história, na sua forma clássica, o descontínuo era simultaneamente o dado e o impensável: o que se oferecia sob a forma de acontecimentos, instituições, ideias ou práticas dispersas; era o que devia ser contornado, reduzido, apagado pelo discurso da história, para que aparecesse a continuidade dos encadeamentos. A descontinuidade era esse estigma da dispersão temporal que o historiador tinha o encargo de suprimir da história. Ela se tornou, atualmente, um dos elementos fundamentais da análise histórica. Aí, ela aparece com uma tripla função. Constitui, inicialmente, uma operação deliberada do historiador (e não mais o que ele recebe, apesar dele mesmo, do material que tem a tratar): pois ele deve, ao menos a título de hipótese sistemática, distinguir os níveis possíveis de sua análise e fixar as periodizações que lhe convêm. Ela é também o resultado de sua descrição (e não mais o que deve ser eliminado como efeito de sua análise): pois o que ele tenta descobrir são os limi-

88 Michel Foucault – Ditos e Escritos

tes de um processo, o ponto de inflexão de uma curva, a inversão de um movimento regulador, os limites de uma oscilação, o limiar de um funcionamento, a emergência de um mecanismo, o instante de desregulação de uma causalidade circular. Ela é, enfim, um conceito que o trabalho não cessa de especificar: ela não é mais esse vazio puro e uniforme que separa por uma só e mesma lacuna duas figuras positivas; ela assume uma forma e uma função diferentes conforme o domínio e o nível nos quais é assinalada. Noção que não deixa de ser bastante paradoxal: já que ela é, ao mesmo tempo, instrumento e objeto de pesquisa, já que delimita o campo de uma análise da qual ela é o efeito; já que permite individualizar os domínios, mas que só podem ser estabelecidos em comparação com ela; já que ela rompe unidades, apenas para estabelecer novas; já que ela escande as séries e multiplica os níveis. E porque, afinal de contas, ela não é simplesmente um conceito presente no discurso do historiador, mas aquilo que, em segredo, ele supõe; donde poderia ele falar, de fato, senão a partir dessa ruptura que lhe oferece como objeto a história – e sua própria história?

Poderíamos dizer, de modo esquemático, que a história e, de maneira geral, as disciplinas históricas deixaram de ser a reconstituição dos encadeamentos para além das sucessões aparentes; elas praticam desde então a sistemática introdução do descontínuo. A grande mutação que as caracteriza em nossa época não é a expansão de seu domínio até os mecanismos econômicos que elas há muito tempo conheciam; tampouco é a integração de fenômenos ideológicos, de formas de pensamento, dos tipos de mentalidade: o século XIX já os havia analisado. É, antes, a transformação do descontínuo: sua passagem de obstáculo à prática; essa interiorização no discurso do historiador que permitiu que ele não fosse mais a fatalidade exterior que é preciso reduzir, mas o conceito operatório que se utiliza; essa inversão de sinais, graças à qual ele não é mais o negativo da leitura histórica (seu avesso, seu fracasso, o limite de seu poder), mas o elemento positivo que determina seu objeto e valida sua análise. É preciso aceitar compreender em que se transformou a história no trabalho real dos historiadores: um certo uso regrado da descontinuidade para a análise das séries temporais.

Compreende-se que muitos tenham permanecido cegos a esse fato que nos é contemporâneo, e do qual, no entanto, o saber histórico dá testemunho há quase meio século. Se a história

1968 – Sobre a Arqueologia das Ciências. Resposta ao Círculo... 89

podia, de fato, manter o laço das continuidades ininterruptas, se ela incessantemente ligava os encadeamentos que nenhuma análise poderia desfazer sem abstração, se ela tramava, em torno dos homens, de suas palavras e de seus gestos, obscuras sínteses sempre prontas a se reconstituírem, ela seria então um abrigo privilegiado para a consciência: o que ela lhe retira, evidenciando as determinações materiais, as práticas inertes, os processos inconscientes, as intenções esquecidas no mutismo das instituições e das coisas, ela lhe restituiria sob a forma de uma síntese espontânea; ou, antes, ela lhe permitiria recuperá-la, apoderar-se novamente de todos os fios que lhe haviam escapado, reanimar todas essas atividades mortas e voltar a ser, em uma ótica nova ou restaurada, o sujeito soberano. A história contínua é o correlato da consciência: a garantia de que o que lhe escapa poderá lhe ser devolvido; a promessa de que todas essas coisas que a circundam e a ultrapassam lhe será dado um dia tornar a se apropriar delas, restaurar aí seu domínio, e encontrar o que é necessário chamar – atribuindo à palavra tudo o que ela tem de sobrecarga – sua morada. Querer fazer da análise histórica o discurso do contínuo e fazer da consciência humana o tema originário de qualquer saber e de qualquer prática são as duas faces de um mesmo sistema de pensamento. Nele o tempo é concebido em termos de totalização, e a revolução nada mais é do que uma tomada de consciência.

Quando, desde o início deste século, as pesquisas psicanalíticas, linguísticas, depois etnológicas despojaram o sujeito das leis de seu desejo, das formas de sua fala, das regras de sua ação e dos sistemas de seus discursos míticos, aqueles que, entre nós, são encarregados de toda salvaguarda, constantemente, replicavam: sim, mas a história... A história que não é estrutura, mas vir a ser; que não é simultaneidade, mas sucessão; que não é sistema, mas prática; que não é forma, mas esforço incessante de uma consciência retomando a si mesma e tentando se ressarcir até o mais profundo de suas condições; a história que não é descontinuidade, mas longa paciência ininterrupta. Mas para cantar essa cantilena da contestação era preciso desviar os olhares do trabalho dos historiadores: recusar ver o que se passa atualmente em sua prática e em seu discurso; fechar os olhos diante da grande mutação de sua disciplina; permanecer obstinadamente cego para o fato de que a história não é talvez, para a soberania da consciência, um

90 Michel Foucault – Ditos e Escritos

lugar mais bem abrigado, menos perigoso do que os mitos, a linguagem ou a sexualidade; enfim, seria preciso reconstituir, para se reassegurar, uma história como não se faz mais. E, no caso em que essa história não oferecesse bastante segurança, é ao devir do pensamento, dos conhecimentos, do saber, é ao devir de uma consciência, sempre próxima dela mesma, perpetuamente ligada ao seu passado e presente em todos os seus momentos, que se pedia para salvar o que devia ser salvo: quem ousaria despojar o sujeito de sua história recente? A história assassinada será alardeada cada vez que, em uma análise histórica (e, sobretudo, quando se trata do conhecimento), o uso da descontinuidade se tornar muito visível. Mas é preciso não se enganar: o que se lamenta tão intensamente não é absolutamente o ponto de apagamento da história, é o desaparecimento dessa forma de história que era secretamente, mas inteiramente, referida à atividade sintética do sujeito. Outrora acumularam-se todos os tesouros na velha cidadela dessa história: acreditava-se que ela era sólida, porque ela tinha sido sacralizada, e que ela era o lugar último do pensamento antropológico. Mas há bastante tempo os historiadores partiram para trabalhar em outro lugar. Não é mais possível contar com eles para manter os privilégios, nem para reafirmar uma vez mais uma fé exagerada – quando se teria uma grande necessidade dela diante da miséria atual – de que a história, ao menos ela, é viva e contínua.

O campo dos acontecimentos discursivos

Se quisermos aplicar sistematicamente (ou seja, definir, utilizar de uma maneira tão geral quanto possível e validar) o conceito de descontinuidade nesses domínios, tão incertos em suas fronteiras, tão indeterminados em seu conteúdo, que se chama história das ideias, do pensamento, da ciência ou dos conhecimentos, deparamos com um certo número de problemas.

Logo de início, as tarefas negativas. É preciso libertar-se de toda uma série de noções ligadas ao postulado de continuidade. Elas não têm certamente uma estrutura conceitual muito rigorosa, mas sua função é muito precisa. Tal como a noção de tradição, que permite simultaneamente situar qualquer novidade a partir de um sistema de coordenadas permanentes e dar um *status* a um conjunto de fenômenos constantes. Tal como a noção de influência, que dá um suporte – mais mágico do que

1968 – Sobre a Arqueologia das Ciências. Resposta ao Círculo... 91

substancial – aos fatos de transmissão e comunicação. Tal como a noção de desenvolvimento, que permite descrever uma sucessão de acontecimentos como a manifestação de um só e mesmo princípio organizador. Tal como a noção, simétrica e oposta, de teleologia ou de evolução para um estágio normativo. Tais como as noções de mentalidade ou de espírito de uma época, que permitem estabelecer entre fenômenos simultâneos ou sucessivos uma comunidade de sentidos, ligações simbólicas, um jogo de semelhanças e de espelhos. É preciso abandonar essas sínteses fabricadas, esses agrupamentos que são aceitos antes de qualquer exame, essas ligações cuja validade é admitida de saída; rejeitar as formas e forças obscuras pelas quais se tem o hábito de ligar entre si os pensamentos dos homens e seus discursos; aceitar ter relação apenas, em primeira instância, com uma população de acontecimentos dispersos.

É preciso não mais sustentar como válidos os recortes ou agrupamentos com os quais adquirimos familiaridade. Não se podem admitir tais quais nem a distinção dos grandes tipos de discurso, nem a das formas ou gêneros (ciência, literatura, filosofia, religião, história, ficções etc.). Os motivos saltam aos olhos. Nós mesmos não estamos seguros do uso dessas distinções no nosso próprio mundo de discurso. Com mais forte razão quando se trata de analisar os conjuntos de enunciados que eram distribuídos, repartidos e caracterizados de uma maneira totalmente diferente: afinal, a "literatura" e a "política" são categorias recentes que não podem ser aplicadas à cultura medieval, ou ainda à cultura clássica, a não ser por uma hipótese retrospectiva e por uma série de novas analogias ou de semelhanças semânticas: mas nem a literatura, nem a política, nem, consequentemente, a filosofia e as ciências articulavam o campo do discurso nos séculos XVII ou XVIII como elas o articularam no século XIX. De qualquer forma, certamente é preciso tomar consciência de que esses recortes – quer se trate dos que admitimos ou dos que são contemporâneos aos discursos estudados – são sempre, eles mesmos, categorias reflexivas, princípios de classificação, regras normativas, tipos institucionalizados: por sua vez, eles são fatos de discurso que merecem ser analisados ao lado de outros, que mantêm certamente com eles relações complexas, mas que não têm características intrínsecas autóctones e universalmente reconhecíveis.

Mas, sobretudo, as unidades que é preciso colocar em suspenso são aquelas que se impõem da maneira mais imediata: as

92 Michel Foucault – Ditos e Escritos

do livro e da obra. Aparentemente, não se pode apagá-las sem extremo artifício: elas são aceitas como certas, seja por uma individualização material (o livro é uma coisa que ocupa um espaço determinado, tem seu valor econômico e que marca por si mesmo, a partir de um certo número, os limites de seu começo e de seu fim), seja por uma relação de atribuição (mesmo se, em certos casos, ela é bastante problemática) entre os discursos e o indivíduo que os proferiu. E, no entanto, desde que se as examine com mais atenção, as dificuldades começam. Elas não são menores que aquelas encontradas pelo linguista quando ele quer definir a unidade da frase, ou pelo historiador, quando quer definir a unidade da literatura ou da ciência. Inicialmente, a unidade do livro não é uma unidade homogênea: a relação entre diferentes tratados de matemática não é a mesma existente entre diferentes textos filosóficos; não é possível sobrepor a diferença entre um romance de Stendhal e um de Dostoiévski à que separa dois romances da *Comédia humana*; e esta, por sua vez, não é possível sobrepor à que separa *Ulysses*[2] de *Dedalus*.[3] Mas, além disso, os limites de um livro nunca são nítidos, nem rigorosamente distintos: nenhum livro pode existir por si mesmo; ele está sempre em uma relação de apoio e de dependência em relação a outros; é um ponto em uma rede; comporta um sistema de indicações que remetem – explicitamente ou não – a outros livros, textos ou frases; e, conforme se relacione com um livro de física, uma coletânea de discursos políticos ou um romance de ficção científica, a estrutura de atribuição, e, consequentemente, o sistema complexo de autonomia e de heteronomia não será o mesmo. O livro se compraz em se oferecer como objeto que se tem na mão; satisfaz-se em compactar-se nesse pequeno paralelepípedo que o fecha; sua unidade é variável e relativa: ela não se constrói, não se indica e, consequentemente, apenas pode ser descrita a partir de um campo de discurso.

Quanto à obra, os problemas que ela levanta são ainda mais difíceis. Aparentemente, trata-se da soma de textos que podem ser denotados pelo signo de um nome próprio. Ora, essa denotação (mesmo se deixamos de lado os problemas da atribuição)

---

2 Joyce (J.), *Ulysses*, Paris, Shakespeare and Company, 1922 (*Ulysse*, trad. A. Morel, revista por S. Gilbert, V. Larbaud e o autor, Paris, Gallimard, col. "Du Monde Entier", 1937).
3 Joyce (J.), *Dedalus. A portrait of the artist as a young man*, Nova Iorque, Ben W. Huebsch, 1916 (*Dedalus. Portrait de l'artiste jeune par lui-même*, trad. L. Savitzky, Paris, Gallimard, col. "Du Monde Entier", 1943).

1968 – Sobre a Arqueologia das Ciências. Resposta ao Círculo... 93

não é uma função homogênea: um nome de autor não denota da mesma maneira um texto que ele próprio publicou sob seu nome, um outro que ele apresentou sob um pseudônimo, um outro que terá sido encontrado após sua morte no estado de esboço, ainda um outro que não passa de rabiscos, uma caderneta de notas, um *"papel"*. A constituição de uma obra completa ou de um *opus* supõe um certo número de escolhas teóricas que não é fácil de justificar nem mesmo de formular: será que basta juntar, aos textos publicados pelo autor, aqueles que ele planejava publicar e que só ficaram inacabados pelo fato de sua morte? Será preciso incluir também todos os rascunhos, primeiros esboços, correções e rasuras das obras? É preciso acrescentar os esboços abandonados? Que valor dar às cartas, às notas, às conversas narradas, aos discursos transcritos pelos ouvintes, em suma, a essa imensa abundância de traços verbais que um indivíduo deixa em torno dele no momento de morrer, que falam, em um entrecruzamento perpétuo, várias linguagens diferentes e prosseguem por séculos, milênios, talvez, antes de se apagarem? Em todo caso, a denotação de um texto pelo nome Mallarmé não é certamente do mesmo tipo quando se trata de temas ingleses, de traduções de Edgar Poe, de poemas ou de respostas a entrevistas; da mesma forma não existe a mesma relação entre, por um lado, o nome Nietzsche e, por outro, as autobiografias de juventude, as dissertações escolares, os artigos filológicos, *Zaratustra*, *Ecce homo*, as cartas, os últimos cartões-postais assinados por Dionysos ou Kaiser Nietzsche, as inumeráveis cadernetas onde se misturavam notas de lavanderia e projetos de aforismos.

De fato, a única unidade que poderia ser reconhecida na "obra" de um autor é uma certa função de expressão. Supõe-se que deve haver um nível (tão profundo que é necessário supô-lo) no qual a obra se revela, em todos os seus fragmentos, mesmo os mais minúsculos e os mais dispensáveis, como a expressão do pensamento, da experiência, da imaginação, do inconsciente do autor ou das determinações históricas às quais ele estava preso. Mas logo se vê que essa unidade do *opus*, longe de ser dada imediatamente, é constituída por uma operação; que essa operação é interpretativa (no sentido de que ela decifra, no texto, a expressão ou a transcrição de alguma coisa que simultaneamente ela esconde e manifesta); que, enfim, a operação que determina o *opus* em sua unidade e, consequentemente, a própria obra como resultado dessa ope-

94 Michel Foucault – Ditos e Escritos

ração não serão as mesmas, quer se trate do autor do *Théâtre et son double*[4] ou do autor de *Tractatus*.[5] A obra não pode ser considerada como uma unidade imediata, como uma unidade certa, nem como uma unidade homogênea. Finalmente, última medida para colocar fora de circuito as irrefletidas continuidades pelas quais se organiza, antecipadamente e em um meio-segredo, o discurso que se pretende analisar: renunciar a dois postulados que estão interligados e se confrontam. Um supõe jamais ser possível assinalar, na ordem do discurso, a irrupção de um acontecimento verdadeiro; que, para além de todo começo aparente, há sempre uma origem secreta – tão secreta e tão originária que não se pode recuperá-la inteiramente nela mesma. Embora fôssemos fatalmente reconduzidos, através da ingenuidade das cronologias, a um ponto infinitamente recuado, jamais presente em nenhuma história; ele mesmo seria apenas seu próprio vazio; e, a partir dele, todos os começos apenas poderiam ser recomeços ou ocultações (para dizer a verdade, em um só e mesmo gesto, isso *e* aquilo). Ligado a esse tema está o de que todo discurso manifesto reside secretamente em um já dito; mas esse já dito não é simplesmente uma frase já pronunciada, um texto já escrito, mas um "jamais dito", um discurso sem corpo, uma voz tão silenciosa quanto um sopro, uma escrita que não passa do vazio de seu próprio traço. Supõe-se assim que tudo que ocorre ao discurso formular já se acha articulado nesse meio-silêncio que o precede, que continua a correr obstinadamente por baixo dele, mas que ele recobre e faz calar. O discurso manifesto seria, afinal de contas, apenas a presença depressiva do que ele não diz; e esse não dito seria um vazio que anima do interior tudo o que se diz. O primeiro motivo consagra a análise histórica do discurso a ser procura e repetição de uma origem que escapa a qualquer determinação da origem; o segundo a consagra a ser interpretação ou escuta de um já dito, que seria ao mesmo tempo um não dito. É preciso renunciar a

---

4 Artaud (A.), *Le théâtre et son double*, Paris, Gallimard, col. "Métamorphoses", 1938 (reeditada em *Oeuvres complètes*, Paris, Gallimard, "Collection Blanche", t. IV, 1978).

5 Wittgenstein (L.), *Tractatus logico-philosophicus*, Londres, Routledge & Kegan Paul, 1922 (*Tractatus logico-philosophicus*. Seguido de: *Investigations philosophiques*. Introdução de B. Russell, trad. Pierre Klossowski, Paris, Gallimard, col. "Tel", n. 109, 1990).

todos esses temas que têm por função garantir a infinita continuidade do discurso e sua secreta presença em si mesmo no jogo de uma ausência sempre reconduzida. É preciso acolher cada momento do discurso em sua irrupção de acontecimento; na pontualidade em que ele aparece e na dispersão temporal que lhe permite ser repetido, sabido, esquecido, transformado, apagado até em seus menores traços, enterrado, bem longe de qualquer olhar, na poeira dos livros. Não é preciso remeter o discurso à longínqua presença da origem; é preciso tratá-lo no jogo da instância próprio a cada um.

Uma vez descartadas essas formas prévias de continuidade, essas sínteses mal reguladas do discurso, todo um domínio se acha liberado. Um domínio imenso, mas que pode ser definido: ele é constituído pelo conjunto de todos os enunciados efetivos (tenham sido eles falados e escritos), em sua dispersão de acontecimentos e na instância que é característica de cada um. Antes de se relacionar com uma ciência, romances, discursos políticos ou com a obra de um autor, ou mesmo com um livro, o material que se tem a tratar em sua neutralidade primeira é uma população de acontecimentos no espaço do discurso em geral. Assim surge o projeto de uma *descrição pura dos fatos de discurso*. Essa descrição se distingue facilmente da análise da língua. Certamente, só é possível estabelecer um sistema linguístico (se ele não é construído artificialmente) utilizando um *corpus* de enunciados ou uma coleção de fatos de discurso; mas trata-se então de definir, a partir desse conjunto que tem valor de amostra, as regras que permitem construir enunciados eventualmente diferentes daqueles: uma língua, mesmo se desapareceu há muito tempo, mesmo se ninguém a fala mais e que se a restaure a partir de raros fragmentos, constitui sempre um sistema de enunciados possíveis; é um conjunto finito de regras que autoriza um número infinito de *performances*. O discurso, em contrapartida, é um conjunto sempre finito e atualmente limitado unicamente pelas sequências linguísticas que foram formuladas; elas podem ser certamente inumeráveis, podem, por sua massa, ultrapassar qualquer capacidade de registro, de memória ou de leitura: não obstante, elas constituem um conjunto finito. A questão que a análise da língua coloca, a respeito de um fato qualquer de discurso, é sempre: segundo que regras tal enunciado foi construído e, consequentemente, conforme que regras outros enunciados semelhantes

96 Michel Foucault – Ditos e Escritos

poderiam ser construídos? A descrição do discurso coloca uma questão diferente: como ocorre que tal enunciado tenha surgido e nenhum outro em seu lugar? Vê-se igualmente que essa descrição do discurso se opõe à análise do pensamento. Ali também apenas se pode reconstituir um sistema de pensamento a partir de um conjunto definido de discursos. Mas esse conjunto é tratado de tal maneira que se tenta redescobrir, para além dos próprios enunciados, a intenção do sujeito falante, sua atividade consciente, o que ele quis dizer, ou, ainda, o jogo inconsciente que surge apesar dele mesmo no que ele disse ou na quase imperceptível fratura de suas palavras manifestas; de qualquer forma, trata-se de reconstituir um outro discurso, de reencontrar a palavra muda, murmurante, inesgotável que anima do interior a voz que se ouve, de restabelecer o texto miúdo e invisível que percorre o interstício das linhas escritas e às vezes as desarruma. A análise do pensamento é sempre *alegórica* em relação ao discurso que ela utiliza. Sua questão é infalivelmente: o que, afinal, se dizia no que era dito? Mas a análise do discurso tem uma finalidade completamente diferente; trata-se de apreender o enunciado na estreiteza e na singularidade de seu acontecimento; de determinar as condições de sua existência, de fixar da maneira mais justa os seus limites, de estabelecer suas correlações com os outros enunciados aos quais ele pode estar ligado, de mostrar que outras formas de enunciação ele exclui. Não se procura absolutamente, por baixo do que é manifesto, o falatório em surdina de um outro discurso. Deve-se mostrar por que ele não poderia ser diferente do que é, em que ele exclui qualquer outro discurso, como ele ocupa dentre os outros e em relação a eles um lugar que nenhum outro poderia ocupar. A questão própria da análise do discurso poderia ser formulada da seguinte maneira: qual é essa irregular existência que emerge no que se diz – e em nenhum outro lugar?

Podemos nos perguntar para que pode servir afinal essa suspensão de todas as unidades admitidas, essa obstinada perseguição da descontinuidade, se, no final das contas, trata-se de libertar uma poeira de acontecimentos discursivos, de acolhê-los e de conservá-los em sua pura dispersão. De fato, o sistemático apagamento das unidades previamente dadas permite, de início, restituir ao enunciado a sua singularidade de acontecimento: ele não é mais considerado simplesmente

1968 – Sobre a Arqueologia das Ciências. Resposta ao Círculo... 97

como a colocação em jogo de uma estrutura linguística, nem como a manifestação episódica de uma significação mais profunda do que ele; ele é tratado em sua irrupção histórica; o que se tenta observar é essa incisão que o constitui, essa irredutível – e bem frequentemente minúscula – emergência. Tão banal quanto ele seja, tão pouco importante que o imaginemos em suas consequências, tão rapidamente possa ser esquecido após seu aparecimento, tão pouco entendido ou mal decifrado que o suponhamos, tão rápido possa ser devorado pela noite, um enunciado é sempre um acontecimento que nem a língua nem o sentido podem de fato esgotar. Acontecimento estranho, certamente: de início, já que é ligado, por um lado, a um gesto de escrita ou à articulação de uma palavra, mas que, por outro, abre para si mesmo uma existência permanente no campo de uma memória, na materialidade dos manuscritos, dos livros ou de não importa que forma de registro; a seguir, já que é único como qualquer acontecimento, ele é oferecido à repetição, à transformação, à reativação; finalmente, porque ele é ligado simultaneamente a situações que o provocam e a consequências que ele incita, mas é ligado ao mesmo tempo, e de acordo com uma modalidade completamente diferente, a enunciados que o precedem e que o sucedem.

Mas se isolamos, em relação à língua e ao pensamento, a instância do acontecimento enunciativo, não é para tratá-la em si mesma como se ela fosse independente, solitária e soberana. É, ao contrário, para apreender como esses enunciados, enquanto acontecimentos e em sua especificidade tão estranha, podem se articular com acontecimentos que não são de natureza discursiva, mas que podem ser de ordem técnica, prática, econômica, social, política etc. Fazer aparecer em sua pureza o espaço onde se dispersam os acontecimentos discursivos não é pretender estabelecê-lo em um corte que nada poderia superar; não é tornar a fechá-lo nele próprio, nem, com mais forte motivo, abri-lo a uma transcendência; é, ao contrário, tornar-se livre para descrever, entre ele e outros sistemas que lhe são exteriores, um jogo de relações. Relações que devem ser estabelecidas – sem passar pela forma geral da língua, nem pela consciência singular dos sujeitos falantes – no campo dos acontecimentos.

A terceira vantagem de tal descrição dos fatos de discurso é que, libertando-os de todos os agrupamentos que se oferecem como unidades naturais, imediatas e universais, surge a

98 Michel Foucault – Ditos e Escritos

possibilidade de descrever, mas dessa vez por um conjunto de decisões controladas, outras unidades. Desde que se definam claramente suas condições, poderia ser legítimo constituir, a partir de relações corretamente descritas, conjuntos discursivos que não seriam novos, mas que, no entanto, teriam permanecido invisíveis. Esses conjuntos não seriam absolutamente novos porque seriam formados por enunciados já formulados, dentre os quais se poderia reconhecer um certo número de relações claramente determinadas. Mas essas relações jamais teriam sido formuladas por si mesmas nos enunciados em questão (diferentemente, por exemplo, dessas relações explícitas que são colocadas e ditas pelo próprio discurso, quando ele se dá sob a forma do romance, ou quando se inscreve em uma série de teoremas matemáticos). Mas essas relações invisíveis não constituiriam de forma alguma uma espécie de discurso secreto, animando do interior os discursos manifestos; portanto, não é uma interpretação que poderia fazê-las emergir, mas, sim, a análise de sua coexistência, de sua sucessão, de seu funcionamento mútuo, de sua determinação recíproca, de sua transformação independente ou correlativa. Todas elas (embora jamais se possa analisá-las de maneira exaustiva) formam o que poderíamos chamar, um pouco por um jogo de palavras pois a consciência nunca está presente em tal descrição, de inconsciente, não do sujeito falante, mas da coisa dita.

Enfim, no horizonte de todas essas pesquisas, talvez se esboçasse um tema mais geral: o do modo de existência dos acontecimentos discursivos em uma cultura. O que se trata de fazer aparecer é o conjunto de condições que regem, em um momento dado e em uma sociedade determinada, o surgimento dos enunciados, sua conservação, os laços estabelecidos entre eles, a maneira pela qual os agrupamos em conjuntos estatutários, o papel que eles exercem, a série de valores ou de sacralizações pelos quais são afetados, a maneira pela qual são investidos nas práticas ou nas condutas, os princípios segundo os quais eles circulam, são recalcados, esquecidos, destruídos ou reativados. Em suma, tratar-se-ia do discurso no sistema de sua institucionalização. Chamarei de *arquivo* não a totalidade de textos que foram conservados por uma civilização, nem o conjunto de traços que puderam ser salvos de seu desastre, mas o jogo das regras que, em uma cultura, determinam o aparecimento e o desaparecimento de enunciados, sua permanência e

1968 – Sobre a Arqueologia das Ciências. Resposta ao Círculo... 99

seu apagamento, sua existência paradoxal de *acontecimentos* e de *coisas*. Analisar os fatos de discurso no elemento geral de arquivo é considerá-los não absolutamente como *documentos* (de uma significação escondida ou de uma regra de construção), mas como *monumentos*;[6] é – fora de qualquer metáfora geológica, sem nenhum assinalamento de origem, sem o menor gesto na direção do começo de uma *archè* – fazer o que poderíamos chamar, conforme os direitos lúdicos da etimologia, de alguma coisa como uma *arqueologia*.

Essa é, aproximadamente, a problemática da *História da loucura*, de *O nascimento da clínica* e de *As palavras e as coisas*. Nenhum desses textos é autônomo, nem suficiente por si mesmo; eles se apoiam uns nos outros, na medida em que se trata, a cada vez, da exploração muito parcial de uma região limitada. Eles devem ser lidos como um conjunto apenas esboçado de experimentações descritivas. No entanto, mesmo que não seja necessário justificá-los por serem tão parciais e lacunares, é necessário explicar a escolha à qual eles obedecem. Pois, se o campo geral dos acontecimentos discursivos não permite nenhum recorte *a priori*, está excluído entretanto que se possam descrever em bloco todas as relações características do arquivo. É preciso, portanto, em uma primeira aproximação, aceitar um corte provisório: uma região inicial, que a análise subverterá e reorganizará quando tiver podido definir um conjunto de relações. Como circunscrever essa região? Por um lado, é preciso escolher, empiricamente, o domínio em que as relações tendem a ser numerosas, densas e relativamente fáceis de descrever: e em que outra região os acontecimentos discursivos parecem estar mais bem ligados entre si, e conforme relações melhor decifráveis, do que naquela que se designa em geral com o termo ciência? Mas, por outro lado, como se dar mais chances de recuperar em um enunciado não o momento de sua estrutura formal e de suas leis de construção, mas o de sua existência e das regras de seu surgimento, senão se dirigindo a grupos de discursos pouco formalizados, nos quais os enunciados não parecem se engendrar de acordo com regras de pura sintaxe? Como estar seguro, enfim, de não se deixar envolver por todas essas unidades ou sínteses irrefletidas que se referem ao indivíduo falante, ao sujeito do discurso, ao autor

---

6 (N.A.) Devo ao Sr. Canguilhem a ideia de utilizar a palavra nesse sentido.

100 Michel Foucault – Ditos e Escritos

do texto, enfim, a todas essas categorias antropológicas? A não
ser talvez considerando justamente o conjunto dos enunciados
através dos quais essas categorias são constituídas – o conjunto dos enunciados que escolheram como "objeto" o tema dos
discursos (seu próprio tema) – e tentando desdobrá-lo como
campo de conhecimentos?

Assim se explica o privilégio efetivamente concedido a esse
jogo de discurso, do qual se pode dizer, muito esquematicamente, que define as "ciências do homem". Mas esse é apenas
um privilégio de partida. É preciso ter presentes no pensamento dois fatos: que a análise dos acontecimentos discursivos e a
descrição do arquivo não são de forma alguma limitadas a tal
domínio; e que, por outro lado, o recorte do próprio domínio
não pode ser considerado como definitivo nem como válido absolutamente; trata-se de uma aproximação primeira que deve
permitir fazer aparecer as relações que tendem a apagar os
limites desse primeiro esboço. Ora, devo reconhecer que esse
projeto de descrição, da forma como tento circunscrevê-lo agora, encontra-se ele próprio preso na região que pretendo, em
uma primeira abordagem, analisar, e que tende a se dissociar
sob o efeito da análise. Interrogo essa estranha e bem problemática configuração das ciências humanas, à qual meu discurso se encontra ligado. Analiso o espaço em que falo. Exponho-
me a desfazer e a recompor esse lugar que me indica as balizas
primeiras do meu discurso; tento dissociar dele as coordenadas visíveis e sacudir sua imobilidade de superfície; arrisco
suscitar a cada instante, sob cada uma de minhas proposições,
a questão de saber de onde ele pode nascer: pois tudo isso que
digo poderia ter como efeito deslocar o lugar de onde eu o digo.
Embora aí esteja a questão: de onde você pretende falar, você
que quer descrever – de tão alto e de tão longe – os discursos
dos outros? Responderei somente: eu acreditei que falava do
mesmo lugar que esses discursos e que, definindo seu espaço,
eu situaria minha intenção; mas devo agora reconhecê-lo: de
onde mostrei que eles falavam sem dizê-lo, eu mesmo só posso
falar a partir dessa diferença, dessa ínfima descontinuidade
deixada, já detrás dele, por meu discurso.

As formações discursivas e as positividades

Tentei então descrever as relações de coexistência entre os
enunciados. Tomei cuidado para não levar em conta nenhuma

1968 – Sobre a Arqueologia das Ciências. Resposta ao Círculo... 101

dessas unidades que podiam ser presumidas sobre eles e que a tradição colocava à minha disposição: seja a obra de um autor, a coesão de uma época ou a evolução de uma ciência. Sustentei-me apenas na presença dos acontecimentos próximos do meu próprio discurso – certo, daí em diante, de ter relação com um conjunto coerente se conseguisse descrever entre eles um sistema de relações.

Inicialmente me pareceu que certos enunciados podiam formar um conjunto, na medida em que eles se referem a um só e mesmo objeto. Afinal, os enunciados referentes à loucura, por exemplo, não têm todos certamente o mesmo nível formal (eles estão longe de obedecer, todos, aos critérios requisitados por um enunciado científico); não pertencem todos ao mesmo campo semântico (alguns decorrem da semântica médica, outros, da semântica jurídica ou administrativa, outros utilizam um léxico literário), mas todos se relacionam com esse objeto que se perfila de diferentes maneiras na experiência individual ou social, e que podemos designar como a loucura. Ora, rapidamente nos apercebemos de que a unidade do objeto não permite individualizar um conjunto de enunciados e estabelecer entre eles uma relação simultaneamente descritiva e constante. E isso por duas razões. Porque o objeto, longe de ser o que se relaciona com o que pode ser definido como um conjunto de enunciados, é antes constituído pelo conjunto dessas formulações; seria um engano buscar do lado da "doença mental" a unidade do discurso psicopatológico ou psiquiátrico; certamente se estaria enganado se se pedisse ao ser mesmo dessa doença, ao seu conteúdo secreto, à sua verdade muda e fechada novamente em si mesma o que se pôde dizer dela em um momento dado; a doença mental foi constituída pelo conjunto do que pôde ser dito no grupo de todos os enunciados que a nomeavam, a recortavam, a descreviam, a explicavam, relatavam seus desenvolvimentos, indicavam suas diversas correlações, a julgavam e, eventualmente, emprestavam-lhe a palavra, articulando em seu nome discursos que deviam passar por seus. Porém há mais: esse conjunto de enunciados relativos à loucura, e que de fato a constituem, está longe de se relacionar com um único objeto, de o ter formado de uma vez por todas e de conservá-lo perpetuamente como seu horizonte de idealidade inesgotável; o objeto que é colocado como seu correlato pelos enunciados médicos dos séculos XVII ou XVIII

102 Michel Foucault – Ditos e Escritos

não é idêntico ao objeto que se delineia através das sentenças jurídicas ou das medidas policiais; da mesma forma, todos os objetos do discurso psicopatológico foram modificados de Pinel ou de Esquirol a Bleuler: não são absolutamente as mesmas doenças o que está em questão aqui e ali – seja porque o código de percepção e as técnicas de descrição mudaram, porque a designação da loucura e seu recorte geral não obedecem mais aos mesmos critérios ou porque a função do discurso médico, seu papel, as práticas nas quais ele está investido e que o sancionam, a distância que ele mantém do doente foram profundamente modificados.

Poderíamos concluir, talvez se devesse concluir sobre essa multiplicidade de objetos, que não é possível admitir o "discurso relativo à loucura" como uma unidade válida para constituir um conjunto de enunciados. Talvez fosse preciso restringir-se somente aos grupos de enunciados que têm um só e mesmo objeto: os discursos sobre a melancolia, ou sobre a neurose. Mas rapidamente nos daríamos conta de que cada um desses discursos, por sua vez, constituiu seu objeto e o trabalhou até transformá-lo inteiramente. De maneira que se coloca o problema de saber se a unidade de um discurso é preferencialmente constituída, mais do que pela permanência e singularidade de um objeto, pelo espaço comum em que diversos objetos se perfilam e continuamente se transformam. A relação característica que permite individualizar um conjunto de enunciados relativos à loucura seria então: a regra de aparecimento simultâneo ou sucessivo dos diversos objetos que aí são nomeados, descritos, analisados, apreciados ou julgados; a lei de sua exclusão ou de sua implicação recíproca; o sistema que rege sua transformação. A unidade dos discursos sobre a loucura não está fundamentada na existência do objeto "loucura" ou na constituição de um horizonte único de objetividade; é o conjunto das regras que tornam possíveis, durante uma determinada época, o aparecimento de descrições médicas (com seu objeto), o aparecimento de uma série de medidas discriminatórias e repressivas (com seu objeto próprio), o aparecimento de um conjunto de práticas codificadas em receitas ou em medicações (com seu objeto específico). É, portanto, o conjunto de regras que dão conta menos do próprio objeto em sua identidade do que de sua não coincidência consigo mesmo, de sua perpétua diferença, de sua defasagem e de sua dispersão. Além disso, a

1968 – Sobre a Arqueologia das Ciências. Resposta ao Círculo... 103

unidade dos discursos sobre a loucura é o jogo das regras que definem as transformações desses diferentes objetos, sua não identidade através dos tempos, a ruptura neles produzida, a descontinuidade interna que suspende sua permanência. Paradoxalmente, definir um conjunto de enunciados no que ele tem de individual não consiste em individualizar seu objeto, em fixar sua identidade, em descrever as características que ele conserva permanentemente; ao contrário, é descrever a dispersão desses objetos, apreender todos os interstícios que os separam, medir as distâncias que reinam entre eles – em outros termos, formular sua lei de repartição. Eu não chamaria esse sistema de "domínio" de objetos (pois essa palavra implica a unidade, o fechamento, a proximidade, mais do que a disseminação e a dispersão); dar-lhe-ei, um pouco arbitrariamente, o nome de *referencial*; e direi, por exemplo, que a "loucura" não é o objeto (ou referente) comum a um grupo de proposições, mas o referencial ou lei de dispersão de diferentes objetos ou referentes colocados em ação por um conjunto de enunciados, cuja unidade se encontra precisamente definida por essa lei.

O segundo critério que poderia ser utilizado para constituir conjuntos discursivos seria o tipo de enunciação utilizada. Pareceu-me, por exemplo, que a ciência médica, a partir do século XIX, caracterizava-se menos por seus objetos ou conceitos (dentre os quais alguns permaneceram idênticos, enquanto outros foram inteiramente modificados) do que por um certo *estilo*, uma certa forma constante de enunciação: talvez se estivesse assistindo à instauração de uma ciência descritiva. Pela primeira vez, a medicina não mais é constituída por um conjunto de tradições, observações, receitas heterogêneas, mas por um *corpus* de conhecimentos que supõem um mesmo olhar sobre as mesmas coisas, uma mesma grade do campo perceptivo, uma mesma análise do fato patológico de acordo com o espaço visível do corpo, um mesmo sistema de transcrição do que se percebe no que se diz (mesmo vocabulário, mesmo jogo de metáforas); em suma, parecia-me que a medicina se formalizava, se é possível dizê-lo, como uma série de enunciados descritivos. Mas aqui, também, foi preciso abandonar essa hipótese inicial. Reconhecer que a medicina clínica era tanto um conjunto de prescrições políticas, decisões econômicas, regulamentos institucionais, modelos de ensino quanto um conjunto de descrições, que este, em todo caso,

104   Michel Foucault – Ditos e Escritos

não podia ser abstraído daquele, e que a enunciação descritiva era apenas uma das formulações presentes no grande discurso clínico. Reconhecer que essa descrição não cessou de se deslocar: seja porque, de Bichat à patologia celular, se deixou de descrever as mesmas coisas; seja porque, da inspeção visual, da auscultação e da palpação ao uso do microscópio e dos testes biológicos, o sistema de informação foi modificado; seja ainda porque, da correlação anatomoclínica simples à análise fina dos processos fisiopatológicos, o léxico dos signos e sua decifração foram inteiramente reconstituídos; seja enfim porque o próprio médico pouco a pouco deixou de ser o lugar de registro e de interpretação da informação, e porque ao lado dele, fora dele, foram constituídos massas documentárias, instrumentos de correlação e técnicas de análise, que ele tem certamente de utilizar, mas que modificam, do ponto de vista do doente, sua posição de sujeito que olha.

Todas essas alterações, que talvez nos façam sair hoje da medicina clínica, foram lentamente depositadas, durante o século XIX, no interior do discurso clínico e no espaço que ele delineava. Caso se quisesse definir esse discurso como uma forma codificada de enunciação (por exemplo, a descrição de um certo número de elementos determinados na superfície do corpo e detectados pelo olho, ouvido e dedos do médico; identificação de unidades descritivas e signos complexos; avaliação de sua provável significação; prescrição da terapêutica correspondente), seria preciso reconhecer que a medicina clínica se desfez desde seu surgimento e que ela quase não conseguiu se formular a não ser com Bichat e Laënnec. De fato, a unidade do discurso clínico não é uma forma determinada de enunciados, mas o conjunto de regras que, simultânea e sucessivamente, tornou possível não somente descrições puramente perceptivas, mas também observações mediatizadas por instrumentos, protocolos de experiências de laboratórios, cálculos estatísticos, constatações epidemiológicas ou demográficas, regulamentos institucionais, decisões políticas. Todo esse conjunto não pode obedecer a um modelo único de encadeamento linear: trata-se de um grupo de diversas enunciações que estão longe de obedecer às mesmas regras formais, de ter as mesmas exigências de validação, de manter uma relação constante com a verdade, de ter a mesma função operatória. O que deve ser caracterizado como medicina clínica é a coexistência desses enunciados dispersos e heterogêneos; é o sistema que rege sua repartição, a confirmação que eles adquirem uns a partir dos outros, a maneira pela qual eles se implicam ou se excluem, a transformação que sofrem, o jogo de sua emergência, de sua disposição e de sua substituição. Pode-se fazer coincidir no tempo o surgimento do discurso com a introdução na medicina de um tipo privilegiado de enunciação. Mas este não tem um papel constituinte ou normativo. A partir desse fenômeno e inteiramente em torno dele se depreende um conjunto de formas enunciativas diversas: é a regra geral desse desdobramento que constitui, em sua individualidade, o discurso clínico. A regra de formação desses enunciados em sua heterogeneidade, em sua própria impossibilidade de se integrar em uma só cadeia sintática é o que chamarei de *defasagem enunciativa*. E direi que a medicina clínica se caracteriza, como conjunto discursivo individualizado, pela defasagem ou lei de dispersão que rege a diversidade de seus enunciados.

O terceiro critério pelo qual se poderiam estabelecer grupos unitários de enunciados é a existência de uma série de conceitos permanentes e coerentes entre si. Pode-se supor, por exemplo, que a análise da linguagem e dos fatos gramaticais baseava-se nos clássicos (de Lancelot ao fim do século XVIII) em um número definido de conceitos, cujo conteúdo e uso foram estabelecidos de uma vez por todas: o conceito de julgamento definido como a forma geral e normativa de qualquer frase, os conceitos de sujeito e de atributo reagrupados na categoria mais geral de substantivo, o conceito de verbo utilizado como equivalente ao de cópula lógica, o conceito de palavra definido como signo de uma representação. Dessa forma se poderia reconstituir a arquitetura conceitual da gramática clássica. Mas ali, também, logo se encontrariam os limites: seria possível descrever, sem dúvida com dificuldade, as análises de tais elementos feitas pelos autores de Port-Royal. E rapidamente se seria obrigado a constatar o aparecimento de novos conceitos; alguns dentre eles talvez sejam derivados dos primeiros, mas outros lhes são heterogêneos e alguns são mesmo incompatíveis com eles. As noções de ordem sintática direta ou inversa, a de complemento (introduzida por Beauzée no começo do século XVIII) podem, sem dúvida ainda, integrar-se ao sistema conceitual da gramática de Port-Royal. Mas nem a ideia de um valor originariamente expressivo dos sons, nem a de um saber

106 Michel Foucault – Ditos e Escritos

primitivo implícito nas palavras e transmitido obscuramente por elas, nem a de uma regularidade na evolução histórica das consoantes podem ser deduzidas do conjunto de conceitos utilizado pelos gramáticos do século XVIII. Bem mais, a concepção do verbo como simples substantivo permitindo designar uma ação ou uma operação, a definição da frase não mais como proposição atributiva, mas como uma série de elementos designativos cujo conjunto reproduz uma representação, tudo isso é rigorosamente incompatível com o conjunto dos conceitos de que Lancelot ou Beauzée podiam fazer uso. É preciso admitir que, nessas condições, essa gramática apenas aparentemente constitui um conjunto coerente. Seria esse conjunto de enunciados, análises, descrições, princípios e consequências, de deduções, que se perpetuou com esse nome durante mais de um século, uma falsa unidade?

De fato é possível, a partir desses conceitos mais ou menos heterogêneos da gramática clássica, definir um sistema comum que dê conta não somente de sua emergência, mas de sua dispersão e, eventualmente, de sua incompatibilidade. Esse sistema não é constituído por conceitos mais gerais e mais abstratos do que os que aparecem na superfície e são manipulados às claras; ele é antes constituído por um conjunto de regras de formação dos conceitos. Esse conjunto se subdivide em quatro grupos subordinados. Há o grupo que rege a formação dos conceitos que permitem descrever e analisar a frase como uma unidade, no qual os elementos (as palavras) não são meramente justapostos, mas relacionados uns aos outros; esse conjunto de regras é o que se pode chamar de teoria da *atribuição*. E sem que ela própria seja modificada, essa teoria da atribuição pode dar lugar aos conceitos de verbo-cópula, de verbo-substantivo específico da ação, ou de verbo-ligação dos elementos da representação. Há também o grupo que rege a formação dos conceitos que permitem descrever as relações entre os diferentes elementos significantes da frase e os diferentes elementos do que é representado por esses signos; é a teoria da *articulação*, que pode, em sua unidade específica, dar conta de conceitos tão diversos quanto o de substantivo como resultado de uma análise do pensamento, e o de substantivo como instrumento pelo qual se pode fazer tal análise. A teoria da *designação* rege a emergência de conceitos tais como o de signo arbitrário e convencional (permitindo, consequente-

1968 – Sobre a Arqueologia das Ciências. Resposta ao Círculo... 107

mente, a construção de uma língua artificial), mas certamente também o de signo espontâneo, natural, imediatamente impregnado de valor expressivo (permitindo assim reintroduzir a instância da língua no vir a ser, real ou ideal, da humanidade). Por fim, a teoria da *derivação* dá conta da formação de um conjunto de noções muito dispersas e bastante heterogêneas: a ideia de uma imobilidade da língua que apenas é submetida à mudança como um resultado de acidentes externos; a ideia de uma correlação histórica entre a transformação da língua e as capacidades de análise, de reflexão e de conhecimento dos indivíduos; a ideia de uma relação recíproca entre as instituições políticas e a complexidade da gramática; a ideia de uma determinação circular entre as formas da língua, as da escrita, as do saber e da ciência, as da organização social e aquelas, enfim, do progresso histórico; a ideia da poesia concebida não absolutamente como uma certa utilização do vocabulário e da gramática, mas como o movimento espontâneo da língua se deslocando no espaço da imaginação humana, que é por natureza metafórica. Essas quatro "teorias" – que, como tantos esquemas, são formadoras de conceitos – têm relações descritíveis entre si (elas se supõem entre si; opõem-se duas a duas; derivam uma da outra e, encadeando-se, ligam em uma só figura discursos que não podem ser unificados, nem sobrepostos). Elas constituem o que se poderia chamar de uma *rede teórica*. Esse termo não deve ser entendido como um grupo de conceitos fundamentais que reagrupariam todos os outros, e permitiriam relocalizá-los na unidade de uma arquitetura dedutiva: mas antes a lei geral de sua dispersão, de sua heterogeneidade, de sua incompatibilidade (seja ela simultânea ou sucessiva) – a regra de sua insuperável pluralidade. E, se é lícito reconhecer na gramática geral um conjunto individualizado de enunciados, é na medida em que todos os conceitos que nela figuram, se encadeiam, se entrecruzam, interferem uns nos outros, se buscam uns aos outros, se mascaram, se dispersam, são formados a partir de uma só e mesma rede teórica.

Enfim, seria possível tentar constituir unidades de discurso a partir de uma identidade de opinião. Nas "ciências humanas", dedicadas à polêmica, expostas ao jogo das preferências ou dos interesses, tão permeáveis a temas filosóficos ou morais, tão aptas em certos casos ao uso político, igualmente tão próximas de certos dogmas religiosos, é legítimo

108 Michel Foucault – Ditos e Escritos

em primeira instância supor que uma certa temática é capaz de ligar e de arrimar, como um organismo que tem suas necessidades, sua força interna e suas capacidades de sobrevivência, um conjunto de discursos. Não se poderia constituir, por exemplo, como unidade tudo aquilo que, de Buffon a Darwin, constituiu o discurso evolucionista? Tema inicialmente mais filosófico do que científico, mais próximo da cosmologia do que da biologia; tema que talvez tenha orientado de longe as pesquisas, que nomeou, recobriu e explicou os resultados; tema que sempre pressupunha mais sobre o que não se sabia, mas que impunha, a partir dessa escolha fundamental, transformar em saber discursivo o que estava esboçado como hipótese ou como imposição. Não se poderia da mesma forma falar da ideia fisiocrática? Ideia que postulava, para além de qualquer demonstração e antes de qualquer análise, o caráter natural dos três tipos de renda fundamentais; que supunha consequentemente o primado econômico e político da propriedade agrária; que excluía qualquer análise dos mecanismos da produção industrial; que, em contrapartida, implicava a descrição da circulação do dinheiro no interior de um Estado, de sua distribuição entre as diferentes categorias sociais e dos canais pelos quais ele retornava à produção; que finalmente conduziu Ricardo a se interrogar sobre os casos em que essa tríplice renda não aparecia, sobre as condições pelas quais ela poderia se formar e, consequentemente, a denunciar a arbitrariedade do tema fisiocrático.

Mas, a partir de tal tentativa, somos levados a fazer duas constatações inversas e complementares. Em um caso, o mesmo fato de opinião, a mesma temática, a mesma escolha se articula a partir de duas séries de conceitos, de dois tipos de discursos, de dois campos de objetos totalmente diferentes: a ideia evolucionista, em sua formulação mais geral, é talvez a mesma em Benoît de Maillet, Bordeu ou Diderot, e em Darwin; mas, de fato, o que a torna possível e coerente não é absolutamente da mesma ordem nos dois casos. No século XVIII, a ideia evolucionista é uma escolha operada a partir de duas possibilidades claramente determinadas: ou se admite que o parentesco das espécies forma uma continuidade totalmente dada de início, e que apenas as catástrofes da natureza, somente a história dramática da Terra, os transtornos de um tempo extrínseco a interrompeu e a separou (portanto foi esse

1968 – Sobre a Arqueologia das Ciências. Resposta ao Círculo... 109

tempo que criou a descontinuidade, o que exclui o evolucionismo), ou se admite que é o tempo que cria a continuidade, as mudanças da natureza que obrigam as espécies a tomar características diferentes das que lhes tinham sido dadas de saída: de maneira que o quadro quase contínuo das espécies é como o afloramento, aos olhos do naturalista, de toda uma consistência do tempo. No século XIX, a ideia evolucionista é uma escolha que não mais implica a constituição do quadro das espécies, mas as modalidades de interação entre um organismo, em que todos os elementos são solidários, e um meio, que lhe oferece suas condições reais de vida. Uma só "ideia", mas a partir de dois sistemas de escolha.

No caso da fisiocracia, ao contrário, pode-se dizer que a escolha de Quesnay depende exatamente do mesmo sistema de conceitos que a opinião inversa sustentada por aqueles que podemos chamar de utilitaristas. Nessa época, a análise das riquezas comportava uma série de conceitos relativamente limitada e que era admitida por todos (dava-se a mesma definição da moeda: que era um signo e que apenas tinha valor pela materialidade praticamente necessária desse signo; dava-se a mesma explicação de um preço pelo mecanismo de troca e pela quantidade de trabalho necessário para a obtenção da mercadoria; fixava-se da mesma forma o preço de um trabalho: o que custava o sustento de um trabalhador e de sua família durante o tempo de sua execução). Ora, a partir desse sistema conceitual único, havia duas maneiras de explicar a formação do valor, conforme fosse analisado a partir da troca ou do pagamento da jornada de trabalho. Essas duas possibilidades inscritas na teoria econômica e nas regras de seu sistema conceitual deram origem, a partir dos mesmos elementos, a duas opiniões diferentes.

Sem dúvida, estaríamos enganados em procurar nesses fatos de opinião os princípios de individualização de um discurso. O que define a unidade da história natural não é a permanência de certas ideias como a de evolução; o que define a unidade do discurso econômico no século XVIII não é o conflito entre fisiocratas e utilitaristas, ou entre os defensores da propriedade agrária e os partidários do comércio e da indústria. O que permite individualizar um discurso é atribuir-lhe uma existência independente, é o sistema de pontos de escolha que ele deixa livre a partir de um campo de objetos dados, a partir

110   Michel Foucault – Ditos e Escritos

de uma gama enunciativa determinada, a partir de uma série de conceitos definidos em seu conteúdo e em seu uso. Seria então insuficiente procurar em uma opção teórica o fundamento geral de um discurso e a forma global de sua identidade histórica: pois uma mesma opção pode reaparecer em dois tipos de discursos; e um só discurso pode dar lugar a várias opções diferentes. Nem a permanência das opiniões através do tempo nem a dialética de seus conflitos bastam para individualizar um conjunto de enunciados. É necessário, para isso, que se possa situar a distribuição dos pontos de escolha e que se defina, aquém de qualquer opção, um *campo de possibilidades estratégicas*. Se a análise dos fisiocratas faz parte dos mesmos discursos que a dos utilitaristas, não é absolutamente porque eles viviam na mesma época, não absolutamente porque eles se confrontavam no interior de uma mesma sociedade, não absolutamente porque seus interesses se misturavam em uma mesma economia; é porque suas duas opções provinham de uma só e mesma distribuição dos pontos de escolha, de um só e mesmo campo estratégico. Esse campo não é o somatório de todos os elementos em conflito, tampouco uma obscura unidade dividida contra ela mesma e recusando se reconhecer sob a máscara de cada adversário; é a lei de formação e de dispersão de todas as opções possíveis.

Em resumo, estamos diante de quatro critérios que permitem reconhecer unidades discursivas que não são absolutamente as unidades tradicionais (sejam elas: o "texto", a "obra", a "ciência"; ou o domínio ou a forma de discurso, os conceitos que ele utiliza ou as escolhas que manifesta). Esses quatro critérios não somente não são incompatíveis, mas eles se reclamam uns aos outros: o primeiro define a unidade de um discurso pela regra de formação de todos os seus *objetos*; o outro, pela regra de formação de todos os seus tipos *sintáticos*; o terceiro, pela regra de formação de todos os seus elementos *semânticos*; o quarto, pela regra de formação de todas as suas eventualidades *operatórias*. Todos os aspectos do discurso estão, desse modo, cobertos. E quando, em um grupo de enunciados, é possível observar e descrever *um* referencial, *um* tipo de defasagem enunciativa, *uma* rede teórica, *um* campo de possibilidades estratégicas, pode-se então estar seguro de que eles pertencem ao que se poderia chamar de uma *formação discursiva*. Essa formação agrupa toda uma população de acontecimentos enunciativos. Evidentemente

1968 – Sobre a Arqueologia das Ciências. Resposta ao Círculo... 111

ela não coincide, em seus critérios, em seus limites, nem em suas relações internas, com as unidades imediatas e visíveis sob as quais se tem o hábito de reagrupar os enunciados. Ela evidencia, dentre os fenômenos da enunciação, as relações que até então permaneciam na sombra e não se encontravam imediatamente transcritas na superfície dos discursos. Mas o que ela evidencia não é um segredo, a unidade de um sentido escondido, nem uma forma geral e única; é um sistema regrado de diferenças e dispersões. Esse sistema de quatro níveis, que rege uma formação discursiva e deve dar conta não de seus elementos comuns mas do jogo de suas defasagens, seus interstícios, sua distâncias – de qualquer forma, de suas lacunas, mais do que de suas superfícies plenas –, é isso que proporei chamar de sua *positividade*.

O saber

No ponto de partida, o problema era definir, sob as formas precipitadamente admitidas de síntese, as unidades que seria legítimo instaurar no campo incomensurável dos acontecimentos enunciativos. A essa questão eu me esforcei para dar uma resposta que fosse empírica (e articulada a investigações precisas) e crítica (já que ela concernia ao lugar de onde eu colocava a questão, à região que a situava, à unidade espontânea no interior da qual eu podia crer que falava). Daí, essas investigações no domínio dos discursos que instauravam ou pretendiam instaurar um conhecimento "científico" do homem que vive, fala e trabalha. Essas investigações evidenciaram conjuntos de enunciados que chamei de "formações discursivas" e sistemas que, sob o nome de "positividades", devem dar conta desses conjuntos. Mas será que não fiz, afinal de contas, pura e simplesmente uma história das "ciências" humanas – ou, se quiserem, desses conhecimentos inexatos cujo acúmulo não pode ainda constituir uma ciência? Será que não permaneci preso em seu recorte aparente e no sistema que elas pretendem dar a si mesmas? Será que não fiz uma espécie de epistemologia crítica dessas figuras das quais não se está certo de que elas mereçam verdadeiramente o nome de ciências?

De fato, as formações discursivas que foram recortadas ou descritas não coincidem exatamente com a delimitação dessas ciências (ou pseudociências). Sem dúvida, é a partir da existência no momento atual de um discurso que se diz psico-

112 Michel Foucault – Ditos e Escritos

patológico (e que pode ter, aos olhos de alguns, a pretensão de ser científico) que iniciei a investigação sobre a história da loucura; sem dúvida, foi igualmente a partir da existência de uma economia política e de uma linguística (das quais alguns podem contestar os critérios de rigorosa cientificidade) que pretendi analisar o que, nos séculos XVII e XVIII, se havia podido dizer sobre as riquezas, a moeda, a troca, os signos linguísticos e o funcionamento das palavras. Mas as positividades obtidas no final dessa análise e as formações discursivas que elas reagrupam não cobrem o mesmo espaço que essas disciplinas, nem se articulam como elas; bem mais, elas não se sobrepõem ao que podia ser considerado como ciência ou como forma autônoma de discurso na época estudada. Assim, o sistema de positividade analisado na *História da loucura* não dá conta exclusivamente, nem mesmo de uma maneira privilegiada, do que os médicos puderam dizer nesta época sobre a doença mental; de preferência ele define o referencial, a gama enunciativa, a rede teórica, os pontos de escolha que tornaram possíveis, em sua própria dispersão, os enunciados médicos, os regulamentos institucionais, as medidas administrativas, os textos jurídicos, as expressões literárias, as formulações filosóficas. A formação discursiva, constituída e descrita pela análise, ultrapassa largamente o que se poderia relatar como a pré-história da psicopatologia ou como a gênese de seus conceitos.

Em *As palavras e as coisas* a situação é oposta. As positividades obtidas pela descrição isolam formações discursivas que são menos amplas do que os domínios científicos reconhecidos em primeira instância. O sistema da história natural permite dar conta de um certo número de enunciados sobre a semelhança e a diferença entre os seres, as constituições das características específicas ou genéricas, a distribuição dos parentescos no espaço geral do quadro; mas ele não rege as análises do movimento involuntário, nem a teoria dos gêneros, nem as explicações químicas do crescimento. A existência, a autonomia, a consistência interna, a limitação dessa formação discursiva são precisamente uma das razões pelas quais uma ciência geral da vida não foi formulada na época clássica. Da mesma forma, a positividade que, na mesma época, regeu a análise das riquezas não determinava todos os enunciados relativos às trocas, aos circuitos comerciais e aos preços: ela deixava de lado as "aritméticas políticas", que só entraram

1968 – Sobre a Arqueologia das Ciências. Resposta ao Círculo... 113

no campo da teoria econômica muito mais tarde, quando um novo sistema de positividade tornou possível e necessária a introdução deste tipo de discurso na análise econômica. A gramática geral tampouco dá conta de tudo o que pôde ser dito sobre a linguagem na época clássica (seja pelos exegetas dos textos religiosos, os filósofos ou os teóricos da obra literária). Em nenhum desses três casos, tratava-se de reencontrar o que os homens puderam pensar da linguagem, das riquezas ou da vida em uma época na qual se constituíam lentamente e sem barulho uma biologia, uma economia e uma filologia; tampouco se tratava de descobrir o que se misturava ainda de erros, preconceitos, confusões, fantasmas talvez, a conceitos em vias de formação: não se tratava de saber ao preço de que cortes ou de que recalcamentos uma ciência, ou pelo menos uma disciplina com pretensão científica, ia finalmente se constituir em um solo tão impuro. Tratava-se de fazer aparecer o sistema dessa "impureza" – ou melhor, pois a palavra pode não ter a significação, nessa análise, de dar conta do surgimento simultâneo de um certo número de enunciados, cujo nível de cientificidade, forma e nível de elaboração podem, retrospectivamente, nos parecer heterogêneos.

A formação discursiva analisada em *O nascimento da clínica* representa um terceiro caso. Ela é bem mais ampla do que o discurso médico no sentido estrito do termo (a teoria científica da doença, de suas formas, de suas determinações e de seus instrumentos terapêuticos); ela engloba toda uma série de reflexões políticas, programas de reforma, medidas legislativas, regulamentos administrativos, considerações morais, mas, por outro lado, não integra tudo o que, na época estudada, podia ser conhecido sobre o tema do corpo humano, de seu funcionamento, de suas correlações anatomofisiológicas e das perturbações das quais ele podia ser a sede. A unidade do discurso clínico não é de forma alguma a unidade de uma ciência ou de um conjunto de conhecimentos tentando se dar um *status* científico. É uma unidade complexa: não é possível aplicar-lhe os critérios pelos quais podemos – ou, pelo menos, pensamos poder – distinguir uma ciência de outra (por exemplo, a fisiologia da patologia), uma ciência mais elaborada de outra que é menos (por exemplo, a bioquímica da neurologia), um discurso verdadeiramente científico (como a endocrinologia) de uma simples codificação da experiência (como a semio-

114   Michel Foucault – Ditos e Escritos

logia), uma verdadeira ciência (como a microbiologia) de uma ciência que ainda não o era (como a frenologia). A clínica não constitui nem uma verdadeira nem uma falsa ciência, embora em nome de nossos critérios contemporâneos possamos nos dar o direito de reconhecer como verdadeiros alguns de seus enunciados e como falsos certos outros. Ela é um conjunto enunciativo simultaneamente teórico e prático, descritivo e institucional, analítico e prescritivo, composto tanto de inferências como de decisões, tanto de afirmações como de decretos. As formações discursivas não são, portanto, nem ciências atuais em gestação nem ciências outrora reconhecidas como tais, depois caídas em desuso e abandonadas em função de exigências novas de nossos critérios. São unidades de uma natureza e de um nível diferentes do que hoje se chama (ou do que se pôde chamar antigamente) de ciência. Para caracterizá-las, a distinção entre o científico e o não científico não é pertinente: elas são epistemologicamente neutras. Quanto aos sistemas de positividade que lhes asseguram o agrupamento unitário, não são absolutamente as estruturas racionais, nem tampouco os jogos, os equilíbrios, as oposições ou as dialéticas entre as formas de racionalidade e as imposições irracionais; a distinção do racional e de seu contrário não é pertinente para descrevê-las: pois não são leis de inteligibilidade; são leis de formação de todo um conjunto de objetos, de tipos de formulação, conceitos, opções teóricas que são investidas nas instituições, nas técnicas, nas condutas individuais ou coletivas, nas operações políticas, nas atividades científicas, nas ficções literárias, nas especulações teóricas. O conjunto assim formado, a partir do sistema de positividade e manifesto na unidade de uma formação discursiva, é o que se poderia chamar de saber. O saber não é uma soma de conhecimentos – pois destes sempre se deve poder dizer se são verdadeiros ou falsos, exatos ou não, aproximativos ou definidos, contraditórios ou coerentes; nenhuma dessas distinções é pertinente para descrever o saber, que é o conjunto dos elementos (objetos, tipos de formulações, conceitos e escolhas teóricas) formados a partir de uma só e mesma positividade, no campo de uma formação discursiva unitária.

Estamos agora diante de uma figura complexa. Ela pode e deve ser analisada simultaneamente como uma formação de enunciados (quando consideramos a população dos acontecimentos discursivos que dela fazem parte); como uma positivi-

1968 – Sobre a Arqueologia das Ciências. Resposta ao Círculo... 115

dade (quando consideramos o sistema que, em sua dispersão, rege os objetos, os tipos de formulação, os conceitos e as opiniões postos em ação nesses enunciados); como um saber (quando consideramos esses objetos, tipos de formulação, conceitos e opiniões, tais como são investidos em uma ciência, em uma receita técnica, em uma instituição, em uma narrativa romanesca, em uma prática jurídica ou política etc.). Não se analisa o saber em termos de conhecimentos; nem a positividade em termos de racionalidade; nem a formação discursiva em termos de ciência. E não se pode exigir que sua descrição seja equivalente a uma história dos conhecimentos, a uma gênese da racionalidade ou à epistemologia de uma ciência.

Não é menos verdade que seja possível descrever um certo número de relações entre as ciências (com suas estruturas de racionalidade e a soma de seus conhecimentos) e as formações discursivas (com seu sistema de positividade e o campo de seu saber). Pois é verdade que apenas os critérios formais podem decidir sobre a cientificidade de uma ciência, ou seja, definir as condições que a tornam possível como ciência; eles nunca podem dar conta de sua existência de fato, ou seja, de sua emergência histórica, dos acontecimentos, episódios, obstáculos, dissensões, expectativas, atrasos, facilitações que puderam marcar seu destino efetivo. Se, por exemplo, foi preciso esperar o final do século XVIII para que o conceito de vida se tornasse fundamental na análise dos seres vivos, ou se o registro das semelhanças entre o latim e o sânscrito não puderam dar origem, antes de Bopp, a uma gramática histórica e comparada, ou ainda se a constatação das lesões intestinais nas afecções "febris" não pôde dar origem, antes do início do século XIX, a uma medicina anatomopatológica, não é para se buscar o motivo nem na estrutura epistemológica da ciência biológica em geral, ou da ciência gramatical ou da ciência médica, nem tampouco no erro em que se obstinou por muito tempo a cegueira dos homens; ele reside na morfologia do saber, no sistema das positividades, na disposição interna das formações discursivas. Bem mais, é no elemento do saber que se determinam as condições de aparecimento de uma ciência, ou pelo menos de um conjunto de discursos que acolhem ou reivindicam os modelos de cientificidade: se, até o início do século XIX, vemos se formar, com o nome de economia política, um conjunto de discursos que dão a si mesmos signos de cien-

116   Michel Foucault – Ditos e Escritos

tificidade, e se impõem um certo número de regras formais; se, quase na mesma época, alguns discursos se organizam sob o modelo dos discursos médicos, clínicos e semiológicos, para se constituírem como psicopatologia, não se pode pedir retrospectivamente explicação a essas "ciências" – seja sobre seu equilíbrio atual ou sobre a forma ideal na direção da qual se supõe que elas se encaminhem; tampouco se pode pedir explicações a um puro e simples projeto de racionalização que teria se formado então no pensamento dos homens, mas que não poderia assumir para si o que esses discursos têm de específico. É no campo do saber que é preciso realizar a análise dessas condições de aparecimento – no nível dos conjuntos discursivos e do jogo das positividades.

Sob a denominação geral de "condições de possibilidade" de uma ciência é preciso, portanto, distinguir dois sistemas heteromorfos. Um define as condições da ciência como ciência: é relativo ao seu domínio de objetos, ao tipo de linguagem que ela utiliza, aos conceitos de que ela dispõe ou busca estabelecer; ele define as regras formais e semânticas exigidas para que um enunciado possa pertencer a essa ciência; é instituído seja pela ciência em questão, na medida em que ela coloca para si suas próprias normas, seja por uma outra ciência, na medida em que esta se impõe à primeira como modelo de formalização: de qualquer forma, essas condições de cientificidade são interiores ao discurso científico em geral e só podem ser definidas por ele. O outro sistema concerne à possibilidade de uma ciência em sua existência histórica. Ele é exterior a ela e não passível de ser sobreposto. É constituído por um campo de conjuntos discursivos que não têm o mesmo estatuto, o mesmo recorte, a mesma organização, nem o mesmo funcionamento das ciências às quais eles dão origem. Seria preciso não ver nesses conjuntos discursivos uma rapsódia de falsos conhecimentos, de temas arcaicos, de figuras irracionais que as ciências em sua soberania definitivamente baniriam para as trevas de uma pré-história. Também não seria preciso imaginá-los como o esboço de futuras ciências que ainda estariam confusamente recuadas em relação ao seu futuro e que vegetariam, por um tempo, no meiosono das germinações silenciosas. Seria necessário, enfim, não concebê-los como o único sistema epistemológico de que seriam suscetíveis essas falsas, ou quase-, ou pseudociências que seriam as ciências humanas. De fato, trata-se de figuras que têm

1968 – Sobre a Arqueologia das Ciências. Resposta ao Círculo... 117

sua consistência própria, suas leis de formação e sua disposição autônoma. Analisar as formações discursivas, as positividades e o saber que lhes correspondem não é atribuir-lhes formas de cientificidade, é percorrer um campo de determinação histórica que deve dar conta, em seu aparecimento, persistência, transformação e, eventualmente, em seu apagamento, de discursos dos quais alguns são ainda hoje reconhecidos como científicos, outros perderam esse estatuto, alguns jamais o adquiriram, enquanto outros jamais pretenderam adquiri-lo. Em uma só palavra, o saber não é a ciência no deslocamento sucessivo de suas estruturas internas, é o campo de sua história efetiva.

Várias observações

A análise das formações discursivas e de seu sistema de positividade em relação ao elemento do saber concerne somente a certas determinações dos acontecimentos discursivos. Não se trata de constituir uma disciplina unitária que se substituiria a todas essas outras descrições dos discursos e os invalidaria em bloco. Trata-se, antes, de dar seu lugar a diferentes tipos de análise já conhecidos, e frequentemente praticados há muito tempo; de determinar seu nível de funcionamento e eficácia; de definir seus pontos de aplicação; e de evitar finalmente as ilusões às quais eles podem dar lugar. Fazer emergir a dimensão do saber como dimensão específica não é rejeitar as diversas análises da ciência; é desdobrar, o mais amplamente possível, o espaço em que elas podem se alojar. É, acima de tudo, desvencilhar-se de duas formas de extrapolação que tem cada uma um papel redutor simétrico e oposto: a extrapolação epistemológica e a extrapolação genética.

A extrapolação *epistemológica* não se confunde com a análise (sempre legítima e possível) das estruturas formais que podem caracterizar um discurso científico. Mas ela permite supor que, para uma ciência, bastam essas estruturas para definir a lei histórica de seu surgimento e desenvolvimento. A extrapolação *genética* não se confunde com a descrição (sempre legítima e possível) do contexto – seja ele discursivo, técnico, econômico, institucional – em que uma ciência apareceu; mas ela permite supor que a organização interna de uma ciência e suas normas formais podem ser descritas a partir de suas condições externas. Em um caso, pode-se atribuir à ciência a

118 Michel Foucault – Ditos e Escritos

incumbência de dar conta de sua historicidade; no outro, incumbem-se as determinações históricas de dar conta de uma cientificidade. Ora, isso é desconhecer que o lugar de surgimento e de desenvolvimento de uma ciência não é nem esta ciência mesma distribuída conforme uma sequência teleológica nem um conjunto de práticas mudas ou de determinações extrínsecas, mas o campo do saber com o conjunto de relações que o atravessam. Esse desconhecimento se explica, na verdade, pelo privilégio dado a dois tipos de ciências, que servem em geral de modelos, já que elas são certamente casos-limites. Há, efetivamente, ciências tais que podem retomar cada um dos episódios de sua evolução histórica no interior de seu sistema dedutivo; sua história pode ser descrita como um movimento de extensão lateral, depois de retomada e de generalização em um nível mais elevado, de maneira que cada momento aparece como uma região particular ou um nível definido de formalização; as sequências se abolem em proveito de aproximações que não as reproduzem; e as datas se apagam para fazer aparecer sincronias que ignoram o calendário. É o caso, evidentemente, da matemática, em que a álgebra cartesiana define uma região particular em um campo que foi generalizado por Lagrange, Abel e Galois; em que o método grego da exaustão parece contemporâneo do cálculo de integrais definidas. Pelo contrário, há ciências que só podem assegurar sua unidade através do tempo pela narrativa ou pela retomada crítica de sua própria história: se há uma psicologia desde Fechner e apenas uma, se há desde Comte ou mesmo desde Durkheim apenas uma sociologia, não é na medida em que se pode atribuir, a tantos discursos diversos, uma única estrutura epistemológica (tão frágil quanto possamos imaginá-la); é na medida em que a sociologia e a psicologia situaram, a cada instante, seu discurso em um campo histórico que elas próprias percorriam através do modo crítico da confirmação ou da invalidação. A história da matemática está sempre a ponto de ultrapassar o limite da descrição epistemológica; a epistemologia de "ciências" tais como a psicologia ou a sociologia está sempre no limite de uma descrição genética.

Eis por que, longe de constituírem exemplos privilegiados para a análise de todos os outros domínios científicos, estes dois casos extremos tendem antes a induzir a erro; a não deixar ver, simultaneamente em sua especificidade e em suas relações, o nível das estruturas epistemológicas e o das determinações do saber; que toda ciência (mesmo tão altamente formalizada como

1968 – Sobre a Arqueologia das Ciências. Resposta ao Círculo... 119

a matemática) supõe um espaço de historicidade que não coincide com o jogo de suas formas; mas que qualquer ciência (seja ela tão carregada de empirismo quanto a psicologia, e tão afastada das normas exigidas para constituir uma ciência) existe no campo de um saber que não prescreve simplesmente a sucessão de seus episódios, mas que determina, segundo um sistema que pode ser descrito, suas leis de formação. Em compensação, são as ciências "intermediárias" – como a biologia, a fisiologia, a economia política, a linguística, a filologia, a patologia – que devem servir de modelos: pois, com elas, não é possível confundir em uma falsa unidade a instância do saber e a forma da ciência, nem elidir o momento do saber.

A partir daí, é possível situar em sua possibilidade, mas também definir em seus limites, um certo número de descrições legítimas do discurso científico. Descrições que não se dirigem ao saber como instância de formação, mas aos objetos, às formas de enunciação, aos conceitos, às opiniões às quais finalmente ele dá lugar. Descrições que, no entanto, só permanecerão legítimas desde que não se pretenda descobrir as condições de existência de alguma coisa como um discurso científico. Assim, é perfeitamente legítimo descrever o jogo de opiniões ou de opções teóricas que se revelam em uma ciência e a propósito de uma ciência; deve-se poder definir, para uma época ou um domínio determinado, quais são os princípios de escolha, de que maneira (através de que retórica ou de que dialética) eles são manifestados, dissimulados ou justificados, como se organiza e se institucionaliza o campo da polêmica, quais são as motivações que podem determinar os indivíduos; em suma, há lugar para uma *doxologia,* que seria a descrição (sociológica ou linguística, estatística ou interpretativa) dos fatos de opinião. Mas há *ilusão doxológica* cada vez que se faz valer a descrição como análise das condições de existência de uma ciência. Essa ilusão assume duas formas: ela admite que o fato das opiniões, em vez de ser determinado pelas possibilidades estratégicas dos jogos conceituais, remete diretamente às divergências de interesses ou de hábitos mentais dos indivíduos; a opinião seria a irrupção do não científico (do psicológico, do político, do social, do religioso) no domínio específico da ciência. Mas, por outro lado, ela supõe que a opinião constitui o núcleo, o foco central a partir do qual se desdobra todo o conjunto de enunciados científicos; a opinião manifestaria a instância das

120 Michel Foucault – Ditos e Escritos

escolhas fundamentais (metafísicas, religiosas, políticas) a partir das quais os diversos conceitos da biologia, da economia ou da linguística seriam somente a versão superficial e positiva, a transcrição em um vocabulário determinado, a máscara cega a si mesma. A ilusão doxológica é uma maneira de elidir o campo de um saber como lugar e lei de formação das opções teóricas.

Da mesma forma, é perfeitamente legítimo descrever, para uma dada ciência, alguns de seus conceitos ou de seus conjuntos conceituais: a definição que lhe é dada, a utilização que se faz deles, o campo em que se tenta validá-los, as transformações que lhes fazemos sofrer, a maneira pela qual eles são generalizados ou transferidos de um domínio para outro. É igualmente legítimo descrever, a propósito de uma ciência, as formas de proposições que ela reconhece como válidas, os tipos de inferência aos quais ela recorre, as regras que ela se dá para ligar os enunciados uns aos outros ou para torná-los equivalentes, as leis que ela coloca para reger suas transformações ou suas substituições. Em suma, sempre é possível estabelecer a semântica e a sintaxe de um discurso científico. Mas é necessário precaver-se do que poderia ser chamado de *ilusão formalizadora*: ou seja, imaginar que essas leis de construção são ao mesmo tempo e de pleno direito condições de existência; que os conceitos e as proposições válidas não passam da formalização de uma experiência selvagem, ou do resultado de um trabalho sobre proposições e conceitos já instaurados: que a ciência passa a existir a partir de um certo grau de conceitualização, e de uma certa forma na construção e no encadeamento das proposições; que basta, para descrever sua emergência no campo dos discursos, situar o nível linguístico que a caracteriza. A ilusão formalizadora elide o saber (a rede teórica e a distribuição enunciativa) como lugar e lei de formação dos conceitos e das proposições.

Finalmente, é possível e legítimo definir, por uma análise regional, o domínio de objetos aos quais uma ciência se dirige. E analisá-la seja no horizonte de idealidade que a ciência constitui (por um código de abstração, por regras de manipulação, por um sistema de apresentação e de eventual representação), seja no mundo das coisas ao qual esses objetos se referem: pois se é verdade que o objeto da biologia ou o da economia política se definem certamente por uma certa estrutura de idealidade característica dessas duas ciências, se eles não são pura e sim-

1968 – Sobre a Arqueologia das Ciências. Resposta ao Círculo... 121

plesmente a vida da qual participam os indivíduos humanos ou a industrialização da qual eles foram os artesãos, é, no entanto, à experiência ou a uma fase determinada da evolução capitalista que esses objetos se referem. Mas seria incorreto acreditar (por uma *ilusão da experiência*) que há regiões ou domínios de coisas que se oferecem espontaneamente a uma atividade de idealização e ao trabalho da linguagem científica; que eles se desdobram por si mesmos na ordem em que a história, a técnica, as descobertas, as instituições, os instrumentos humanos puderam tê-los constituído ou feito com que eles emergissem; que toda elaboração científica é apenas uma certa maneira de ler, de decifrar, de abstrair, de decompor e recompor o que é dado, seja em uma experiência natural (e, consequentemente, com um valor geral), seja em uma experiência cultural (e, consequentemente, relativa e histórica). Há uma ilusão que consiste em supor que a ciência se enraíza na plenitude de uma experiência concreta e vivida: que a geometria elabora um espaço percebido, que a biologia dá forma à íntima experiência da vida ou que a economia política traduz no nível do discurso teórico os processos de industrialização; portanto, que o referente detém em si mesmo a lei do objeto científico. Mas há, igualmente, ilusão em se imaginar que a ciência se estabelece por um gesto de ruptura e de decisão, que ela se liberta de repente do campo qualitativo e de todos os murmúrios do imaginário, pela violência (serena ou polêmica) de uma razão que se funda em suas próprias asserções: donde o objeto científico se põe a existir por ele mesmo em sua própria identidade.

Se há ao mesmo tempo relação e corte entre a análise da vida e a familiaridade do corpo, do sofrimento, da doença e da morte; se há ao mesmo tempo ligação e distância entre a economia política e uma certa forma de produção; se de maneira geral a ciência se refere à experiência e no entanto dela se destaca, não se trata absolutamente de uma determinação unívoca, nem de um corte soberano, constante e definitivo. De fato, essas relações de referência e de distância são específicas para cada discurso científico, e sua forma varia através da história. Isso porque elas próprias são determinadas pela instância específica do saber. Esta define as leis de formação dos objetos científicos e especifica, por esse fato mesmo, as ligações ou oposições entre a ciência e a experiência. Sua extrema proximidade, sua intransponível distância não são dadas de saída; elas

122   Michel Foucault – Ditos e Escritos

têm seu princípio na morfologia do referencial; é ele que define a disposição recíproca – o face a face, a oposição, seu sistema de comunicação – do referente e do objeto. Entre a ciência e a experiência há o saber: não absolutamente como mediação invisível, como intermediário secreto e cúmplice, entre duas distâncias tão difíceis ao mesmo tempo de reconciliar e de distinguir; de fato, o saber determina o espaço onde podem separar-se e situar-se, uma em relação à outra, a ciência e a experiência.

Portanto, o que a arqueologia do saber coloca fora de circuito não é a possibilidade de descrições diversas às quais o discurso científico pode dar lugar; é, antes, o tema geral do "conhecimento". O conhecimento é a continuidade da ciência e da experiência, seu indissociável intricamento, sua infinita reversibilidade; é um jogo de formas que se antecipam a todos os conteúdos, na medida em que elas os tornam possíveis; é um campo de conteúdos originários que silenciosamente esboçam as formas pelas quais poderemos lê-los; é a estranha instauração do formal em uma ordem sucessiva que é a das gêneses psicológicas ou históricas; mas é o ordenamento do empírico por uma forma que lhe impõe sua teleologia. O conhecimento confia à experiência o encargo de dar conta da existência efetiva da ciência; e ela confia à cientificidade o encargo de dar conta da emergência histórica das formas e do sistema aos quais ela obedece. O tema do conhecimento equivale a uma denegação do saber.

Ora, muitos outros estão ligados a esse tema maior. O de uma atividade constituinte que asseguraria, por uma série de operações fundamentais, anteriores a quaisquer gestos explícitos, a quaisquer manipulações concretas, a quaisquer conteúdos dados, a unidade entre uma ciência definida por um sistema de requisitos formais e um mundo definido como horizonte de todas as experiências possíveis. O de um sujeito que assegura, em sua unidade reflexiva, a síntese entre a diversidade sucessiva do dado e a idealidade que se perfila, em sua identidade, através do tempo. Enfim e sobretudo o grande tema histórico-transcendental que atravessou o século XIX e se extenua com dificuldade ainda hoje na repetição inesgotável dessas duas questões: qual deve ser a história, por que projeto absolutamente arcaico é preciso que ela seja atravessada, que *telos* fundamental a estabeleceu desde seu primeiro momento (ou melhor, que permitiu a possibilidade desse primeiro momento) e a dirige, na sombra, até uma finalidade já obtida para

1968 – Sobre a Arqueologia das Ciências. Resposta ao Círculo... 123

que a verdade possa emergir ou que ela reconheça, nessa claridade sempre recuada, o retorno disso que a origem já havia ocultado? E logo a outra questão se formula: qual deve ser esta verdade ou talvez esta abertura mais que originária para que a história aí se desdobre, não sem recobri-la, escondê-la, enterrá-la em um esquecimento do qual essa história traz todavia a repetição, o apelo, cuja memória nunca se cumpre? Pode-se fazer tudo o que se queira para tornar essas questões tão radicais quanto possível: elas permanecem ligadas, apesar de todas as tentativas para desarticulá-las, a uma analítica do sujeito e a uma problemática do conhecimento.

Em oposição a todos esses temas, pode-se dizer que o saber, como campo de historicidade no qual as ciências aparecem, está livre de qualquer atividade constituinte, liberado de qualquer referência a uma origem ou a uma teleologia histórico-transcendental, destacado de qualquer apoio em uma subjetividade fundadora. De todas as formas de síntese prévias pelas quais se queriam unificar os acontecimentos descontínuos do discurso, é provável que estas tenham sido, durante mais de um século, as mais insistentes e duvidosas; são elas sem dúvida que animavam o tema de uma história contínua, perpetuamente ligada a si mesma e infinitamente aberta às tarefas de retomada e de totalização. Era necessário que a história fosse contínua para que a soberania do sujeito fosse salvaguardada; mas era preciso reciprocamente que uma subjetividade constituinte e uma teleologia transcendental atravessassem a história para que esta pudesse ser pensada em sua unidade. Assim, a descontinuidade anônima do saber estava excluída do discurso e rejeitada como impensável.

1969

Introdução (*in* Arnauld e Lancelot)

Introduction, *in* Arnauld (A.) e Lancelot (C.), *Grammaire générale et raisonnée*,
Paris, Republications Paulet, 1969, p. III- XXVII.

Gramática geral e linguística

Muitos traços estabelecem parentesco entre a linguística
moderna e a *Grammaire* de Port-Royal e, de modo geral, todas
essas gramáticas racionais, cuja dinastia se estendeu ao longo
da época clássica – da metade do século XVII aos primeiros
anos do século XIX: como se, para além do episódio filológico
– de Bopp a Meillet –, em que as línguas eram estudadas simultaneamente conforme o curso de sua evolução individual e a
rede de sua filiação ou de seus parentescos históricos, o recente projeto de uma *ciência da língua* em geral fosse ao encontro
do velho empreendimento da *gramática geral*. E, afinal, entre
as últimas gramáticas "filosóficas", "gerais" ou "racionais" e o
Curso de Saussure[1] decorreu menos de um século; aqui e ali,
mesma referência, explícita ou não, a uma teoria dos signos,
da qual a análise da língua seria apenas um caso particular e
singularmente complexo; mesma tentativa de definir as condições de funcionamento comuns a todas as línguas; mesmo
privilégio atribuído à organização atual de uma língua e mesma
reticência em explicar um fato gramatical por uma evolução ou
por uma persistência histórica; mesma vontade de analisar a
gramática, não como um conjunto de preceitos mais ou menos
coerentes, mas como um sistema no interior do qual seria preciso poder encontrar uma razão para todos os fatos, mesmo
para aqueles que parecessem os mais desviados.

---

1 Saussure (F. de), *Cours de linguistique générale* (publicado por C. Bally e A.
Sechehaye), Genebra, 1916.

1969 – Introdução (*in* Arnauld e Lancelot) 125

Não é fácil dar um sentido preciso a essas coincidências. De nada serve reconhecer nelas o avanço premonitório dos clássicos em relação a nós, ou nosso retorno a descobertas esquecidas e há muito tempo sepultadas. A gramática geral não é uma quase linguística, apreendida de maneira ainda obscura; e a linguística moderna não é uma nova forma mais positiva dada à antiga ideia de gramática geral. Trata-se, de fato, de duas configurações epistemológicas diferentes, cujo objeto não se recorta da mesma maneira, cujos conceitos não têm inteiramente o mesmo lugar nem exatamente a mesma função. No entanto, o fato de que, através de tantas diferenças, certas semelhanças pareçam se delinear e se tornar perceptíveis para nós não é da ordem da pura e simples ilusão; ele coloca, ao contrário, um problema que nos é contemporâneo: como explicar que, entre duas disciplinas tão diferentes em sua organização, tão afastadas também por suas datas de nascimento, tal conjunto de analogias possa surgir hoje? Que espaço comum está começando a se abrir que aloja ambas, e permite fixar para elas um sistema de identidades e diferenças, ali onde só havia até então duas figuras não passíveis de sobreposição? Que análise generalizada da linguagem, já atuando em nosso saber, permite definir o isomorfismo parcial de duas figuras em princípio alheias uma à outra?

O parentesco, subitamente descoberto, com a gramática geral não é, para a linguística, uma curiosidade de sua história, nem o índice que garante a sua antiguidade; é antes um episódio que se inscreve em uma mutaçao atual.

Estudando a "linguística cartesiana",[2] Chomsky não aproxima absolutamente a gramática dos clássicos da lingüística de hoje: ele busca preferencialmente fazer aparecer, como seu devir e seu futuro lugar-comum, uma gramática em que a linguagem não mais seria analisada como um conjunto de elementos discretos, mas como uma atividade criadora; em que estruturas profundas seriam delineadas sob figuras superficiais e visíveis da língua; em que a pura e simples descrição das relações seria retomada no interior de uma análise explicativa; em que o sistema da língua não

---

2 (N.A.) Chomsky (N.), *Cartesian linguistics. A chapter in the history of rationalistic thought*, Harper & Row, Nova Iorque e Londres, 1966. (*La linguistique cartésienne*. Seguido de: *La nature formelle du langage*, trad. N. Delanoe e D. Sperber, Paris, Éd. du Seuil, col. "L'ordre philosophique", 1969 (N.E.).)

126 Michel Foucault – Ditos e Escritos

seria dissociável da elaboração racional que permite adquiri-lo. A gramática cartesiana não é mais para a linguística atual somente uma prefiguração estranha e longínqua de seus objetos e procedimentos; ela faz parte de sua história específica; inscreve-se no arquivo de suas transformações.

Uma mutação pedagógica

A *Grammaire générale et raisonnée*,[3] publicada em 1660, fazia parte de todo um projeto pedagógico, ao qual estavam dedicados há quase duas décadas os educadores de Port-Royal. Lancelot havia editado em 1644 uma *Grammaire latine*,[4] seguida de gramáticas grega, italiana e espanhola. Tratava-se, aparentemente, de uma simples reforma nos métodos empregados para ensinar línguas. Os manuais utilizados até então enunciavam as regras gramaticais apoiando-as em exemplos; ora, não somente o exemplo mas frequentemente a própria regra eram formulados na língua a ensinar, e às vezes de tal maneira que ela ilustrava a si própria, constituindo, por seu enunciado, um exemplo do que ela prescrevia, embora a aprendizagem se fizesse no interior da língua ensinada e por uma manifestação da regra no interior do exemplo. Os versos latinos de Despautère eram a ilustração mais célebre dessa técnica.[5]

A reforma introduzida no século XVII consiste em desdobrar essa figura complexa em que cada língua devia, eventualmente em uma só frase, manifestar-se, enunciar suas regras e mostrar sua aplicação. Por quase três séculos, o ensino de uma língua através dela mesma vai regredir até desaparecer ou

---

3 Arnauld (A.) e Lancelot (C.), *Grammaire générale et raisonnée, contenant les fondements de l'art de parler expliqués d'une manière claire et naturelle*, Paris, Le Petit, 1660.
4 Lancelot (C.), *Nouvelle méthode pour apprendre facilement la langue latine*, Paris, A. Vitré, 1644.
5 (N.A.) Eis alguns exemplos das regras de Despautère. Regra enumerativa: "*Mascula sunt pons, mons, fons, reps dum denotat anguem.*" Regra sintática com exemplo: "*Si ternam primae des, totum sit tibi primae; sique secondae des ternam totum esto secunda; pauper ego canto, Luca vir maximum audi.*" Regra que é seu próprio exemplo: "*Sin res absque anima, ponetur mobile, neutrum.*"

quase,[6] e dois planos se encontrarão radicalmente diferenciados: o da língua que ensina e o da língua ensinada.[7]

Desde então, e por muito tempo, serão distinguidas, pelo menos funcionalmente, a língua de aprendizagem e a língua aprendida. A língua de aprendizagem será a mais familiar, a mais natural para o aluno; a língua aprendida será aquela da qual ele precisa adquirir sejam os elementos (quando se trata de uma língua estrangeira), sejam os princípios (quando se trata da sua), em todo caso, as *regularidades*. É na língua do sujeito falante que a regra deve ser formulada: é na sua língua que ele deve compreendê-la e familiarizar-se com ela; o exemplo mostrará somente a sua aplicação. Para isso, uma razão: a ordem quer que se vá do mais fácil ao que é menos. "Já que o simples senso comum nos ensina que é preciso começar sempre pelas coisas mais fáceis e o que já sabemos deve nos servir como uma luz para esclarecer o que não sabemos, é visível que devemos nos servir de nossa língua materna como um meio para entrar nas línguas que nos são estrangeiras e desconhecidas. Se isso é verdade no que se refere às pessoas idosas e sensatas, e que nenhum homem de espírito deixa de pensar que o ridicularizamos se lhe propusermos uma gramática em versos espanhóis para lhe fazer aprender espanhol, isso é ainda mais verdadeiro em relação às crianças, para as quais as coisas mais claras parecem obscuras por causa da fraqueza de seu espírito e de sua idade."[8]

A ideia, nova na época, de ensinar o latim e, de uma maneira geral, as línguas estrangeiras a partir do francês (ou da língua materna do aluno) teve, sem dúvida, efeitos culturais consideráveis. O recuo do latim como língua de comunicação, o desaparecimento do plurilinguismo, uma consciência mais aguda das nacionalidades linguísticas e das distâncias que as separam, um certo fechamento das culturas em si mesmas, uma certa fixação de cada língua em seu vocabulário e sinta-

---

6 (N.A.) Já na edição de 1641 da Grammaire de Despautère (*Universa grammatica*, Cadoni, G. Granderge), os exemplos são traduzidos, palavra por palavra, em francês.

7 (N.A.) Lancelot não foi o único nessa época a tecer tal crítica. Ela é encontrada novamente em Coustel (P.), *Les règles de l'éducation des enfants*, Paris, E. Michallet, 1687, 2 vol.; em Guyot (T.), *Billets que Cicéron a écrits à son ami Atticus*, Paris, C. Thiboust, 1666, e em Snyders (G.), *La pédagogie en France aux XVIIᵉ et XVIIIᵉ siècles*, Paris, PUF, 1965.

8 (N.A.) Lancelot, *Nouvelle méthode...*, *op. cit.*, Prefácio, p. 2-3.

128 Michel Foucault – Ditos e Escritos

xe próprios, tudo isso consiste, nessa reforma do século XVII, senão em sua origem, ao menos em um de seus elementos determinantes.

Mas essa transformação promoveu consequências epistemológicas importantes. Ela supunha, de fato, que havia nas línguas uma certa ordem que se poderia reconstituir com toda a sua clareza, desde que não se considerasse da mesma forma a própria língua, com a complexidade de seus usos e de suas formas, mas, sim, os princípios gerais que a regiam, de qualquer forma independentes de qualquer roupagem linguística. Ela também supunha que essa ordem de razões era compreensível progressivamente e que se podia sem dúvida dar conta dela, sem obscuridade, seguindo o entendimento natural. Enfim, ela supunha uma diferença de nível e de funcionamento entre a língua materna (ou, pelo menos, essa parte da língua materna que é adquirida durante a infância) e a língua a aprender (ou, pelo menos, as regras da língua materna que não são ainda utilizadas, nem compreendidas). Aqui, também, a mutação observada na *Grammaire* de Port-Royal tinha tido correspondentes que lhe são contemporâneos. Em 1656, Irson escrevia: "É um erro que surpreendeu diversas pessoas imaginar que se pode falar corretamente sua língua materna sem a ajuda da gramática e que se pode aprender mais pelo uso do que pelos preceitos... Sem a certeza das regras jamais se pode adquirir a perfeição de uma língua."[9]

Isso tem duas consequências essenciais. A primeira é positiva. Ela faz a língua surgir como um edifício de dois andares: o andar manifesto das frases, das palavras e discursos, dos usos, dos estilos que constituem o corpo visível da língua, e o andar não manifesto dos princípios que devem, com perfeita clareza, dar conta dos fatos que se podem observar. A segunda consequência é negativa: a análise da língua se encontra liberada de um certo número de especulações que, há séculos, a sobrecarregavam, e sem dúvida desde os primeiros gramáticos gregos. Ela se desvencilha das antigas questões relativas à origem natural ou artificial das palavras, aos valores da etimologia, à realidade dos universais, e vê surgir diante dela uma tarefa ainda inédita: procurar a razão dos usos.

---

9 (N.A.) Irson (C.), *Nouvelle méthode pour apprendre facilement les principes et la pureté de la langue française*, Paris, de posse do autor, 1656.

1969 – Introdução (*in* Arnauld e Lancelot) 129

Foi preciso que a mínima defasagem entre a língua ensinada e a língua que ensina fosse totalmente esclarecida para que a teoria da língua assumisse sua autonomia, para que também se libertasse tanto dos imperativos pedagógicos imediatos quanto das preocupações da exegese ou das querelas filosóficas. Foi necessário até certo ponto renunciar a falar diretamente, a aplicar imediatamente os modelos, para que a própria língua constitua um objeto de saber. A língua como domínio epistemológico não é a que se pode utilizar ou interpretar; é aquela com a qual se pode enunciar os princípios em uma língua que é de um outro nível.

Generalidade e razão

Lancelot já havia publicado gramáticas latina, espanhola e italiana. A que ele redige com Arnauld é uma "gramática geral e racional", que não se refere a um domínio linguístico limitado, mas à "arte de falar" no que ela pode ter de universal.

Ora, o que permite aos autores de Port-Royal aceder a esse nível de generalidade não é uma comparação sistemática das línguas umas com as outras. Em nenhum momento, Arnauld e Lancelot procuram dominar um conjunto de línguas que eles poderiam conhecer; o domínio ao qual eles se dirigem é visivelmente limitado: trata-se principalmente de fatos latinos e franceses, aos quais são acrescentados, sobretudo a título de confirmação, alguns fatos gregos e hebreus, assim como raros exemplos italianos ou espanhóis. A gramática geral – e esse é um princípio que vale até o fim do século XVIII – não é uma gramática que analisa e compara um material linguístico heterogêneo; é uma gramática que toma distância em relação a uma ou duas línguas dadas e que, na distância assim instaurada, reconstitui os usos particulares dos princípios universalmente válidos. Mas que instância garante essa passagem e como estar seguro de que se atinge, a partir de um fato singular, uma forma absolutamente geral?

O critério consiste na reciprocidade entre o caráter geral e o caráter racional da análise. Eis por que, durante aproximadamente um século e meio, esses dois termos serão quase constantemente associados. De fato, uma gramática pode escolher seus exemplos em um domínio limitado; se, entretanto, ela é capaz de justificar os usos particulares, de mostrar que necessidade os funda, se pode relacionar os fatos de uma língua às evi-

130 Michel Foucault – Ditos e Escritos

dências que os tornam transparentes, ela terá atingido por esse fato mesmo o nível das leis que valem da mesma forma para todas as línguas: pois a "razão" que atravessa a singularidade das línguas não é da ordem do fato histórico ou do acidente; ela é da ordem daquilo que os homens em geral podem querer dizer. Inversamente, uma gramática pode muito bem ser geral e fazer abstração dos fatos linguísticos em sua diversidade: por isso, ela não valerá menos – e sempre – como uma gramática racional; pois a razão de um uso particular não está no que o faz desviar em relação aos outros usos, mas no princípio que o torna possível e do qual ele não passa de uma de suas eventuais aplicações. Como dizia o padre Lamy, bem pouco tempo após a *Grammaire* de Port-Royal: "Quando se concebe claramente o que é preciso para exprimir seus pensamentos e os diversos meios que a natureza oferece para fazê-lo, se tem um conhecimento de todas as línguas que é fácil aplicar àquela em particular que se quer aprender."[10]

Quanto mais uma gramática de uma língua for racional, mais se aproximará de uma gramática geral: quanto mais uma gramática for geral, mais valerá como gramática racional de uma língua qualquer. No limite, seria possível construir uma gramática geral a partir de uma só língua, assim como é possível descobrir as razões de uma determinada língua a partir da gramática geral.

Compreende-se por que o projeto de uma gramática geral jamais tenha engendrado um método comparativo: bem mais, por que esse projeto foi, durante toda a época clássica, indiferente aos fenômenos de semelhança ou de filiação. A gramática geral apenas definia um espaço comum a todas as línguas, na medida em que ela abria uma dimensão interna a cada uma; somente ali se deveria buscá-la. É ainda Irson que, na época de Port-Royal e pouco após *Les origines de la langue française,* de Ménage,[11] renunciava a procurar "a etimologia das palavras francesas nas línguas estrangeiras... os mais sábios permanecendo de acordo que nem sempre é uma prova certa de que uma palavra seja tirada de uma língua estrangeira por haver ali alguma relação, já que era impossível não encontrar nenhuma na multidão de línguas das

---

10 (N.A.) Lamy (R. P. B.), *La rhétorique ou l'art de parler,* Paris, A. Pralard, 1688, Prefácio, p. XV.
11 Ménage (G.), *Les origines de la langue française,* Paris, A. Courbé, 1650.

1969 – Introdução (*in* Arnauld e Lancelot) 131

quais temos conhecimento". E, mais adiante, acrescentava: "Pois o acaso e a sorte não agem nesses encontros de letras e nessa semelhança de palavras."[12] A essas pesquisas duvidosas, passou-se a preferir a análise genética: o mito do homem naturalmente mudo que pouco a pouco deseja aprender a falar: "Vemos como os homens formariam sua linguagem se, tendo a natureza lhes feito nascer separadamente, eles se reencontrassem em seguida em um mesmo lugar. Usemos da liberdade dos poetas: façamos emergir da terra ou descer do céu um bando de novos homens que ignoram o uso da palavra. Esse espetáculo é agradável...".[13]

Mas vemos também por que as análises clássicas jamais puderam fundar uma disciplina semelhante à linguística; é porque a generalidade à qual ela acede não é absolutamente aquela da língua em geral, mas antes aquela das razões que agem em qualquer língua. Razões que são da ordem do pensamento, da representação, da expressão (do que se quer exprimir, da finalidade visada ao falar, da escolha que se faz da importância relativa dos elementos a exprimir e da sucessão linear que se lhes impõe); certamente essas razões introduzem resultados linguísticos diferentes (aqui, de caso, e ali, de preposições; aqui, dois gêneros, e ali, três; aqui, uma ordem "natural" das palavras, e ali, uma ordem "inversa"); mas em si mesmas e em sua generalidade, elas não são absolutamente linguísticas. Elas jamais permitem apreender o que pode ser, conforme sua própria natureza e suas leis internas, "a" língua. A gramática geral, diferentemente da linguística, é mais uma maneira de enfocar uma língua do que a análise de um objeto específico, que seria a língua em geral.

Chega-se por aí à ideia, para nós paradoxal, mas então evidente, de uma gramática geral que ignora tanto a comparação das línguas quanto a autonomia do campo linguístico, à ideia de uma gramática que, estudando as razões de uma língua qualquer, evidencia a generalidade que atravessa cada uma. Nesse sentido, a gramática geral é bastante próxima de uma lógica que se proporia estudar não tanto as regras dos raciocínios válidos mas "as principais operações do espírito", tal como elas agem em todo pensamento.

---

12 (N.A.) Irson (C.), *Nouvelle méthode...*, *op. cit.*, Prefácio e p. 164.
13 (N.A.) Lamy (R. P. B.), *La réthorique...*, *op. cit.*, Livro I, Cap. IV.

132 Michel Foucault – Ditos e Escritos

A relação com a lógica

A *Logique*,[14] publicada pouco depois da *Grammaire*, apresenta-se como uma arte de pensar.[15] Respondendo às "principais objeções" que foram formuladas à primeira edição do texto, Arnauld e Nicole explicam por que preferiram esse subtítulo à designação tradicional: "Arte de bem raciocinar". *Pensar e não raciocinar*, porque a lógica tem relação com todas as ações do pensamento que permitem conhecer: conceber, julgar, raciocinar, ordenar. *Arte* de pensar e não absolutamente *arte de bem* pensar, porque uma arte tem sempre por tarefa estabelecer as regras; porque as regras sempre definem uma ação correta e porque não existe arte de pensar errado, assim como não há regras para pintar mal. O pensamento incorreto é um pensamento sem regra; uma regra que não fosse "absolutamente correta" não poderia de forma alguma ser considerada uma verdadeira regra. A regra não é uma pura e simples prescrição externa que permitiria (ou não) aceder à verdade; ela é uma condição de existência, que é ao mesmo tempo garantia da verdade; ela é o fundamento comum do que existe e do conhecimento verdadeiro que disso se adquire.

A gramática não é tampouco uma "arte de bem falar", mas muito simplesmente uma "arte de falar". O princípio de pensar errado é não pensar absolutamente, e deve ser de fato aplicado à fala; falar fora de qualquer regra torna-se então não falar de forma alguma: a existência de uma fala efetiva depende de sua correção. Donde uma consequência importante: a gramática não poderia valer como as prescrições de um legislador dando, enfim, à desordem das palavras, sua constituição e suas leis; ela tampouco poderia ser compreendida como uma coletânea de conselhos dados por um revisor vigilante. Ela é uma disciplina que enuncia as regras pelas quais é preciso que uma língua se ordene para poder existir. Ela deve definir a regularidade de uma língua, que não é seu ideal, seu melhor uso, nem o limite

---

14 Arnauld (A.) e Nicole (P.), *La logique ou l'art de penser*, Paris, C. Savreux, 1662.

15 O artigo de Michel Foucault de 1967 "*La Grammaire générale de Port-Royal*", publicado em Langages (ver n. 49, vol. I da edição francesa desta obra) começa com esta frase ("*La Logique*, publicada pouco depois da *Grammaire* (...)"). As diferenças entre o artigo e este prefácio serão assinaladas progressivamente por asteriscos.

que o bom gosto não poderia ultrapassar, mas a forma e a lei interna que lhe permitem simplesmente ser a língua que ela é.[16]

Por esse fato mesmo, o sentido da palavra gramática se desdobra; há uma gramática que é a ordem imanente a qualquer palavra pronunciada, e uma gramática que é a descrição, a análise e a explicação – a teoria – dessa ordem. A gramática é a lei do que eu digo; e também a disciplina que permite conhecer essa lei. Eis por que a gramática é definida pelo título da obra como um discurso que "contém os fundamentos da arte de falar"; e, nas primeiras linhas do texto, como a própria "arte de falar". Ora, não se encontra tal desdobramento na *Logique*, ou melhor, encontra-se um outro, semelhante a ele apenas aparentemente. De fato, os princípios da lógica são aplicados "naturalmente por todo espírito atento que faz uso de suas luzes", e "às vezes melhor por aqueles que não aprenderam nenhuma regra da lógica do que por aqueles que as aprenderam"; a lógica consiste somente em "fazer reflexões sobre o que a natureza nos faz fazer". Mas essas reflexões têm por finalidade "nos assegurar de que nos servimos bem de nossa razão", "descobrir e explicar o erro" e "nos fazer conhecer melhor a natureza de nosso espírito". Em outros termos, a lógica, em relação à arte natural de pensar, é uma luz que nos permite conhecer a nós mesmos e estar seguros de que estamos certos. Ela não explica por que pensamos, como pensamos; ela mostra o que é verdadeiramente o pensamento e, consequentemente, o que é o pensamento verdadeiro. Sua tarefa é puramente reflexiva; ela busca explicar somente quando se trata da não verdade.

---

16 (N.A.) Vê-se a diferença com Vaugelas, cujas *Remarques sur la langue française* tinham sido publicadas em 1647. Deve-se notar entretanto que, estabelecendo o uso (ou pelo menos um certo uso) como critério de validade, ele também define a regra como a lei de existência da língua. Um contemporâneo de Lancelot, Irson, em seu *Nouvelle méthode pour apprendre facilement les principes et la pureté de la langue française*, explicava que a gramática não estava submetida ao "capricho dos homens"; mas que "a Razão regula e conduz os movimentos da fala com uma ordem e uma proporção admiráveis".

Arnauld critica inclusive Vaugelas em suas *Réflexions sur cette maxime que l'usage est la règle et le tyran des langues vivantes*: "Não se tem necessidade de combater essa máxima que é muito verdadeira, desde que seja bem entendida e restrita a justos limites." Para os novos usos que se querem estabelecer, Arnauld recomenda submeter-se a eles apenas quando são razoáveis; "quando não os consideramos como tais por boas razões, devemos pelo contrário nos opor a eles".

134 Michel Foucault – Ditos e Escritos

A lógica é a arte de pensar, esclarecendo-se por si mesma e formulando-se em palavras.

A gramática é uma tarefa mais complexa, pois as regras que constituem espontaneamente a arte de falar não são justificadas unicamente pelo fato de serem sensatas e porque delas se tomou consciência. Elas exigem ainda serem justificadas, e é necessário mostrar por que elas são como são. Eis a razão pela qual, entre a gramática como arte de falar e a gramática como disciplina contendo os fundamentos dessa arte, a relação não é de pura e simples reflexão; é de explicação. É preciso conduzir as regras ao seu fundamento, ou seja, aos princípios evidentes que explicam como elas permitem dizer o que se quer dizer. A fórmula da lógica seria: desde que eu pense a verdade, penso verdadeiramente; e basta que eu reflita sobre o que é necessário para um pensamento verdadeiro, para que saiba a que regra obedece necessariamente um pensamento verdadeiro. A fórmula da gramática seria de preferência: desde que falo verdadeiramente, falo de acordo com as regras; mas se quero saber por que minha língua obedece necessariamente a essas regras, é preciso que eu as reconduza aos princípios que as fundamentam.

Vemos o quanto seria falso caracterizar a gramática clássica como uma assimilação apressada à lógica. Em uma, regras e fundamentos não passam de uma só e mesma coisa; na outra, eles não são do mesmo nível. E essa defasagem justifica, em compensação, a distinção inicial entre a língua que ensina (que enuncia os fundamentos) e a língua ensinada (que manifesta as regras), da mesma forma como essa distinção tinha originariamente permitido fazer aparecer a gramática como uma disciplina que fundamenta, explica e justifica as regras gramaticais.

A teoria do signo

"Falar é explicar seus pensamentos através de signos que os homens inventaram intencionalmente." A *Grammaire* de Port-Royal se compõe de duas partes. A primeira é consagrada aos sons, ou seja, ao material que foi escolhido para constituir os signos: ele consiste em um certo número de elementos que são, por um lado, portadores de variáveis (abertura da boca, duração do som) e, por outro, capazes de combinações (as sílabas); estas, por sua vez, têm como variável a acentuação, que pode estar presente ou ausente. Como sons, as palavras são sílabas ou conjuntos de sílabas acentuadas de diferentes maneiras. A segunda parte é consagrada aos diferentes tipos de palavras (substantivos, verbos, preposições etc.), ou seja, às múltiplas maneiras pelas quais os homens conseguem significar seus pensamentos. Em outros termos, os primeiros capítulos da *Grammaire* tratam da natureza material do signo, os demais, das diversas "maneiras de significar".

Vemos que o que "falta", o que foi mantido em silêncio, foi a teoria da significação e da palavra enquanto portadora de significação.[17] A única coisa a ser dita, e de maneira absolutamente resumida, é que a palavra é um signo. Se não há teoria do signo na *Grammaire*, em compensação a encontramos na *Logique*. [É preciso examiná-la com cuidado. Perguntar-se por que ela se encontra exposta ali e não na *Grammaire*; e que lugar preciso ela ocupa na economia geral da *Logique*.[18]] A análise dos signos aparece na primeira parte da *Logique*, que contém "as reflexões sobre as ideias ou sobre a primeira ação do pensamento que se chama conceber". Ela corresponde ao seu quarto capítulo, e sucede a uma análise da natureza e das origens das ideias e a uma crítica das categorias de Aristóteles; precede também um capítulo sobre a simplicidade e complexidade das ideias. Esta posição da teoria dos signos pode parecer estranha, já que eles têm por função representar não somente todas as ideias, mas todas as características distintivas das ideias; longe de figurar entre as características das ideias, eles deveriam de preferência recobrir todo o domínio – portanto, aparecer no início ou no fim da análise. A própria *Logique* não diz – deixando entender que as ideias e seus signos devam ser analisados em conjunto – "por que as coisas só se apresentam ao nosso espírito com as palavras com as quais estamos acostumados a revesti-las ao falar com os outros, é preciso na lógica considerar as ideias associadas às palavras e as palavras associadas às ideias"? Por

---

17 Na versão de 1967, aparece aqui a seguinte passagem: "... enquanto portadora de significação. Como ocorre que certos grupos de sons possam ser significantes? Qual é o ato ou qual é o sistema que faz surgir a significação entre o material não ainda significante que se combina para formar as sílabas e as diversas categorias de palavras que formam outras tantas maneiras diferentes de significar? A única coisa a ser dita...".

18 Na versão de 1967, em vez dessa frase entre colchetes pode-se ler: "Em que ela consiste? E por que ela se encontra exposta ali?"

que, a partir disso, inserir a reflexão sobre os signos no meio de muitas outras considerações sobre a idéia?

[Ora, essa disposição estranha parece ainda mais paradoxal quando nos reportamos ao plano da primeira parte da *Logique*, tal como ele é apresentado, a título de preliminar, antes do Capítulo I.][19] Ali é dito que as reflexões sobre as ideias podem se reduzir a cinco pontos: sua natureza e origem, seu objeto, sua simplicidade ou composição, sua extensão, sua clareza ou obscuridade. Ele não faz nenhuma menção da análise dos signos que deveria ser formulada depois das reflexões sobre o objeto das ideias, se esse plano proposto estava de acordo com a ordem realmente seguida na obra. Isso porque de fato, tal como nas discussões sobre as categorias de Aristóteles que a precedem imediatamente, ela ainda faz parte da análise das relações da ideia com seu objeto. Dar um signo a uma ideia é se dar uma ideia cujo objeto será o representante do que constituía o objeto da primeira ideia; o objeto do signo será substituível e equivalente à ideia do objeto significado. O exemplo primeiro do signo para os lógicos de Port-Royal não é a palavra nem a marca; é o quadro ou o mapa geográfico: a ideia que os meus sentidos me dão dessa superfície atravessada por traços tem por objeto a representação de um outro objeto – um país com suas fronteiras, rios, montanhas e cidades. O signo desdobrado em sua maior dimensão é um sistema de quatro termos, que poderíamos esquematizar assim:

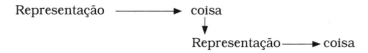

ou ainda:

Ideia ⟶ (objeto = ideia ⟶) objeto

A relação da ideia com seu signo é, portanto, uma especificação, ou melhor, um desdobramento da relação da ideia com

---

19 No texto de 1967, lemos, em vez da frase entre colchetes: "É provável que encontremos a razão desse fato estranho no plano da primeira parte da *Logique*, tal como ele é exposto logo antes do Capítulo I.

1969 – Introdução (*in* Arnauld e Lancelot) 137

seu objeto.[20] É à medida que a representação é sempre representação de alguma coisa que ela pode, além disso, receber um signo. A linguagem, ou melhor, a palavra-signo se aloja no espaço aberto pela ideia que representa seu objeto. É normal que a teoria do signo esteja localizada no cerne da reflexão sobre a ideia, na qual a relação da representação com o objeto é questionada. Normal também que ela venha em sequência a uma crítica das categorias de Aristóteles (já que, daí em diante, a tarefa do conhecimento não é mais classificar os objetos possíveis em grandes tipos definidos por antecipação, mas tanto multiplicar como constituir, se possível, as formas e os níveis da representação de um objeto, de maneira a poder analisá-lo, decompô-lo, combiná-lo, ordená-lo. Uma lógica dos conceitos, das categorias e dos raciocínios é substituída por uma lógica das ideias, dos signos e dos julgamentos). É normal [que o signo – já que ele é um desdobramento da relação com o objeto –][21] possa representar igualmente todas as representações e que a análise das palavras seja correlativa da análise das ideias (apesar de a teoria do signo se esforçar em vão para se enraizar em um ponto muito determinado da *Logique*, e formar apenas um de seus capítulos, a consideração da linguagem a percorre em todos os seus momentos essenciais: teoria da definição das palavras a propósito das ideias; teoria das palavras e dos verbos a propósito do julgamento). Normal enfim, e sobretudo, que a noção de signo surgisse totalmente armada na *Grammaire* e que entre a análise preliminar dos primeiros sons e aquela, posterior, das diferentes maneiras de significar a palavra e o sentido apareçam [como ligadas a um nível que não decorre da *Grammaire*].[22]

---

20 (N.A.) "Assim o signo encerra duas ideias, uma da coisa que representa, outra da coisa representada, e sua natureza consiste em provocar a segunda pela primeira" (*Logique*, I, 4).
Encontra-se a mesma análise na Rhétorique do padre Lamy: "Chama-se signo uma coisa que, diferente da ideia que ela mesma dá quando a vemos, dá uma segunda que não se vê. Como quando se vê na porta de uma casa um galho de hera; além da ideia de hera que se apresenta ao pensamento, se concebe que, nessa casa, se vende vinho" (Livro I, Cap. II).
21 Na versão de 1967: "É normal igualmente que o signo, como relação de objeto desdobrada, possa representar todas as representações e que..."
22 Versão de 1967: "... a palavra e o sentido aparecem como já ligados".

138 Michel Foucault – Ditos e Escritos

A especificação das palavras[23]

A *Grammaire* de Port-Royal se distribui em torno de uma lacuna central que a organiza. E essa teoria do signo, que se encontra assim elidida, não assegura a identidade do lógico e do gramatical, nem a subordinação deste àquele; ela determina ao mesmo tempo a dependência da relação de significação com a relação de objeto, e o direito da primeira de representar todas as possibilidades da segunda. Toda a segunda parte da obra é ordenada por esses dois princípios. A possibilidade de significar sendo dada às palavras a partir do exterior, a tarefa da gramática [será[24] dizer quais são, para os diferentes tipos de vocábulos, as diversas significações; análise do valor significativo das palavras, que deve fundamentar a

---

23 Esse título não aparece na versão de 1967.

24 Desse colchete até o da p. 135, numerosas modificações ocorrem em relação à versão de 1967: "... a tarefa da gramática não é mostrar como o sentido pode se constituir, a partir de quais elementos e seguindo que regras. Ela dirá quais são as diferentes significações para os diferentes vocábulos: análise diferencial das palavras e não enunciado das leis de sua construção. Mas, já que a relação de significação é um desdobramento da relação de objeto, as diferenças entre as palavras devem ser explicadas no interior dessa relação: seja pelos diversos níveis que ela comporta, seja pelas variações que ela permite em cada nível. Embora as palavras não difiram tanto por seu sentido quanto pela maneira pela qual elas funcionam em relação ao objeto. Eis aí um fato importante; muitos outros dele derivam. Inicialmente, o caráter errôneo da tese habitual: a gramática clássica apenas teria dado atenção ao sentido das palavras e ela teria derivado sua forma e sua função dessa significação; na realidade, as diferenças que são pertinentes para o gramático não concernem às coisas significadas pelas palavras, mas ao modo pelo qual elas significam. A seguir, a quase ausência da sintaxe em todas as "gramáticas racionais"; pois os signos são estudados não de acordo com a posição que eles ocupam longitudinalmente uns em relação aos outros (salvo para enfatizar que eles concordam entre si ou se regem), mas de acordo com aquela que eles ocupam sagitalmente em relação ao objeto. Enfim, o caráter aparentemente heterogêneo dos critérios escolhidos para explicar a diferença das palavras: ora os autores de Port-Royal evocam uma diferença na natureza das ideias (e assim explicam a oposição substantivo-verbo); ora eles evocam o número de indivíduos aos quais se aplica uma ideia (o que dá lugar à oposição substantivo próprio-substantivo comum); ora evocam as diferentes relações possíveis entre as coisas (donde as diferentes preposições). Mas, na verdade, essa heterogeneidade apenas existe quando se imagina que as palavras devem ser distinguidas por seu sentido; ela desaparece e se torna coerência rigorosa se nos lembrarmos de que as diferentes espécies de palavras têm muitas maneiras de significar, ou seja, que cada uma ocupa uma posição específica no interior dessa relação de objeto desdobrada, que é a significação.

1969 – Introdução (*in* Arnauld e Lancelot) 139

análise de suas regras de uso. Mas já que a relação de significação é um desdobramento da relação ideia-objeto, as diferenças entre os diversos tipos de palavras devem ser explicadas no interior dessa relação assim desdobrada: seja pelos diversos níveis que ela comporta, seja pelas variações que ela permite em cada nível. Embora as palavras não difiram tanto por seu conteúdo significado, quanto pela maneira através da qual elas funcionam em relação ao objeto ou à ideia do objeto.

Deve-se notar, consequentemente, o caráter errôneo da tese habitual: a gramática clássica só teria dado atenção ao conteúdo semântico das palavras e teria derivado sua forma e sua função dessa significação; na realidade, as diferenças que são pertinentes para os gramáticos não concernem somente às coisas significadas pelas palavras, mas também ao modo pelo qual elas as significam.

Dois fatos derivam disso. Um é a quase ausência da sintaxe. Os autores de Port-Royal apenas lhe consagraram um capítulo, o último da obra. Sem dúvida, muitas anotações ao longo do texto se referem a ela (a propósito dos verbos, preposições ou pronomes). Mas os fatos de sintaxe não são analisados a partir

---

Todas as grandes categorias da gramática podem ser deduzidas de uma maneira absolutamente contínua, sem o menor traço de heterogeneidade, se as colocarmos em seu elemento. É preciso retomar o esquema inicial:

$$\text{ideia} \longrightarrow \text{(objeto = ideia} \longrightarrow \text{)} \quad \text{objeto}$$
$$(a) \qquad\quad (a) \qquad (b) \qquad\qquad\quad (b)$$

A palavra é o objeto (a) que funciona como a ideia (b) do objeto (b), e que tem a ideia (a) como forma representativa no pensamento. É a partir daí que as diferentes maneiras de significar se desdobram.

Vemos imediatamente que pode haver dois grandes níveis de diferenciações, a partir da palavra ou do objeto (a), que podemos designar como o nível 0. Inicialmente, as ideias (b) podem ser quer concepções quer afirmações; as palavras que representam as ideias são substantivos, e as que representam as afirmações são verbos. A seguir, os objetos (b) podem ser tanto substâncias (que serão designadas pelos substantivos), quanto acidentes (que serão designados pelos adjetivos). Diremos que essas duas primeiras distinções são de nível 1 e 2. No entanto, é preciso observar que, no espaço separando esses dois níveis, há diferentes maneiras de a ideia (b) representar o objeto (b): uma ideia pode representar um só objeto ou vários da mesma maneira para muitos objetos semelhantes; o substantivo próprio será a maneira de significar o primeiro desses modos de representação, e o substantivo comum, o segundo. Estamos aí no nível 1 ½. Da mesma forma, antes do nível 1, a maneira pela qual o objeto (a) – ou seja, a palavra – representa a ideia (b) é suscetível de variações..."

140   Michel Foucault – Ditos e Escritos

da função que as palavras exercem na frase; eles são estudados a partir da relação que as coisas mantêm entre si, ou da maneira pela qual se concebe essa relação, ou, enfim, a partir da maneira pela qual as palavras designam essa relação. Assim, os casos do latim não indicam a função da palavra, mas as maneiras pelas quais se quer fixar, na linguagem, as relações entre as coisas representadas. "Se considerássemos as coisas separadamente umas das outras", as palavras teriam certamente um gênero e um número, mas não caso. No entanto, "para que as observemos com as diversas relações que elas mantêm umas com as outras, uma das invenções de que nos servimos em algumas línguas para marcar essas relações foi a de dar aos substantivos diversas terminações" (Livro II, Cap. VI). O que é verdade para essa sintaxe, dita de regime, o é também para a sintaxe de concordância ou de acordo: se o adjetivo assume o número e o gênero do substantivo, é porque ele marca a maneira pela qual é determinada a representação designada pelo substantivo.

Outro fato importante, o caráter aparentemente heterogêneo dos critérios escolhidos para explicar a diferença das palavras: ora os autores de Port-Royal evocam uma diferença na natureza das ideias (e explicam, assim, a oposição substantivo-verbo); ora eles evocam o número de indivíduos aos quais se aplica uma ideia (o que dá lugar à oposição substantivo próprio-substantivo comum); ora eles evocam as diferentes relações possíveis entre as coisas (daí, as diversas preposições). Mas, na verdade, essa heterogeneidade não é tal que leve a pensar que as palavras devam ser distinguidas por seu sentido; ela desaparece e se torna coerência rigorosa se nos lembrarmos de que as diferentes espécies de palavras são diferentes maneiras de significar, ou seja, que cada uma ocupa uma posição específica no interior dessa relação de objeto desdobrada que é a significação.

Todas as grandes categorias da gramática podem ser deduzidas de uma maneira absolutamente contínua, com a condição de recolocá-las em seu elemento. É necessário retomar o esquema inicial:

ideia	(objeto = ideia	) objeto
(a1) ⟶	(a2) (b1) ⟶	(b2)

A palavra é o objeto (a2) que funciona como a ideia (b1) do objeto (b2), e que tem a ideia (a1) como forma representativa no

1969 – Introdução (*in* Arnauld e Lancelot) 141

pensamento. A partir daí, as diferentes maneiras de significar se desdobram.

Se tomamos o signo, em sua realidade de objeto, como ponto de partida, vemos que podemos encontrar, para especificar as diferentes categorias de palavras, dois princípios gerais que se situam em dois níveis distintos: no nível da ideia (*b1*) representada pelo signo; e no nível do objeto (*b2*), que é representado pela ideia (*a1*), mas por intermédio do signo. Inicialmente, as ideias (*b1*) podem ser quer concepções, quer afirmações; as palavras que representam as afirmações são *verbos*. Por outro lado, os objetos (*b2*) podem ser *substâncias* (que serão designadas por substantivos) ou *acidentes* (que serão designados por adjetivos). Diremos que essas duas primeiras distinções são de nível 1 e 2. Mas há princípios suplementares de diferenciação; no espaço separando os níveis 1 e 2, há diversas maneiras para a ideia (*b1*) representar o objeto (*b2*): uma ideia pode representar um único objeto ou valer da mesma maneira para diversos objetos semelhantes – o substantivo próprio será a maneira de significar o primeiro desses modos de representação, o substantivo comum, o segundo. Estamos aí no nível 1 ½. Da mesma forma, antes do nível 1, a maneira pela qual o objeto (*a*) – ou seja, a palavra – representa a ideia (*b*) é suscetível de variações:] ela pode representar uma só ou várias ideias do mesmo tipo; daí a diferença entre singular e plural; ou ela pode ainda representar uma ideia indeterminada (qualquer uma das ideias de um mesmo tipo) ou, ao contrário, uma ideia determinada entre outras; daí, os artigos definidos e indefinidos. Essas diferenças são de nível ½. Enfim, além do nível 2, as preposições são maneiras de significar as relações entre os objetos.

Podemos então construir um quadro onde lemos as relações entre a lógica e a gramática, a articulação da relação de significação na relação do objeto e as diferentes categorias de palavras na posição que elas ocupam no eixo que vai do signo ao objeto:

142 Michel Foucault – Ditos e Escritos

Nível	Diferenciação por	Categorias gramaticais

Logique			*Grammaire*
Ideia (*a*)	0		
Objeto-signo (*a*)	0		
	½	o número de signos	singular/plural
		a extensão do signo	artigo fedinido/indefinido
Ideia (*b*)	1	a natureza da ideia	substantivos-verbos
	1 ½	a extensão da ideia	substantivos próprios-comuns
Objeto (*b*)	2	a natureza do objeto	substantivos-adjetivos
	2 ½	as relações entre os objetos	preposições

As figuras[25]

Sem dúvida, esse quadro não cobre a totalidade do domínio gramatical. Ele o organiza, ao menos no essencial. Com relação aos outros fatos da gramática, eles são na maioria modificações obtidas a partir dessa primeira dedução. Há, inicialmente, analogias que transferem certas distinções ou certas relações de uma parte do quadro para outra: assim, a oposição substantivo-adjetivo é reencontrada na diferença entre o verbo ser e os outros verbos; outras analogias, mais estranhas, transferem para a função da palavra na frase a maneira pela qual ela significa o objeto que ela designa: dessa forma, sendo a característica do adjetivo marcar uma coisa sob o aspecto de seu acidente, chamaremos de adjetivo toda palavra que, em uma frase, se relacionar com uma outra, tal como um acidente com uma substância, e funcionar do mesmo modo.[26]

Há também mudanças que são decorrentes das necessidades de clareza; para mostrar com que substantivos se rela-

---

25 Esse título não aparece na versão de 1967.
26 (N.A.) Vemos esquematizar-se aqui um balizamento do que será chamado mais tarde de "funções" gramaticais. Mas é característico que essa análise se faça a partir de um funcionamento representativo do signo: a relação gramatical adjetivo-substantivo repete analogamente, no nível da frase, a relação atributo-substância, tal como ela pode ser representada por signos.

1969 – Introdução (*In* Arnauld e Lancelot)   143

cionam os adjetivos, adquiriu-se o hábito de marcar de uma certa maneira os adjetivos que se relacionam com seres masculinos, e, de uma outra, os relacionados aos seres femininos; duas transferências analógicas remeteram então essas marcas aos próprios substantivos, depois eles as estenderam aos seres que não tinham sexo. O desejo de resumir os enunciados provoca igualmente certas modificações: seja quando se quer evitar a repetição de um substantivo (são os elementos pronominais); seja quando se quer reunir muitas maneiras de significar no interior de uma mesma palavra (o pronome relativo desempenha simultaneamente a função de pronome e de conjunção); seja quando se quer reunir várias palavras em uma só (o verbo ser e um atributo são resumidos em um verbo, uma preposição e um substantivo, em um advérbio). Enfim, podem-se obter novas maneiras de significar invertendo a ordem das palavras (interrogação). É preciso observar que certas formas gramaticais acumulam muitos desses procedimentos: o infinitivo tem uma significação nominal, mas ele indica também uma subordinação do ponto de vista do verbo pessoal; ele é, portanto, uma forma de abreviação; é nisso que ele é o análogo para os verbos ao que é o relativo para os substantivos.

Ora, é curioso constatar que esses quatro procedimentos que se sobrepõem à dedução fundamental das categorias gramaticais são da mesma natureza das quatro figuras da construção, que são apresentadas no fim do texto. Compreende-se, a partir daí, que a formação normal das frases pode ser modificada seja pela silepse, que impõe a uma preposição sua transformação em outra (tratando um plural, por exemplo, como um singular); seja pelo pleonasmo, que reforça repetindo; seja pela elipse, que abrevia; seja pelo hipérbato, que altera a ordem das palavras. Todos os seres gramaticais produzidos por meio da analogia, do esclarecimento, da redução ou da inversão são de qualquer maneira "figuras" em relação às categorias essenciais da gramática.

Na análise e na classificação das palavras propostas pelos autores de Port-Royal, não há, portanto, nenhuma heterogeneidade. Mas podemos distinguir três estratos que se sobrepõem e cujo conjunto constitui o edifício inteiro da gramática. O primeiro estrato compreende as diferenciações maiores, as de nível 1 e 2. É nele que aparecem os verbos, substantivos e adjetivos; seu material é suficiente para constituir uma proposição; nele, lógica e gramática são exatamente adequadas. O segundo estrato compreende as distinções de nível ½, 1 ½, 2 ½; nele se distinguem

144 Michel Foucault – Ditos e Escritos

os numerais, os artigos, os substantivos próprios ou comuns, as preposições; ele permite falar, e o edifício de uma linguagem suficiente poderia muito bem deter-se aí; a correlação entre gramática e lógica não está ainda interrompida, mas não se trata mais de uma adequação: as categorias de generalidade, singularidade, particularidade, complexidade, simplicidade estão presentes ao mesmo tempo na *Logique* e na *Grammaire*, mas, aqui e ali, de formas diferentes. Os dois primeiros estratos formam o estrato dedutível e absolutamente indispensável da gramática. O terceiro é uma articulação a partir dos elementos dos dois primeiros; ele compreende os gêneros, os pronomes pessoais e relativos, os advérbios e os outros verbos, com exceção do verbo ser. Revela o aprimoramento das línguas e não mais mantém relações com a lógica. É o estrato das "figuras", que na realidade é constituído somente por elementos fundamentais transformados; através da análise, é sempre possível substituir por cada uma dessas figuras os elementos invisíveis pelos quais ela é composta. Assim, podemos decompor uma frase em que aparecem seres do terceiro estrato em uma frase que talvez jamais tenha sido pronunciada, e que é composta apenas de seres essenciais pertencentes aos dois primeiros estratos (por exemplo: "eu canto" vale como a transformação de "eu sou cantante", ou ainda "*Scio malum esse fugiendum*", como a transformação de "*Scio malum est fugiendum*").[27]

---

27 Na versão de 1967, o artigo termina como segue: "Seja um conjunto de fatos gramaticais: se é possível recolocá-los no interior das relações que unem a ideia de signo ao objeto da ideia representada por esse signo, e caso se consiga deduzi-los daí, se terá constituído, dirigindo-se inteiramente a uma só língua, uma gramática geral e racional. Racional, já que se terá revelado a explicação de cada fato; geral, porque se terá destacado o espaço no qual outras gramáticas são igualmente possíveis. Assim se terá atingido, para além de uma gramática entendida como 'arte de falar', uma gramática que enunciará os 'fundamentos da arte de falar'. Enfim, se terá atingido um nível que uma língua não pode atingir por si mesma pelo simples jogo de seus exemplos ou das regras que deles se deduzem, mas que só é possível fazer aparecer passando da língua dos usos àquela das evidências, que pode ser gramaticalmente idêntica. Essa é a figura epistemológica cujo aparecimento é marcado pela *Grammaire* de Port-Royal em meados do século XVII.
O que a fez desaparecer não poderia ser a simples descoberta, no fim do século XVIII, das estranhas semelhanças entre o sânscrito e o latim. Foi necessária efetivamente toda uma mutação do objeto e de seu estatuto no saber ocidental. A partir do momento em que foi possível interrogar-se sobre as condições do objeto em geral, a gramática clássica perdeu sua atmosfera de evidência. Por que, após um distanciamento de mais de um século, ela parece retornar entre nós? Apesar de algumas semelhanças, não é a linguística, nem, de uma ma-

Após Port-Royal

É preciso não alimentar ilusões: a importância da *Grammaire générale* não é decorrente das descobertas nela encontradas, nem da novidade dos conceitos que ela põe em ação. Muitas dessas análises estão na exata tradição dos gramáticos da Renascença; algumas remontam a bem mais longe ainda; pouca originalidade na teoria da proposição, inovações bastante limitadas na análise dos tempos. A *Grammaire* de Port-Royal não teve certamente esses efeitos de revolução geral, de ampla invenção conceitual, de multiplicação das descobertas empíricas que encontraremos, um século e meio mais tarde, frente a uma outra revolução da ciência da linguagem, com as obras de Bopp, de Rask e de Grimm. Para um olhar que buscaria apenas a sucessão de ideias, ou ainda a gênese das verdades de hoje, não haveria motivo para dar um destino particular a esse texto. Outras gramáticas, não tão distantes no tempo – as de Du Marsais, Buffier ou Régnier –, outras mais tardias, mas que pertencem ao mesmo tipo de pensamento – como a de Beauzée – talvez tenham tido mais influência em sua época; e é possível que elas representem mais interesse retrospectivo;[28] a gramática de Condillac teve incidências pedagógicas mais extensas e mais profundas.

No entanto, a obra de Lancelot e Arnauld marca uma transformação no saber gramatical. Ela constituiu, para a análise da linguagem, um novo espaço epistemológico, um novo modo de aparecimento dos objetos gramaticais, um novo estatuto para

---

neira mais ampla, a análise dos signos que podem chamar nossa atenção para a gramática geral, mas antes essa mutação atual que introduziu, na teoria da linguagem, as instâncias daquele que fala e do que ele fala, ou seja, a instância do discurso. Novamente a organização da linguagem e a constituição da objetividade se aproximam; mas sua ordem de dependência é atualmente inversa ao que ela era na época clássica: é no elemento do discurso que devem, a partir de então, ser analisados a possibilidade dos objetos, a presença de um sujeito e todo o desdobramento positivo do mundo."

---

28 (N.A.) Du Marsais (C.), *Logique et principes de grammaire*, Paris, Briasson, Le Breton e Hérissant, 1759. Régnier-Desmarais (F.), *Traité de la grammaire française*, Paris, J. B. Coignard, 1705. Buffier (C.), *Grammaire française sur un plan nouveau*, Paris, N. Le Clerc, 1709. Beauzée (N.), *Grammaire générale, ou exposition raisonnée des éléments nécessaires du langage pour servir de fondement à l'étude de toutes les langues*, Paris, J. Barbou, 1767, 2 vol.

146   Michel Foucault – Ditos e Escritos

sua análise, uma nova maneira de formar os conceitos. Embora as coisas pudessem aparentemente permanecer em seus lugares, as teses tradicionais se repetir como no passado e as ideias conservar sua força adquirida, as condições do saber estavam de fato mudadas. Foi instalada toda uma rede de relações, que permitiria o ulterior aparecimento de conceitos, descrições, explicações que caracterizam a gramática geral dos séculos XVII e XVIII. Podemos resumir as características desse campo epistemológico da seguinte maneira. Seja um conjunto de fatos gramaticais: se for possível recolocá-los no interior das relações que unem a ideia de signo ao objeto da ideia representada por esse signo, e se delas se conseguisse deduzi-los, se terá constituído, dirigindo-se inteiramente a uma só língua, uma gramática geral e racional; racional, porque se terá evidenciado a explicação de cada fato; geral, porque se terá destacado o espaço no qual outras gramáticas são igualmente possíveis. Assim se terá atingido, para além de uma gramática entendida como "arte de falar", uma gramática que enunciará os "fundamentos da arte de falar". Enfim, se terá atingido um nível em que uma língua não pode atingir por si mesma, através do simples jogo de seus exemplos ou das regras que deles se deduzem, mas que apenas pode aparecer passando da língua dos usos àquela das evidências, que pode ser gramaticalmente idêntica. Essa é a figura epistemológica cuja emergência é marcada pela *Grammaire* de Port-Royal em meados do século XVII.

Para que a *Grammaire générale* desapareça no início do século XIX, e deixe lugar para uma filologia histórica, foi preciso outra coisa bem diferente da simples observação de descobertas empíricas, como a semelhança do sânscrito com o grego e o latim; mais precisamente, o preço epistemológico de seu registro e de sua conceitualização era muito mais elevado do que aquele de uma melhor atenção aos fatos, de uma informação mais ampla ou de um interesse novo pela história. Para que essas noções novas possam dar lugar a análises de um tipo inédito (e decorreu quase meio século entre a constatação de uma analogia sânscrito-latim e a formação do domínio comparativo indo-europeu), foi preciso que fossem questionados toda a teoria do signo, a da representação e, finalmente, o estatuto dado ao objeto representado no pensamento. Toda uma transformação cujos processos ultrapassaram, e largamente, os limites da simples gramática geral.

1969

Ariadne Enforcou-se

"Ariane s'est pendue", *Le nouvel observateur*, n. 229, 31 de março-6 de abril de 1969, p. 36-37. (Sobre G. Deleuze, *Différence et répétition*, Paris, PUF, 1969.)

Eu teria que "contar" o livro de Deleuze; eis aproximadamente a fábula que tentei inventar.

Cansada de esperar que Teseu retorne do labirinto, cansada de espreitar por seu passo igual e de reconhecer seu rosto entre todas as sombras que passam, Ariadne acaba se enforcando. No fio amorosamente trançado da identidade, da memória e do reconhecimento, seu corpo, absorto em seus pensamentos, gira sobre si. No entanto, Teseu, amarra rompida, não retorna. Corredores, túneis, porões e cavernas, encruzilhadas, abismos, relâmpagos sombrios, trovões lá de baixo: ele avança, tropeça, dança, salta.

Na sábia geometria do Labirinto habilmente centrado? Não, mas ao longo do dissimétrico, do tortuoso, do irregular, do montanhoso e do que vai ao ápice. Ao menos em direção ao final de sua prova, em direção à vitória que lhe promete o retorno? Não mais; ele vai alegremente na direção do monstro sem identidade, na direção do disparate sem espécie, na direção daquele que não pertence a nenhuma ordem animal, que é homem e fera, que justapõe em si o tempo vazio, repetitivo, do juiz infernal e a violência genital, instantânea, do touro. Ele vai na direção dele, não para varrer da terra essa forma insuportável, mas para se perder com ela em sua extrema distorção. E é ali, talvez (não em Naxos), que o deus báquico está à espreita: Dionísio mascarado, Dionísio disfarçado, infinitamente repetido. O fio célebre foi rompido, ele que consideravam tão sólido; Ariadne foi abandonada um tempo antes do que se pensava; e toda a história do pensamento ocidental está por ser escrita.

Mas, eu me dou conta, minha fábula não faz justiça ao livro de Deleuze. Ele é bem diferente do enésimo relato do começo

148 Michel Foucault – Ditos e Escritos

e do fim da metafísica. Ele é o teatro, a cena, a repetição de uma nova filosofia: sobre o palco nu de cada página, Ariadne é estrangulada, Teseu dança, o Minotauro ruge e o cortejo do deus múltiplo ri às gargalhadas. Houve (Hegel, Sartre) a filosofia-romance; houve a filosofia-meditação (Descartes, Heidegger). Eis, após Zaratustra, o retorno da filosofia-teatro; não absolutamente reflexão sobre o teatro; não absolutamente teatro prenhe de significações. Mas filosofia tornada cena, personagens, signos, repetição de um acontecimento único e que jamais se reproduz.

Gostaria que vocês abrissem o livro de Deleuze como se empurram as portas de um teatro, quando se acendem os fogos de uma rampa e a cortina se levanta. Autores citados, inúmeras referências – eis os personagens. Eles recitam *seu* texto (o texto que eles pronunciaram em outro lugar, em outros livros, em outras cenas, mas que, aqui, se representa de outra forma; trata-se da técnica, meticulosa e astuciosa, da "colagem"). Eles têm seu papel (frequentemente, eles valem por três, o cômico, o trágico, o dramático: Péguy, Kierkegaard, Nietzsche; Aristóteles – sim, sim, o cômico –, Platão, Duns Scot; Hegel – sim, ainda –, Hölderlin e Nietzsche – sempre).

Eles jamais aparecem no mesmo lugar, jamais com a mesma identidade: às vezes, comicamente distanciados do fundo sombrio que eles carregam sem o saber; às vezes, dramaticamente próximos (eis Platão, sábio, um tanto emproado, que expulsa os grosseiros simulacros, dissipa as más imagens, afasta a aparência que cintila e invoca o modelo único: essa ideia do Bem que em si mesma é boa; mas eis outro Platão, aterrorizado, que não sabe mais, na sombra, distinguir de Sócrates o sofista zombeteiro).

Quanto ao drama – no próprio livro – há, como em *Édipo*, de Sófocles, três momentos. Inicialmente, a insidiosa espera dos signos: os murmúrios, os oráculos que berram, os adivinhos cegos que falam demais. A alta realeza do Sujeito (eu único, coerente) e da Representação (ideias claras que percorro com o olhar) está minada. Sob a voz monárquica, solene, calculadora dos filósofos ocidentais que queriam fazer reinar a unidade, a analogia, a semelhança, a não contradição e que queriam reduzir a diferença à negação (o que é diferente de A e não A, a escola nos ensinou depois), sob essa voz constantemente sustentada, pode-se ouvir o estilhaçamento da disparidade. Escutamos as gotas de água pingando no mármore de Leibniz. Contemplamos a fissura do tempo listrar o sujeito kantiano.

E, subitamente, em plena metade do livro (ironia de Deleuze que apresenta, sob a aparência de um equilíbrio acadêmico, a divina claudicação da diferença), subitamente a cesura. O véu se rasga; esse véu é a imagem que o pensamento tinha formado de si próprio e que lhe permitia suportar sua própria inclemência. Acreditava-se, dizia-se: o pensamento é bom (como prova: o bom-senso, do qual ele tem o direito e o dever de fazer uso); o pensamento é um (como prova, o senso comum); ele dissipa o erro, empilhando grão a grão a colheita das proposições verdadeiras (finalmente, a bela pirâmide do saber...).

Mas, ei-lo: libertado dessa imagem que o liga à soberania do sujeito (que o "assujeita", no sentido estrito da palavra), o pensamento aparece, ou melhor, se exerce tal como ele é: mau, paradoxal, surgindo involuntariamente no limite extremo das faculdades dispersas; devendo afastar incessantemente sua estupefaciente tolice; submisso, obcecado, forçado pela violência dos problemas; sulcado, como por tantos lampejos de ideias distintas (porque aguçadas) e obscuras (porque profundas).

Retenhamos cada uma dessas transformações que Deleuze opera no velho decoro filosófico: o bom-senso em contraortodoxia; o senso comum em tensões e pontos extremos; a conjuração do erro em fascinação pela tolice; o claro e distinto em distinto-obscuro. Retenhamos sobretudo essa grande subversão dos valores da luz: o pensamento não é mais um olhar aberto sobre formas claras e bem fixadas em sua identidade; ele é gesto, salto, dança, discordância extrema, obscuridade tensa. É o fim da filosofia (a da representação). *Incipit philosophia* (a da diferença).

Chega então o momento de errar. Não como Édipo, pobre rei sem cetro, cego interiormente iluminado; mas vagar na festa sombria da anarquia coroada. Pode-se então, a partir daí, pensar a diferença e a repetição. Ou seja – em vez de representá-las –, fazê-las e jogar com elas. O pensamento no ápice de sua intensidade será ele próprio diferença e repetição; permitirá distinguir o que a representação buscava reunir; ele atuará a perpétua repetição da qual a metafísica obstinada buscava a origem. Não mais se perguntar: diferença entre o que e o quê? Diferença delimitando que espécies e repartindo que grande unidade inicial? Não mais se perguntar: repetição do que, de qual acontecimento ou de que modelo primário? Mas pensar a semelhança, a analogia ou a identidade como tantos meios de velar a diferença e a diferença das diferenças; pensar a repetição, sem origem do que quer que seja e sem reaparecimento da mesma coisa.

150 Michel Foucault – Ditos e Escritos

Pensar antes as intensidades (e mais cedo) do que as qualidades e as quantidades; antes as profundidades do que os comprimentos e as larguras; antes os movimentos de individuação do que as espécies e os gêneros; e mil pequenos sujeitos larvários, mil pequenos eus dissociados, mil passividades e pululações lá onde, ontem, reinava o sujeito soberano. Sempre se recusou, no Ocidente, a pensar a intensidade. Na maior parte do tempo, ela foi rebatida sobre o mensurável e o jogo das igualdades; o próprio Bergson, sobre o qualitativo e o contínuo. Deleuze a liberta agora por e em um pensamento que será o mais elevado, o mais agudo e o mais intenso.

Não devemos nos enganar quanto a isso. Pensar a intensidade – suas diferenças livres e suas repetições – não é uma insignificante revolução em filosofia. É recusar o negativo (que é uma maneira de reduzir o diferente a nada, a zero, ao vazio, à nulidade); é, portanto, rejeitar de um só golpe as filosofias da identidade e as da contradição, os metafísicos e os dialéticos, Aristóteles com Hegel. É reduzir os prestígios do reconhecível (que permite ao saber reencontrar a identidade sob as diversas repetições e fazer jorrar da diferença o núcleo comum que sem cessar aparece novamente); é rejeitar de um só golpe as filosofias da evidência e da consciência, Husserl não menos que Descartes. É recusar, enfim, a grande figura do Mesmo que, de Platão a Heidegger, não parou de aprisionar em seu círculo a metafísica ocidental.

É tornar-se livre para pensar e amar o que, em nosso universo, ruge desde Nietzsche; diferenças insubmissas e repetições sem origem que sacodem nosso velho vulcão extinto; que fizeram espoucar, desde Mallarmé, a literatura; que fissuraram e multiplicaram o espaço da pintura (divisões de Rothko, sulcos de Noland, repetições modificadas de Warhol); que definitivamente quebraram, desde Webern, a linha sólida da música; que anunciam todas as rupturas históricas de nosso mundo. Possibilidade finalmente oferecida de pensar as diferenças de hoje, de pensar o hoje como diferença das diferenças.

O livro de Deleuze é o teatro maravilhoso onde se apresentam, sempre novas, essas diferenças que nós somos, essas diferenças que fazemos, essas diferenças entre as quais vagamos. De todos os livros que foram escritos há muito tempo, o mais singular, o mais diferente e aquele que melhor repete as diferenças que nos atravessam e nos dispersam. Teatro atual.

1969

Michel Foucault Explica seu Último Livro

"Michel Foucault explique son dernier livre" (entrevista com J.-J. Brochier), *Magazine littéraire*, n. 28, abril-maio de 1969, p. 23-25.

– *Você intitulou seu livro de* A arqueologia do saber. *Por que arqueologia?*

– Por duas razões. Inicialmente, empreguei essa palavra de maneira um pouco cega, para designar uma forma de análise que não seria efetivamente uma história (no sentido em que se relata, por exemplo, a história das invenções ou das ideias), e que tampouco seria uma epistemologia, ou seja, a análise interna da estrutura de uma ciência. Trata-se de uma coisa diferente, e então eu a chamei de "arqueologia"; depois, retrospectivamente, pareceu-me que o acaso não tinha me guiado muito mal: afinal, essa palavra "arqueologia", ao preço de uma aproximação que me será perdoada, eu espero, pode querer dizer: descrição do *arquivo*. Por arquivo, entendo o conjunto de discursos efetivamente pronunciados; e esse conjunto é considerado não somente como um conjunto de acontecimentos que teriam ocorrido uma vez por todas e que permaneceriam em suspenso, nos limbos ou no purgatório da história, mas também como um conjunto que continua a funcionar, a se transformar através da história, possibilitando o surgimento de outros discursos.

– *Em "arqueologia" não há também uma ideia de escavação, de procura do passado?*

– Sem dúvida. Esse termo "arqueologia" me embaraça um pouco, porque ele recobre dois temas que não são exatamente os meus. Inicialmente, o tema da origem (*arkè*, em grego, significa começo). Ora, eu não procuro estudar o começo no sentido da origem primeira, do fundamento a partir do qual todo o resto seria possível. Não estou à procura desse primeiro momento solene a partir do qual, por exemplo, toda a matemática

152 Michel Foucault – Ditos e Escritos

ocidental foi possível. Não retorno a Euclides ou a Pitágoras. São sempre começos relativos que procuro, antes instaurações ou transformações do que fundamentos, fundações. E, depois, me incomoda da mesma forma a ideia de escavações. O que eu procuro não são as relações que seriam secretas, escondidas, mais silenciosas ou mais profundas do que a consciência dos homens. Tento, ao contrário, definir relações que estão na própria superfície dos discursos; tento tornar visível o que só é invisível por estar muito na superfície das coisas.

– *Quer dizer que você se interessa pelo fenômeno, e que você se recusa à interpretação.*

– Não pretendo procurar por baixo do discurso o que é o pensamento dos homens, mas tento tomar o discurso em sua existência manifesta, como uma prática que obedece a regras. A regras de formação, de existência, de coexistência, a sistemas de funcionamento etc. É essa prática, em sua consistência e quase em sua materialidade, que descrevo.

– *Ou seja, você refuta a psicologia.*

– Totalmente. Deve-se poder fazer uma análise histórica da transformação do discurso sem recorrer ao pensamento dos homens, ao seu modo de percepção, a seus hábitos, às influências que eles sofreram etc.

– *Em seu livro, você parte da observação de que a história e as ciências do homem se transformaram de modo inverso. Atualmente, a história, em vez de procurar os acontecimentos que constituem as rupturas, busca as continuidades, enquanto as ciências do homem procuram as descontinuidades.*

– De fato, hoje em dia, os historiadores – e penso certamente na escola dos *Annales*, Marc Bloch, Lucien Febvre, Fernand Braudel – tentam ampliar as periodizações que os historiadores praticam habitualmente. Braudel, por exemplo, chegou a definir uma noção de civilização material que teria uma evolução extremamente lenta: do final da Idade Média ao século XVIII, o universo material dos camponeses europeus – as paisagens, as técnicas, os objetos fabricados, os hábitos – modificou-se de uma maneira extremamente lenta; poderíamos dizer que ele se desenvolveu em marcha lenta. Esses grandes blocos, muito mais maciços do que os acontecimentos que usualmente se recortam, fazem parte atualmente dos objetos que a história pode descrever. Assim, veem-se aparecer grandes continuidades que, até então, não tinham sido isoladas. Em contrapar-

1969 – Michel Foucault Explica seu Último Livro **153**

tida, os historiadores das ideias e das ciências, que outrora falavam sobretudo em termos de progresso contínuo da razão, da ocorrência progressiva do racionalismo etc., insistem agora nas descontinuidades, nas falhas. Por exemplo, a ruptura entre a física aristotélica e a física galileana, a irrupção absoluta representada pelo nascimento da química no fim do século XVIII. É deste paradoxo que parti: os historiadores isolam apenas as continuidades, enquanto os historiadores das ideias liberam as descontinuidades. Mas creio que são dois efeitos simétricos e opostos de uma mesma retomada metodológica da história em geral.

– *Quer dizer que quando você critica aqueles que mitificam a história, mostrando que eles se filiam à filosofia tradicional da consciência transcendental, do homem soberano, você os critica em seu próprio terreno, ou seja, o da história. Enquanto os estruturalistas, que também os criticam, o fazem em um outro terreno.*

– Creio que os estruturalistas jamais criticaram os historiadores, mas um certo historicismo, uma certa reação e desconfiança historicista contra a qual seus trabalhos se chocaram. Diante da análise estrutural, um certo número de pensadores tradicionais ficaram aterrorizados. Não, certamente, porque se analisavam as relações formais entre elementos indiferentes; há muito tempo se fazia isso e não havia razão para ter medo. Mas eles pressentiam muito bem que o que estava em questão era o próprio estatuto do sujeito. Se fosse verdade que a linguagem ou o inconsciente pudessem ser analisados em termos de estrutura, o que seria então desse famoso sujeito falante, desse homem que é suposto pôr em ação a linguagem, falá-la, transformá-la, fazê-la viver! O que seria desse homem, que é suposto ter um inconsciente, caso ele pudesse tomar consciência desse inconsciente, reassumi-lo e fazer de seu destino uma história? Creio que a irritação, ou, em todo caso, a má vontade que o estruturalismo suscitou entre esses tradicionalistas estava ligada ao fato de que esses sentiam posto em questão o estatuto do sujeito.

E eles foram se refugiar em um terreno que lhes parecia, para a sua causa, infinitamente mais sólido, o terreno da história. E disseram: admitamos que uma língua tomada fora de sua evolução histórica, fora de seu desenvolvimento, seja de fato um conjunto de relações; admitamos, no máximo, que o inconsciente funcione em um indivíduo como uma estrutura ou um conjunto de estruturas, que o inconsciente possa ser situado a partir de fatos estruturais; há pelo menos uma coisa que a estrutura nunca abocanhará – a história. Pois há um devir que a análise estrutural jamais poderá dar conta, um devir que, por um lado, é constituído de uma continuidade, enquanto a estrutura é por definição descontínua, e, por outro, é constituído por um sujeito: o próprio homem, ou a humanidade, ou a consciência, ou a razão, pouco importa. Para eles, há um sujeito absoluto da história que faz a história, que assegura sua continuidade, que é o autor e a garantia dessa continuidade. Em relação às análises estruturais, elas apenas têm lugar no recorte sincrônico dessa continuidade da história submetida assim à soberania do homem.

Quando se tenta questionar o primado do sujeito no próprio domínio da história, então novo pânico em todos esses antigos seguidores, pois ali estava seu terreno de defesa, a partir do qual eles podiam limitar a análise estrutural e impedir o seu "câncer", circunscrevendo assim o poder da inquietude. Se, a propósito da história, e precisamente a propósito da história do saber, ou da razão, se chega a mostrar que ela não obedece absolutamente ao mesmo modelo que a consciência; se se consegue mostrar que o tempo do saber ou do discurso não é absolutamente organizado ou disposto como o tempo vivido; que ele apresenta descontinuidades e transformações específicas; se, finalmente, se mostra que não há necessidade de passar pelo sujeito, pelo homem como sujeito, para analisar a história do conhecimento, superam-se grandes dificuldades, mas se toca talvez em um problema importante.

– *A partir desse fato, você foi levado a refutar a filosofia dos 200 últimos anos ou, o que é pior para ela, a deixá-la de lado.*

– Atualmente, de fato, toda essa filosofia que, desde Descartes, dava ao sujeito seu primado, esta filosofia está começando a se diluir diante de nossos olhos.

– *E você data o início desse desaparecimento a partir de Nietzsche?*

– Parece-me que se poderia fixar este momento a partir de Marx, de Nietzsche e de Freud.

– *Em seu livro, aliás, você denuncia a interpretação antropologizante de Marx e a interpretação de Nietzsche em*

1969 – Michel Foucault Explica seu Último Livro **155**

termos de consciência transcendental como uma recusa de levar em consideração o que eles traziam de novo.

– Exatamente.

– *Destaquei, em sua introdução, esta passagem na qual você diz: "Fazer da análise histórica o discurso do contínuo e fazer da consciência humana o tema originário de qualquer devir e de qualquer prática são duas fases de um mesmo sistema de pensamento: nele, o tempo é concebido em termos de totalização, e as revoluções não passam de tomadas de consciência." Você não critica diretamente Sartre, tanto mais que os termos tomada de consciência e totalização pertencem propriamente ao vocabulário dele?*

– Sartre, utilizando essas palavras, apenas retoma um estilo geral de análise, que podemos encontrar, por exemplo, em Goldmann, Lukács, Dilthey, nos hegelianos do século XIX etc. Essas palavras não são de forma alguma específicas de Sartre.

– *Sartre seria simplesmente um dos pontos de chegada dessa filosofia transcendental que está começando a se desfazer.*

– É isso.

– *Mas, com exceção dos estruturalistas, que se encontram em uma posição análoga à sua, há poucos filósofos que tomaram consciência do fim dessa filosofia transcendental.*

– Pelo contrário. Creio que há muitos deles, dentre os quais eu colocaria no primeiro plano Gilles Deleuze.

– *Você desencadeou "movimentos diversos" quando, em As palavras e as coisas, disse: o homem deve ser jogado para o alto. Ora, em A arqueologia do saber, você diz que não somente as coisas, mas mesmo as palavras devem ser jogadas para o alto.*

– Eis o que eu quis dizer. Meu título *As palavras e as coisas* era completamente irônico. Ninguém percebeu isso claramente, e sem dúvida não havia muito disfarce no meu texto para que a ironia não fosse suficientemente visível. Há um problema: como é possível que as coisas reais, e percebidas, possam vir a se articular pelas palavras no interior de um discurso? São as palavras que nos impõem o recorte em coisas, ou são as coisas que, por alguma operação do sujeito, vêm se transcrever na superfície das palavras? Não foi absolutamente esse velho problema que eu quis tratar em *As palavras e as coisas*. Tentei deslocá-lo: analisar os próprios discursos, ou seja, essas

156 Michel Foucault – Ditos e Escritos

práticas discursivas que são intermediárias entre as palavras e as coisas. Essas práticas discursivas a partir das quais se pode definir o que são as coisas e situar o uso das palavras. Tomemos um exemplo muito simples. No século XVII, os naturalistas multiplicaram as descrições das plantas e animais. Pode-se fazer a história dessas descrições de duas maneiras. Ou partindo das coisas e dizendo: sendo os animais o que eles são, sendo as plantas tais como as vemos, como as pessoas dos séculos XVII e XVIII os viram e descreveram? O que eles observaram, o que omitiram? O que eles viram e o que não viram? Pode-se fazer a análise no sentido inverso, estabelecer o campo semântico dos séculos XVII e XVIII, ver de que palavras e, consequentemente, de que conceitos se dispunha então, quais eram as regras de utilização dessas palavras e, a partir daí, ver qual era a grade, o enquadramento do conjunto das plantas e dos animais. Essas são duas análises tradicionais.

Tento fazer uma outra coisa e mostrar que havia, em um discurso como a história natural, regras de formação dos objetos (que não são as regras de utilização das palavras), regras de formação dos conceitos (que não são leis de sintaxe), regras de formação das teorias (que não são regras de dedução, nem regras retóricas). São essas regras postas em ação por uma prática discursiva em um momento dado que explicam que tal coisa seja vista (ou omitida); que ela seja enfocada sob tal aspecto e analisada em tal nível; que tal palavra seja empregada com tal significação e em um tal tipo de frase. Consequentemente, a análise a partir das coisas e a análise a partir das palavras apareciam nesse momento como secundárias em relação a uma análise primeira, que seria a análise da prática discursiva.

Em meu livro não havia análise das palavras e nenhuma análise das coisas. E um certo número de pessoas – os rudes, os rasteiros – disseram: é escandaloso, nesse livro que se chama *As palavras e as coisas*, não há "coisas". E os sutis disseram: nesse livro não existe análise semântica. Certamente! Eu não queria fazer nem uma nem outra.

– *Se seu procedimento científico parte de uma espécie de tateamento, de um empirismo, como, por qual itinerário você chegou a esse livro totalmente teórico que é* A arqueologia do saber?

– Isso ocorreu, certamente, a partir de investigações empíricas sobre a loucura, sobre a doença e os doentes mentais, sobre

1969 – Michel Foucault Explica seu Último Livro   157

a medicina nos séculos XVIII e XIX e sobre o conjunto de disciplinas (história natural, gramática geral e troca da moeda) que foram tratadas em *As palavras e as coisas*. Por que essas pesquisas me levaram a construir toda essa maquinaria teórica de *A arqueologia do saber*, que me parece um livro de leitura muito difícil? Eu encontrei muitos problemas. Sobretudo este: quando se fazia história das ciências, se tratavam de forma privilegiada, quase exclusiva, as belas, as boas ciências bem formais como a matemática ou a física teórica. Mas quando se abordavam disciplinas como as ciências empíricas, ficava-se muito embaraçado, contentava-se mais frequentemente com uma espécie de inventário das descobertas, dizia-se, em suma, que essas disciplinas eram apenas misturas de verdades e erros; nesses conhecimentos tão imprecisos, o pensamento das pessoas, seus preconceitos, os postulados dos quais elas partiam, seus hábitos mentais, as influências que sofriam, as imagens que elas tinham em suas cabeças, seus devaneios, tudo isso lhes impedia de ter acesso à verdade. Finalmente, a história das ciências não passava da história da mistura de todos esses erros maciços e numerosos com algumas pepitas de verdade, o problema sendo saber como alguém um dia tinha descoberto uma pepita.

Tal descrição me embaraçava um pouco por diversas razões. Inicialmente porque, na vida histórica real dos homens, essas famosas ciências empíricas, que os historiadores e os epistemólogos negligenciam, têm uma importância colossal. Os progressos da medicina tiveram, sobre a vida humana, a espécie humana, a economia das sociedades, a organização social, consequências certamente tão grandes como as que tiveram as descobertas da física teórica. Eu lamentava que essas ciências empíricas não fossem estudadas.

Por outro lado, pareceu-me interessante estudar essas ciências empíricas na medida em que elas são mais do que ciências teóricas ligadas a práticas sociais; por exemplo, a medicina ou a economia política são disciplinas que não têm talvez, se as compararmos com a matemática, um grau de cientificidade muito elevado. Mas suas articulações com as práticas sociais são muito numerosas, e era isso precisamente o que me interessava. *A arqueologia* que acabo de escrever é uma espécie de teoria para uma história do saber empírico.

– *Donde sua escolha, por exemplo, da* História da loucura.
– Exatamente.

158   Michel Foucault – Ditos e Escritos

– *A vantagem de seu método, entre outras coisas, é a de funcionar nos dois sentidos: diacronicamente e sincronicamente. Por exemplo, para a História da loucura, você retorna no tempo e estuda as modificações, enquanto, no caso da história natural nos séculos XVII e XVIII, em As palavras e as coisas, você estuda um estado não exatamente estático, mas um estado mais imóvel dessa ciência.*

– Não exatamente imóvel. Tentei definir as transformações: mostrar a partir de que sistema regular as descobertas, as invenções, as mudanças de perspectivas, as subversões teóricas puderam ocorrer. Pode-se mostrar, por exemplo, o que, na prática discursiva da história natural, tornou possível o aparecimento da ideia de evolução desde o século XVIII; o que tornou possível a emergência de uma teoria do organismo que era ignorada pelos primeiros naturalistas. Portanto, quando algumas pessoas, felizmente pouco numerosas, me acusaram de apenas descrever os estados do saber e não as transformações, é simplesmente porque elas não leram o livro. Se elas o fizessem, bastaria folheá-lo distraidamente, teriam visto que nele estão em questão apenas as transformações e a ordem na qual essas transformações se realizaram.

– *Seu método estuda a prática do discurso, e você, em* A arqueologia do saber, *fundamenta essa prática do discurso no enunciado, que você distingue radicalmente da frase gramatical e da proposição lógica. O que você entende por enunciado?*

– A frase é uma unidade gramatical de elementos que estão ligados por regras linguísticas. O que os lógicos chamam de proposição é um conjunto de símbolos regularmente construídos; pode-se dizer sobre uma proposição se ela é verdadeira ou falsa, correta ou não. O que chamo de enunciado é um conjunto de signos, que pode ser uma frase, uma proposição, mas considerada no nível de sua existência.

– *Você não aceita ser estruturalista, mesmo se, de acordo com a opinião comum, você esteja incluído entre os estruturalistas. Mas seu método tem, com relação ao método estrutural, dois pontos comuns: a recusa do discurso antropológico e a ausência do sujeito falante. Na medida em que o que está em questão é o lugar e o estatuto do homem, ou seja, do sujeito, será que você não pendeu automaticamente para o lado do estruturalismo?*

1969 – Michel Foucault Explica seu Último Livro   159

– Penso que atualmente o estruturalismo se inscreve no interior de uma grande transformação do saber das ciências humanas, que essa transformação tem por ápice menos a análise das estruturas do que o questionamento do estatuto antropológico, do estatuto do sujeito, do privilégio do homem. E meu método se inscreve no quadro dessa transformação da mesma forma que o estruturalismo – ao lado dele, não nele.

– *Você fala de "limites legítimos" do estruturalismo. Ora, se tem a impressão de que o estruturalismo tende a absorver tudo: os mitos com Lévi-Strauss, depois o inconsciente com Lacan, depois a crítica literária, todas as ciências humanas serão absorvidas por ele.*

– Não falei em nome dos estruturalistas. Mas, no que se refere à sua questão, parece-me que se poderia responder o seguinte: o estruturalismo é um método, cujo campo de aplicação não é definido *a priori*. O que é definido de saída são as regras do método e o nível em que alguém se coloca para aplicá-lo. Mas é muito possível que se possam fazer análises estruturais em domínios que não são absolutamente previstos no momento. Não creio que se possa *a priori* limitar a extensão dessas pesquisas.

1969

Jean Hyppolite. 1907-1968

"Jean Hyppolite. 1907-1968". *Revue de métaphysique et de morale*, 74º ano, n. 2, abril-junho de 1969, p. 131-136. (Continuação da homenagem a J. Hyppolite prestada pela *École normale supérieure* em 19 de janeiro de 1969.)

Aqueles que estavam na classe preparatória para a *École normale supérieure* no pós-guerra se recordam dos cursos do Sr. Hyppolite sobre a *Phénoménologie de l'esprit*: nessa voz que não parava de se retomar como se meditasse no interior de seu próprio movimento, não percebíamos somente a voz de um professor; ouvíamos alguma coisa da voz de Hegel, e talvez ainda a voz da própria filosofia. Não penso que se tenha podido esquecer a força dessa presença, nem a proximidade que pacientemente ele evocava.

Que a lembrança dessa descoberta me autorize a falar em nome daqueles que a partilharam comigo e dela fizeram certamente um melhor uso.

Historiador da filosofia, não era assim que ele próprio se definia. Mais frequentemente, mais exatamente, ele falava de uma história do pensamento filosófico. Nessa diferença se alojavam sem dúvida a singularidade e o alcance do seu trabalho.

Pensamento filosófico: o Sr. Hyppolite o concebia como aquilo que em todo sistema – tão acabado quanto pareça – o ultrapassa, o excede e o coloca em uma relação ao mesmo tempo de troca e de falta com a própria filosofia; o pensamento filosófico não era, para ele, a intuição primeira de um sistema, sua intimidade não formulada; era sua incompletude, a dívida que ele jamais chega a pagar, a lacuna que nenhuma de suas proposições jamais poderá preencher; aquilo que, tão longe quanto prossiga, permanece em falta em relação à filosofia. Por pensamento filosófico ele entendia também esse momento tão difícil de apreender, velado desde seu aparecimento, em que o discurso filosófico se decide, se desprende de seu mutismo e toma distância em relação ao que, desde então, vai aparecer como não filosofia: o pensamento filosófico é, portanto, menos a determinação obscura e prévia de um sistema do que a divisão súbita e ininterruptamente recomeçada pela qual ele se estabelece. Por pensamento filosófico, creio que o Sr. Hyppolite entendia, enfim, essa torção e esse desdobramento, essa saída e essa nova apreensão de si mesmo, pelas quais o discurso filosófico diz o que ele é, pronuncia sua justificativa e, distanciando-se em relação à sua forma imediata, manifesta o que pode fundamentá-lo e fixar seus próprios limites.

Assim concebido, o pensamento filosófico mantém o discurso do filósofo na instância de uma vibração infinita, e o faz ressoar para além de toda morte; ele garante o excesso da filosofia em relação a qualquer filosofia: luz que já vigiava antes mesmo de qualquer discurso, lâmina que ainda brilha mesmo que ele tenha adormecido.

Tomando por tema o pensamento filosófico, o Sr. Hyppolite queria dizer sem dúvida que a filosofia jamais está atualizada nem presente em nenhum discurso, nem em nenhum texto; que na verdade a filosofia não existe; que preferencialmente ela escava com sua perpétua ausência todas as filosofias, que ela inscreve nelas a falta na qual, ininterruptamente, elas podem prosseguir, continuar, desaparecer, se suceder e permanecer para o historiador em uma suspensão, na qual é preciso que ele as retome.

O que é então fazer a análise do pensamento filosófico? O Sr. Hyppolite não queria descrever o movimento dessas ideias – científicas, políticas, morais – que pouco a pouco e em ordem dispersa adentraram na filosofia, nela se instalaram e adquiriram uma sistematicidade nova. Ele queria descrever a maneira pela qual todas as filosofias retomam em si um imediato que elas já deixaram de ser; a maneira pela qual visam a um absoluto que elas jamais atingem; a maneira pela qual fixam os limites que sempre transgridem. Tratava-se de fazer jogar as filosofias nessa sombra e nessa luz, em que sua distância da filosofia se manifesta e se esquiva.

O problema que o Sr. Hyppolite jamais deixou de tratar talvez seja o seguinte: qual é então essa limitação própria do discurso filosófico e que o deixa, ou melhor, que o faz aparecer como palavra da própria filosofia? Em resumo: *o que é a finitude filosófica?*

162   Michel Foucault – Ditos e Escritos

Se é verdade que, desde Kant, o discurso filosófico é antes o discurso da finitude do que o do absoluto, talvez se pudesse dizer que a obra do Sr. Hyppolite – o ponto de sua originalidade e de sua decisão – foi a de duplicar a questão: a esse discurso filosófico que falava da finitude do homem, dos limites do conhecimento ou das determinações da liberdade, ele pediu explicações sobre a finitude que lhe é própria. Questão filosófica dirigida aos limites da filosofia.

*

Consequência natural dessa questão mais do que escolha primeira: fazer a análise histórica das obras – de seu começo e de seu perpétuo recomeço, de seu fim sempre inconcluso. A história não é o lugar privilegiado no qual pode aparecer a finitude filosófica? Mas a história não consistia, para o Sr. Hyppolite, na busca das singularidades ou das determinações que tinham podido marcar o nascimento de uma obra; ela tampouco consistia em mostrar como um dado monumento testemunhava para a época que o tinha visto nascer, para os homens que o haviam concebido ou as civilizações que lhe haviam imposto seus valores. Mais precisamente ainda, falar de uma obra filosófica não era para ele descrever um objeto, cerni-lo, fechá-lo em seus contornos, mas antes abri-lo, localizar suas rupturas, suas defasagens, suas lacunas, estabelecê-lo em sua irrupção e em sua suspensão, desenvolvê-lo nessa falta ou nesse não dito pelo qual fala a própria filosofia. Daí, sua posição de historiador, não fora, mas no espaço da filosofia da qual ele falava, e o apagamento sistemático de sua própria subjetividade.

O Sr. Hyppolite gostava de citar as palavras de Hegel sobre a modéstia do filósofo que perde qualquer singularidade. Todos os que ouviram o Sr. Hyppolite se lembram da modéstia austera de sua fala; todos os que o leram conhecem bem essa escrita ampla que jamais rompe a indiscrição de uma primeira pessoa. Modéstia que não era de modo algum neutralidade nem obstinação contra si mesmo, mas que lhe permitia fazer ressoar no que ele dizia a amplitude multiplicada de uma voz que não era a sua; e, nesses textos que passavam continuamente da citação ao comentário e da referência à análise, sem quase serem necessárias as aspas, a filosofia continuava a se escrever. Prosa do pensamento, mais surda, mais insistente do que tudo isso que os homens singularmente puderam pensar. Em várias ocasiões, o Sr. Hyppolite retomou esse ponto da filosofia bergsoniana que é a análise da memória. Talvez eu me engane em supor que ele via ali mais do que uma verdade, um modelo para a história do pensamento; porque, para ele, o presente do pensamento não estava separado ontologicamente de seu passado, e a atenção do historiador devia apenas constituir a ponta aguçada, atual e livre de um passado que nada havia perdido do seu ser. E, da mesma maneira que ocorre com o presente, segundo Bergson, reapreender sua sombra por uma espécie de torção sobre si mesmo, o historiador, para o Sr. Hyppolite – esse historiador que ele próprio era –, marca o ponto de inflexão a partir do qual a filosofia pode e deve apreender a sombra que a recorta a cada instante, mas que, no entanto, a liga à sua invencível continuidade.

É no interior da filosofia que o Sr. Hyppolite interrogava as diferentes filosofias. E ele as interrogava em sua relação sempre esquiva, mas jamais desfeita, com a filosofia. Ele queria apreendê-las nesse ponto em que elas começam, e nesse outro ponto em que elas desembocam e se delimitam como um sistema coerente. Ele queria apreender em uma obra a relação jamais totalmente estabelecida, jamais totalmente dominada entre uma experiência e um rigor, um imediato e uma forma, a tensão entre o dia apenas pressentido de um começo e a exatidão de uma arquitetura.

O Sr. Hyppolite confrontava de boa vontade seu próprio trabalho com duas das grandes obras que lhe eram contemporâneas e que ele homenageou, tanto uma quanto outra, em sua aula inaugural no Collège de France.[1] A de Merleau-Ponty, investigação sobre a articulação originária entre o sentido e a existência, e a de Guéroult, análise axiomática das coerências e das estruturas filosóficas. Entre essas duas balizas, a obra do Sr. Hyppolite buscou, desde o início, nomear e fazer aparecer – em um discurso simultaneamente filosófico e histórico – o ponto em que o trágico da vida toma sentido em um *Logos*, em que a gênese de um pensamento se torna estrutura de um sistema, em que a

---

1 Hyppolite (J.), "Leçon inaugurale au Collège de France" (19 de dezembro de 1963), reeditada em *Figures de la pensée philosophique*, Paris, PUF, col. "Épiméthée", 1971, t. II, p. 1.003-1.028.

164 Michel Foucault – Ditos e Escritos

própria existência se encontra articulada em uma Lógica. Entre uma fenomenologia da experiência pré-discursiva – ao modo de Merleau-Ponty – e uma epistemologia dos sistemas filosóficos – como ela aparece em Guéroult – a obra do Sr. Hyppolite pode ser lida também como uma fenomenologia do rigor filosófico, ou como uma epistemologia da existência filosoficamente refletida.

*

Que relação a filosofia tem com o que não é ela, e sem o que no entanto ela não poderia ser? Para responder a essa questão, o Sr. Hyppolite recusava duas atitudes familiares: uma que considera que a filosofia deve refletir sobre os objetos exteriores – seja a ciência ou a vida cotidiana, a religião ou o direito, o desejo ou a morte; outra que considera que a filosofia deve interrogar todas essas ingenuidades diversas, descobrir as significações aí escondidas, sacudir a sua positividade muda e lhes pedir explicações sobre o que pode fundá-las. Para ele, a filosofia não é nem reflexiva, nem fundadora em relação a isso que não é ela; mas ela deve apreender simultaneamente a interioridade que faz com que ela habite já silenciosamente tudo o que não é ela (ela já está ali, tanto na atividade do matemático, como na inocência da bela alma) e a exterioridade que faz com que ela jamais esteja implicada necessariamente por uma ciência ou uma prática. É essa relação de interioridade e de exterioridade, de proximidade e de distância que a filosofia deve retomar em si mesma.

A partir daí, podem-se compreender, acredito, certos traços característicos da obra do Sr. Hyppolite.

Penso, inicialmente, em sua relação com Hegel. Porque, para ele, Hegel marcava o momento em que o discurso filosófico colocou para si mesmo e no seu próprio interior o problema de seu começo e de seu fim: o momento em que o pensamento filosófico se dá como tarefa inesgotável dizer o campo total da não filosofia, e tentar chegar, com toda a soberania, a formular seu próprio fim. Hegel era, para o Sr. Hyppolite, o momento em que a filosofia ocidental retoma a tarefa de dizer o ser em uma lógica, se propõe descobrir as significações da existência em uma fenomenologia, e tenta refletir sobre si mesma como resultado e termo da filosofia. A filosofia hegeliana marcava dessa maneira o momento em que a filosofia se tornou, no

1969 – Jean Hyppolite. 1907-1968 165

interior de seu próprio discurso, titular do problema de seu começo e de seu término: o momento em que, levando a si mesma ao extremo de seus próprios limites, ela se tornou a questão do imediato e do absoluto – desse imediato que ela não ultrapassou, embora ela o mediatize, e do absoluto que ela não pode efetuar, senão ao preço de seu próprio desaparecimento.

Com Hegel, a filosofia que, ao menos desde Descartes, mantinha uma relação indelével com a não filosofia tornou-se não somente consciência dessa relação, mas discurso efetivo sobre essa relação: atuação consequente do jogo da filosofia com a não filosofia. Enquanto outros viam no pensamento hegeliano o recuo da filosofia sobre si mesma, e o momento em que ela passa ao relato de sua própria história, o Sr. Hyppolite aí reconhecia o momento em que ela ultrapassa seus próprios limites para tornar-se filosofia da não filosofia, ou, talvez, não filosofia da própria filosofia.

Mas esse tema que obsedou seus estudos sobre Hegel os ultrapassava amplamente e levava mais longe seu interesse. A relação entre filosofia e não filosofia ele a via efetuada em Marx – ao mesmo tempo realização e derrocada, segundo ele, da filosofia hegeliana, crítica de qualquer filosofia, em seu idealismo, atribuição ao mundo do futuro filosófico, e à filosofia de tornar-se mundo. Ele a reconhecia também, e cada vez mais durante os últimos anos, em relação à ciência. Reencontrava assim suas preocupações de juventude e a tese que ele havia redigido sobre o método matemático e o encaminhamento filosófico de Descartes. Ele se aproximava também dos trabalhos de dois homens que ele associava na mesma admiração e em uma fidelidade sem divisão, estes que são para nós os dois grandes filósofos da racionalidade física e da racionalidade biológica.

Estes se tornaram então os campos de sua reflexão: Fichte, de um lado, e a possibilidade de manter um discurso filosófico sobre a ciência que fosse inteiramente rigoroso e demonstrativo;[2] e, de outro, essa teoria da informação que permite descobrir, na extensão dos processos naturais e nas trocas do vivente, a estrutura da mensagem.[3] Com Fichte, ele

---

2 Hyppolite (J.), "L'idée fichtéenne de la doctrine de la science et le projet husserlien" (1959), *op. cit.*, t. I, p. 21-31.
3 Information et communication" (1967), *op. cit.*, t. II, p. 928-971.

166 Michel Foucault – Ditos e Escritos

colocava o problema de saber se é possível manter um discurso científico sobre a ciência, e se, a partir de um pensamento puramente formal, é possível reunir o conteúdo efetivo do saber. E, opostamente, a teoria da informação lhe colocava o seguinte problema: que estatuto é preciso dar, em ciências tais como a biologia ou a genética, a esses textos que não foram pronunciados por ninguém, nem escritos por nenhuma mão?

Em torno dessas questões, muitos temas se organizavam, muitas pesquisas se abriam: a propósito de Freud,[4] a análise do efeito, no desejo, da instância formal da denegação; a propósito de Mallarmé,[5] a reflexão sobre o jogo, em uma obra, do necessário e do improvável; a propósito de Lapoujade,[6] a análise do modo pelo qual a pintura pode se pintar na forma nua e originária dos seus elementos.

Não devemos nos enganar: todos os problemas que são os nossos – nós seus alunos de tempos passados e seu alunos de ontem –, todos esses problemas foi ele quem os estabeleceu para nós; foi ele quem os escandiu nessa fala que era forte, austera, sem deixar de ser familiar; foi ele quem os formulou neste texto, *Logique et existence*,[7] que é um dos grandes livros de nosso tempo. No pós-guerra, ele nos ensinava a pensar as relações entre a violência e o discurso; ontem, nos ensinava a pensar as relações entre a lógica e a existência; ainda há pouco, ele nos propôs pensar as relações entre o conteúdo do saber e a necessidade formal. Ele nos ensinou, finalmente, que o pensamento filosófico é uma prática incessante; que ele é uma certa maneira de colocar em ação a não filosofia, mas permanecendo sempre bem próximo dela, lá onde ela se liga à existência. Com ele, é preciso lembrar sem cessar que, "se a teoria é cinzenta, é verde a árvore de ouro da vida".

---

4 "Comentário falado sobre a Verneinung de Freud" (intervenção no seminário de técnica freudiana em 10 de fevereiro de 1954, sustentado por Jacques Lacan na clínica da faculdade do hospital Sainte-Anne e dedicado aos escritos técnicos de Freud no ano de 1953-1954), *op. cit.*, t. I, p. 385-396.
5 "Le 'Coup de dés' de Stéphane Mallarmé et le message" (1958), *op. cit.*, t. II. p. 877-884.
6 "Préface aux 'Mécanismes de la fascination' de Lapoujade" (Paris, Éd. du Seuil, 1955), *op. cit.*, t. II, p. 831-836.
7 Hyppolite (J.), Logique et existence. *Essai sur la Logique de Hegel*, Paris, PUF, col. "Épiméthée", 1953.

1969

Linguística e Ciências Sociais

"Linguistique et sciences sociales", *Revue tunisienne de sciences sociales*, 6º ano, n. 19, dezembro de 1969, p. 248-255; debate com N. Bou Aroudj, naturalista, A. El-Ayed, linguista, E. Fantar, historiador, S. Garmadi, linguista, Naccache, economista, M. Seklani, demógrafo, H. Skik, linguista, F. Stambouli, sociólogo, M. Zamiti, sociólogo, A. Zghal, sociólogo, p. 272-287. (Conferência e debate organizados pela seção de linguística do Centro de Estudos e de Pesquisas Econômicas e Sociais – CERES – da Universidade da Tunísia, março de 1968.)

O tema que abordarei será, de maneira geral, o seguinte: quais são os problemas que a linguística em sua forma moderna pode introduzir no pensamento em geral, na filosofia, se vocês querem, e, mais precisamente, nas ciências humanas?

Frequentemente, encontramos expressa a seguinte tese (como em Lévi-Strauss na sua *Anthropologie structurale*): a análise da linguagem por Saussure e seus sucessores – ou seja, a linguística estrutural – conseguiu atingir, durante o século XX, o que poderíamos chamar de um "limiar de cientificidade". Esse limiar de cientificidade se tornou manifesto, por um lado, pelas técnicas de formalização das quais a linguística é atualmente capaz, e, por outro, pela relação que ela mantém com a teoria das comunicações, com a teoria da informação em geral e, em terceiro lugar, por suas relações recentes com a biologia, a bioquímica, a genética etc., e, enfim, pela existência de um domínio técnico de aplicação, do qual as máquinas de traduzir são, afinal, apenas um dos exemplos. A linguística teria então ultrapassado um certo limiar, emergida das ciências humanas na direção das ciências da natureza, do domínio do conhecimento interpretativo àquele do conhecimento formal. A linguística teria passado, portanto, para o lado da verdadeira ciência, ou seja, da ciência verdadeira ou ainda da ciência exata.

Segunda tese que encontramos frequentemente: a partir do momento em que a linguística teria renunciado à sua velha

168   Michel Foucault – Ditos e Escritos

pertinência e antiga familiaridade com as ciências humanas, ela se encontraria, em relação a essas ciências humanas, em uma posição de modelo a seguir e a aplicar e, ao mesmo tempo, as ciências humanas, muito naturalmente, buscariam se juntar à linguística nessa nova forma de cientificidade que ela teria finalmente atingido. Assim, seria instaurada uma espécie de prova de ciclismo, a linguística passando para o lado das ciências exatas e todas as ciências humanas tentando atingir com a linguística o nível normativo das ciências exatas. É o que ocorreria principalmente com a sociologia, a mitologia como análise de mitos, a crítica literária etc. Podemos criticar essas teses correntemente admitidas. Pode-se fazer observar que não é de hoje, longe disso, que as ciências sociais solicitam à ciência da linguagem alguma coisa como uma forma ou um conteúdo de conhecimento. Afinal, desde o século XVIII, as ciências sociais recorrem à análise da linguagem, e disso darei somente quatro exemplos. Abramos simplesmente o *Discours préliminaire de l'Encyclopédie* de D'Alembert: ele explica que, se ele faz um dicionário que tem a forma de análise de uma língua, é na medida em que ele pretende construir um memorial que poderá permitir às gerações futuras conhecer quais foram os costumes, os conhecimentos, as técnicas do século XVIII. Dito de outra forma, é para dar uma imagem, um esboço, um quadro e um memorial da civilização e da sociedade do século XVIII que a *Encyclopédie* foi construída como um dicionário de palavras. Podemos também citar o texto que Schlegel escreveu por volta de 1807 sobre a língua e a sabedoria dos hindus, no qual analisa simultaneamente a sociedade, a religião, a filosofia e o pensamento dos hindus a partir da especificidade de sua língua. É preciso lembrarmos também como, atualmente, Dumézil, que não é linguista, mas filólogo, conseguiu reconstituir a estrutura social e religiosa de certas sociedades indo-europeias a partir de análises filológicas. Consequentemente, não data de hoje essa relação permanente entre as ciências sociais e a ciência das línguas. Não é de hoje que data essa defasagem epistemológica entre as ciências da linguagem e as outras ciências humanas. Não questiono o fato de que a linguística transformacional ou a linguística estrutural tenham atingido um alto nível de cientificidade, mas me parece que, desde o século XIX, as ciências da linguagem tinham atingido um

1969 – Linguística e Ciências Sociais 169

grau de exatidão e de demonstrabilidade mais elevado do que todas a outras ciências sociais ou humanas reunidas. Desde o início do século XIX, pessoas como Rask, Schlegel, Grimm estabeleceram um domínio coerente de fatos filológicos: as linhas gerais, os métodos de análise e muitos resultados não foram questionados ao longo do século XIX.

E nem a sociologia de Auguste Comte, 40 anos mais tarde, nem a de Durkheim, 80 anos depois, poderiam apresentar aquisições como as leis da evolução fonética ou o sistema de parentesco das línguas indo-europeias. Dito de outra forma, o fato de que as ciências da linguagem estejam em um nível de cientificidade superior ao das outras ciências humanas é um fenômeno que data de quase dois séculos. Por isso não creio que se possa dizer muito simplesmente que as ciências da linguagem e as ciências da sociedade se aproximam hoje, porque a ciência da linguagem passou primeiramente para um regime superior e as ciências sociais querem atingir esse nível. Parece-me que as coisas são um pouco mais complicadas do que isso.

O fato novo seria antes que a linguística acaba de dar às ciências sociais possibilidades epistemológicas diferentes das que ela lhes oferecia até então. É o funcionamento recíproco da linguística e das ciências sociais que permite analisar a situação atual, bem mais do que o nível de cientificidade intrínseco da linguística. Encontramo-nos, portanto, diante de um fato constante: a antiga decalagem epistemológica entre as ciências da linguagem c as outras ciências humanas. Mas o particular da situação atual é que essa decalagem epistemológica assume uma nova forma. É de uma outra maneira que, atualmente, a linguística pode servir de modelo para as outras ciências sociais.

Gostaria agora de enumerar um certo número de problemas que a linguística, em sua forma moderna, coloca para as ciências humanas. A linguística estrutural não atua sobre coleções empíricas de átomos individualizáveis (raízes, flexões gramaticais, palavras), mas sobre conjuntos sistemáticos de relações entre os elementos. Ora, essas relações têm de notável o seguinte: elas são independentes em si mesmas – ou seja, em sua forma – dos elementos sobre os quais elas incidem; desse ponto de vista, elas são generalizáveis, sem metáfora alguma, e eventualmente podem ser transpostas para qualquer outra coisa além dos elementos que seriam de natureza linguística.

170 Michel Foucault – Ditos e Escritos

Seria possível encontrar, portanto, a mesma forma de relação não somente entre os fonemas, mas entre os elementos de uma narrativa, ou ainda entre indivíduos que coexistem em uma mesma sociedade. Já que a forma de relação não é determinada pela natureza do elemento sobre o qual ela age, essa generalização possível da relação nos coloca diante de duas séries de questões importantes:

1) Até que ponto as relações do tipo linguístico podem ser aplicadas a outros domínios, e quais são esses outros domínios aos quais elas podem ser transpostas? É preciso tentar verificar se tal ou tal forma de relação pode ser encontrada em outro lugar, se é possível, por exemplo, passar da análise do nível fonético à análise dos relatos, dos mitos, das relações de parentesco. Tudo isso é um imenso campo de desbravamento empírico ao qual todos os pesquisadores no domínio das ciências humanas estão convocados.

2) Que conexões existem entre essas relações que se podem descobrir na linguagem ou nas sociedades em geral, e o que se chama de "relações lógicas"? Que ligação pode existir entre essas relações e a análise lógica? É possível formalizar inteiramente em termos de lógica simbólica esse conjunto de relações? Portanto, o problema que surgiu, e que é, por uma face, filosófico e, por outra, puramente empírico, é no fundo o da inserção da lógica no próprio cerne do real. Esse problema é filosófica e epistemologicamente muito importante. Antigamente, a racionalização do empírico se fazia sobretudo através e graças à descoberta de uma certa relação, a relação de causalidade. Pensava-se que se havia racionalizado um domínio empírico quando se tinha podido estabelecer uma relação de causalidade entre um fenômeno e um outro. Atualmente, graças à linguística, descobriu-se que a racionalização de um campo empírico não consiste somente em descobrir e poder delimitar essa relação precisa de causalidade, mas em esclarecer todo um campo de relações que são provavelmente do tipo das relações lógicas. Ora, estas últimas não conhecem a relação de causalidade. Também nos encontramos diante de um instrumento formidável de racionalização do real, o da análise das relações, análise que é provavelmente formalizável, e nos damos conta de que essa racionalização tão fecunda do real não passa mais pela atribuição do determinismo e da causalidade. Creio que esse problema da presença de uma lógica que não é

1969 – Linguística e Ciências Sociais 171

a lógica da determinação causal está atualmente no âmago dos debates filosóficos e teóricos. A retomada, a reativação, a transformação dos temas marxistas no pensamento contemporâneo giram em torno disto: assim, o retorno a Marx ou as pesquisas sobre Marx do tipo althusseriano mostram que a análise marxista não está ligada a uma atribuição de causalidade; elas tentam libertar o marxismo de uma espécie de positivismo no qual alguns queriam encerrá-lo e, consequentemente, desatrelá-lo de uma causalidade primária, para nele reencontrar alguma coisa como uma lógica do real. Mas também é preciso que essa lógica não seja a dialética no sentido hegeliano do termo. Tentou-se libertar Marx de um positivismo elementar no qual o haviam fechado, por um retorno aos textos, aos conceitos de alienação, ao período hegeliano, em suma, por toda uma aproximação com a *Fenomenologia do espírito*. Ora, a dialética hegeliana nada tem a ver com todas essas relações lógicas que se começa a descobrir empiricamente nas ciências de que falamos. O que se tenta reencontrar em Marx é alguma coisa que não seja nem a atribuição determinista da causalidade nem a lógica do tipo hegeliano, mas uma análise lógica do real.

Chegamos agora ao problema da comunicação. A filologia do século XIX trabalhava sobre determinadas línguas; a linguística, a partir de Saussure, trabalha sobre a língua em geral, como os gramáticos dos séculos XVII e XVIII. Mas a diferença que existe entre a linguística estrutural e a velha análise cartesiana da língua e da *Grammaire générale* é que a linguística saussuriana não considera a língua como uma tradução do pensamento e da representação; ela a considera como uma forma de comunicação. Assim considerados, a língua e seu funcionamento supõem:

– polos emissores, de um lado, e receptores, de outro;
– mensagens, ou seja, séries de acontecimentos distintos;
– códigos ou regras de construção dessas mensagens que permitem individualizá-las.

De repente, a análise da linguagem, em vez de ser relacionada a uma teoria da representação ou a uma análise psicológica da mentalidade dos sujeitos, encontra-se atualmente colocada em pé de igualdade com todas as outras análises que podem estudar os emissores e os receptores, a codificação e a decodificação, a estrutura dos códigos e o desdobramento da mensagem. A teoria da língua encontra-se, portanto, ligada à análise

172 Michel Foucault – Ditos e Escritos

de todos os fenômenos da informação. Isso é importante de início devido à possibilidade de formalizar e de matematizar bem amplamente as análises linguísticas, a partir do fato de vermos aparecer uma nova definição do que se poderia chamar de coletivo. O coletivo nessa nova perspectiva não será mais a universalidade do pensamento, ou seja, uma espécie de grande sujeito que seria um tipo de consciência social ou uma personalidade de base, ou um "espírito da época". Atualmente, o coletivo é um conjunto constituído pelos polos de comunicação, por códigos que são efetivamente utilizados e pela frequência e estrutura das mensagens enviadas. De repente, a linguística entra em consonância com as análises relativas aos códigos e às mensagens trocadas entre as moléculas que constituem os núcleos das células vivas. Os biólogos sabem hoje, aproximadamente, que código e que forma de mensagem implicam os fenômenos da hereditariedade, inscritos no núcleo das células genéticas. Vocês percebem também que, ao mesmo tempo, a linguística se vê ligada às ciências sociais de um modo novo, na medida em que o social pode ser agora definido ou descrito como um conjunto de códigos e de informações que caracterizam um grupo dado de emissores e de receptores. Fenômenos como a moda, a tradição, a influência, a imitação que, desde Tarde, apareciam como fenômenos a serem analisados em termos exclusivamente psicossociológicos, podem ser lidos no presente a partir do modelo linguístico. Dentro dessa mesma ordem de ideias, é necessário falar do problema da análise histórica. Há o hábito de dizer que a linguística se afastou da filologia adotando o ponto de vista da sincronia, e abandonando o velho ponto de vista diacrônico. A linguística estudaria o presente e a simultaneidade de uma língua, enquanto a filologia estudaria os fenômenos lineares da evolução de um estágio para outro.

De fato, é verdade que o ponto de vista da linguística estrutural é sincrônico, mas o ponto de vista sincrônico não é a-histórico e, com mais forte razão, não é um ponto de vista anti-histórico. Escolher a sincronia não é escolher o presente contra o passado e o imóvel contra o evolutivo. O ponto de vista sincrônico, ligado à linguística estrutural, não nega a história por um certo número de razões:

1º) O sucessivo não passa de uma dimensão da história: afinal, a simultaneidade de dois acontecimentos é menos um fato histórico do que sua sucessão. É preciso não identificar a história ao sucessivo, como se faz ingenuamente. É preciso admitir que a história é tanto o simultâneo quanto o sucessivo.

2º) A análise sincrônica feita pelos linguistas não é absolutamente a análise do imóvel e do estático, mas é, na realidade, a das condições de mudança. De fato, a questão colocada é a seguinte: quais são as transformações que toda língua deveria sofrer para que um só dos elementos seja modificado? Quais são as correlações necessárias e suficientes do conjunto da língua para que apenas uma modificação seja obtida? Dito de outra forma, o ponto de vista sincrônico não é um corte estático que negaria a evolução; é, pelo contrário, a análise das condições nas quais uma evolução pode se dar. Enquanto a antiga análise sucessiva colocava a questão: dada uma mudança, o que pode causá-la?, a análise sincrônica coloca a questão: para que uma mudança possa ser obtida, quais são as outras mudanças que devem estar igualmente presentes no campo da contemporaneidade? Trata-se, portanto, de uma maneira diferente de analisar a mudança, e não absolutamente de uma maneira de negar essa mudança em proveito da imobilidade.

Se, a partir de tal análise, a atribuição da causalidade não está mais presente como tema orientador da análise, é possível ao menos apontar que somente a análise sincrônica permite localizar alguma coisa que seria como uma atribuição causal. Para que a pesquisa da causalidade não se perca em uma nebulosidade mais ou menos mágica, é necessário definir de início quais são as condições que permitirão a mudança.

Essa análise das condições necessárias e suficientes para que uma mudança local ocorra é igualmente necessária e quase indispensável para que se possa transformar essa análise em uma intervenção prática e efetiva, pois o problema colocado é o de saber o que será preciso mudar, se quero mudar alguma coisa no campo total das relações. Longe de ser anti-histórica, a análise sincrônica nos parece muito mais profundamente histórica, já que ela integra o presente e o passado, permite definir o domínio preciso em que poderá se repetir uma relação causal, possibilitando passar finalmente à prática.

Tudo isso está ligado, creio, à renovação das disciplinas históricas. Tem-se o hábito de dizer que as disciplinas históricas estão atualmente atrasadas e que elas não atingiram o nível epistemológico de disciplinas tais como a linguística. Ora, parece-me que, em todas as disciplinas que estudam a mu-

174 Michel Foucault – Ditos e Escritos

dança, produziu-se recentemente uma renovação importante: foram introduzidas as noções de descontínuo e de transformação. Noções como a da análise das condições correlativas à mudança são bem conhecidas pelos historiadores e economistas. O problema que se coloca então para os especialistas das ciências humanas é o de utilizar o exemplo da linguística, da história e da economia para introduzir, no interior das ciências humanas e sociais, a análise enfim rigorosa da mudança e da transformação. De qualquer forma, é necessário não se afastar das análises linguísticas como se fossem análises incompatíveis com uma perspectiva histórica.

A linguística permitiu, enfim, analisar não somente a linguagem, mas os discursos, isto é, ela permitiu estudar o que se pode fazer com a linguagem. Tal como a análise das obras literárias, dos mitos, das narrativas populares, dos contos de fadas, dos textos histórico-religiosos etc. Podem-se fazer atualmente todas essas análises levando em conta o que foi obtido na própria descrição da linguagem. O postulado que não é admitido definitivamente, mas que permanece sempre a ser revisado, é o seguinte: já que as obras literárias, os mitos, as narrativas populares etc. são feitos com a linguagem, já que é certamente a língua que serve de material para tudo isso, não se poderiam reencontrar, em todas essas obras, estruturas que sejam similares, análogas ou, em todo caso, que sejam descritíveis a partir das estruturas que se podem encontrar no próprio material, ou seja, na linguagem?

Resumindo, eu diria que a linguística se articula atualmente com as ciências humanas e sociais por uma estrutura epistemológica que lhe é própria, mas que lhe permite fazer aparecer o caráter das relações lógicas no próprio cerne do real, fazer aparecer o caráter senão universal, ao menos extraordinariamente extenso dos fenômenos de comunicação que vão da microbiologia à sociologia, fazer aparecer as condições de mudança graças às quais se podem analisar os fenômenos históricos, enfim, realizar ao menos a análise do que se poderia chamar de produções discursivas.

Discussão

S. Garmadi: M. Foucault enfatizou o fato de que a sincronia não se opõe absolutamente à diacronia. Eu mesmo tentei mostrar, em minha exposição, como os métodos de análise estrutural sincrônica se beneficiaram dos estudos linguísticos do tipo diacrônico. A explicação diacrônica dos fatos linguísticos deixou realmente de ser o estudo de elementos isolados transformando-se em outros elementos isolados, para se tornar o estudo dos conjuntos em correlação sincrônica e de sua transformação em outros conjuntos em correlação sincrônica, e isso em cada ponto dessa transformação. Mas eu gostaria de colocar uma questão para M. Foucault relativa à definição de sincronia. Ele diz que a sincronia é a explicação das condições de mudança. Dito de outra forma, para haver uma mudança, para que um elemento mude, o que é necessário que eu tenha como relações sincrônicas em um estado dado da língua?

Ora, para os linguistas, uma descrição sincrônica de um estado de uma determinada língua não é tanto a descrição das condições de possibilidade de mudança, mas a descrição das condições de funcionamento de um estado da língua em um determinado momento de seu desenvolvimento. É então bem mais o estudo diacrônico que, em linguística, se ocupa de definir as condições de mudança, buscando saber como, a partir de um elemento que muda, toda a estrutura da língua muda, e tentando estabelecer as repercussões que a mudança de um elemento acarreta sobre todos os outros elementos da estrutura linguística, tanto aqueles que são comparáveis com ele quanto os que não o são.

M. Foucault: Você quer dizer o seguinte: o que os linguistas analisam é o fato de que, produzida uma mudança, ela provoca na língua um certo número de outras transformações. Ora, não creio que seja exatamente isso o que os linguistas fazem. Eles dizem: seja um estado A da língua, estado caracterizado por um certo número de traços. Seja atualmente um estado B, no qual se constata que houve tal mudança e que, em particular, o elemento a' foi transformado em a''. Neste momento, os linguistas constatam que essa mudança é sempre correlativa de outras mudanças (b' em b'', c' em c'' etc.).

A análise estrutural não consiste então em dizer: a mudança de a' em a'' provocou a série de mudanças, b' em b'', c' em c'', e sim: não se pode encontrar a mudança de a' em a'', sem que haja igualmente a mudança de b' em b'', de c' em c'' etc.

176 Michel Foucault – Ditos e Escritos

H. Skik: Queria dizer logo de início que a linguística estrutural não exclui absolutamente a diacronia. Na França, o primeiro grande trabalho de linguística estrutural e de fonologia continua sendo uma obra de diacronia e não de sincronia: trata-se do trabalho do mestre atual da fonologia francesa, André Martinet, que se intitula *Économie des changements phonétiques,* e que retoma toda a história das mudanças fonéticas que tinham sido estudadas no século XIX sob o ângulo da filologia e da gramática histórica.

Portanto, desse ponto de vista, a linguística está no mesmo nível da história.

Respondendo ao Sr. Garmadi, eu diria que a descrição sincrônica da língua falada em um momento dado permite não só definir as condições das mudanças fonéticas, como também observar as mudanças que estão em vias – ou são suscetíveis – de se produzir.

Isso pode parecer paradoxal, já que, em princípio, quem diz análise das mudanças diz ao mesmo tempo análise de um ponto de partida e de um ponto de chegada, o que não parece ser o característico da sincronia.

Para compreender isso, é necessário recorrer a duas noções muito importantes em linguística estrutural:

1) *A noção de neutralização.* No francês parisiense se distingue dois *e*: o *é* fechado (no artigo "*les*") e o *è* aberto (em "*lait*"); diremos que *é* e *è* se opõem.

Mas a análise da língua nos mostra que essa oposição apenas se realiza em uma única posição: na sílaba final.

Em todas as outras posições, o locutor não tem escolha entre *é* e *è*. Ele deve obrigatoriamente utilizar um ou outro (*é* em uma sílaba aberta terminada por uma vogal: *été*; *è* em uma sílaba fechada terminada por uma consoante: *cette*).

Diremos que a oposição *é-è* se neutraliza no francês dos parisienses, exceto na sílaba final.

Temos o direito de pensar que uma oposição que tende a se neutralizar na maior parte das posições é muito frágil, e, portanto, ameaçada de desaparecer em um tempo maior ou menor.

2) *A noção de rendimento funcional.* Mas, para avaliar de uma maneira mais precisa a solidez de uma oposição tão frágil e suas possibilidades de manutenção, a linguística recorre a outra noção muito importante, cuja utilização infelizmente não é ainda muito usual, pois não se chegou a torná-la realmente operatória: a noção de *rendimento funcional* de uma oposição.

Ela consiste em analisar o rendimento de uma oposição na língua, ou seja, o número de vezes em que se tem necessidade dessa oposição para distinguir palavras e se fazer compreender. Por exemplo, se tomarmos em francês a oposição "*an-on*", não há nenhum problema em acumular palavras que apenas se distinguem por um desses dois sons (*bon* e *banc*, *blond* e *blanc*, *son* e *sang*...).

Pelo contrário, dificilmente poderíamos encontrar mais de três ou quatro pares que somente se distinguem pela oposição "*in-un*" (*brin-brun*, *Ain-un*...)

Diremos que o rendimento funcional da oposição "*an-on*" é muito forte, enquanto o da oposição "*in-un*" é muito fraco.

Baseando-nos em tais constatações (essencialmente, mas não exclusivamente, pois as coisas na realidade são mais complexas), poderemos dizer que essa oposição é muito frágil e que corre o risco de ser eliminada, em função de sua pequena utilidade (efetivamente constata-se que, na França, a maioria das pessoas não faz essa distinção "*in-un*" e diz: "*inélève*" e não mais "*unélève*").

Esses exemplos tinham por finalidade demonstrar o seguinte: que mesmo a descrição sincrônica, definindo a estrutura da língua em questão, mostrando, se quiserem, os pontos fracos, pode ser uma descrição dinâmica e aberta à história passada e futura dessa língua.

F. Stambouli: Estou um pouco embaraçado de tomar a palavra em uma reunião de linguistas, mas é preciso participar da discussão; como o tema de nosso encontro é "Linguística e ciências sociais", vou tentar fazer algumas observações como sociólogo.

Fiquei extremamente interessado pelas observações do professor Foucault, sobretudo aquelas sobre a posição do estruturalismo do ponto de vista da história. O estruturalismo – isso acaba de ser dito aqui, dessa vez de maneira sistemática e com vigor – longe de se opor à mudança – ou seja, à história – é apenas uma modalidade de análise da mudança, uma modalidade de análise que a "precipita" de alguma forma e permite dar conta dela.

Dito isso, a questão que me coloco é relativa ao grau de utilidade operatória do conceito de estrutura, desta vez não mais em linguística, mas em sociologia. Enquanto o enfoque estrutural se revela altamente positivo em linguística e em etnologia,

178 Michel Foucault – Ditos e Escritos

pois o objeto dessas duas ciências é relativamente autônomo no que se refere ao sujeito e do ponto de vista da prática consciente dos indivíduos e dos grupos, já em sociologia, ciência da sociedade atual e de seu futuro, o enfoque estrutural não vai por si e se choca com numerosas dificuldades.

Se é verdade que o enfoque estrutural se refere à dimensão inconsciente dos fenômenos para delinear a lógica que lhes é subjacente, e se é verdade que ele também pode privilegiar esse nível com sucesso na linguística e na etnologia, ele não pode fazê-lo tão facilmente em sociologia, assim como em história. Efetivamente, se os fatos sociais são suscetíveis de um tratamento científico, eles não podem sê-lo totalmente, por permanecerem maculados, por um lado, pela indeterminação que a problemática estruturalista não parece ter ainda reduzido.

Tudo se passa como se o estruturalismo experimentasse dificuldades desde que ele opere sobre o presente. Pelo contrário, desde que opere sobre o que foi disposto e, portanto, relativamente disjunto dos indivíduos e dos coletivos que vivem os fatos sociais, históricos ou outros, a análise estrutural é conclusiva. Vemos isso em Lévi-Strauss na etnologia, na qual dessa vez se opera com sucesso sobre as sociedades que qualificamos de "frias" e que desapareceram; opera-se sobre o que resta delas, principalmente sobre os mitos. Vemos isso também na "arqueologia do saber" de Foucault, que, para analisar e dar conta do pensamento ocidental, o faz a partir de três momentos de sua história passada, a saber: a Renascença, o período clássico e o período moderno, abstendo-se, ao menos até o momento, de se pronunciar claramente sobre o período contemporâneo. Essa dificuldade que o estruturalismo experimenta em dar conta do presente constitui, de nosso ponto de vista, seus limites em sociologia.

Concluindo, o estruturalismo como método de conhecimento científico permanece limitado em suas aplicações e parcial em seu tratamento do homem como ser social. História, indivíduo e liberdade, noções de duração, de ruptura, de mudança, novas versões do homem e novas configurações das formações socioeconômicas, tantas questões que permanecem colocadas para o estruturalismo e às quais ele parece não ter dado ainda respostas satisfatórias.

M. Seklani: Estou contente de ouvir linguistas afirmarem ainda uma vez que a linguística, seja quais forem seu campo

1969 – Linguística e Ciências Sociais 179

de investigação e seus métodos, não é filologia, nem tampouco análise literária. Não é suficiente possuir línguas para se crer linguista. Por suas preocupações, seus problemas, seus métodos e seu conteúdo ela é uma ciência social por excelência, pelo menos no estágio em que se encontra atualmente, o que contribui, pelo menos eu o espero, para suspender certos equívocos. Gostaria, no entanto, de contribuir para esse debate com alguns esclarecimentos sobre as relações entre a linguística e certas ciências sociais, como a sociologia e a demografia.

Por ocasião desses debates para os quais fomos convidados e que esperamos se repetirão tão frequentemente quanto possível no futuro, poderemos falar de dois grandes temas: poderemos nos perguntar se a linguística atingiu um grau de cientificidade superior ao das outras ciências sociais, ao ponto de ela poder lhes propor a sua metodologia e seus conceitos, já que atualmente é a linguística que expõe seus próprios métodos através do estruturalismo. A linguística e as ciências sociais podem se enriquecer mutuamente do ponto de vista de seus respectivos métodos?

Contudo, a história do pensamento científico mostra que, quando uma disciplina se engajava, mesmo parcialmente, na via científica, ela conseguia, cedo ou tarde, engajar-se nela inteiramente.

Os modelos linguísticos que tentam precisar as formas de mudanças de signos ou de comunicações possíveis entre os indivíduos (a linguagem), entre elementos de máquinas (sistemas analógicos, traduções automáticas) ou entre outras entidades recorrem à teoria da informação e são dominados pelo emprego de noções tomadas emprestado da termodinâmica, ou seja, as noções de medidas quantitativas (entropia...) introduzidas engajam cada vez mais esta disciplina na via científica, e dessa forma aumentam seu grau de cientificidade.

A linguística estatística, na qual se chegou a leis semelhantes às encontradas em biologia ou em ecologia (lei de Zipf), revelaria talvez essa identidade das estruturas internas das formas, que advém provavelmente da natureza das coisas, cuja classificação já indica a existência possível de "funções" próprias do que se comunica por signos e por símbolos. A biologia e a psicologia têm, desse ponto de vista, um terreno de convergência com a linguística.

180   Michel Foucault – Ditos e Escritos

Não há dúvida de que a linguística geral e, preferencialmente, a linguística transformacional, como se acaba de nô-la expor, buscam estabelecer leis e utilizam o método dedutivo e experimental na base de todos os seus procedimentos. Mas não parece que elas tenham conseguido submeter todas as suas investigações a esses métodos científicos tomados emprestado das ciências exatas, embora os aspectos matemáticos da linguística se desenvolvam atualmente em uma velocidade vertiginosa. Será que o patamar de cientificidade superior ao qual a linguística conseguiu atingir proviria talvez dessa orientação? Eu responderia afirmativamente à segunda questão, por duas razões. Inicialmente, porque as ciências sociais conseguiram atingir atualmente níveis diferentes de seu desenvolvimento; as melhores, obtidas pelas circunstâncias ou pelo acaso, podem provavelmente fornecer às outras uma gama de instrumentos mais ou menos variados, capazes de ajudá-las a se desenvolverem e a melhor dominarem seus dados de base. A seguir, creio que a maior parte das ciências sociais procede da mesma *démarche* científica. Na atual etapa de seu desenvolvimento, que alguns qualificam de pré-histórica em comparação com as ciências da natureza, elas se esforçam para explicar e interpretar os fenômenos sociais, de resto tão complexos, sem estabelecer necessariamente relações causais. Nessa etapa, elas têm necessidade de se afirmar e de reivindicar para si o estatuto científico que, infelizmente, nem sempre está assegurado.

Elas estão, portanto, à procura de instrumentos de análise, ou seja, de metodologias adequadas para fazê-las emergir, já que a maior parte de suas explicações depende da metodologia adotada, pois não devemos esquecer que elas dificilmente acabam, na maioria das vezes, nascendo de disciplinas literárias, filosóficas e históricas. Qual é, de fato, a idade da sociologia, filha da filologia ou da gramática, diante da astronomia, ou, ainda, a da demografia, diante da aritmética ou da medicina? Mas creio igualmente que as ciências que podem trocar conceitos e métodos – falo de métodos, e não de informações –, dentre as ciências sociais, são aquelas que se apresentam como ciências das leis. Ora, nem todas as ciências sociais se definem como tais.

O que a linguística estrutural proporia, a partir do que acaba de nos ser dito muito sucintamente, é que haveria uma convergência entre as análises linguísticas e as sociológicas. Da mesma forma que seria possível opor, por exemplo, língua à fala em linguística, seria possível opor coletivo a indivíduo ou a algumas de suas respectivas características em sociologia. É possível que os conceitos de uma possam servir de instrumentos de análise para as outras, provavelmente depois de uma certa adaptação.

Citarei como exemplo desses conceitos comuns à linguística e à demografia, sem saber qual das duas disciplinas os emprestou à outra: a sincronia e a diacronia. A demografia os utiliza frequentemente em suas análises e os denomina "observações transversais e longitudinais". As gerações podem ser estudadas através de acontecimentos dos quais elas são a sede ao longo de um período (diacronicamente), ou em um momento preciso de sua vida (sincronicamente)... Essas comparações serão sem dúvida mais frutíferas caso se pudesse fazê-las avançar. Será que o conceito de análise das estruturas das populações, essencial em demografia, encontraria um dia um campo de aplicação em sociologia e em linguística?

De maneira geral, a demografia estatística regulamentou um conjunto de métodos capazes de serem utilizados vantajosamente pela maioria das outras ciências sociais, tais como a economia, a sociologia, a geografia e, talvez mesmo, a linguística. Que se me permita tomar emprestado este ponto de vista a Lévi-Strauss:

"Do ponto de vista da absoluta generalidade e da imanência a todos os outros aspectos da vida social, o objeto da demografia, que é o número, se situa no mesmo nível da língua. Talvez pela mesma razão, a demografia e a linguística são as duas ciências do homem que conseguiram ir mais longe no sentido do rigor e da universalidade."

Mas o que deturpa todos esses ares científicos de todas as ciências sociais, ou pelo menos as perturba, é que todas elas procedem de um conteúdo ambíguo imanente ao homem: sua natureza e seu comportamento.

É nesse sentido que concordo um pouco com o que o Sr. Stambouli diz, quando ele fala da sociologia. É que, justamente ali, se consegue, com mais ou menos sucesso, analisar o que decorre da natureza do homem, pelo menos no que ela tem de constante, mas, quando se chega à análise de seu comportamento, os métodos e os conceitos de todas essas ciências sociais permanecem incertos, e às vezes inaplicáveis. Não penso que o estruturalismo, colocado à prova, conseguisse, melhor do que os outros, vencer o desafio.

182 Michel Foucault – Ditos e Escritos

Fantar: O professor Foucault enfatizou a diferença entre as relações encontradas pelos linguistas na linguagem e as relações que os cientistas buscam encontrar nas outras disciplinas. Insistiu particularmente sobre a negação da noção de causalidade nas pesquisas linguísticas estruturais. Ele nos disse, por exemplo, que temos um estado linguístico que se compõe de diferentes elementos: a, b, c. Quando uma mudança afeta a, que se torna a', automaticamente b se torna b' e c se transforma em c'. Mas, para que uma mudança afete a, que se torna a', é necessário que alguma coisa aconteça. Também me parece que não se pode negar totalmente a causalidade. Há, de fato, sempre alguma coisa que age, mas, em vez de agir em um só elemento, age sobre um conjunto de elementos entre os quais existem relações orgânicas.

Quando falamos de linguística, nos referimos à informação, ao código. Pergunto-me se os linguistas chegaram a encontrar um sistema que permita decifrar as línguas que permaneceram até hoje indecifráveis, como o etrusco. Até o presente, para decifrar uma língua, os linguistas são obrigados a conseguir traduções. Se eles não encontram inscrições bilíngues, não podem decifrar uma língua. Estamos, portanto, sempre no estágio de Champollion. Uma língua é sempre decifrada a partir de uma outra língua: o fenício a partir do bilíngue de Malta, o cuneiforme a partir do bilíngue de Persépoles etc.

A. El-Ayed: Gostaria inicialmente de lembrar uma frase lançada pelo professor De Voto durante o X Congresso Internacional dos linguistas de Bucareste. Visando a pôr fim ao famoso conflito diacronia-sincronia, o professor De Voto usou a seguinte imagem: a diacronia seria um rio que atravessa um lago, o lago da sincronia.

Dito isso, quero retornar à semiologia, denominada também "semiótica". Essa jovem ciência dos signos, anunciada por Saussure, se destaca cada vez mais e parece ter campos de aplicação imensos. Dessa forma, um cientista americano, o Sr. Sebeok, pôde falar, por ocasião do mesmo congresso, de uma zoossemiótica, de uma pansemiótica, prevendo mesmo a possibilidade de uma comunicação extraterrestre.

As comunicações humana e animal constituem igualmente manifestações de um verdadeiro código da vida. Eis por que a linguística moderna, com suas diferentes ramificações, em particular com suas interferências com a semiótica e a genética,

1969 – Linguística e Ciências Sociais   183

parece ter se tornado a ciência por definição, produzindo tentáculos que interessam a todas as outras disciplinas chamadas ciências do homem.

A. Zghal: Gostaria de expor uma ou duas possibilidades de colaboração entre sociólogos e linguistas. Estudando as cooperativas agrícolas, dei-me conta da existência, nos camponeses, de uma língua muito particular que não existe nas cidades, nem na elite administrativa nem no resto da população citadina.

Não sou linguista, mas creio que, para estudar até que ponto a ideologia e a mensagem da elite administrativa atingiram a população camponesa, seria necessário que os linguistas examinassem essa língua particular criada recentemente no nível regional e utilizada gradualmente pelos camponeses. Uma colaboração sobre esse tema entre linguistas e sociólogos permitiria a estes últimos saber até que ponto os projetos imaginados pelos serviços administrativos puderam ser veiculados por essa língua, qual é a proporção dos camponeses atingidos por essa mensagem, e quais são afinal as porcentagens respectivas de palavras retidas ou recusadas pelos camponeses. Citarei um só exemplo a esse respeito: a noção de *amortização*. O camponês recebe essa noção sob a forma árabe de نـقـص معتبر (*naqs mu^ctabar*), literalmente: "diminuição considerada", e me parece que ele não a compreende, já que um trator ainda é novo e abate-se no máximo 10% de seu valor.

O segundo tema que gostaria de propor à colaboração entre sociólogos e linguistas é a organização do sistema de parentesco na sociedade beduína.

Fiquei pessoalmente impressionado de constatar, nas populações seminômades da Tunísia e no conjunto de Maghreb, a importância da regra de casamento com a filha do tio paterno, assim como a solidez da ligação com o grupoétnico e familiar, e ao mesmo tempo de constatar a ausência de palavras precisas exprimindo uma tal realidade. As palavras قـبـيـلـة (*qabïla*), عـائـلـة (*^cā'ila*) ou عـرش (*^carš*) são muito imprecisas e exprimem coisas muito variadas. Quanto mais a estrutura de parentesco é coercitiva mais as palavras existentes são imprecisas. Há uma verdadeira contradição entre a força da submissão à estrutura do sistema de parentesco e a fragilidade das palavras exprimindo os agrupamentos agnáticos. A palavra قـبـيـلـة (= *qabïla*) exprime coisas "variadas que os franceses traduzem,

184 Michel Foucault – Ditos e Escritos

segundo uma estrutura hierarquizada, por confederação, tribo, fração, subfração"... Mas trata-se apenas aí de uma lógica feudal, visto que a organização tribal é uma organização segmentar coercitiva. Creio que a contribuição dos linguistas sobre esse ponto pode ajudar os sociólogos a compreender as relações entre a linguagem e a organização tribal. Ali também gostaria de citar um exemplo: sabe-se que existem tribos que eram muito importantes nos séculos XV e XVI, e cujas denominações desapareceram. A população ainda existe, mas os nomes desapareceram. Qual é a história desses nomes? Alguns desapareceram, outros nasceram e, no entanto, a população permaneceu a mesma e a organização do sistema de parentesco é também coercitiva.

Naccache: Quero falar inicialmente de minha inquietação diante da sociologia, tal como a definiu o Sr. Stambouli. Não vejo muito bem o que pode ser uma ciência na qual se pense que a ação do indivíduo é fundamental. Não vejo muito bem como tal aproximação pode ser científica. Parece-me que, afinal de contas, a ação do indivíduo sobre a língua é muito mais coercitiva do que sua ação sobre o meio social. Creio que, em se tratando da sociologia e da linguística, a causalidade deve ser buscada alhures e não no seio dessas duas disciplinas.

Na realidade, o que é determinante tanto em sociologia como em linguística, creio, são as condições econômicas, portanto condições extrassociológicas e extralinguísticas. O Sr. Zghal acaba justamente de nos falar de uma mudança linguística que se operou no seio das cooperativas agrícolas sob a influência evidentemente da mudança das condições econômicas.

A história recente da Tunísia mostra que há três registros linguísticos, quatro com a língua das cooperativas, cinco com a de outros setores econômicos etc. Esses diferentes registros estão ligados a certas classes sociais. Não são as mesmas classes sociais que falam francês, o árabe clássico ou o árabe dialético, e aqueles tunisianos que utilizam essas três línguas não empregam qualquer uma delas com qualquer um. A transformação da língua não provém então de sua própria dinâmica e de sua estrutura própria, mas certamente da influência das condições exteriores, econômicas e sociais. Creio que o tema de nosso próximo debate multidisciplinar poderia ser circunscrever de mais perto as relações mútuas, essas interdependências entre linguística, etnologia e sociologia, por um lado, e a economia, por outro.

N. Bou Aroudj: Parece-me que M. Foucault enfatizou as analogias existentes entre a *démarche* estrutural em linguística e os métodos de análise estrutural das outras ciências, principalmente da ciência da informação. Mas creio que nos omitimos de falar sobre um tema importante, que se encontra no centro dos problemas da linguística e da informação, ou seja, o estudo do cérebro humano, isto é, dos centros de linguagem.

O segundo ponto sobre o qual eu gostaria de ter a opinião dos linguistas é a possibilidade que tem a linguagem humana de se comunicar com os animais. Parece-me que certos animais podem responder de maneira inteligente a certas linguagens. Eu me pergunto então se os linguistas têm desenvolvido trabalhos relativos a esse aspecto da questão e sobretudo concernindo, em biologia-psicologia, ao domínio dos reflexos condicionados.

M. Foucault: Gostaria de responder a algumas das questões que me foram propostas. Inicialmente, vou lhes confiar uma coisa que parece não ser ainda conhecida em Paris – não sou estruturalista. Salvo em algumas páginas que eu lamento, jamais empreguei a palavra estrutura. Quando falo de estruturalismo, falo dele como um objeto epistemológico que me é contemporâneo. Isso dito, há um método que me interessa em linguística, o que o Sr. Maamouri lhes expôs há pouco e que foi batizado com o nome de "gramática gerativa ou transformacional". É um pouco esse método que tento introduzir na história das ideias, das ciências e do pensamento em geral.

O Sr. Stambouli dizia há pouco que a noção de estrutura não é diretamente utilizável em sociologia. Nisso estou inteiramente de acordo com ele e não penso que haja um só linguista ou estruturalista que lhes afirmaria que ela é utilizável no mesmo nível. Creio que o problema que se coloca é o seguinte: considerando o extraordinário aporte de conceitos, de métodos e de formas de análise que a linguística e um certo número de outras disciplinas conexas como a semiologia criaram recentemente, parece-me que a análise de certos fenômenos sociais poderia ser, sem dúvida, facilitada e enriquecida pela própria transformação desses métodos de análise. Penso que o sociólogo poderia enriquecer até a própria linguística, com a condição de que ele se desembaraçasse de sua atitude de recusa total ou de aceitação em bloco, e se colocasse a questão: o que é preciso que eu mude nos conceitos, nos métodos e nas formas de análise da linguística para que estas últimas sejam por mim utilizáveis em tal ou tal domínio?

186 Michel Foucault – Ditos e Escritos

Quanto ao Sr. Fantar, ele levantou dois problemas: o da causalidade e o da tradução.

Quanto à causalidade, não vejo em que seu conselho difere do que eu expus até aqui, ou seja, o fato de que a análise estrutural tenta definir o campo no interior do qual as relações causais poderão ser atribuídas. Quando se diz: não há mudança de a' em a" sem uma mudança de b' em b", de c' em c" etc., determina-se certamente a causalidade, mas, a qualquer indivíduo que quisesse encontrar a causa dos fenômenos, se assinalaria como condição levar tudo isso em conta. Dito de outra forma, o que define o estruturalismo é o campo de efetuação de uma explicação causal.

M. Zamiti: M. Foucault acaba de levantar o problema da aplicação à sociologia dos métodos utilizados pela linguística estrutural. Esse procedimento seria legítimo apenas à medida que autênticas descobertas pudessem se descolar de hipóteses inexatas, processo do qual a história do conhecimento oferece múltiplos exemplos.

A dificuldade fundamental da transposição metodológica colocada em causa remete-se ao seguinte fato: se a língua é um produto da vida social, assim como o discurso determina, em certa medida, o campo do real, o que incita Lévi-Strauss a procurar "uma origem simbólica da sociedade", os sujeitos da vida coletiva são simultaneamente produtos e produtores desta.

Percebendo as múltiplas relações de complementaridade, de oposição, de implicação mútua tramadas entre os diferentes aspectos materiais e ideológicos das unidades coletivas reais, etnólogos e sociólogos adotaram os conceitos de totalidade e de sistema: tal como a linguagem, toda cultura é sistemática ou tende à sistematização. A partir disso, a tentação é forte para o sociólogo: assegurado dessa homologia geral, ele espera dar um salto adiante em sua disciplina utilizando métodos mais rigorosos do que os linguistas. No entanto, ele se choca a cada vez com o mesmo limite, porque os fatos que decorrem de seu domínio não se situam no mesmo nível de empirismo que os materiais bem mais elaborados com os quais seu colega costuma trabalhar. Desde que tente encerrar a realidade social mutante em esquemas e nos modelos de interpretação tomados emprestado dos linguistas, fatores imprevisíveis constantemente intervêm para desarrumar sua construção.

Tomemos um exemplo. Institucionalizada na Grã-Bretanha após a Primeira Guerra Mundial, a formação profissional se desenvolve nesse país durante os anos 1930. Na França, ela remonta a 1939, quando Dautry, ministro do Exército, decidiu dispor rapidamente de trabalhadores indispensáveis às fábricas para a condução da guerra. Como modo rápido de transmissão de um saber técnico, essa formação faz parte do conjunto de relações institucionais que os indivíduos organizaram entre eles em função de sua adaptação particular à situação e ao meio. Na Europa ocidental do século XX, a formação profissional e a industrialização foram dois aspectos complementares de uma mesma realidade, de um mesmo discurso. Inversamente, a introdução maciça da formação profissional na Tunísia por um decreto promulgado em 12 de janeiro de 1956, quando a industrialização ainda engatinhava, criou graves problemas de emprego e, portanto, uma disjunção, no nível da sociedade global, tão grave quanto seria o escândalo semântico provocado pela introdução, em uma língua determinada, de um termo que lhe fosse estrangeiro. A analogia pode ser levada bastante longe, já que, nos dois casos, o da língua e o da sociedade, a análise é capaz de ser conduzida em termos de adoção ou de rejeição de um código exógeno introduzido em um sistema receptor concordante ou discordante.

No entanto, bem rapidamente, a divergência se anuncia, pois, se a introdução de um elemento linguístico em um outro sistema se esgota em um não sentido e na recusa radical, a formação recebida por um sujeito é um dos fatores capazes de lhe permitir contribuir para a criação de um emprego, e, portanto, de restabelecer a coerência inicialmente perdida. A ambivalência do sujeito frustra qualquer tentativa de assimilá-lo à linguagem. Muitos debates, tornados desde então clássicos, tais como o que opôs malthusianos e populacionistas, só se tornaram possíveis graças a interpretações antinômicas e unilaterais de apenas uma ou outra das duas dimensões indissociáveis desse drama dialético original da liberdade humana. Nessa ordem de ideias, Sauvy se comprazia em relembrar frequentemente este provérbio extremamente oriental: "Pode-se fazer viver durante um dia um homem dando-lhe um peixe, mas pode-se fazê-lo viver para sempre ensinando-o a pescar."

Eis a razão pela qual podemos nos interrogar, com inveja mas sem esperança, sobre a eventual extensão à sociologia dos métodos prestigiados da análise linguística do tipo estrutural.

188 Michel Foucault – Ditos e Escritos

S. Garmadi: Gostaria de voltar à intervenção do Sr. Stambouli para tentar cernir de mais perto o que me pareceu constituir uma base comum da problemática de nossas duas disciplinas, a sociologia e a linguística. O que o Sr. Stambouli disse poderia fazer crer que há uma grande defasagem entre essas duas ciências sociais. A sociologia seria o estudo de fenômenos humanos, presentes e futuros, à medida que estão ligados ao sujeito emissor. E como a linguística estrutural tende cada vez mais a dissociar o estudo do discurso e da fala humana daquele do sujeito, de suas intenções, das condições sociológicas nas quais ele vive etc., seria possível acreditar que há uma espécie de antagonismo profundo entre os métodos de análise em linguística e em sociologia. De fato, isso me parece secundário, se comparado ao que parece ligar profundamente a metodologia dessas duas disciplinas.

Parece-me com efeito que o que está em primeiro plano em sociologia é o estudo das tensões. Tenho a impressão de que, quando os sociólogos falam, eles o fazem sobretudo a partir disso que, em tal ou tal coletivo social, resiste a qualquer coisa. Dito de outra forma, a sociologia contemporânea parece privilegiar um domínio, o do estudo da defasagem entre a norma e o comportamento real das pessoas, seja esta norma atual ou retire sua força e sua realidade do passado.

Pois bem, é exatamente isso que fazem os linguistas modernos. A linguística, dissociando a língua da fala concreta, o paradigma do sintagma, ou seja, dissociando a norma do comportamento linguístico real dos locutores, retoma exatamente o mesmo procedimento. Um tunisiano que diz: "*donne-moi la parapluie*" faz, para o gramático, um erro de gênero. Mas, para o linguista, esse "erro" é significativo e ele lhe dará toda a sua atenção. Para ele, o locutor tunisiano em questão está em tensão, porque, para formar seu sintagma (*donne-moi la parapluie*), ele dispõe de duas normas, dois códigos: o código francês, que exige "*le* parapluie", e o código árabe, que sugere "*la* parapluie" (o equivalente árabe *shāba* = سحابة sendo feminino). No presente caso é o código árabe (o ancestral, diriam os sociólogos) que o carregou. Os sociólogos, estudando, por exemplo, o grau de aceitação ou de recusa de novas normas, tais como as práticas contraceptivas, por uma sociedade com normas antigas opostas, seguem consequentemente o mesmo procedimento metodológico que os linguistas. Para concluir sobre esse ponto, eu diria que, nesses domínios da tensão, da distorção entre o formal – ou seja, a norma – e o real, quer dizer, o comportamento, a defasagem entre as condutas sociais e linguísticas antigas e modernas, uma colaboração muito frutífera pode e deve se instaurar entre sociólogos e linguistas tunisianos.

Concluirei agradecendo ao Sr. Zghal pelos dois temas de colaboração sociolinguística que ele nos propôs e que nos permitirão nos debruçarmos sobre as novas formas linguísticas efetivamente utilizadas pela população tunisiana, esperando que o CERES tenha o hábito de organizar, uma vez por ano, por exemplo, debates interdisciplinares semelhantes, cujo interesse não deixa nenhuma dúvida.

1970

Prefácio à Edição Inglesa

"Foreword to the English Edition" ("Préface à l'édition anglaise"; trad. F. Durand-Bogaert), *in* Foucault (M.), *The order of things*, Londres, Tavistock, 1970, p. IX-XIV.

Talvez fosse preciso intitular este prefácio de "modo de emprego". Não que, a meus olhos, o leitor não seja digno de confiança – livre, bem entendido, para fazer o que ele desejar do livro que teve a amabilidade de ler. Que direito tenho eu de sugerir que se faça desse livro um uso de preferência a um outro? Numerosas coisas, quando eu o escrevia, não estavam claras para mim: algumas pareciam muito evidentes; outras, muito obscuras. Então eu me disse: eis como meu leitor ideal teria abordado meu livro se minhas intenções tivessem sido mais claras e meu projeto mais capaz de tomar forma.

1) Ele reconheceria que se trata de um estudo em um campo relativamente negligenciado. Na França, ao menos, a história da ciência e do pensamento cedeu terreno para a matemática, a cosmologia e a física – ciências nobres, ciências rigorosas, ciências do necessário, muito próximas da filosofia: pode-se ler, na sua história, a emergência quase ininterrupta da verdade e da razão pura. Mas se consideram as outras disciplinas – aquelas, por exemplo, relativas aos seres vivos, às línguas ou aos fatos econômicos – como muito tingidas pelo pensamento empírico, muito expostas aos caprichos do acaso ou às figuras da retórica, às tradições seculares e aos acontecimentos exteriores, para que se lhes suponha uma história diversa da irregular. Espera-se delas, no máximo, que testemunhem um estado de espírito, uma moda intelectual, uma mescla de arcaísmo e de apreciação ousada, de intuição e de cegueira. E se o saber empírico, em uma época e cultura dadas, possuísse efetivamente uma regularidade claramente definida? Se a própria possibilidade de registrar fatos, de se deixar convencer

1970 – Prefácio à Edição Inglesa **191**

por eles, de deformá-los em tradições, de fazer deles um uso puramente especulativo, se mesmo isso não fosse submetido ao acaso? Se os erros (e as verdades), a prática das velhas crenças – em nome das quais são computadas não somente as verdadeiras descobertas, mas também as ideias mais ingênuas –, se tudo isso obedecesse, em um momento dado, às leis de um certo código de saber? Se, em suma, a própria história do saber não formalizado possuísse um sistema? Essa foi minha hipótese de partida – o primeiro risco que assumi.

2) Esse livro deve ser lido como um estudo comparado, e não como um estudo sintomatológico. Minha intenção não foi, a partir de um tipo particular de saber ou de um *corpus* de ideias, esboçar o quadro de um período ou reconstituir o espírito de um século. Eu quis apresentar, uns ao lado dos outros, um número bem preciso de elementos – o conhecimento dos seres vivos, o conhecimento das leis da linguagem e o conhecimento dos fatos econômicos – relacionando-os ao discurso filosófico do seu tempo, durante um período que se estende do século XVII ao XIX. Ele não devia ser uma análise do classicismo em geral ou a pesquisa de uma *Weltanschauung*, mas um estudo estritamente "regional".[1]

Mas, entre outras coisas, esse método comparativo produz resultados que são, com frequência, espantosamente diferentes daqueles que os estudos unidisciplinares revelam. (O leitor não deve então esperar encontrar aqui, justapostas, uma história da biologia, uma história da linguística, uma história da economia política e uma história da filosofia.) Certas coisas predominaram sobre outras: o calendário dos santos e dos heróis foi um tanto modificado (um maior destaque é dado a Lineu do que a Buffon, a Destutt de Tracy do que a Rousseau; Cantillon sozinho se opõe a todos os fisiocratas). As fronteiras foram retraçadas, aproximações operadas entre coisas habitualmente distintas, e vice-versa: em vez de ligar as taxionomias biológicas a um outro saber relativo ao ser vivo (a teoria da germinação, a fisiologia do movimento animal ou, ainda, a estática das plantas), eu as comparei ao que se teria podido dizer, na mesma época, sobre os signos linguísticos, a formação das ideias gerais, a linguagem de ação, a hierarquia das necessidades e a troca das mercadorias.

---

1 (N.A.) Utilizo, às vezes, termos como "pensamento" ou "ciência clássica", mas eles remetem quase sempre à disciplina particular que é examinada.

192   Michel Foucault – Ditos e Escritos

Isso teve duas consequências: fui de início conduzido a abandonar as grandes classificações que, hoje, nos são familiares a todos. Não fui buscar, nos séculos XVII e XVIII, os começos da biologia do século XIX (ou da filosofia, ou da economia). Mas observei a emergência de figuras características do período clássico: uma "taxionomia" ou uma "história natural" relativamente pouco contaminada pelo saber que existia então na fisiologia animal ou vegetal; uma "análise das riquezas" que se preocupava pouco com os postulados da "aritmética política" que lhe era contemporânea; enfim, uma "gramática geral" que nada tinha em comum com as análises históricas e os trabalhos de exegese que eram perseguidos simultaneamente. Tratava-se de fato de figuras epistemológicas que não eram impostas às ciências, tais como foram individualizadas e nomeadas no século XIX. Observei também a emergência, entre essas diferentes figuras, de uma rede de analogias transcendendo as proximidades tradicionais: entre a classificação das plantas e a teoria da cunhagem das moedas, entre a noção de característica genérica e a análise das trocas comerciais, encontramos, nas ciências da época clássica, isomorfismos que parecem desdenhar da extrema diversidade dos objetos considerados. O espaço do saber, na época clássica, é organizado de uma maneira inteiramente diferente daquela, sistematizada por Comte ou Spencer, que domina o século XIX. Eis o segundo risco que corri: ter escolhido descrever não tanto a gênese de nossas ciências, mas um espaço epistemológico característico de um período particular.

3) Consequentemente, não operei no nível que é habitualmente o do historiador das ciências – eu deveria dizer nos dois níveis que são habitualmente os seus. Por um lado, a história da ciência retraça efetivamente o progresso das descobertas, a formulação dos problemas, registra o tumulto das controvérsias; ela analisa também as teorias em sua economia interna; em suma, descreve os processos e os produtos da consciência científica. Por outro lado, no entanto, ela tenta restituir o que escapou a essa consciência: as influências que a marcaram, as filosofias implícitas que a sustentam, as temáticas não formuladas, os obstáculos invisíveis; ela descreve o inconsciente da ciência. Esse inconsciente é sempre a versão negativa da ciência – o que resiste a ela, a faz desviar-se ou a perturba. Mas, por minha parte, gostaria de evidenciar um *inconsciente*

1970 – Prefácio à Edição Inglesa **193**

positivo do saber: um nível que escapa à consciência do pesquisador e que, no entanto, faz parte do discurso científico, à medida que ele contesta sua validade e procura minimizar sua natureza científica. O que a história natural, a economia e a gramática da época clássica tinham em comum não estava certamente presente na consciência do cientista; ou, então, a parte de consciência era superficial, limitada e quase de pura fantasia (Adanson, por exemplo, sonhava em estabelecer uma denominação artificial das plantas; Turgot comparava a cunhagem das moedas à linguagem); mas, sem que eles tivessem consciência, os naturalistas, os economistas e os gramáticos utilizavam as mesmas regras para definir os objetos próprios ao seu campo de estudo, para formar seus conceitos, construir suas teorias. São essas regras de formação, que jamais tiveram formulação distinta e apenas eram percebidas através das teorias, dos conceitos e dos objetos de estudo extremamente diferentes, que tentei evidenciar, isolando, como seu lugar específico, um nível que denominei, talvez de maneira um pouco arbitrária, arqueológico. Tomando como exemplo o período abrangido por esse livro, tentei determinar o fundamento ou o sistema arqueológico comum a toda uma série de "representações" ou de "produtos" científicos dispersos através da história natural, da economia e da filosofia da época clássica.

4) Eu gostaria que o leitor penetrasse nesse livro como em um sítio aberto. Numerosas questões nele colocadas não encontraram ainda respostas; e, entre as lacunas, numerosas são aquelas que remetem seja a trabalhos anteriores, seja a trabalhos que ainda não estão concluídos ou mesmo começados. Mas gostaria de evocar três problemas.

O problema da mudança. Disseram desse livro que ele negava a própria possibilidade de mudança. A questão da mudança é, no entanto, o que constituiu minha principal preocupação. Na verdade, duas coisas em particular me impressionaram: por um lado, a maneira súbita e radical com que certas ciências foram às vezes objeto de uma reorganização; e, por outro, o fato de que na mesma época mudanças similares ocorreram em disciplinas aparentemente muito diferentes. No espaço de alguns anos (em torno de 1800) substituiu-se a tradição da gramática geral por uma filologia essencialmente histórica; ordenaram-se as classificações naturais de acordo com as análises da anatomia comparada; fundou-se uma economia po-

194 Michel Foucault – Ditos e Escritos

lítica cujos principais temas eram o trabalho e a produção. Diante de uma combinação tão surpreendente de fenômenos, pareceu-me que seria preciso examinar mais atentamente essas mudanças, sem procurar, em nome da continuidade, reduzir sua subitaneidade ou restringir seu alcance. Pareceu-me, de saída, que se operavam no interior do discurso científico diferentes tipos de mudança – mudanças que não intervinham no mesmo nível, não progrediam no mesmo ritmo, nem obedeciam às mesmas leis; a maneira pela qual, no interior de uma ciência particular, eram elaboradas novas proposições, novos fatos eram isolados e novos conceitos forjados (inúmeros acontecimentos que constituem a vida cotidiana de uma ciência) não resultava, de acordo com qualquer probabilidade, no mesmo modelo que o surgimento de novos campos de estudo (e o desaparecimento frequentemente concomitante dos antigos); mas o aparecimento de novos campos de estudo, por sua vez, não deve ser confundido com essas redistribuições globais que modificam não somente a forma geral de uma ciência, mas também suas relações com outros domínios do saber. Pareceu-me, consequentemente, que não era preciso reduzir todas essas mudanças a um mesmo nível, nem fazê-las se reunir em um só ponto, nem tampouco relacioná-las à genialidade de um indivíduo, ou a um novo espírito coletivo, ou mesmo à fecundidade de uma só descoberta; que seria melhor respeitar essas diferenças, e mesmo tentar apreendê-las em sua especificidade. Nesse espírito, busquei descrever a combinação das transformações concomitantes ao nascimento da biologia, da economia política, da filologia, de um certo número de ciências humanas e de um novo tipo de filosofia na virada do século XIX.

O problema da causalidade. Nem sempre é fácil determinar o que ocasionou uma mudança específica no interior de uma ciência. O que tornou essa descoberta possível? Por que esse novo conceito surgiu? De onde proveio essa teoria? E aquela? Tais questões são com frequência extremamente espinhosas, pois não existem princípios metodológicos claramente definidos a partir dos quais se poderia justificar esse tipo de análises. O embaraço aumenta no caso de mudanças gerais que transformam uma ciência globalmente. Ela também se amplia no caso em que temos que nos haver com muitas mudanças que se correspondem. Mas ela atinge seu ápice, sem dúvida, no caso

1970 – Prefácio à Edição Inglesa   195

das ciências empíricas, pois, se o papel dos instrumentos, das técnicas, das instituições, dos acontecimentos, das ideologias e dos interesses é nelas totalmente manifesto, não se sabe como efetivamente opera uma articulação ao mesmo tempo tão complexa e diversamente composta. Pareceu-me não ser prudente, no momento, impor uma solução que eu me sentia incapaz – eu o admito – de propor: as explicações tradicionais – o espírito da época, as mudanças tecnológicas ou sociais, as influências de todos os tipos – me pareceram, em sua maioria, mais mágicas do que efetivas. Portanto, deixei de lado nesse livro o problema das causas[2] e escolhi me limitar à descrição das próprias transformações, considerando que isso constituiria uma etapa indispensável se uma teoria da mudança científica e da causalidade epistemológica viesse, um dia, a tomar forma.

O problema do sujeito. Distinguindo entre o nível epistemológico do saber (ou da consciência científica) e o nível arqueológico, tive consciência de me engajar em uma via muito difícil. Pode-se falar da ciência e de sua história (e, portanto, de suas condições de existência, de suas transformações, dos erros que ela cometeu, dos avanços súbitos que a projetaram em uma nova direção) sem fazer referência ao próprio cientista (não me refiro somente ao indivíduo concreto representado por um nome próprio, mas à sua obra e à forma particular de seu pensamento)? Pode-se enfocar, com alguma validade, uma história da ciência que retraçaria do início ao fim todo o movimento espontâneo de um corpo de saber anônimo? É legítimo, é útil mesmo substituir o tradicional "X pensava que..." por um "sabia-se que.."? Mas esse não é exatamente o projeto que me propus. Não procuro negar a validade das biografias intelectuais, ou a possibilidade de uma história das teorias, dos conceitos ou dos temas. Perguntei-me simplesmente se tais descrições são em si mesmas suficientes, se elas fazem justiça à extraordinária densidade do discurso científico, se não existem, fora de suas fronteiras habituais, sistemas de regularidade que desempenham um papel decisivo na história das ciências. Gostaria de saber se os sujeitos responsáveis pelo discurso científico não são determinados em sua posição, em sua função, em sua capacidade de percepção

---

2 (N.A.) Abordei essa questão em relação à psiquiatria e à medicina clínica em duas obras anteriores.

196   Michel Foucault – Ditos e Escritos

e em suas possibilidades práticas por condições que os dominam, e mesmo os esmagam. Em suma, tentei explorar o discurso científico não do ponto de vista dos indivíduos que falam, nem do ponto de vista das estruturas formais que regem o que eles dizem, mas do ponto de vista das regras que entram em jogo na própria existência de um tal discurso; que condições Lineu (ou Petty, ou Arnauld) devia preencher não para que seu discurso fosse, de uma maneira geral, coerente e verdadeiro, mas para que ele tivesse, na época em que tinha sido escrito e admitido, uma aplicação e um valor práticos como discurso científico (ou, mais exatamente, como discurso naturalista, econômico ou gramatical)?

Sobre esse ponto, também, estou bem consciente de não ter progredido muito. Mas não queria que o esforço que realizei em uma direção fosse tomado como uma rejeição de todas as outras abordagens possíveis. O discurso em geral, e o discurso científico em particular, constitui uma realidade tão complexa que é, não somente possível, mas necessário abordá-lo em diferentes níveis e de acordo com métodos diferentes. Se há, no entanto, uma abordagem que rejeito categoricamente é aquela (vamos chamá-la, de maneira geral, de fenomenológica) que dá uma prioridade absoluta ao sujeito da observação, atribui um papel constitutivo a um ato e coloca seu ponto de vista como origem de toda historicidade – essa, em suma, que desemboca em uma consciência transcendental. Parece-me que a análise histórica do discurso científico deveria resultar, em última instância, antes em uma teoria das práticas discursivas do que em uma teoria do sujeito do conhecimento.

5) Para terminar, queria dirigir uma súplica ao leitor de língua inglesa. Na França, certos "comentadores" limitados persistem em me apor a etiqueta de "estruturalista". Não consegui imprimir em seu espírito estreito que não utilizei nenhum dos métodos, nenhum dos conceitos ou palavras-chaves que caracterizam a análise estrutural. Ficaria grato a um público mais sério por me libertar de uma associação que, certamente, me honra, mas que não mereci. É possível que existam certas semelhanças entre meu trabalho e o dos estruturalistas. Cairia mal – para mim mais do que para qualquer outro – pretender que meu discurso fosse independente de condições e regras das quais sou, em boa parte, inconsciente, e que determinam os outros trabalhos realizados atualmente. Mas é mais fácil desincumbir-se da tarefa de analisar semelhante trabalho, apondo-lhe uma etiqueta grandiloquente, mas inadequada.

1970

(Discussão)

In Revue d'histoire des sciences et de leurs applications, t. XXIII, n. 1, janeiro-março de 1970, p. 61-62. (Sobre a exposição de F. Dagognet, "La situation de Cuvier dans l'histoire de la biologie", *ibid.*, p. 49-60, Jornadas Cuvier, Instituto de História das Ciências, 30-31 de maio de 1969.)

Sr. Piveteau: Vejo em sua comunicação[1] duas partes. Na primeira, trata-se especialmente mais de uma questão científica do que de história das ciências. Ficaria muito contente se pudéssemos conversar sobre isso, mas temo que, para o auditório, nos engajaríamos no terreno um pouco difícil dos problemas de homologia dos ossículos do ouvido médio, das relações existentes entre o endoesqueleto e o exoesqueleto. Seria preferível, no espírito dessas reuniões, abordar o problema de uma maneira mais filosófica, e dou a palavra imediatamente ao Sr. Michel Foucault.

Sr. Foucault: Teria de fato dois ou três pontos para contrapor ao Sr. Dagognet, por exemplo, sobre a desvalorização do tegumentar. Há um texto em que Cuvier diz: os elementos exteriores do organismo devem precisamente servir de baliza para descobrir as organizações profundas.

Gostaria de situar o nível em que cada uma dessas intervenções pode ser situada. Nessa disciplina que se poderia chamar arbitrariamente de *epistemografia*, ou seja, a descrição desses discursos que, em uma sociedade, em um dado momento, funcionaram e foram institucionalizados como discursos científicos, parece-me que se podem distinguir diferentes níveis.

Chamarei de nível *epistemonômico* o ajuste dos controles epistemológicos internos que um discurso científico exerce sobre si mesmo. Parece-me que muitos dos trabalhos de Michel Serres definem esse campo epistemonômico: ele mostrou de

---

1 Trata-se da exposição que F. Dagognet acaba de pronunciar.

198 Michel Foucault – Ditos e Escritos

que maneira a matemática interiorizou sua própria episte-mologia. Isso é verdade para a matemática, mas penso que qualquer ciência tem seu funcionamento epistemonômico. Poderíamos encontrar na biologia, por exemplo, um controle epistemológico dela mesma. Chamarei de *epistemocrítica* a análise feita em termos de verdade e de erros; ela pergunta a qualquer enunciado que, em uma época dada, funcionou e foi institucionalizado como científico, se ele é verdadeiro ou falso. Ela analisa os procedimentos experimentais que foram utilizados para validar esse enunciado. Ela avalia as coerências que podem ser detectadas entre diferentes afirmações e diferentes asserções. Foi isso, em suma, o que o Sr. Dagognet acaba de fazer, questionando Cuvier sobre a verdade de suas afirmações. Pode-se deduzir daí, e Dagognet o mostrou de uma maneira contundente, que Cuvier cometeu erros magistrais.

Chamarei de *epistemológicas* a análise das estruturas teóricas de um discurso científico, a análise do material conceitual, a análise dos campos de aplicação desses conceitos e das regras de utilização dos mesmos. Parece-me que os trabalhos feitos, por exemplo, sobre a história do reflexo decorrem desse nível epistemológico.

Há, enfim, um último nível que não nomearei, no qual tenho a impressão de que o Sr. Courtès se situou. É nesse nível que gostaria de me situar também. Trata-se da análise das transformações dos campos de saber.

Se quero me discriminar em relação ao Sr. Dagognet, direi que espero que ele tenha razão. Entretanto, não sou competente. O Sr. Piveteau poderá nos falar sobre isso. Mas espero que Dagognet tenha razão e gostaria que ele tivesse ainda mais razão do que somente em relação a isso. Gostaria que se pudesse dizer que nem uma só das proposições de Cuvier pode ser considerada verdadeira. Isso muito me agradaria e me permitiria dissociar dois níveis de análise que podem ser depreendidos dos textos de Cuvier: sistema de verdades e de erros; no limite, o "*erro* Curvier", ou seja, tudo aquilo em que as asserções de Cuvier se distinguem do que atualmente se pode afirmar como verdadeiro; e depois a "*transformação* Cuvier", ou seja, o conjunto das modificações que poderíamos apreender em ação nos textos de Cuvier, que não são tanto modificações dos objetos, dos conceitos e das teorias, mas a modificação das regras segundo as quais os discursos biológicos formaram seus objetos, definiram seus conceitos, constituíram sua teoria. É essa modificação das regras de formação dos objetos, conceitos e teorias que tento isolar em Cuvier. Desde então, pode-se admitir uma transformação epistemológica que seria distinta da própria verdade da afirmação científica. Não há transformação epistemológica que não passe por um sistema de confirmação científica. Mas creio que uma transformação epistemológica deva poder ocorrer mesmo através de um sistema de afirmações que se mostraria cientificamente falso. É preciso distinguir, na densidade de um discurso científico, o que é da ordem da afirmação científica verdadeira ou falsa e o que seria da ordem da transformação epistemológica. Que certas transformações epistemológicas passam por, tomam corpo em um conjunto de proposições cientificamente falsas, isso me parece ser uma constatação histórica perfeitamente possível e necessária.

Por exemplo, vocês acham realmente que, hoje, um médico poderia encontrar nos textos de Bichat muitas proposições medicamente verdadeiras? E não digo que elas não existam, mas somente que já não existem muitas. Mesmo no caso de Broussais, o que se poderia reconhecer como válido? Ora, se nos interessássemos pelo nascimento da medicina clínica, poderíamos mostrar que a transformação do saber médico passou, efetivamente, por Bichat e Broussais. Há atualmente uma única proposição de Esquirol que poderia ser considerada exata? E, no entanto, a transformação da psiquiatria no século XIX passou por Esquirol.

Consequentemente, creio que é preciso distinguir Verdade e Erro científicos de transformação epistemológica.

Eis o ponto de vista no qual eu me colocarei. Eis o motivo pelo qual eu desejaria que Dagognet tivesse razão. Eu me sentiria tranquilo e, desta vez, justificado.

1970

A Posição de Cuvier na História da Biologia

(Conferência)

"La situation de Cuvier dans l'histoire de la biologie", *Revue d'histoire des sciences et de leurs applications*, t. XXIII, n. 1·janeiro-março de 1970, p. 63-92. (Jornadas Cuvier, Instituto de História das Ciências, 30-31 de maio de 1969.)

Comunicação de Michel Foucault

Gostaria de precisar o que chamo de transformação epistemológica, e pensei em dois exemplos.

Tomemos o primeiro. Trata-se da biologia, da posição do indivíduo e da variação individual no saber biológico.

Pode-se dizer que se há alguém que acreditou efetivamente na espécie, alguém que não se interessou pelo que havia abaixo dela, que se bateu contra o muro frente ao limite da espécie, que nunca conseguiu descer abaixo dela e apoderar-se do saber biológico sobre o indivíduo, é certamente Cuvier. Ele considerava que tudo tinha sido organizado a partir da espécie para a espécie, até a espécie. Em contrapartida, todos conhecem bem o que diz Darwin sobre a espécie. A espécie, para Darwin, não é uma realidade originariamente primeira e analiticamente última, como para Cuvier. Para Darwin, é difícil distinguir a espécie da variedade. E ele cita numerosos exemplos nos quais não se pode, em boa botânica ou em boa zoologia, dizer: "isso é uma espécie" ou " isso é uma variedade". Por outro lado, Darwin admitia a consolidação progressiva das variações individuais. Segundo ele, mesmo no interior da espécie se produzem pequenas variações que não cessam de se acentuar e que acabam por questionar o quadro prescrito, *a posteriori*, para a espécie; e, finalmente, os indivíduos, de variações em variações, encadeiam-se uns aos outros, bem além, acima do quadro definido para a espécie. Em suma, Darwin admite que todos os quadros taxionômi-

1970 – A Posição de Cuvier na História da Biologia   201

cos propostos para classificar os animais e as plantas são, até certo ponto, categorias abstratas. Para ele há, portanto, uma realidade, que é o indivíduo, e uma segunda realidade, que é a "variabilidade" do indivíduo, sua capacidade de variar. Todo o resto (seja a espécie, o gênero ou a ordem etc.) é uma espécie de construção erigida a partir dessa realidade, que é o indivíduo. Desse ponto de vista, pode-se dizer que Darwin se opõe absolutamente a Cuvier. E, curiosamente, ele parece retornar a uma tendência da taxionomia clássica dos séculos XVII e XVIII, quando os metodistas, por exemplo, e Lamarck, particularmente, se interrogaram sobre a realidade da espécie, e supuseram a continuidade da natureza tão bem articulada consigo mesma, tão pouco interrompida que até a própria espécie talvez fosse uma categoria abstrata. Portanto, uma espécie de retorno de Darwin a temas reencontrados não apenas em Lamarck, mas nos metodistas da época lamarckiana. Podemos nos perguntar se, na história da biologia do indivíduo, não se é levado a saltar diretamente de Jussieu ou de Lamarck a Darwin, sem passar por Cuvier. Assim, chegar-se-ia a enuclear inteiramente Cuvier dessa história. Considero que tal análise não seria nem totalmente justificada nem suficiente. Como é frequente nesses fenômenos de retorno, de repetição, de reativação, há por baixo um fenômeno complexo, um processo de transformação bastante intenso.

Gostaria de mostrar como o indivíduo, ou, mais exatamente, a crítica da espécie em Lamarck e nos seus contemporâneos, não é absolutamente isomorfa, nem passível de ser sobreposta à crítica da espécie tal como podemos encontrá-la em Darwin. E que essa crítica da espécie, tal como a vemos operar em Darwin, só pôde surgir a partir de uma transformação, de uma reorganização, de uma redistribuição do saber biológico, que se realiza através da obra de Cuvier. Que transformação é essa?

A taxionomia clássica era essencialmente a *ciência das espé*cies, ou seja, a definição das diferenças que separam as espécies umas das outras; a classificação dessas diferenças; o estabelecimento de categorias gerais dessas diferenças; a hierarquização dessas diferenças, umas em relação às outras. Dito de outra forma, todo o edifício da taxionomia clássica parte da diferença específica e tenta definir as diferenças superiores tomando como medida a diferença específica.

Creio que houve testemunho de que a classificação biológica escolhe como elemento mínimo a diferença específica, ou que ela não pode operar abaixo da diferença específica. Lineu, por exemplo, diz que o conhecimento dos indivíduos e das variedades é um conhecimento de florista, e não uma diferença de botânico. Diz também que o conhecimento das variedades é importante para a economia, para a medicina e para a culinária, mas que ele não passa disso. E acrescenta: o conhecimento das variedades é um conhecimento prático. Em contrapartida, a teoria e a ciência começam além da espécie. A existência desse limiar entre o indivíduo e a espécie acarreta uma série de consequências. Inicialmente, há entre a diferença específica e a diferença individual uma decalagem, um salto, um limiar. Esse é o limiar a partir do qual o conhecimento científico pode começar. A diferença individual não é pertinente para a ciência. Pode-se dizer que entre indivíduos e espécies há um limiar epistemológico.

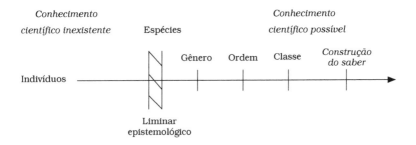

Por outro lado, se é verdade que o que é dado como objeto primitivo de ciência é a espécie e as diferenças específicas, tudo o que será construído a partir da diferença específica – ou seja, as diferenças de diferenças, ou as semelhanças de diferenças, as diferenças mais gerais do que as diferenças específicas, e, consequentemente, as categorias mais gerais do que a espécie – todas essas categorias serão construções. Essas construções do saber que não se apoiarão, diferentemente da definição da espécie, em um dado efetivamente aberto à experiência, serão hipóteses que poderão ou não ser verificadas, hipóteses que serão mais ou menos bem fundamentadas, hipóteses que talvez venham a coincidir com os fatos. E tudo o que, acima da espécie, não pertencer à mesma categoria ontológica do que decorre da espécie ou do que decorre do indivíduo, abaixo da espécie. Entre a espécie e o gênero haverá um novo limiar que não será mais epistemológico, mas, dessa vez, ontológico.

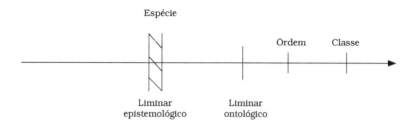

De modo que é acima do indivíduo que será possível organizar um saber. A partir da espécie entraremos na ordem do saber, que não será dado, mas construído, e abaixo da espécie teremos um conjunto de realidades que são efetivamente dadas na experiência.

Donde o problema da taxionomia clássica: como chegar a construir gêneros que sejam reais, ou melhor, já que estes nunca são reais, gêneros bem fundamentados? É toda a antinomia e a oposição entre os sistematas e os metodistas. Os primeiros dizem que, para além da espécie, de qualquer forma não se pode atingir diretamente a realidade. É preciso escolher uma técnica de classificação que será arbitrária, mas que deve ser eficaz e cômoda. Os segundos, os metodistas, dizem, ao contrário, que as classificações e as construções classificatórias que serão erigidas devem se ajustar, até certo ponto, às semelhanças globais dadas na experiência. Não se podem colocar, em uma mesma categoria, uma salada e um abeto. Mas, quer se trate do método natural ou do sistema arbitrário, sempre estará além desse limiar ontológico.

O problema é saber como essa configuração da taxionomia clássica vai se transformar. Como se poderá chegar a reencontrar nos indivíduos, que serão doravante conhecidos dentro da espécie e do gênero, uma só e mesma trama de realidade (essa trama será, para Darwin, a *genealogia*). Como Darwin vai, por um lado, apagar o limiar epistemológico e mostrar que, de fato, o que é preciso começar a conhecer é o indivíduo com as variações individuais; por outro lado, ele vai mostrar como, a partir do indivíduo, o que se poderá estabelecer como sua espécie, como sua ordem ou sua classe será a realidade de sua genealogia, ou seja, a sequência de indivíduos. Teremos então um quadro uniforme, sem sistema de duplo limiar.

Essa transformação foi operada através da obra de Cuvier.

A anatomia comparada, tal como Cuvier a praticou, teve como primeiro efeito a introdução da anatomia comparada como instrumento para a classificação e para a organização taxionômica das espécies. Ela teve também por efeito conferir o mesmo nível ontológico à espécie, ao gênero, à ordem, à classe. Portanto, o primeiro efeito da anatomia comparada foi apagar esse limiar ontológico. O que a anatomia comparada mostrou é que todas as categorias supraordenadas à espécie, superiores a ela, não são simplesmente, como na taxionomia clássica, tipos de regiões de semelhanças, agrupamentos de analogias que se poderiam estabelecer seja arbitrariamente, a partir de um sistema de signos, seja geralmente, seguindo a configuração geral das plantas e dos animais, mas que elas são tipos de organização. Desde então, pertencer a um gênero, a uma ordem, a uma classe não é apresentar em comum com outras espécies tais características menos numerosas do que as características específicas, não é possuir uma característica genérica ou uma característica de classe – será possuir uma organização precisa, ou seja, ter um pulmão e um coração duplos, ou um aparelho digestivo localizado acima ou abaixo do sistema nervoso. Em suma, pertencer a um gênero, a uma classe ou a uma ordem, pertencer a tudo que está acima da espécie será possuir em si, em sua anatomia, em seu funcionamento, em sua fisiologia, em seu modo de existência, uma certa estrutura perfeitamente analisável, uma estrutura que tem, consequentemente, sua positividade.

Temos, portanto, sistemas positivos de correlações. Nessa medida, não se pode dizer que o gênero exista menos do que a espécie, ou que a classe exista menos do que a espécie. Da espécie à categoria mais geral, haverá uma só e mesma realidade, que é a realidade biológica, ou seja, a realidade do funcionamento anatomofisiológico.

O limiar ontológico espécie-gênero encontra-se apagado. A homogeneidade ontológica vai, desde então, do indivíduo à espécie, ao gênero, à ordem, à classe, em uma continuidade ininterrupta. Por outro lado, a articulação das categorias na taxionomia clássica era a articulação característica de um quadro classificatório. Mas, em Cuvier, haverá uma articulação anatomofisiológica de todas essas categorias com seu suporte interno. Nós a encontramos no próprio indivíduo – ou seja, é o indivíduo, no seu funcionamento real, que vai trazer em si e

1970 – A Posição de Cuvier na História da Biologia   205

no seio de seu mecanismo toda a sobreposição, todas as determinações, os comandos, as regulações, as correlações que poderiam existir entre as diferentes instâncias do quadro. Para Cuvier, o indivíduo será constituído por uma articulação de estruturas anatomofuncionais, que vão constituir seu filo, sua classe, sua ordem e seu gênero. O conjunto dessas estruturas que estão efetivamente presentes nele, que nele se organizam pacientemente e se comandam fisiologicamente, vai definir, em parte, suas condições de existência. Por condições de existência, Cuvier concebe a confrontação de dois conjuntos: por um lado, o conjunto de correlações que são fisiologicamente compatíveis entre si; por outro, o meio no qual ele vive – ou seja, a natureza das moléculas que ele deve assimilar, seja pela respiração, seja pela alimentação. Assim, encontramos, no início das *Révolutions du globe*,[1] uma passagem na qual Cuvier mostra de que maneira funcionam as condições de existência. O indivíduo, em sua existência real, em sua vida, não passa de todo um conjunto de estruturas simultaneamente taxionômicas e anatomofisiológicas; é igualmente esse conjunto presente de qualquer forma no indivíduo, no interior de um meio dado. Há, consequentemente, duas séries: uma, na qual o indivíduo cai abaixo do nível do saber, e na qual estão ligados ontologicamente, uns aos outros, a espécie, o gênero, a ordem etc.; e uma outra, relativa à vida real do indivíduo e ao meio, no interior do qual se encontram funcionando suas características específicas genéricas. Dois tipos de conhecimento podem então ser estabelecidos: a anatomia comparada, que permite considerar as características mais gerais e as estruturas mais globais dos indivíduos, situar a classe à qual eles pertencem, a ordem, o gênero, a espécie; a paleontologia começará pelo indivíduo tal como podemos observá-lo eventualmente na escala subindividual quando ele não passa de um órgão, já que, considerando esse órgão, ela poderá reencontrar a espécie levando em conta o meio em que ele vive, ou apoiando-se ao mesmo tempo nas considerações anatômicas e de meio. Há assim duas linhas epistemológicas, a da anatomia comparada e a da paleontologia, que são dois sistemas de saber diferentes daquele da

---

1 Cuvier (G.), *Discours sur les révolutions de la surface du globe et sur les changements qu'elles ont produits sur le règne animal*, Paris, 1825; reed. Paris, L. Bourgois, col. "Épistémè", 1985.

206 Michel Foucault – Ditos e Escritos

taxionomia clássica. Os limiares ontológico e epistemológico se encontram, portanto, apagados. Vê-se da mesma forma como isso pode tornar possível Darwin. Tornar possível Darwin – isso não quer dizer que depois de Cuvier não tenha havido outras transformações e que Darwin não tenha tido que acrescentar um certo número de outras transformações. Em particular, o que é próprio e o limite da transformação Cuvier é que, para ajustar as duas linhas uma sobre a outra, Cuvier foi obrigado a admitir uma finalidade que faz com que, de qualquer forma, na criação, a classe, a ordem, o gênero, a espécie tenham sido calculados de tal maneira que o indivíduo possa viver; temos uma espécie de predeterminação das condições reais de vida do indivíduo por esse sistema da finalidade. Por outro lado, segundo Cuvier, o indivíduo traz em si as características da espécie, do gênero, que são, para ele, determinações intransponíveis. Daí, o fixismo. O fixismo e a finalidade são condições teóricas suplementares que Cuvier foi obrigado a introduzir para poder sustentar seu sistema – esse sistema que condicionava o conjunto do seu saber. Essa análise da anatomia comparada com o fio condutor da finalidade define o que Cuvier chama de unidade de tipo. Em contrapartida, o movimento pelo qual Cuvier analisa, a partir de um indivíduo dado, a espécie, o gênero etc., nas condições do meio em que ele funciona, é a análise das condições de existência. Pode-se dizer que Cuvier só consegue sustentar o conjunto de seu sistema submetendo as condições de existência à unidade de tipo. O que Darwin fez, ele o diz precisamente em *L'origine des espèces*,[2] foi libertar as condições de existência da unidade de tipo. A unidade de tipo não passa, no fundo, do resultado de um trabalho sobre o indivíduo. Darwin foi obrigado a modificar o próprio sentido das condições de existência, já que, para Cuvier, as condições de existência dependiam da confrontação desse equipamento anatomofisiológico que caracteriza o indivíduo e que traz consigo a taxionomia à qual ele pertence e o meio em que ele vive.

A partir de Darwin, as condições, estando liberadas da unidade de tipo, irão se tornar as condições de existência dadas a um indivíduo vivo por seu meio.

---

2 Darwin (C.), *On the origin of species by means of natural selection or the preservation of favoured races in the struggle for life*, 1859 (*De l'origine des espèces au moyen de la sélection naturelle ou la lutte pour l'existence dans la nature*, Paris, La Découverte, 1985).

Portanto, poderíamos descrever a transformação pela qual se passou dessa problemática espécie-indivíduo, na época clássica, à problemática espécie-indivíduo em Darwin. Parece-me que a passagem de uma à outra só foi possível por uma reorganização completa do campo epistemológico da biologia, que vemos se operar na obra de Cuvier. Quaisquer que tenham sido os erros de Cuvier, pode-se dizer que há a "transformação Cuvier".

Discussão

J. Piveteau: Os paleontologistas, os anatomistas que acompanharam muito de perto a obra de Cuvier, que a leem no laboratório, que a utilizam, jamais chegaram evidentemente a uma análise epistemológica tão desenvolvida. Mas posso lhes dizer que todos estariam muito satisfeitos. É muito esclarecedor assistir a uma apresentação como essa.

F. Dagognet: Através de suas observações, transparece uma atitude muito negativa, creio, em relação à "taxionomia". Você não a toma como um saber abstrato, desvinculado da natureza?

No entanto, nada me parece mais extraordinário. Jussieu, por exemplo, reencontra, melhor do que ninguém, a realidade. Com seu sistema e seus balizamentos, ele necessita apenas de alguns sinais para tudo conhecer, tudo derivar ou deduzir.

M. Foucault: Comecei lhes dizendo que havia um retorno de Darwin a Lamarck e a Jussieu. Talvez seja necessário introduzir uma correção. De fato é verdade que, desde a metade do século XVIII, sempre se procurou:

1º) fazer descer novamente o limiar epistemológico um pouco abaixo da diferença específica;

2º) fazer subir o limiar ontológico um pouco acima da espécie. Este foi o caso dos metodistas; eles criticavam o sistema Lineu de ser arbitrário e de colocar juntos seres que têm talvez as mesmas características, desde que se levem em conta, como características diferenciadoras, apenas alguns elementos (por exemplo, órgãos sexuais). Mas se fossem tomados critérios mais gerais, mais visíveis e mais imediatos (a morfologia geral da planta ou do animal), e se fosse possível estabelecer grupos, gêneros, ordens, classes, grupos que levassem em conta o conjunto das semelhanças, seria obtida, assim, uma classificação fundamentada. Quando digo *fundamentada*, não quero dizer que ela se configure como uma descontinuidade real. Dito de

208 Michel Foucault – Ditos e Escritos

outra forma, não penso que Jussieu ou Lamarck imaginam que os gêneros existam de uma maneira nítida e separada, inscrita de alguma forma no próprio organismo do indivíduo.

F. Dagognet: Infelizmente, sim. Para Jussieu, há uma característica...

M. Foucault: Mas é preciso fazer uma distinção entre fundamentada e real: uma característica taxionômica é fundamentada:

1º) se efetivamente, no *continuum* das diferenças, ela reagrupa os indivíduos que estão próximos nesse *continuum*;

2º) se é possível, entre o último elemento que pertence a essa categoria e o primeiro elemento da categoria seguinte, encontrar uma determinação que seja visível, indiscutível, determinável e reconhecível por todos. Eis os dois critérios da categoria fundamentada.

À categoria fundamentada, os metodistas opõem a categoria não fundamentada, tipo Lineu. O que se pode criticar em Lineu é ter estabelecido categorias retiradas de diferentes grupos de indivíduos, ter reagrupado seres pertencentes a campos de semelhanças separados uns dos outros e, sob o pretexto de que eles tinham órgãos sexuais conformados da mesma maneira, estabelecer uma categoria que ultrapassava, de qualquer forma, as semelhanças imediatamente dadas; ele constituía, assim, categorias abstratas, ou seja, não fundamentadas. O que Jussieu, Lamarck, os metodistas querem fazer é um gênero fundamentado.

J.-F. Leroy: Não compreendo. Você disse: para a taxionomia clássica, o dado é a espécie. O construído é o gênero. Constato que a primeira entidade que apareceu para o naturalista foi o gênero, particularmente para os botânicos. Pois, no fim do século XVII, Tournefort delimitou o gênero. Foram os gêneros que surgiram para ele, e não as espécies. A espécie não era reconhecida até Tournefort. Quando se observa a natureza, são os gêneros e mesmo as famílias que aparecem, pois se está longe da espécie, ao ponto de a noção de família ter sido descoberta muito precocemente. Havia famílias de plantas, como as umbelíferas, as compostas. Os conjuntos chamavam mais atenção do que a espécie. Por outro lado, você fala da positividade trazida por Cuvier a propósito do gênero. Você não pensa que já havia uma positividade no final do século XVII. Evidentemente, você me dirá que era história natural. Mas, em

1969, ainda fazemos história natural. Não entendo por que você a detém em Cuvier. Quanto à biologia, cuja existência, de seu ponto de vista, partiu de Cuvier, eu a vejo constituir-se bem antes do século XVIII e mesmo do século XVII. Ela se desenvolveu progressivamente. Os naturalistas faziam história natural. Eles não tinham consciência de fazer biologia, mas, pouco a pouco, eles se aproximaram da biologia, que, em um certo momento, não podia deixar de tomar consciência de si mesma e de constituir-se como disciplina autônoma.

M. Foucault: Subscrevo o que você acaba de dizer. Antes mesmo de Lineu, foram reconhecidas as grandes famílias como as umbelíferas. Onde foi que eu disse o contrário? Eu tentei definir a maneira pela qual, de Tournefort a Lamarck, os quadros taxionômicos foram estabelecidos. Isso não quer dizer que na história da botânica reconheceram-se sucessivamente todas as espécies, e depois houve a preocupação de ordená-las e reagrupá-las. Procuro qual foi a *lei de construção* utiliza-da para constituir alguma coisa como a taxionomia. Quanto à história natural e à biologia, não sei o que você entende por biologia. Da minha parte, talvez de uma maneira arbitrária, concebo a história natural como o conjunto dos métodos pelos quais se definiram os seres vivos como objeto de uma clas-sificação possível, e que relações de ordem se estabeleceram entre eles. Do fim do século XVII ao início do século XIX, para definir o objeto a classificar, para estabelecer os métodos de classificação, para fazer descrições que permitem classificar etc., construiu-se um certo número de regras que caracteri-zam o que chamei de história natural, retomando o termo que era frequentemente empregado nessa época. Evidentemente, na época se faziam experiências com o auxílio do microscó-pio, numerosas pesquisas sobre a fisiologia animal e humana. Mas sistematicamente negligenciei isso, e eu o disse de ma-neira bastante clara: meu problema era saber a maneira pela qual efetivamente se classificaram os seres vivos, durante um certo número de anos. Consequentemente, em relação ao que você me diz quando assinala que a biologia começou antes de Cuvier, estou de acordo. Trata-se do mesmo problema com relação à gramática. Quando estudei a gramática, os filólogos me disseram que já se faziam estudos históricos sobre o latim. Esse não era o meu problema. Era estudar o que era a gramá-tica geral, ou seja, como a língua em geral foi tomada como objeto de análise possível.

210 Michel Foucault – Ditos e Escritos

J.-F. Leroy: Quando digo que se continua a fazer história natural, quero dizer que se continua a classificar da mesma maneira, ou quase.

M. Foucault: Sim, continua-se a classificar e de fato se recomeça a classificar usando um certo número de métodos que não deixam de ter analogia com os utilizados no século XVII. Cuvier classificava suas espécies de maneira diferente. Acreditei reconhecer ali uma transformação característica. Jamais pretendi que se parasse de classificar os seres vivos depois de Cuvier. Chamei de história natural, convencionalmente talvez, um modo de classificação, mas também um certo modo de definição do objeto, dos conceitos e dos métodos.

J. Piveteau: A classificação atual é totalmente diferente. Tentamos encontrar uma ordem de gênese, enquanto no tempo de Cuvier procurava-se uma ordem lógica. Pode-se transpor muito facilmente a classificação cuvieriana para essa ordem de gênese. É o que, antigamente, Daudin mostrou muito bem e o que fazemos todos os dias.

F. Dagognet: A ordem fundamentada não é a ordem preexistente. Uma planta, que foi definitivamente classificada, tem uma característica única que faz com que ela pertença a um conjunto e...

M. Foucault: É a ordem fundamentada.

F. Dagognet: Por que não seria real?

M. Foucault: Na medida em que, nessa época, se admitia o *continnum* natural...

F. Dagognet: Ele não era admitido.

M. Foucault: ... o corte entre os gêneros não passava de um corte devido ao nosso conhecimento e não devido à própria natureza. Ela não é absoluta nem invariável, diz Adanson.

F. Dagognet: Jussieu diz claramente que esse corte está na natureza, e que ele encontrou aí a sua chave.

M. Foucault: Que ele tenha encontrado a chave que lhe permite, nesse *continuum* natural, utilizar um conjunto de critérios homogêneos que, de uma ponta à outra, vão lhe permitir fixar os grupos é sinal de que seu método é fundamentado. Mas ele compara a continuidade natural seja a uma cadeia, seja a um mapa geográfico.

F. Dagognet: O gênero e o indivíduo são nitidamente separados. O indivíduo é o ser vivo quando desenvolvido. Mas a semente é o resumo do indivíduo e do gênero. Pode-se ler o gênero como se lê o indivíduo.

M. Foucault: "Fundamentado" significa que o gênero não é arbitrário, em oposição ao gênero arbitrário de Lineu. O gênero fundamentado será natural. E a palavra *natural* retorna perpetuamente quando se trata do método. Creio que você não tem o direito de utilizar a palavra "real" ali onde os naturalistas empregam a palavra *fundamentado* ou *natural*. Adanson fala certamente de divisões "reais", mas para dizer que elas são reais apenas em relação a nós, e não em relação à natureza. Os cortes reais serão cortes ocasionados pelas catástrofes em Buffon; para Lamarck, eles advêm das condições de existência.

A grande discussão que, por volta de 1830, opôs Cuvier e Geoffroy Saint-Hilaire versava, por um lado, sobre a maneira pela qual se pode identificar um elemento, um órgão, um segmento biológico através de um conjunto de espécies ou de gêneros: em que medida e em nome de que se pode identificar a mão do homem, a pata do gato, a asa do morcego?

Na taxionomia clássica, não se discutia a identidade dos elementos. Ela era imediatamente dada, já que era nela precisamente que se tinha obtido apoio para classificar os seres. Ali onde um órgão apresentava, entre um indivíduo e outro, entre uma variedade e outra, elementos idênticos – e muito visivelmente idênticos, pelo tamanho, volume, configuração – então se tratava de uma característica: o problema era então saber se ela se limitava à espécie, se valia para todo o gênero ou mesmo para além dele. Tratava-se de estabelecer os limites de extensão de uma identidade imediatamente reconhecida. Além disso, a taxionomia lineana estabelecia as variáveis que, por si mesmas, deviam ser adequadas para definir uma diferença, e consequentemente um limite na identidade: apenas as variações de forma, de tamanho, de disposição e de número podiam ser mantidas (a cor, pelo contrário, não afetava a identidade de um elemento e não entrava na característica científica). Em suma, é possível dizer que a identidade nessa história natural é imediatamente visível e que seus limites são sistematicamente construídos.

Para Geoffroy Saint-Hilaire, a identidade pode estar escondida. Não é imediatamente visível que as peças do opérculo que encontramos na frente das brânquias dos peixes possam corresponder aos ossículos do ouvido interno dos vertebrados superiores. Quanto aos limites estabelecidos pelos sistematas, é preciso recusá-los uns após os outros. Uma diferença

212   Michel Foucault – Ditos e Escritos

de número não deve impedir a identificação de um elemento idêntico (o osso hioide é composto de cinco ossículos, no homem, de nove, no gato); tampouco a diferença de tamanho é necessariamente pertinente: é preciso reconhecer um polegar no tubérculo rudimentar que se encontra em certos macacos-aranha (*Ateles*); a forma também pode variar sobre um fundo de identidade (é preciso aprender a passar da pata do cachorro à nadadeira da foca); enfim, a disposição pode mudar, sem que a identidade desapareça (o cefalópode pode ser considerado como um vertebrado cujo dorso é dobrado de maneira que a bacia e as pernas ficam próximas da cabeça). Geoffroy Saint-Hilaire não mantém nenhum dos critérios de identificação usualmente admitidos no século XVIII.

Por outro lado, ele recusa da maneira mais direta o critério funcional de identidade: uma mesma função pode ser assegurada por elementos diferentes (pode-se dizer que uma muleta é uma perna?); um mesmo conjunto de elementos pode ter funções bem diferentes no bebê e no adulto (os pés da criança não servem para andar e, no entanto, são pés).

Em contrapartida, Geoffroy Saint-Hilaire admite a identidade de um elemento biológico em meio a muita diversidade, se é possível estabelecer a localização ou a transformação na espécie que permite reconhecê-la. Assim, diz ele, chamo de pé todo conjunto de elementos anatômicos que sucederão, em um animal, ao terceiro segmento do membro inferior. O pé é uma determinada *situação* anatômica, ou ainda, posso reconhecer o osso hioide do homem no do gato, já que posso definir os elementos que se soldaram, os que desapareceram, os que se mantêm sob a forma de ligamentos etc., os que mudaram de aparência. A identidade não é um dado visível: é o resultado de uma colocação em relação (de uma "analogia", diz Geoffroy Saint-Hilaire) e da verificação de uma transformação.

Como se operou a passagem entre a identidade "taxionômica" da história natural e essa identidade analógica? Também aqui é preciso referir-se a Cuvier. Assim como Geoffroy Saint-Hilaire, Cuvier admite um princípio geral de analogia: "O corpo de todos os animais é formado pelos mesmos elementos e composto por órgãos análogos." Além disso, para ele, assim como para Geoffroy Saint-Hilaire, a correspondência entre dois órgãos não é estabelecida pela identidade das formas (dos vermes aos vertebrados superiores, elas aumentam em com-

1970 – A Posição de Cuvier na História da Biologia   213

plexidade), nem pelas proporções (de acordo com os animais, as quantidades de respiração e de movimento podem variar), nem pela posição (no reino animal, há uma inversão espacial entre o sistema nervoso e o sistema digestivo). Nenhum dos critérios de identificação mantidos pelos clássicos é admitido por Cuvier, nem por Geoffroy Saint-Hilaire. O desaparecimento desses critérios é uma transformação comum a Cuvier e a Geoffroy Saint-Hilaire.

Ora, parece-me que essa transformação estava implícita no uso da anatomia comparada, tal como a encontramos em Cuvier; e que, por sua vez, ela tornou possíveis duas sistematizações diferentes: a de Cuvier e a de Geoffroy Saint-Hilaire.

1º) A anatomia comparada permitiu a comparação das espécies não do próximo ao próximo, mas de um extremo ao outro. Ela permitiu conservar o que havia de comum em todos os seres vivos, sejam quais forem sua complexidade e seu grau de organização. Permitiu apreender cada conjunto de elementos em sua transformação máxima. E, consequentemente, os critérios de identificação (forma, tamanho, disposição, número) que podiam valer para estabelecer diferenças próximas deviam ser descartados. O espaço de diferenciação mudou de escala.

2º) Cuvier e Geoffroy Saint-Hilaire têm, portanto, o mesmo problema a resolver: reconhecer uma identidade orgânica seguindo uma constante que não é imediatamente dada à percepção. Essa constante, Cuvier vai buscar na *função*, que permanece a mesma através da diversidade dos instrumentos que a asseguram – a respiração, o movimento, a sensibilidade, a digestão, a circulação. Geoffroy Saint-Hilaire a recusa, pelas razões que lhes disse há pouco, substituindo-a pelo princípio da posição e da transformação no espaço.

Temos duas soluções: a solução funcionalista e a solução topológica, para resolver o mesmo problema surgido da mesma transformação, ou seja, do apagamento dos critérios visíveis de identificação dos segmentos biológicos. Duas soluções que tiveram, na história da ciência, dois destinos diferentes. Por um lado, Cuvier, buscando na função o fator de individualização do órgão, permitiu acrescentar à anatomia uma fisiologia que iria se tornar cada vez mais autônoma. Por essa operação, Cuvier faz, de alguma maneira, emergir a fisiologia da anatomia. Por outro, Geoffroy Saint-Hilaire, ao descobrir os critérios topológicos, introduziu uma certa análise do espaço

214   Michel Foucault – Ditos e Escritos

interior ao indivíduo. Geoffroy Saint-Hilaire enriqueceu a anatomia, Cuvier liberou a fisiologia.

De maneira que as duas soluções propostas para o mesmo problema, proveniente da mesma transformação, tiveram sua função na história da biologia: uma, para o desenvolvimento da fisiologia; a outra, para a inserção da topologia na anatomia. Evidentemente, a liberação da fisiologia foi de imediato mais enriquecedora, pois a fisiologia nessa época, de Magendie a Claude Bernard, tinha atingido um nível epistemológico que permitia sua utilização direta na biologia. Pelo contrário, Geoffroy Saint-Hilaire, inserindo a análise topológica na relação anatômica, fazia uma operação mais arriscada, que, na época, podia parecer quimérica. Cuvier, de fato, não compreendeu essa operação de Geoffroy Saint-Hilaire. Viu nela a reaparição do tema da *Naturphilosophie*. Na verdade, era também outra coisa. A topologia como ciência aplicável só foi utilizável muito depois de 1830. Era normal que Cuvier fosse eficaz e fecundo naquele momento. Pelo contrário, Geoffroy Saint-Hilaire, que permaneceu de qualquer forma no limbo da história das ciências, só pôde retomar efetivamente sua fecundidade a partir do momento em que se encontrou o problema da topologia na anatomia normal, assim como na teratologia.

J. Piveteau: Acompanhando o destino desses dois grandes princípios de Cuvier e de Geoffroy Saint-Hilaire, o princípio das correlações e o princípio das conexões, temos cada vez mais consciência de que eles são, para nós, na pesquisa complementares. O princípio das correlações dá a unidade do animal; o das conexões dá a unidade da série animal. Temos necessidade dos dois princípios. O princípio das correlações é o que permite, com Cuvier, as reconstituições. O princípio das conexões permite seguir essas transformações ao longo de uma série genética. Atualmente, não vemos necessidade de opô-los. Conforme os momentos da pesquisa, podem-se fazer, de um ou de outro, dois princípios complementares não atuando no mesmo nível.

Y. Conry: 1º) Não há, nos trabalhos de Cuvier, uma condição de impossibilidade para se pensar a evolução, especificada como teoria da evolução darwiniana? Essa condição de impossibilidade pode ser enunciada assim: será que, no "campo discursivo" de Cuvier, a representação do organismo, sob a modalidade das correlações estritas, não é um obstáculo, e até mesmo um obs-

1970 – A Posição de Cuvier na História da Biologia   215

táculo maior, a uma teoria da evolução? – dito de outra forma, me inscrevo, nesse aspecto, no contexto da conferência, de hoje de manhã, do Sr. Limoges. 2º) M. Foucault disse que as transformações propostas por Darwin se faziam através dos textos de Cuvier.

a) Se essa afirmação é aceita, eu gostaria de saber como é possível que o fundamento do pensamento darwiniano seja encontrado *fora*, e não no campo discursivo de Cuvier. Faço alusão ao contexto ecológico e biogeográfico, que é o lugar da determinação do pensamento de Darwin. Parece-me que, se admitimos que Darwin se formou fora do campo de Cuvier, esse último não poderia ser um *relé* em relação a uma teoria da evolução ulterior.

b) Como explicar as resistências ao darwinismo em nome da escola de Cuvier (por exemplo, a de Flourens, discípulo de Cuvier)?

c) O esquema de desaparecimento dos limiares, proposto por M. Foucault, acabou por me convencer de que Cuvier é efetivamente um momento de ruptura em relação ao século XVIII. Mas será que esse esquema não continua sendo indiferente para um problema de evolução?

B. *Balan*: 1º) A primeira questão se refere à *natureza da ligação interna.*[3] Você havia dito em *As palavras e as coisas*

---

3 (N.A.) Um texto mimeografado, distribuído antes da sessão, enunciava a questão desta forma: "*Cuvier*, mais do que *Lavoisier*, é realmente o momento de ruptura entre a história natural e a biologia (se esta ruptura existiu)? Cf. *Les mots et les choses* (p. 276). 'A ligação interna, que faz com que as estruturas dependam umas das outras, não está mais situada unicamente no nível das frequências; ela se torna o próprio fundamento das correlações.' Essa ligação interna parece remeter ao 'cálculo' da natureza dos seres. Cf. *Histoire des progrès des sciences naturelles*, 1826, t. I, p. 249. O próprio cálculo parece baseado na *respiração*. Cf. *Leçons d'anatomie comparée*, 1805, t. IV, 24ª aula, p. 168: a importância da circulação baseada na do sangue, veículo do oxigênio. Essa perspectiva da *oxigenação* permite a introdução do ponto de vista *quantitativo*. Cf. *op. cit.*, p. 172 e as deduções a seguir. Essa problemática parece homóloga à de *Fourcroy*. Cf. *Système des connaissances chimiques*, brumário ano IX, seção VIII, ordem IV, art. 2, § 7 (t. X, p. 373 *sq*.), arts. 11 e 12 (p. 405-413). Enfim, a teoria da combustão é apreciada por Cuvier como a mais importante revolução que as ciências tinham experimentado desde o século XVIII. Cf. *Histoire des progrès des sciences naturelles*, 1826, t. I, p. 62 *sq*. *Consequências*: as rupturas não podem ser compreendidas como o resultado de um jogo de deslocamentos que produz articulações novas no interior de um sistema nocional prévio?

216 Michel Foucault – Ditos e Escritos

(p. 276): "A ligação interna, que faz com que as estruturas dependam umas das outras, não está mais situada unicamente no nível das frequências; ela se torna o próprio fundamento das correlações." Estou convencido de que a passagem da problemática das classificações do século XVIII para o problema da espécie em Darwin passa por uma nova concepção da ligação interna, por uma análise da estrutura interna do organismo. Sobre esse ponto, o princípio de correlação em Cuvier desempenha um papel capital, e pode ter uma importância que ultrapassa Cuvier. Coloco então o problema da natureza dessa ligação interna que, levando em conta o desenvolvimento do parágrafo "Cuvier" em *As palavras e as coisas*, conduz à adoção por Cuvier de uma concepção finalista, vitalista e fixista.

Donde o problema: a ideia de ligação interna exige um princípio das correlações, tal como proposto por Cuvier? Retomo a argumentação que eu fazia a partir da elaboração da teoria química. Nas cartas a Pfaff, Cuvier mostrou-se precocemente interessado pela química, a de Lavoisier. Nessas cartas ele recomenda a leitura de Lavoisier e a leitura dos *Annales de chimie*. Recordo-me de uma carta em que estão em pauta os seis primeiros volumes dos *Annales de chimie*, dos quais ele recomenda a leitura a Pfaff[4] e, no sétimo volume, ele recomenda as análises que ele faz dos problemas da química do ponto de vista de Pfaff. Cuvier se distingue de Aristóteles, que ignorou, com razão, as leis da física e da química. Isso me permite considerar como muito importante o papel desempenhado pela química nas *Leçons d'anatomie comparée* (a primeira aula e a 24ª, t. IV) e a carta a Lacépède. Há em Cuvier uma possibilidade de interpretação da fisiologia a partir da química, a de Lavoisier. Isso remete ao texto de Fourcroy.[5]

Há textos, presentes na *Histoire des progrès des sciences naturelles*, em que vemos que o princípio das correlações das formas foi precedido pelo problema das correlações das fun-

---

A existência de tal jogo de deslocamentos não torna impossível a consideração de um domínio ou de uma pluralidade de domínios sem levar em conta, ao mesmo tempo, a articulação do ou dos objetos de estudo escolhidos em relação à rede geral de conceitos científicos disponíveis em um momento determinado?"

---

4 (N.A.) Carta de 31 de dezembro de 1790.

5 (N.A.) *Système des connaissances chimiques*, ano IX, t. X, p. 363 *sq.*

ções. Esse problema é o das relações circulação-respiração. Finalmente, a respiração tomou a dianteira por causa de uma teoria da oxigenação que introduziu um ponto de vista quantitativo; mas esse ponto de vista foi, a seguir, eliminado. Quanto à moderna fisiologia científica, Cuvier pôde contribuir para fundá-la pela importância que ele dava à química em sua problemática. Mas tive a impressão de que, após ter falado da fisiologia em toda a sua obra, ele de fato a evitou. A partir do momento em que a correlação das funções se transforma em correlação das formas, então, nesse preciso momento, penso que não se pode mais dizer que Cuvier introduz diretamente a fisiologia. Parece que a fisiologia experimental vai passar lateralmente. Com Cuvier, pode-se conceber, com muitas nuanças – em Dareste e em Milne-Edwards seria diferente –, que uma fisiologia comparada se funda. Mas essa fisiologia tende a se orientar para pseudoexplicações do tipo metafórico que não têm muita coisa a ver com a experimentação, da forma como seu estatuto será fixado por Claude Bernard. Trata-se, nesse caso, de uma experimentação fisiológica, cujos princípios remontam há muito tempo.

Mesmo que se considere o princípio das correlações como necessário para passar de uma teoria da espécie pré-cuveriana a uma teoria pós-cuveriana, podemos nos perguntar se esse princípio justifica, por si mesmo, o finalismo e o fixismo. De fato, encontrei um texto conjunto de Geoffroy Saint-Hilaire e Latreille sobre a *Mémoire de Laurencet et Meyran*; nessa comunicação, Geoffroy Saint-Hilaire e Latreille retomam o princípio das correlações contra o próprio Cuvier (*in Procès-Verbaux de l'Académie des Sciences*, 15 de fevereiro de 1830, t. IX, 1828-1831, p. 406). O problema consiste em saber se, nos vertebrados e nos invertebrados, lida-se com um conjunto muito entrelaçado ou muito combinado. "Para provar essa proposição, é necessário encontrar o tema de um texto em favor da mais surpreendente anomalia. Seria necessário fazer mais do que simplesmente sustentar a tese contrária, pois seria preciso admitir que esses órgãos só podem existir engendrados uns pelos outros, e que, por causa da conveniência recíproca das ações nervosas circulatórias, renunciariam a se pertencerem, a estarem juntos em harmonia. Ora, tal hipótese não é absolutamente admissível, pois, desde que não haja nenhuma harmonia entre os órgãos, a vida cessa. Então, nada de animal,

218 Michel Foucault – Ditos e Escritos

nenhum animal... Mas se, ao contrário, a vida persiste, é porque todos esses órgãos se mantêm em suas usuais e inevitáveis relações e atuam entre si como de hábito, portanto, de consequência em consequência; isso porque eles estão encadeados pela mesma ordem de formação, submetidos à mesma regra e porque, como tudo aquilo que é composição animal, eles não poderiam escapar às consequências da universal lei da Natureza: a unidade de composição."

Por outro lado, a unidade de composição é um modelo transformacional que permite colocar os problemas de teratologia especialmente experimental. Consequentemente, a correlação entre os órgãos é justificada funcionalmente pela necessidade de sobrevivência, e ela pode também funcionar, independentemente da teoria fixista, no quadro de regras de desenvolvimento.

Será que o problema das correlações das funções era necessário? Será que, de fato, o princípio das conexões de Geoffroy Saint-Hilaire não podia preencher a mesma função?

Justificarei esse ponto de vista, mantido pelos alunos de Cuvier, Richard Owen e Milne-Edwards. Do ponto de vista dos especialistas em morfologia, anatomia comparada, embriologia etc., parece que eles não tinham podido conservar o princípio das correlações tal como Cuvier o havia desenvolvido, exceto em paleontologia. Penso especialmente em Richard Owen. Nele, o abandono do princípio de correlações funcionais se dá em proveito de uma utilização sistemática dos princípios de conexões considerados como princípios heurísticos em anatomia comparada. É, inclusive, a maneira pela qual li as *Leçons d'anatomie comparée*, de Richard Owen, e seu livro sobre o arquétipo e as homologias do esqueleto vertebrado. Existe uma transformação da problemática a partir da taxionomia do século XVIII. Quais as condições dessa transformação, e qual a filosofia que estará implicada por elas? Penso que os remanejamentos dos princípios que datam do início do século tornaram possíveis outras coisas, além da teoria da vida definida por uma interioridade. Pois não se pode falar de interioridade quando se lê textos como os de Virchow ou de Haeckel e sua escola.

2º) A segunda questão diz respeito à *escala dos seres*.[6]

---

6 (N.A.) Um texto mimeografado, distribuído antes da sessão, enunciava a seguinte questão:

1970 – A Posição de Cuvier na História da Biologia   **219**

Continuo não convencido do problema da escala dos seres, pois é preciso distinguir, por um lado, entre o que um certo número de autores afirma em um plano teórico e, por outro, os elementos que eles recusam a levar em consideração, sobre os quais recusam falar, mas que parecem agir em profundidade, obrigando-os a introduzir rupturas, complicações no esquema. Essas complicações do esquema podem, de qualquer forma, ser consideradas como elementos de antecipação de rupturas ulteriores. De fato, penso que, no domínio da neurologia, por exemplo, vocês tiveram um período caracterizado pelo princípio das localizações, que se desenvolveu de uma maneira perfeitamente coerente e sistemática. Mas parece que o aumento do material clínico redundou em complicações da teoria, e que, no momento em que a teoria se tornou de tal forma complicada, justamente uma ruptura se produziu, e então um certo número de autores se pôs de acordo para tentar enfocar esse problema de uma maneira completamente diferente.

Durante o século XVIII, um material de observação foi acumulado. Esse material desembocou em um ponto de ruptura, do qual Cuvier foi o primeiro beneficiário. Pois o conjunto de dados

---

"O fracionamento da escala dos seres de Cuvier é um fato capital? Em *Les mots et les choses*, p. 284-285. Cf. *Mémoire concernant l'animal de l'hyale, un nouveau genre de mollusques mais intermédiare entre l'hyale et le clio, et l'établissement d'un nouvel ordre dans la classe des mollusques*, 1817, no qual se encontra desenvolvida a ideia de que os vazios aparentes apenas se devem ao fato de não conhecermos absolutamente todos os seres, Cf., p. 10: O pneumoderma: nem cefalópode, nem gastrópode, nem acéfalo: tendência da natureza de utilizar todas as combinações possíveis. Cf. Coleman, G. *Cuvier, Zoologist*, p. 172-173.

Há a substituição do feixe pela escala em um contexto de plenitude. Essa plenitude surge como uma constante do pensamento de Cuvier. Cf. Daudin, *Les classes zoologiques et l'idée de série animale*, 1926, t. II, p. 249 *sq.*

Consequências: a introdução da diferença não é ocasionada de fato por um antagonismo entre, de um lado, a escala de seres e, de outro, a renovação da combinatória vivente graças às perspectivas abertas pela química?

Por outro lado, se a diferença assim introduzida constitui uma possibilidade de pensar a vida, essa nova possibilidade não pertence a uma rede que a confronta com o tema da escala dos seres e a concepção do plano em que se baseiam os morfologistas a partir de Goethe?

Dito de outra forma, temos um espaço fundador de novas oposições ou uma nova oposição que aparece no interior de uma rede prévia que, por um lado, é tornada insuficiente, mas que, por outro, constitui sempre e por longo tempo um sistema de ajustes eficazes?"

220 Michel Foucault – Ditos e Escritos

trazidos pelos especialistas em zoologia, em paleontologia não permitia mais pensar o mundo vivo no contexto da escala dos seres. Era preciso, portanto, remanejar. Donde a questão: qual será esse sistema de conceitos que desembocará no remanejamento mais importante e eficaz no plano epistemológico? Há o problema de abertura de um novo campo epistemológico. Existe o problema de como se fará esta abertura. Em Cuvier, há elementos ideológicos. Qual o papel desses elementos? Em que medida esses elementos subtenderam a pesquisa científica? Eles serviram de obstáculo para essa pesquisa científica?

M. Foucault: Parece-me que há três questões técnicas sobre as quais se podia debater.

1º) Uma concerne à possibilidade ou à impossibilidade, a partir de Cuvier e de sua biologia, de pensar a história dos seres vivos.

2º) O problema da continuidade dos seres e da maneira pela qual Cuvier concebeu, exorcizou, perseguiu, reutilizou, fragmentou, como se queira, a escala dos seres.

3º) A relação da biologia de Cuvier com certas ciências conexas e, em particular, com a química.

Há também duas séries de questões gerais, metodológicas.

1º) O problema do método relativo ao próprio funcionamento da história das ciências. E, de início, a noção de obstáculo. O que se quer dizer quando se diz que Cuvier foi obstáculo a... ou que a cadeia dos seres foi um obstáculo a...?

2º) O problema do indivíduo ou da individualidade. Dizemos o tempo todo: "*Cuvier*", "*Geoffroy Saint-Hilaire*" ou "*Isso passa por Cuvier*" ou "*Isso se encontra nas obras de Cuvier*". O que é essa curiosa individualização? Como se manipulam os conceitos de autores, obras, indivíduos quando se faz história das ciências?

A) Examinemos inicialmente o problema da química.

O próprio Cuvier diz que Lavoisier foi um momento muito importante nas ciências naturais.

A partir disso, o Sr. Balan coloca os problemas de cálculo e de quantificação; ele se pergunta se não teria havido a tentação em Cuvier, em um dado momento, a possibilidade aberta de se servir da química no interior da biologia, para introduzir os métodos experimentais e as análises quantitativas.

1970 – A Posição de Cuvier na História da Biologia 221

Farei algumas observações. No texto citado, Cuvier fala de Lavoisier e de sua importância nas "ciências naturais". É uma coisa completamente diferente de "história natural". As ciências naturais são uma categoria superior à história natural que comporta a física, a química, a geografia etc. Lamarck faz inclusive esta distinção. As ciências naturais são tudo aquilo que não é matemática. Portanto, Cuvier pensa em Lavoisier e na química em sua relação não com a história natural, mas com as ciências experimentais. Eu aproximarei este texto de outro, em que Cuvier fala de alguém que foi tão importante para a história natural quanto Lavoisier para a química: Jussieu. Cuvier coloca as ciências naturais no céu, em geral Lavoisier e Jussieu, Lavoisier na química e Jussieu na história natural. Mas a análise do Sr. Balan não poderia ser antecipadamente aceita, já que ela é relativa ao cálculo da quantificação em Cuvier.

Há aí um problema muito importante. De fato, o termo cálculo é frequentemente empregado por Cuvier. O que ele entende por cálculo? Nos textos do período de 1789-1808, ele diz que a taxionomia calcula a natureza de cada espécie, a partir do número de órgãos, de seu tamanho, de sua forma, de suas conexões e direções. Em Cuvier, cálculo não é um cálculo de quantidade, mas um tipo de cálculo lógico de elementos estruturais variáveis. É um cálculo estrutural, e não um cálculo quantitativo. Por outro lado, quando Cuvier emprega o vocabulário de quantidade, ele fala em um contexto diferente daquele de cálculo; ele fala disso a propósito dos processos fisiológicos ou químicos da respiração. Mas para dizer o quê? Que a força dos movimentos dos vertebrados depende da quantidade de respiração; que a quantidade de respiração depende da quantidade de sangue que chega aos órgãos; e que a quantidade de sangue que chega aos órgãos depende da localização dos órgãos da respiração e daqueles da circulação. Esses órgãos da circulação podem ser duplos. A quantidade de sangue é então importante. Eles podem ser simples e a quantidade de sangue é menor. De maneira que quantidade aí é pura apreciação. Trata-se de graus. Há mais ou menos movimento, há mais ou menos sangue. Cuvier nunca utilizou medidas para calcular a quantidade. Consequentemente, essas três noções por nós associadas: cálculo, quantidade, medida são em Cuvier muito curiosamente distintas. Temos:

222 Michel Foucault – Ditos e Escritos

1º) um cálculo que é o cálculo estrutural das variáveis orgânicas;

2º) a consideração da quantidade que é, de qualquer forma, uma quantidade apreciativa;

3º) uma ausência de medida.

Não se pode definir, sem extrema confusão, que a consideração da química por Cuvier jamais tenha aberto para ele a possibilidade de uma biologia quantitativa e mensurável.

Gostaria de introduzir uma observação sobre esse tema. Na história das ciências é preciso fazer uma distinção muito nítida entre dois processos diferentes.

Constata-se, às vezes, a introdução efetiva de um campo epistemológico constituído, além disso, em um outro campo epistemológico. Isso se produz, por exemplo, quando o campo epistemológico relativamente fechado e autônomo, do qual tentei definir os princípios de fechamento e de autonomia, e que se pode chamar de taxionomia, tinha sido, até o fim do século XVIII, atravessado, penetrado por um outro campo epistemológico constituído em um outro lugar, o da anatomia. A interseção dessas duas tramas epistemológicas diferentes determina um novo discurso, que pode ser caracterizado como biologia. Não quero dizer que essa foi a única interferência produzida. Que o campo fisiológico, na medida em que ele existia neste momento, se tenha introduzido é um outro fato. Deve-se distinguir disso a possibilidade (dada pela constituição, organização e distribuição de um campo epistemológico) de utilizar seja geralmente, seja localmente, seja no nível dos métodos, seja no nível dos conceitos, elementos epistemológicos que funcionam em um outro lugar. Assim, parece-me que a biologia de Cuvier, tal como ela se constituiu e na medida em que propunha o problema da respiração, colocava um problema que não poderia deixar de recorrer, em um momento dado, à teoria química. E, nessa medida, a biologia de Cuvier tornava possível, por seus limites, a constituição de uma bioquímica. Mas ela não a realizou.

B) Examinemos agora o problema da escala dos seres.

Em certos textos teóricos, Cuvier diz que o reinado da cadeia dos seres está terminado. Essas proposições reflexivas traduzem realmente a prática efetiva de Cuvier? Elas não são uma espécie de reivindicação ideal? A prática científica de Cuvier não continua a se servir, de uma maneira ou de outra, do tema da cadeia dos seres como fio condutor?

1970 – A Posição de Cuvier na História da Biologia **223**

Cuvier critica a cadeia dos seres, e não a continuidade. De qualquer forma, ninguém jamais admitiu, mesmo no âmbito da taxionomia clássica, uma continuidade efetiva dos seres uns ao lado dos outros. De uma maneira ou de outra, seja pelo viés das catástrofes, seja pelo viés de uma perturbação proveniente do meio, admitia-se sempre algum tipo de descontinuidade. O que Cuvier critica é a afirmação de que todo ser, seja ele qual for – desde que ele não seja o primeiro ou o mais simples, nem o mais complexo, o homem –, é uma passagem; em outros termos, a afirmação de que se pode encontrar, de um lado e de outro, dois vizinhos, simultaneamente imediatos e simétricos. Cuvier recusa igualmente a ideia de uma gradação progressiva – a ideia de que há, entre os seres que se sucedem, uma diferença constante e de que todos os degraus dessa escala estão, foram ou poderão ser ocupados. Enfim, em último lugar, Cuvier recusa a ideia de uma série única sobre a qual todos os seres, sejam quais forem os critérios de classificação usados, poderiam ser uniformemente dispostos.

Há, portanto, em Cuvier uma crítica a três temas: o da passagem, o da gradação e o da unidade de série.

Em contrapartida, o conceito do qual Cuvier faz constantemente uso é o de *hiato*. O que ele entende por *hiato*? Ele não entende (e ele o diz expressamente) nem o desaparecimento catastrófico de certas espécies que teriam assegurado a continuidade de uma cadeia biológica unitária nem a "disseminação ao acaso" das diferenças. Por *hiato*, Cuvier designa:

1º) O efeito primeiro do princípio das correlações – se tal órgão está presente (ou ausente), tais outros devem estar necessariamente presentes (ou ausentes). Não haverá, portanto, uma gradação das espécies apresentando o quadro completo de todas as presenças ou ausências possíveis, mas "pacotes" indissociáveis de presenças ou de ausências. Daí os *hiatos* da realidade biológica em relação ao cálculo abstrato das possibilidades.

2º) O efeito do princípio da unidade de plano: cada grande categoria obedece a um certo plano anatômico e funcional. Uma categoria diferente seguirá um outro plano. De um ao outro, há toda uma reorganização, uma redistribuição. Esses diversos planos não constituem uma série linear de transformações pontuais. Os cefalópodes, diz Cuvier, não são a passagem de nada para nada. Não se pode dizer que eles são mais ou menos perfeitos do que isso ou aquilo. Eles não resultam

224 Michel Foucault – Ditos e Escritos

do desenvolvimento de outros animais e não se desenvolverão em animais mais aperfeiçoados.

3º) O efeito do princípio de gradações heterogêneas: se é verdade que não se pode estabelecer uma escala única e global, é possível, no entanto, estabelecer gradações diversas: acompanhar, por exemplo, através das espécies, o aumento da circulação e da quantidade de oxigênio absorvido; ou, ainda, a complexidade crescente do sistema digestivo. Podem-se obter, assim, várias séries, sendo umas paralelas, enquanto outras se cruzam. De qualquer forma, não é possível localizar todas em uma única linha e formar uma série ininterrupta. Não se podem percorrer todas, sem descontinuidade. Não se tem uma escala, mas uma rede.

Não haveria sentido dizer: antes de Cuvier tudo é contínuo; depois dele, tudo é descontínuo. Pois a taxionomia clássica admitia certas formas de descontinuidade, e Cuvier, formas de continuidade. Mas o que é importante e deve ser determinado é a maneira muito particular e nova pela qual Cuvier joga com o contínuo e o descontínuo.

Eis um exemplo preciso: a maneira pela qual Cuvier chegou a definir dois gêneros ao lado do gênero *Clio* (*hyale* e *pneumoderma*). O Sr. Balan vê nessa descoberta uma aplicação do velho princípio "cadeia dos seres". Estando o gênero *Clio* isolado e situado vagamente entre os cefalópodes e os gastrópodes, Cuvier teria buscado os indispensáveis intermediários: ele teria tentado reconstituir os degraus que permitem preencher a lacuna.

Ora, isso é desconhecer inteiramente o trabalho de Cuvier. O que ele fez de fato?

Inicialmente, uma declaração de princípio. "Parece que a natureza foi extremamente fecunda para não haver criado nenhuma forma principal sem desdobrá-la sucessivamente em todos os detalhes acessórios dos quais ela é capaz." Esse texto, apesar da aparência, não se refere a uma cadeia contínua dos seres. Cuvier não afirma que deva haver, necessariamente, um intermediário entre o gastrópode e o cefalópode. O que ele diz é que existe uma forma, a do *clio*, e essa forma é única, isolada. Ora, a partir do princípio da riqueza da natureza, pode-se afirmar que, quando a natureza adquire uma forma, ela se aproveita variando-a e dando um certo número de submodelos a esse modelo geral. Não se trata da continuidade da cadeia, de uma passagem de uma extremidade a outra, de um ponto

1970 – A Posição de Cuvier na História da Biologia **225**

jogado entre uma margem da natureza e uma outra. Trata-se, simplesmente, de um princípio de preenchimento pela natureza da forma que ela se deu. É a saturação de uma ordem em gêneros. Encontra-se um animal como o *clio*, cujo gênero não se encaixa perfeitamente nem nos cefalópodes nem nos gastrópodes. Em função do princípio de que a natureza é avara e generosa (avara no número de formas, generosa na maneira pela qual ela preenche cada uma dessas formas), devem existir certamente outros gêneros que devem preencher esse tipo de forma que se vê aparecer no *clio*. Eis o princípio heurístico de Cuvier. Ele não vai procurar outros gêneros ao lado do *clio* para preencher essa família que está ainda vazia, ou ocupada por um gênero. Ele busca a característica própria do *clio* e, fazendo isso, encontra outros dois animais, o *hyale* e o *pneumoderma*, que se encaixam na mesma forma. Eles podem constituir uma família, assim caracterizada: corpo livre e nadador; cabeça distinta e sem outro membro a não ser as nadadeiras. Portanto, o movimento de pesquisa para constituir essa nova família não era destinado a preencher uma lacuna da escala dos seres; ele visava a mostrar como a natureza preenche uma forma, a partir do momento em que ela cria essa forma. Não pode haver um gênero único em uma ordem – eis o postulado, e não: deve haver um intermediário entre dois gêneros diferentes. É preciso saturar a ordem, chegar a constituir uma multiplicidade de gêneros que dizem efetivamente em que consiste a plena realidade da ordem.

G. Canguilhem: Gostaria de acrescentar uma palavra sobre a escala dos seres, relembrando a existência do artigo "Nature" no *Dictionnaire des sciences naturelles*,[7] em que Cuvier utiliza os três conceitos escolásticos de *salto, hiato* e *vazio*, ou seja, os três conceitos que aparecem nos axiomas que Kant comenta na *Metodologia transcendental*. Eis o que ele diz: não há salto, há hiato – apesar daqueles que dizem, referindo-se à escala dos seres, quando descobrem uma lacuna, que um intermediário deve ser encontrado. No entanto, multiplicando por 100 o número das espécies conhecidas, esses vazios continuam a subsistir. O estranho é que se possa fazer a Cuvier, por causa de seu suposto aristotelismo, a crítica de pensar de uma maneira escolástica, quando a sua refutação e suas críticas

---

7 (N.A.) T. XXXIV, 1825, p. 261.

226 Michel Foucault – Ditos e Escritos

precisamente se dirigiam aos três conceitos fundamentais que a filosofia escolástica utilizava quando se tratava de mostrar a continuidade das formas.

J. Piveteau: Agradeço a M. Foucault e a todos aqueles que participaram desse debate.

G. Canguilhem: Agradecemos ao Sr. Piveteau, em nome dos professores e pesquisadores desse instituto, por ter aceito presidir esse debate.[8]

S. Delorme: Peço à Srta. Conry para expor suas objeções.

Y. Conry: 1º) Admitir que a crítica do darwinismo somente pôde ser feita através dos textos de Cuvier, ou seja, que as condições de possibilidade do darwinismo sejam o discurso de Cuvier, deixa inexplicados, inclusive ininteligíveis, dois fatos:

a) o fato de que o campo discursivo de Darwin seja estranho ao de Cuvier, isto é, que ele tenha sido instaurado e desenvolvido a partir de uma problemática ecológica e biogeográfica;

b) o fato de que uma parte das resistências ao darwinismo tenha sido desenvolvida no próprio âmbito da escola de Cuvier, tão amplamente quanto se entenda essa escola.

2º) O esquema de desarticulação dos limiares epistemológico e ontológico, se é de fato o momento e o lugar de ruptura no pensamento clássico, não é indiferente a uma teoria da evolução? Em outros termos, o estudo das transformações epistemológicas autoriza a considerar Cuvier como *relé* de Darwin?

M. Foucault: Sua segunda questão: "como explicar as resistências ao darwinismo dos discípulos de Cuvier, como Flourens, por exemplo, se é verdade que Cuvier foi a condição de possibilidade do darwinismo?" – toca em um problema de método. Não penso que se possa dar o mesmo *status*, nem fazer funcionar da mesma maneira no campo histórico, a resistências que podem ser de nível conceitual e resistências "arqueológicas", que se situam no nível das formações discursivas.

1) Um conceito como o de fixidez das espécies se opõe, termo a termo, ao de evolução das espécies e, consequentemente, pode lhe fazer obstáculo.

2) Uma teoria como a de uma natureza em evolução histórica é oposta àquela de uma natureza criada de uma vez por todas por uma mão todo-poderosa e, por esse fato, elas fazem

---

8 (N.A.) Aqui terminam as exposições e discussões de sexta-feira, 30 de maio, à tarde. A discussão é remetida para a manhã do dia seguinte.

1970 – A Posição de Cuvier na História da Biologia 227

resistência uma à outra. Daí, essas duas ordens de resistências não são as mesmas, nem funcionam da mesma maneira. Em um terceiro nível, que é o das formações discursivas, pode-se falar, igualmente, de fenômenos de resistência. Mas eles são de uma ordem completamente diferente; eles se desenrolam segundo processos muito diferentes (como a resistência de uma história natural, fundamentada na análise das características, a uma biologia, baseada na análise das funções fisiológicas e das estruturas anatômicas). Ora, por um lado, essa última forma de resistência, apesar de ser mais importante e mais maciça, não acarreta forçosamente as polêmicas mais longas e ruidosas; e, por outro lado, as duas primeiras formas de resistência podem muito bem se produzir no interior de uma só e mesma formação discursiva. Tentei mostrar, a propósito de Cuvier e de Geoffroy Saint-Hilaire, como a oposição entre eles sobre os critérios de identificação dos segmentos orgânicos tinha uma certa condição de possibilidade nessa biologia, da qual eles foram os cofundadores.

Podemos abordar agora a oposição Darwin-Cuvier e a função de *relé* que se pode atribuir à biologia de Cuvier na constituição do darwinismo.

O conceito de condição de existência é, sem dúvida, um dos conceitos fundamentais da biologia do início do século XIX. Ele não me parece isomorfo, nem possível de sobrepor aos conceitos de influências ou de meio, tais como podem ser encontrados na história natural do século XVIII. Essas noções estavam, de fato, destinadas a dar conta de um suplemento de variedade; elas concerniam a fatores de diversificação adicional; serviam para dar conta do fato de que um tipo pode se transformar em um outro. Em contrapartida, a noção de condição de existência se refere à impossibilidade eventual em que se encontraria um organismo de continuar a viver se ele não fosse tal como ele é, ou não estivesse ali onde está: ela se refere ao que constitui o limite entre a vida e a morte. De uma maneira muito geral, o objeto da história natural na época clássica é um conjunto de diferenças que se trata de observar; no século XIX, o objeto da biologia é o que é capaz de viver e é suscetível de morrer. Essa ideia de que o ser vivo está ligado à possibilidade de morrer remete a dois sistemas possíveis de condições de existência:

– condições de existência concebidas como um sistema interno, ou seja, as correlações. Se você lhe retirasse as garras, ou se

228 Michel Foucault – Ditos e Escritos

não lhe colocasse dentes perfurantes, ele necessariamente morreria. Eis a condição de existência interna, e esta implica uma biologia que se articula diretamente com a anatomofisiologia;

– condições de existência concebidas como ameaça proveniente do meio ou ameaça para o indivíduo de não mais poder viver se esse meio muda. Articula-se a biologia com a análise das relações existentes entre o meio e o ser vivo, ou seja, com a ecologia.

A dupla articulação da biologia com a fisiologia, por um lado, e com a ecologia, por outro, está implícita nas condições de possibilidade a partir do momento em que se define o ser vivo pelas condições de existência e suas possibilidades de morte.

A partir daí vemos que a ecologia, como ciência integrável à biologia, tem as mesmas condições de possibilidade do que a fisiologia como ciência integrável à taxionomia. A integração da anatomofisiologia à taxionomia é realizada por Cuvier. A integração da ecologia à biologia é realizada por Darwin. Isso a partir das mesmas condições epistemológicas.

C. Limoges: Nada há aí que contrarie o que a Srta. Conry e eu pensamos. Fiquei bastante satisfeito com esta segunda resposta.

S. Delorme: A segunda questão colocada pelo Sr. Saint-Sernin refere-se à diferença feita por M. Foucault entre *fundamentado, natural* e *real*.

M. Foucault: A partir do momento em que se admite um *continuum* de variações de um indivíduo ao outro, os gêneros não podem ser demarcados e existir com limiares perfeitamente delimitados. A natureza não isola os gêneros; ela permite simplesmente, estabelecendo regiões de semelhanças, restabelecer os gêneros que serão bem fundamentados, se eles seguem o campo de semelhanças dos indivíduos de morfologia diferente. Quando Lineu adota um critério simples, constante para todos os vegetais, ele classifica todos os vegetais no interior do seu sistema. Mas, à medida que tomou como variável apenas um pequeno setor do ser vegetal, ele classifica dentro da mesma categoria, por terem órgãos sexuais semelhantes, seres vivos que terão uma aparência geral diferente. Consequentemente, ele terá tomado um critério de semelhança localizada, não levando em conta a série natural das semelhanças globais. É nesse sentido que as categorias de Lineu são arbitrárias e abstratas. O problema para os sucessores de Lineu, os metodistas – Jussieu, por exemplo –, era chegar a ter classificações tais que só encontrássemos no mesmo gênero, na mesma classe, vegetais que se pareçam efetivamente em todos os aspectos. É o gênero fundamentado, em oposição ao gênero abstrato de Lineu.

B. Saint-Sernin: Pensei ter compreendido que "fundamentado" era o que permitia operar uma repartição conveniente, natural, uma repartição que correspondesse à observação e à experiência.

M. Foucault: ... com a observação total das espécies.

O real oferecido à intuição é observável como tal por um certo número de procedimentos que podem ser metódicos ou sistemáticos.

M.-D. Grmek: O esquema que M. Foucault nos propõe, e sua distinção de dois limiares principais, é uma construção lógica. A questão que se coloca é: qual é seu conteúdo histórico? E, no quadro desse debate, a obra de Cuvier representa verdadeiramente um corte fundamental no processo de explicação histórica desse esquema?

É verdade que esses dois limiares propostos – a saber: a passagem da espécie ao gênero e do indivíduo à espécie – têm uma realidade histórica, ou seja, representam há muito tempo um problema que se tenta resolver. Entre parênteses, eu me espanto que você tenha chamado o primeiro limiar de "ontológico" e o segundo de "epistemológico"; eu esperava o contrário, pois o primeiro limiar coloca o problema da classificação, e o segundo, o da existência, do ser. Para ultrapassar esses dois limiares, várias soluções têm sido propostas na história da biologia. Desde bem cedo, procuraram-se quase todas as possibilidades lógicas e não vejo o que a obra de Cuvier, do ponto de vista epistemológico, traz de verdadeiramente novo.

Certamente ela traz novidades do ponto de vista da classificação concreta, dos detalhes taxionômicos, mas não há um verdadeiro franqueamento dos limiares dos quais você falou. Para a ciência atual, os dois limiares foram transpostos: para o primeiro limiar, a solução está nos parentescos filogenéticos, ou seja, na teoria da evolução, e, para o segundo, na genética moderna. Para encontrar a ruptura histórica seria necessário buscar a origem dessas duas soluções e, no problema que nos interessa aqui, ver se a obra de Cuvier faz parte desse processo de mudança radical.

230   Michel Foucault – Ditos e Escritos

M. Foucault: Não penso que se possa falar, na história das ciências, de mudança em termos absolutos. Conforme a maneira pela qual classificamos os discursos, o nível pelo qual os abordamos, ou a grade de análise que lhes impomos, veremos aparecer continuidades, descontinuidades, constâncias, modificações. Se vocês seguem a história do conceito de espécie, ou a da teoria da evolução, Cuvier evidentemente não constitui uma mudança. Mas o nível em que me coloco não é o das concepções, das teorias: é o das operações a partir das quais, em um discurso científico, os objetos podem aparecer, os conceitos podem ser postos em prática e as teorias podem ser construídas. Nesse nível, podemos observar cortes: mas, por um lado, eles não coincidem necessariamente com os que podem ser observados em outros lugares (por exemplo, no nível dos próprios conceitos ou das teorias); e, por outro, eles nem sempre ocorrem, de uma maneira visível, na superfície do discurso. É preciso detectá-los a partir de um certo número de signos.

Pode-se encontrar um primeiro índice de corte em uma brusca mudança afetando o conjunto dos objetos, dos conceitos, das teorias que teriam aparecido em um dado momento. (Assim, pode-se dizer de modo geral que os objetos, os conceitos, as teorias médicas de Hipócrates até o fim do século XVIII tiveram um índice de modificação relativamente fraco. Pelo contrário, se vocês tomam Boissier de Sauvages e Bichat, vocês veem que, em 40 anos, em 25 anos, tudo mudou e muito mais do que em vários séculos.) Pode-se encontrar um outro índice de corte em um fenômeno exatamente oposto: o retorno e a repetição; bruscamente um estado de saber imita, de alguma forma, um estado anterior. Estes são os sinais de corte que podem servir de primeiro balizamento. Mas a finalidade última da análise não consiste, do meu ponto de vista, em dizer onde há corte; consiste, a partir desses fenômenos curiosos – quer de mudanças bruscas, quer de sobreposições –, em se perguntar em que nível se situa essa transformação que os tornou possíveis. A análise, afinal de contas, não deve assinalar, depois reverenciar perpetuamente, um corte; ela deve descrever uma transformação.

Parece-me que existe uma transformação Cuvier, e que ela era necessária para ir desse estágio de saber característico da época clássica (tentei defini-lo abstratamente pelo esquema dos limiares) a esse outro estágio de saber que podemos encontrar em Darwin. De fato, essa passagem implica uma homogenei-

1970 – A Posição de Cuvier na História da Biologia   231

zação de todas as categorias supraindividuais, da variedade à ordem, à classe, à família (essa homogeneização encontra-se efetuada, em Cuvier, com exceção da variedade); ela implicava também que o indivíduo fosse portador, no nível das suas estruturas anatomofisiológicas e de suas condições internas de existência, daquilo que o faz pertencer ao conjunto de sua espécie, de seu gênero, de sua família (ora, é certamente assim que Cuvier concebe a espécie, o gênero etc.). Para passar do estágio Lineu ao estágio Darwin do saber biológico, a transformação Cuvier era necessária.

M.-D. Grmek: Aqueles que fazem uma história das ciências "historiográfica" têm necessidade de vinculá-la à história "epistemológica". Deve existir uma ligação entre os dois modos de apresentação histórica. Você deixou de lado a questão que mais toca o historiógrafo – ou seja, se uma mudança é produzida na solução de um problema, é preciso especificar em que consiste essa mudança, quando e por que ela se produz. No caso que analisamos aqui, será que Cuvier é o ponto de partida dessa mudança? Para mim, não é.

M. Foucault: O esquema proposto não é destinado a fechar, no interior de uma certa condição de existência interna e intransponível, todos os conceitos ou as teorias que puderam ser formadas em uma determinada época; por exemplo, entre Lineu e Jussieu há uma diferença de métodos, de conceitos e quase de teorias pelo menos tão grande quanto a diferença existente entre Jussieu e Cuvier. Além disso, Cuvier repetiu sem cessar que foi Jussieu quem tinha descoberto tudo. No nível das distâncias conceituais ou teóricas, Jussieu está mais próximo de Cuvier que de Lineu. A história das teorias ou dos conceitos poderia estabelecer os encadeamentos e as distâncias e mostrar Jussieu muito próximo de Cuvier.

Mas meu problema não é esse. É ver como eles foram formados, a partir de que e segundo que regras de constituição. Chega-se a coisas paradoxais: podem-se ter conceitos análogos, teorias isomorfas e que, no entanto, obedecessem a sistemas, a regras de formação diferentes. Parece-me que a taxionomia de Jussieu é formada conforme o mesmo esquema que a de Lineu, embora e à medida mesmo que ele tenta ultrapassá-lo. Em contrapartida, a biologia de Cuvier me parece obedecer a outras regras de formação. Uma continuidade conceitual ou um isomorfismo teórico pode perfeitamente recobrir um corte

232 Michel Foucault – Ditos e Escritos

arqueológico no nível das regras de formação dos objetos, dos conceitos e das teorias.

M.-D. Grmek: Na história da biologia, Cuvier representa então uma transformação, não uma revolução.

M. Foucault: Sobre esse tema, sempre tenho feito economia da palavra revolução. Prefiro transformação.

Encontra-se, por outro lado, um problema metodológico importante: o da atribuição.

Esse problema não se coloca da mesma maneira em todos os níveis. Suponhamos que se chame doxologia o estudo das opiniões de um ou vários indivíduos: o indivíduo é tomado, portanto, como constante; a questão é saber se podemos lhe atribuir de fato tal pensamento, tal formulação, tal texto. Problema de autenticidade. O erro maior é atribuir-lhe o que não lhe pertence, ou, ao contrário, deixar na sombra uma parte daquilo que ele disse, acreditou ou afirmou. Não é colocada (ao menos em primeira instância) a questão do que é um indivíduo, mas do que pode ser atribuído a ele.

Quando fazemos a análise epistemológica de um conceito ou de uma teoria, há todas as chances de nos relacionarmos com um fenômeno metaindividual; e, ao mesmo tempo, é um fenômeno que atravessa e recorta o domínio do que pode ser atribuído a um indivíduo. Nós somos levados a deixar de lado, na obra de um autor, textos que não são pertinentes (as obras da juventude, os escritos pessoais, as opiniões emitidas em um momento e rapidamente abandonadas). A partir disso, o que significa o autor? Que uso é feito exatamente do nome próprio? O que se designa quando, nessas condições, se diz Darwin ou Cuvier?

Mas, quando se trata de estudar os estratos discursivos, ou os campos epistemológicos que compreendem uma pluralidade de conceitos e teorias (pluralidade simultânea ou sucessiva), é evidente que a atribuição ao indivíduo se torna praticamente impossível. Da mesma forma, a análise dessas transformações dificilmente pode ser referida a um indivíduo preciso. Isso porque a transformação passa, em geral, por obras de diferentes indivíduos e porque essa transformação não é alguma coisa como uma descoberta, uma proposição, um pensamento claramente formulado, explicitamente dado no interior de uma obra, mas a transformação é constatada, por quem a procura, como posta em ação no interior de diferentes textos. De maneira que a descrição que tento fazer

1970 – A Posição de Cuvier na História da Biologia   233

deveria se abstrair, no fundo, de qualquer referência a uma individualidade, ou melhor, deveria retomar, de ponta a ponta, o problema do autor. Devo admitir que fiquei embaraçado (e de um mal-estar que não pude superar) já que, em *As palavras e as coisas*, coloquei em primeiro plano nomes. Eu disse "Cuvier", "Bopp", "Ricardo", quando tentava de fato utilizar o nome não para designar a totalidade de uma obra que corresponderia a uma determinada delimitação, mas para designar uma certa transformação que ocorreu em uma determinada época e que podemos ver em ação, em tal momento e em particular nos textos em questão. O uso que fiz do nome próprio em *As palavras e as coisas* deve ser reformulado, e seria preciso compreender Ricardo ou Bopp não como o nome que permite classificar um certo número de obras, um certo conjunto de opiniões, mas como a sigla de uma transformação, e seria necessário dizer a "transformação Ricardo", como se diz "o efeito Ramsay". Essa "transformação Ricardo", que vocês encontram em Ricardo, quando vocês a reencontrarem em outro lugar, antes ou depois, isso não tem importância. Pois o meu problema é observar a transformação. Dito de outra maneira, o autor não existe.

J.-F. Leroy: Do ponto de vista histórico, o nome é um pouco incômodo.

M. Foucault: Reconheço isso de boa vontade. Creio que, tal como os lógicos e os linguistas colocam o problema do nome próprio, seria necessário, a propósito da história das ciências e da epistemologia, tentar refletir sobre o uso dos nomes próprios. O que se quer dizer, quando se diz Cuvier, Newton? No fundo, isso não é claro. Mesmo em história literária, seria necessário fazer uma teoria do nome próprio.

F. Dagognet: A expressão "condições de possibilidade", à qual você se referiu, assume um sentido "teórico". Mas ela não pode receber uma significação, um conteúdo mais material?

Por que se passou repentinamente a listar ou a classificar os animais? Não é absolutamente para apreendê-los em sua diversidade ou para poder representá-los. Não é uma questão de ordem, de divertimento ou de teorização.

Pressões político-econômicas surdas são exercidas. No século XVIII, toda a oficina e, através dela, a vida da nação dependem deles, vegetais ou animais. Busca-se escapar a certas sujeições. Assim, rapidamente tornaram-se capazes de substituir os "semelhantes" por outros, eventualmente próximos de nós e suscetíveis dos mesmos "empregos" ou usos. Uma vantajosa substituição. É ela que entusiasma e estimula o exame das semelhanças e a criação das famílias. De fato, descobriu-se o axioma promissor, segundo o qual, no dizer de Lineu e de Jussieu, um "indivíduo" não pode entrar em uma categoria (da qual ele possui, além disso, um sinal característico, que autoriza imediatamente a identificação) sem possuir todas as suas características fundamentais. E se não as descobrimos é porque não as procuramos bastante ou porque não soubemos exprimi-las. Que se as procure novamente.

Assim, tal planta é uma leguminosa: nessas condições, deve-se aprender a servir-se dela. Ela deve, de uma maneira ou de outra, nutrir. Deve-se, portanto, desenvolver sua produção.

A partir daí, será possível escapar das importações ruinosas ou das dependências onerosas. Em suma, as condições de possibilidade, os agentes das transformações remetem às exigências nacionais e industriais, a situações efetivas mais do que a preocupações teóricas ou a exames documentais ou escriturais. As modificações na escrita ou na organização correspondem a necessidades frequentemente tecnológicas ou agronômicas, à contingência ou à necessidade das coisas.

M. Foucault: Se você fala das condições materiais, sociais, econômicas, técnicas de possibilidades, não penso tê-las ignorado. Em duas ocasiões – a propósito da psiquiatria e da medicina clínica – me ocorreu procurar quais eram as condições de constituição e de transformação dessas duas ordens de saber. Dizer que me ocupei das palavras às expensas das coisas é falar levianamente.

C. Salomon: É legítimo, a propósito de Cuvier, empregar o termo biologia, na medida em que a biologia se interessa por qualquer coisa que é comum à cortiça, ao elefante e ao homem?

M. Foucault: A formulação é engraçada. Tomado talvez pelo prazer que experimento ao ouvi-la, percebo mal o cerne da questão.

C. Salomon: ... Você fala da "biologia" de Cuvier. Quem diz "biologia" tende a operar a passagem ou a ruptura de uma taxionomia clássica (a classificação dos seres vivos) para uma fisiologia que se preocupa com a vida, com um elemento comum à cortiça, ao elefante e ao homem, objeto de uma fisiologia celular ou de uma microbiologia.

1970 – A Posição de Cuvier na História da Biologia **235**

Para Cuvier, trata-se de semelhanças de relações, não de objeto comum. As correlações são o próprio objeto da taxionomia, não a unidade vital: isso significaria que, em Cuvier, há apenas os seres vivos; não há ainda a vida, portanto, não há propriamente falando uma "biologia cuvieriana".

M. Foucault: Isso nos remete às condições de existência.

B. Balan: Às implicações filosóficas do princípio das correlações. Esse princípio implicando finalidade não é aquele de onde vai se destacar o conceito de finalidade?

M. Foucault: Entenda bem. As determinações, as relações que tento estabelecer entre as teorias, os conceitos etc. e seus sistemas de formação não impedem, ao contrário, que um conceito e uma teoria possam ser destacados desse sistema. O conceito de organização que foi formado no interior da taxionomia clássica, já que é essencialmente em torno de Daubenton, de Jussieu que ele ganhou alcance, foi reutilizado pela biologia.

Parece-me que, no conjunto das análises e pesquisas que focalizavam essencialmente as classes, parentescos e semelhanças entre os seres vivos, o que caracterizava propriamente o ser vivo era finalmente o crescimento. Aquele que vive é o que cresce e que pode crescer em diferentes direções.

1º) Crescer no tamanho. O ser vivo é aquele que é suscetível de aumentar de tamanho. O tema era bastante importante para que se tenha admitido por muito tempo, na história natural, que os minerais cresciam e que, portanto, estavam vivos.

2º) Crescer de acordo com a variável do número. Esse crescimento pela variável do número é a reprodução. É interessante notar que, durante muito tempo, acreditou-se que a reprodução por brotação ou pela sexualidade era, de qualquer forma, um fenômeno de crescimento. Não se atribuía à sexualidade, em seu funcionamento fisiológico, uma independência real. Reproduzir-se era aumentar, mas não mais no contexto individual e pelo simples crescimento de tamanho. Reproduzir-se era desenvolver-se para além de seu próprio tamanho, através de uma procriação de novos indivíduos. "Crescei e multiplicai-vos."

3º) O crescimento na ordem do ser vivo se situa em uma terceira dimensão, que é aquela não mais do indivíduo, nem mesmo da geração, mas dessa vez do conjunto das espécies. O crescimento se faz como aumento de complexidade. Crescimento da forma que se torna cada vez mais complexa.

236 Michel Foucault – Ditos e Escritos

Dito de outra forma, o ser vivo é aquele que cresce de acordo com a variação do tamanho, do número e a variabilidade da forma, ou seja, as três variáveis que servem precisamente para classificar os indivíduos, para caracterizar as espécies e situar os gêneros.

Pode-se mesmo reconhecer nos naturalistas da época clássica uma quarta variável de crescimento, a da posição no espaço. À medida que os indivíduos se multiplicam e que se desenrolam as revoluções da terra, o embaralhamento das espécies aumenta; indivíduos, pertencentes a grupos muito diferentes e outrora separados, se misturam, e assim surgem essas hibridações às quais Lineu, no fim de sua vida, dava grande importância; assim, podem nascer tipos que, por sua vez, se correspondem etc.

Ora, podemos ver que essas quatro variáveis, de acordo com as quais os indivíduos e as espécies crescem, são também, segundo a história natural, as quatro variáveis segundo as quais podemos caracterizá-los e classificá-los. Tudo isso faz da história natural um edifício sólido e coerente. Isso implica:

a) que a vida não se define mais por sua relação com a morte, mas por sua possibilidade de extensão. A vida é aquilo que continua e se continua;

b) que essa continuidade não é simplesmente espacial, mas temporal;

c) que a sexualidade não é reconhecida em sua especificidade, mas como um fenômeno de crescimento;

d) que a história natural encontra como problema epistemológico maior o da continuidade-aumento, que é também um dos problemas da física e da mecânica.

A biologia, a partir do século XIX, se caracteriza por um certo número de modificações essenciais.

1º) O indivíduo não é mais definido tanto pela possibilidade de crescimento no interior de uma forma dada, mas como uma forma que apenas pode se manter sob condições rigorosas, cujo apagamento não é apenas desaparecimento, mas morte (de acordo com um processo que é ele mesmo de ordem biológica).

2º) A sexualidade aparece como função biológica autônoma. Desde então, a sexualidade seria preferencialmente considerada como uma espécie de aparelho suplementar, graças ao qual o indivíduo, tendo atingido um certo estágio, passaria para um outro modo de crescimento: não mais o aumento de tamanho, mas a multiplicação. A sexualidade era uma espécie de alterna-

1970 – A Posição de Cuvier na História da Biologia   237

dor de crescimento. A partir do século XIX, vai se buscar o que ela pode ter de específico em relação ao crescimento. Pesquisa que conduzirá, por um lado, à descoberta da fusão dos gametas e da redução cromossômica (em um sentido, o contrário de um crescimento) e, por outro, à ideia – desenvolvida por Nussbaum e Weissmann – de que o próprio indivíduo é apenas uma espécie de excrescência sobre a continuidade da linhagem germinativa. A sexualidade, em vez de aparecer no limite do indivíduo como o momento em que seu crescimento se torna proliferação, transforma-se em uma função subjacente em relação a esse episódio que é o indivíduo.

3º) Aparece também o tema de uma história que não está mais ligada à continuidade: a partir do momento em que se confrontam, no tempo, uma vida que não quer morrer e uma morte que ameaça a vida, haverá descontinuidade. Descontinuidade das condições dessa luta, desses impasses, dessas fases. É o princípio das condições anatomofisiológicas; é o tema das transformações e das mutações.

O fato de que se vejam surgir no pensamento do século XIX os temas da morte, da sexualidade e da história parece ser, do meu ponto de vista, a sanção filosófica da transformação que se havia produzido no campo das ciências da vida. Essas três noções: Morte, Sexualidade, História, que eram noções fracas, derivadas, secundárias nos séculos XVII e XVIII, fazem irrupção no campo do pensamento do século XIX como noções maiores e autônomas, e provocam no domínio da filosofia um certo número de "reações", no sentido forte do termo – ou seja, no sentido nietzschiano. O problema de toda uma filosofia nos séculos XIX e XX foi o de recuperar as noções que haviam acabado de surgir. Diante da irrupção da noção de morte, a filosofia reagiu pelo tema de que, antes de tudo, é normal que a morte e a vida se confrontem, já que a morte é o cumprimento da vida, pois é na morte que a vida toma seu sentido e a morte transforma a vida em destino. Ao tema da sexualidade como função autônoma em relação ao indivíduo ou ao crescimento individual a filosofia respondeu pelo tema de que a sexualidade não era na realidade tão independente do indivíduo, já que, pela sexualidade, o indivíduo pode, de qualquer forma, desenvolver-se, ir além dele mesmo, entrar em comunicação com os outros pelo amor, e, com o tempo, por sua descendência. Quanto à história e à descontinuidade a ela associada, é

238 Michel Foucault – Ditos e Escritos

inútil dizer como e de que maneira o uso de uma determinada forma de dialética respondeu a isso, para dar-lhe a unidade de um sentido e reencontrar aí a unidade fundamental de uma consciência livre e de seu projeto.

Chamo de *filosofia humanista* qualquer filosofia que pretende que a morte é o sentido último da vida.

Filosofia humanista, qualquer filosofia que pensa que a sexualidade é feita para amar e proliferar.

Filosofia humanista, qualquer filosofia que crê que a história está ligada à continuidade da consciência.

M.-D. Grmek: Admiro o quadro filosófico-histórico que você acaba de esboçar sobre o grande tema da vida, mas estou incomodado pelo fato de que, de Aristóteles ao século XIX, as definições da vida, formuladas pelos sábios mais influentes, não levam em conta nem o crescimento nem a sexualidade, mas apelam para outras características consideradas como o *quid proprium* do fenômeno vital.

M. Foucault: Não me coloco no nível das teorias e dos conceitos, mas da maneira pela qual o discurso científico é praticado. Observem como efetivamente se distingue o ser vivo do que não é vivo. Observem o que se analisa no ser vivo, o que se destaca no ser vivo para fazer disso um problema de história natural: trata-se sempre de crescimento.

J.-F. Leroy: Nos séculos XVII e XVIII, o fundamental é o crescimento; é ele que permite chegar à noção de biologia – ou seja, o crescimento sob a forma de aumento de tamanho, de multiplicação, de diferenciação.

Isso vai se prolongar por muito tempo, pois o encontramos na teoria da pangênese em Darwin. Nós o encontramos já em Buffon e, durante o século XVIII, tenta-se explicar a evolução pela alimentação e pelo crescimento de tamanho. Compara-se a evolução das espécies à evolução dos indivíduos. Não há dúvida de que isso é o que chamo de ponto de vista histórico da biologia antes do século XVIII.

A exposição de M. Foucault foi esclarecedora. Não entendia por que ele partia da biologia desde Cuvier. Agora, compreendo que ele dá um determinado sentido à palavra biologia, que nós, biólogos, ampliamos. Para nós, a biologia é alguma coisa mais ampla, e essa primeira parte da biologia no decorrer da qual a passagem está em questão faz parte ainda da biologia. É como tal que a biologia, em um sentido, se define no século XVIII, e em botânica, por exemplo, é a partir do fim do século XVII que a questão da sexualidade se torna essencial.

S. Delorme: Agradeço ao Instituto de História das Ciências por ter permitido nos reunirmos para conhecer melhor a filosofia de Cuvier... mas também e sobretudo a filosofia de M. Foucault.

G. Canguilhem: Os pesquisadores e professores do Instituto de História das Ciências agradecem aos ouvintes, aos membros da casa e aos visitantes ilustres que aceitaram nosso convite, com o pesar, da nossa parte, de que tenham faltado outros visitantes ilustres, como os Srs. Jacob e Vuillemin, do *Collège de France*, que esperávamos ver aqui, e que se desculparam por motivos de força maior. Quero agradecer aos oradores. E para que meus agradecimentos não assumam o ar de uma distribuição de prêmios, eu lhes agradecerei na ordem crescente da distância que eles tiveram que percorrer para chegar até aqui: o Sr. Michel Foucault, de Vincennes; o Sr. François Dagognet, de Lyon; o Sr. Francis Courtès, de Montpellier; e o Sr. Camille Limoges, de Montreal.

Por fim, vocês me permitirão ter um último pensamento para aquele em nome de quem nos reunimos para escutar os Srs. Foucault, Dagognet, Courtès, Limoges, ou seja, o homem que, em 23 de agosto de 1769, recebeu para sempre como "insígnia" o nome de seu pai, ou seja, Cuvier.

1970

Theatrum Philosophicum

"*Theatrum philosophicum*", *Critique*, n. 282, novembro de 1970, p. 885-908. (Sobre G. Deleuze, *Différence et répétition*, Paris, PUF, 1969, e *Logique du sens*, Paris, Ed. de Minuit, col. "Critique", 1969.)

É preciso que eu fale de dois livros que me parecem grandes entre os grandes: *Diferença e repetição, Lógica do sentido*. Tão grandes que, sem dúvida, é difícil falar deles e pouco se o fez. Por muito tempo, acredito, essa obra pairará acima de nossas cabeças, em ressonância enigmática com a de Klossowski, outro signo maior e excessivo. Mas um dia, talvez, o século será deleuziano.

Umas após as outras, eu gostaria de explorar as inúmeras vias de acesso em direção ao cerne dessa obra tremenda. A metáfora não vale nada, me diz Deleuze: nada de cerne, nada de cerne, mas um problema, ou seja, uma distribuição de pontos notáveis; nenhum centro, mas sempre descentramentos, mas séries, de uma à outra, com a claudicação de uma presença e de uma ausência – de um excesso, de uma falta. Abandonem o círculo, mau princípio de retorno, abandonem a organização esférica do todo: é na reta que o todo retorna, a linha reta e labiríntica. Fibrilas e bifurcação (seria interessante analisar deleuzianamente as séries maravilhosas de Leiris).

*

Derrubar o platonismo: qual filosofia ainda não o tentou? E se, no limite, se definisse como filosofia qualquer empreitada, seja ela qual for, para subverter o platonismo? A filosofia começaria então a partir de Aristóteles, não, desde Platão, no final do *Sofista* onde não é mais possível distinguir Sócrates do astucioso imitador; desde os próprios sofistas que faziam um grande alarde em torno do platonismo nascente e, com jogos de palavras, ridicularizavam sua futura grandeza.

Todas as filosofias, espécies do gênero "antiplatoniáceas"? Cada uma começaria articulando a grande rejeição? Elas se distribuiriam todas em torno desse centro desejado-detestável? Digamos de preferência que a filosofia de um discurso é seu diferencial platônico. Um elemento que está ausente em Platão, mas presente nele? Ainda não é isso: um elemento cujo efeito de ausência é induzido na série platônica pela existência dessa nova série divergente (e ele desempenha então, no discurso platônico, a função de um significante simultaneamente em excesso e ausente em seu lugar); também um elemento do qual a série platônica produz a circulação livre, flutuante, excedente nesse outro discurso. Platão, pai excessivo e faltoso. Você não tentará então especificar uma filosofia pelo caráter do seu antiplatonismo (como uma planta por seus órgãos de reprodução); mas você produzirá uma filosofia distinta, um pouco como se distingue um fantasma pelo efeito de falta tal como ele se distribui nas duas séries que o constituem, o "arcaico" e o "atual"; e você sonhará com uma história geral da filosofia que seria uma fantasmática platônica, não absolutamente uma arquitetura de sistemas.

Em todo caso, eis Deleuze.[1] Seu "platonismo às avessas" consiste em se deslocar na série platônica e nela fazer emergir um ponto notável: a divisão. Platão não distingue imperfeitamente – como o dizem os aristotélicos – o gênero "caçador", "cozinheiro" ou "político"; ele não quer saber o que caracteriza propriamente a espécie "pescador" ou "caçador com rede"; ele quer saber quem é o verdadeiro caçador. *Quem é*, e não *o que é*. Buscar o autêntico, o puro ouro. Em vez de subdividir, selecionar e seguir o bom filão; escolher entre os pretendentes sem distribuí-los conforme suas propriedades cadastrais; submetê-los à prova do arco tenso, que os descartará a todos, exceto um (e justamente o sem-nome, o nômade). Ora, como distinguir entre todos esses falsos (os assim ditos simuladores) e o verdadeiro (o sem-mistura, o puro)? Não descobrindo uma lei do verdadeiro e do falso (a verdade aqui não se opõe ao erro, mas ao falso-semblante), mas procurando, acima de todos o modelo, um modelo de tal forma puro que a pureza do puro se parece com ele, o aproxima e pode se comparar a ele; e existindo tão intensamente que a vaidade simuladora do

---

1 (N.A.) *Différence et répétition*, p. 82-85 e p. 165-168; *Logique du sens*, p. 292-300.

242 Michel Foucault – Ditos e Escritos

falso será imediatamente destituída como não ser. Surgindo Ulysses, eterno marido, os pretendentes se dissipam. *Exeunt* os simulacros.

Platão teria oposto, se diz, essência e aparência, mundo de cima e mundo daqui de baixo, sol da verdade e sombras da caverna (e a nós caberia restaurar as essências sobre a terra, glorificar nosso mundo e localizar no homem o sol da verdade...). Mas Deleuze situa a singularidade de Platão nessa minuciosa triagem, nessa fina operação que precede a descoberta da essência, justamente porque ela a exige, e que visa a separar, da massa da aparência, os maus simulacros. Para revirar o platonismo, inútil, portanto, restituir os direitos da aparência, dar-lhe novamente solidez e sentido, aproximá-la das formas essenciais dando-lhe como espinha dorsal o conceito; não encorajemos a tímida a se manter ereta. Tampouco tentemos reencontrar o grande gesto solene que estabeleceu de uma vez por todas a Ideia inacessível. Abramos de preferência a porta a todos esses espertalhões que simulam e clamam à porta. E o que vai entrar então, submergindo a aparência, rompendo suas alianças com a essência, é o acontecimento; expulsando a densidade da matéria, o incorpóreo; rompendo o círculo que imita a eternidade, a insistência intemporal; purificando-se de todas as misturas com a pureza, a singularidade impenetrável; socorrendo a falsidade do falso-semblante, a própria semelhança do simulacro. O sofista salta, impondo a Sócrates o desafio de demonstrar que ele é um pretendente usurpador.

Subverter, com Deleuze, o platonismo é se deslocar nele insidiosamente, descer um grau e ir até esse pequeno gesto – discreto, mas *moral* – que exclui o simulacro; é também dele se desviar ligeiramente e abrir a porta, à direita e à esquerda, para o falatório ao lado; é instaurar uma outra série desarticulada e divergente; é constituir, por esse pequeno salto lateral, um paraplatonismo descoroado. Converter o platonismo (um trabalho sério) é fazê-lo inclinar-se com mais piedade para o real, para o mundo e para o tempo. Subverter o platonismo é tomá-lo do alto (distância vertical da ironia) e apreendê-lo novamente em sua origem. Perverter o platonismo é espreitá-lo até em seu mínimo detalhe, é descer (conforme a gravitação característica do humor) até esse cabelo, até essa sujeira debaixo da unha que não merecem de forma alguma a honra de uma ideia; é descobrir através disso o descentramento que ele operou para se recentrar em torno do Modelo, do Idêntico e do Mesmo; é se descentrar em relação a ele para fazer agir (como em qualquer perversão) as superfícies próximas. A ironia eleva e subverte; o humor faz cair e perverte.[2] Perverter Platão é deslocar-se na direção da maldade dos sofistas, dos gestos rudes dos cínicos, dos argumentos dos estoicos, das quimeras esvoaçantes de Epicuro. Leiamos Diógenes Laércio.

*

Prestemos atenção nos epicuristas, em todos esses efeitos de superfície onde age seu prazer:[3] emissões que vêm da profundidade dos corpos e se elevam como farrapos de bruma – fantasmas do interior, rapidamente reabsorvidos em uma outra profundidade pelo olfato, pela boca, pelo apetite; películas absolutamente tênues que se destacam da superfície dos objetos e vêm impor, ao fundo de nossos olhos, cores e contornos (epidermes flutuantes, ídolos do olhar); fantasmas do medo e do desejo (deuses de nuvens no céu, belo rosto adorado, "miserável esperança trazida pelo vento"). É toda essa pujança do impalpável que é preciso pensar hoje: enunciar uma filosofia do fantasma que não esteja, por intermédio da percepção ou da imagem, a serviço de um dado originário, mas que o deixe valer entre as superfícies com as quais ele se relaciona, na subversão que faz passar todo o interior para fora e todo o exterior para dentro, na oscilação temporal que o faz sempre se preceder e se seguir, em suma, nisso que Deleuze talvez não permitisse que se chame de sua "materialidade incorpórea".

Inútil, em todo caso, ir buscar por trás do fantasma uma verdade mais verdadeira do que ele e da qual ele seria o signo embaralhado (inútil, portanto, "sintomatizá-lo"); inútil também ligá-lo de acordo com figuras estáveis e constituir núcleos sólidos de convergência aos quais se poderia trazer, como aos objetos idênticos a si mesmos, todos os seus ângulos, fulgurações, películas, emanações (nada de "fenomenologização"). É preciso deixá-los agir no limite dos corpos; contra eles, porque eles se colam e se projetam neles, mas também

---

2 (N.A.) Sobre a ironia que se eleva e o mergulho do humor, cf. *Différence et répétition*, p. 12, e *Logique du sens*, p. 159-166.
3 (N.A.) *Logique du sens*, p. 307-321.

244   Michel Foucault – Ditos e Escritos

porque eles os tocam, os cortam, os seccionam, os regionalizam e multiplicam suas superfícies; fora deles também, já que eles agem entre eles, segundo leis de proximidade, de torção, de distância variável, que eles absolutamente não conhecem. Os fantasmas não prolongam os organismos no imaginário; eles topologizam a materialidade do corpo. É preciso então libertá-la do dilema verdadeiro-falso, ser-não-ser (que não passa da repercussão da diferença simulacro-cópia levada ao extremo), e deixá-los dançar suas danças, fazer suas mímicas, como "extrasseres".

Lógica do sentido pode ser lido como o livro mais afastado que se possa conceber da *Fenomenologia da percepção*: aqui, o corpo-organismo estava ligado ao mundo por uma rede de significações originárias que a própria percepção das coisas fazia emergir. Em Deleuze, o fantasma forma a incorpórea e impenetrável superfície do corpo; e é a partir de todo esse trabalho, simultaneamente topológico e cruel, que se constitui alguma coisa que se pretende organismo centrado, distribuindo em torno de si o afastamento progressivo das coisas. Mas *Lógica do sentido* deve sobretudo ser lido como o mais audacioso, o mais insolente dos tratados de metafísica – com a simples condição de que, em vez de denunciar uma vez mais a metafísica como esquecimento do ser, lhe dá dessa vez a tarefa de falar do extrasser. Física: discurso da estrutura ideal dos corpos, das misturas, das reações, dos mecanismos do interior e do exterior; metafísica: discurso da materialidade dos incorpóreos – dos fantasmas, dos ídolos e dos simulacros.

A ilusão é certamente a desgraça da metafísica: não absolutamente porque a própria metafísica seria dedicada à ilusão, mas porque, durante muito tempo, foi assombrada por ela, e porque o medo do simulacro a colocou na pista do ilusório. Não é a metafísica que é uma ilusão, como uma espécie em um gênero; é a ilusão que é uma metafísica, o produto de uma certa metafísica que marcou sua separação entre o simulacro, por um lado, e o original e a boa cópia, por outro. Houve uma crítica cujo papel era designar a ilusão metafísica e estabelecer a sua necessidade; a metafísica de Deleuze, no entanto, empreende a crítica necessária para fazer perder as ilusões dos fantasmas. A partir de então, o caminho está livre para que se persiga, em seu singular zigue-zague, a série epicurista e materialista. Ela não conduz, apesar dela mesma, a uma metafísica vergonhosa; conduz alegremente a uma metafísica – uma metafísica liberta da profundidade originária assim como do ente supremo, mas capaz de pensar o fantasma fora de qualquer modelo e no jogo das superfícies; uma metafísica na qual não mais está em questão o Um-Bom, mas a ausência de Deus e os jogos epidérmicos da perversidade. Deus morto e a sodomia como focos da nova elipse metafísica. Se a teologia natural trazia consigo a ilusão metafísica, e se esta era sempre mais ou menos aparentada à teologia natural, a metafísica do fantasma gira em torno do ateísmo e da transgressão. Sade e Bataille e, um pouco mais longe, a palma da mão virada em um gesto de defesa que se oferece, Roberte.

Acrescentemos que essa série do simulacro liberto se realiza ou se mimetiza em dois cenários privilegiados: a psicanálise que, lidando com os fantasmas, deverá ser um dia entendida como prática metafísica; e o teatro, o teatro multiplicado, policênico, simultâneo, esfacelado em cenas que se ignoram e se fazem signo, e onde sem nada representar (copiar, imitar) máscaras dançam, corpos gritam, mãos e dedos gesticulam. E, em cada uma dessas duas novas séries divergentes (ingenuidade em um sentido notável dos que acreditaram "reconciliá-las", rebatê-las uma sobre a outra, e fabricar o ridículo "psicodrama"), Freud e Artaud se ignoram e entram em ressonância. A filosofia da representação, do original, da primeira vez, da semelhança, da imitação, da fidelidade se dissipa. A flecha do simulacro epicurista, apontada em nossa direção, faz nascer, faz renascer um "fantasma-físico".

*

Do outro lado do platonismo, os estoicos. Observando Deleuze colocar em cena, um após outro, Epicuro e Zenon, ou Lucrécio e Crisipo, não posso me impedir de pensar que seu procedimento é rigorosamente freudiano. Ele não se dirige, tambores rufando, para o grande Recalcado da filosofia ocidental; ele sublinha, de passagem, as omissões. Assinala as interrupções, as lacunas, as pequenas coisas não tão importantes que são neglicenciadas pelo discurso filosófico. Ele destaca cuidadosamente as omissões pouco perceptíveis, sabendo claramente que ali se joga o esquecimento desmedido. Tanta pedagogia nos tinha habituado a considerar os simulacros epicuristas inúteis e um pouco pueris. Quanto a essa

246   Michel Foucault – Ditos e Escritos

famosa batalha do estoicismo, a mesma que ocorreu na véspera e ocorrerá amanhã, ela se tornou jogo interminável para as escolas. Acho bom que Deleuze tenha retomado todos esses fios estendidos, que ele tenha posto em jogo ali, por sua vez, toda essa rede de discursos, de argumentações, de réplicas, de paradoxos que durante séculos circularam pelo Mediterrâneo. Mais do que para maldizer a confusão helenística, ou para desdenhar da mediocridade romana, ouçamos na grande superfície do império tudo o que se diz; espreitemos o que ocorre: em mil pontos dispersos, por todo lado fulguram batalhas, generais assassinados, galeras em chamas, rainhas se envenenando, a vitória que a cada dia deflagra maior violência amanhã, o *Actium* infinitamente exemplar, eterno acontecimento. Pensar o puro acontecimento é dar-lhe de saída sua metafísica.[4] Ainda é preciso entrar em acordo sobre o que ela deve ser: não absolutamente metafísica de uma substância, que poderia servir de fundamento para todos os seus acidentes; de forma alguma metafísica de uma coerência, que os situaria em um *nexus* emaranhado de causas e efeitos. O acontecimento – a ferida, a vitória-derrota, a morte – é sempre efeito, inteiramente produzido por corpos que se entrechocam, se misturam ou se separam; mas esse efeito jamais é da ordem dos corpos: impalpável, inacessível batalha que gira e se repete mil vezes em torno de Fabrício, em cima do príncipe André ferido. As armas que dilaceram os corpos formam incessantemente o combate incorpóreo. A física se refere às causas; mas os acontecimentos, que são seus efeitos, não mais lhe pertencem. Imaginemos uma causalidade enlaçada; os corpos, ao se chocarem, ao se misturarem, ao sofrerem, provocam em sua superfície acontecimentos, que são sem densidade, mistura ou paixão e que, portanto, não podem mais ser causa: eles formam entre si uma outra trama, na qual as ligações provêm de uma quase-física dos incorpóreos, da metafísica.

O acontecimento também exige uma lógica mais complexa.[5] O acontecimento não é um estado de coisas que poderia servir de referente a uma proposição (o fato de estar morto é um estado de coisas em relação ao qual uma asserção pode ser verdadeira ou falsa; morrer é um puro acontecimento que

---

4 (N.A.) Cf. *Logique du sens*, p. 13-21.
5 (N.A.) Cf. *Logique du sens*, p. 22-35.

jamais verifica nada). É preciso substituir a lógica ternária, tradicionalmente centrada no referente, por um jogo de quatro termos. "Marco Antônio está morto" *designa* um estado de coisas; *exprime* uma opinião ou a crença que tenho; *significa* uma afirmação; e, por outro lado, tem um *sentido*: o "morrer". Sentido impalpável, do qual uma face está voltada para as coisas, já que "morrer" ocorre, como acontecimento, a Antônio, e a outra, para a proposição, pois morrer é o que se diz de Antônio em um enunciado. Morrer: dimensão da proposição, efeito incorpóreo produzido pela espada, sentido e acontecimento, ponto sem densidade nem corpo que é aquilo de que se fala e que percorre a superfície das coisas. Mais do que encerrar o sentido em um núcleo noemático que forma o cerne do objeto cognoscível, deixemo-lo flutuar no limite das coisas e das palavras como aquilo que se diz da coisa (não aquilo que lhe é atribuído, não a própria coisa) e como aquilo que ocorre (não o processo, não o estado). De uma maneira exemplar, a morte é o acontecimento de todos os acontecimentos, o sentido em estado puro: seu domínio é a circulação anônima do discurso. Ela é aquilo de que se fala, sempre já acontecida e perpetuamente futura, e, no entanto, atinge o ponto extremo da singularidade. O sentido-acontecimento é neutro como a morte: "Não o término, mas o interminável, não a morte própria, mas uma morte qualquer, não a verdadeira morte, mas, como diz Kafka, o escárnio de seu erro capital."[6]

Esse acontecimento-sentido requer, enfim, uma gramática diversamente centrada;[7] pois ele não se situa na proposição como atributo (estar *morto*, estar *vivo*, ficar *vermelho*), mas ele é fixado pelo verbo (morrer, viver, ruborizar). Ora, o verbo assim concebido tem duas formas principais em torno das quais as outras se distribuem: o presente, que diz o acontecimento, e o infinitivo, que introduz o sentido na linguagem e o faz circular como esse neutro que, no discurso, é isso de que se fala. Não é preciso buscar a gramática do acontecimento nas flexões temporais; nem a gramática do sentido em uma análise fictícia do tipo: "viver = estar vivo"; a gramática do sentido-acontecimento gira em torno de dois polos dissi-

---

6 (N.A.) Blanchot (M.), *L'espace littéraire*, citado em *Différence et répétition*, p. 149. Cf. também *Logique du sens*, p. 175-179.

7 (N.A.) Cf. *Logique du sens*, p. 212-216.

248 Michel Foucault – Ditos e Escritos

métricos e claudicantes: modo infinitivo – tempo presente. O sentido-acontecimento sempre é simultaneamente o limite deslocado do presente e a eterna repetição do infinitivo. Morrer jamais se localiza na densidade de nenhum momento, mas por seu limite móvel partilha infinitamente do mais breve instante; morrer é ainda menor do que o momento de pensá-lo; e, de um lado e do outro dessa fenda sem densidade, morrer infinitamente se repete. Eterno presente? Apenas com a condição de conceber o presente sem plenitude e o eterno sem unidade: Eternidade (múltipla) do presente (deslocado).

Resumamos: no limite dos corpos densos, o acontecimento é um incorpóreo (superfície metafísica); na superfície das coisas e das palavras, o incorpóreo acontecimento é o *sentido* da proposição (dimensão lógica); no desenrolar do discurso, o incorpóreo sentido-acontecimento é fixado pelo verbo (ponto infinitivo do presente).

Houve, mais ou menos recentemente, acredito, três grandes tentativas para pensar o acontecimento: o neopositivismo, a fenomenologia e a filosofia da história. Mas o neopositivismo fracassou no próprio nível do acontecimento; confundindo-o logicamente com um estado de coisas, ele foi obrigado a enterrá-lo na densidade dos corpos, a fazer dele um processo material e a associá-lo, mais ou menos explicitamente, a um fisicalismo ("esquizoidemente", ele reduzia a superfície à profundidade); e, na ordem da gramática, ele deslocava o acontecimento para o lado do atributo. A fenomenologia, por sua vez, deslocou o acontecimento na direção do sentido: ou ela colocava o acontecimento bruto na frente e à parte – rochedo da facticidade, inércia muda das ocorrências –, e então ela o submetia ao ágil trabalho do sentido que escava e elabora; ou então ela supunha uma significação prévia que, totalmente em torno do eu, já teria disposto o mundo, traçando as vias e os lugares privilegiados, indicando por antecipação onde o acontecimento poderia se produzir e que cara ele assumiria. Ou o gato que, com bom-senso, precede o sorriso; ou o sentido comum do sorriso, que se antecipa ao gato. Ou Sartre ou Merleau-Ponty. Para eles, o sentido jamais coincidia com o acontecimento. Donde, em todo caso, uma lógica da significação, uma gramática da primeira pessoa, uma metafísica da consciência. Quanto à filosofia da história, ela volta a confinar o acontecimento no ciclo do tempo. Seu erro é gramatical; ela faz do presente uma figura enquadrada pelo futuro e pelo passado; o presente é outra vez futuro que já se delineava em sua própria forma; é o passado a advir que conserva a identidade de seu conteúdo. Ela exige portanto, por um lado, uma lógica da essência (que a estabelece como memória) e do conceito (que a estabelece como saber do futuro) e, por outro, uma metafísica coerente e coroada do cosmo, do mundo em hierarquia.

Três filosofias, portanto, que fracassam em relação ao acontecimento. A primeira, a pretexto de que nada se pode dizer sobre o que está "fora" do mundo, rejeita a pura superfície do acontecimento, e pretende encerrá-lo à força – como um referente – na plenitude esférica do mundo. A segunda, a pretexto de que só há significação para a consciência, localiza o acontecimento fora e antes, ou dentro e depois, situando-o sempre em relação ao círculo do eu. A terceira, a pretexto de que só há acontecimento no tempo, define sua identidade e o submete a uma ordem bem centrada. O mundo, o eu e Deus, esfera, círculo e centro: tripla condição para não poder pensar o acontecimento. Uma metafísica do acontecimento incorpóreo (irredutível, portanto, a uma física do mundo), uma lógica do sentido neutro (mais do que uma fenomenologia das significações e do sujeito), um pensamento do presente infinitivo (e não a emergência do futuro conceitual na essência do passado), eis o que Deleuze, me parece, nos propõe para suspender a tripla sujeição em que o acontecimento, ainda em nossos dias, é mantido.

*

É preciso articular agora a série do acontecimento e a do fantasma. Do incorpóreo e do impalpável. Da batalha e da morte que subsistem e insistem, e do ídolo desejável que flutua no ar: para além do choque das armas, de forma alguma no fundo do coração dos homens, mas acima de suas cabeças, a sorte e o desejo. Não absolutamente que eles convirjam, em um ponto que lhes seria comum, em qualquer acontecimento fantasmático ou na origem primária de um simulacro. O acontecimento é o que sempre falta à série do fantasma – falta na qual se indica sua repetição sem original, fora de qualquer imitação e livre das imposições da semelhança. Dissimulação, portanto, da repetição, máscaras sempre singulares que nada

250 Michel Foucault – Ditos e Escritos

recobrem, simulacros sem dissimulação, heterogêneos ouropéis sobre uma inexistente nudez, pura diferença.

Quanto ao fantasma, ele é "excessivo" na singularidade do acontecimento; mas esse "excesso" não designa um suplemento imaginário que viria se prender à realidade nua do fato; ele tampouco constitui uma espécie de generalidade embrionária da qual emergiria, pouco a pouco, toda a organização do conceito. A morte ou a batalha como fantasma não é a velha imagem da morte pairando sobre o estúpido acidente, nem o futuro conceito de batalha já administrando secretamente todo esse tumulto desordenado; é a batalha fulgurante de um golpe ao outro, a morte repetindo perpetuamente esse golpe que ela implica e que ocorre de uma vez por todas. O fantasma, como encenação do acontecimento (ausente) e de sua repetição, não deve receber a individualidade como forma (forma inferior ao conceito e, portanto, informal), nem a realidade como medida (uma realidade que imitaria uma imagem); ele se diz como a universal singularidade: morrer, lutar, vencer, ser vencido.

Lógica do sentido nos diz como pensar o acontecimento *e* o fantasma, sua dupla afirmação disjunta, sua disjunção afirmada. Determinar o acontecimento a partir do conceito, suprimindo qualquer importância à repetição, é talvez o que se poderia chamar de conhecer; comparar o fantasma com a realidade, procurando sua origem, é julgar. A filosofia tentou fazer ambas as coisas, desejando-se ciência, produzindo-se como crítica. Pensar seria, ao contrário, fazer agir o fantasma na mímica que uma vez o produziu; seria tornar o acontecimento infinito, para que ele se repita como o singular universal. Pensar de forma absoluta seria, portanto, pensar o acontecimento *e* o fantasma. Ainda não é dizer o bastante: pois, se o papel do pensamento é produzir teatralmente o fantasma, e repetir o acontecimento universal em seu ponto extremo e singular, o que será esse próprio pensamento senão o acontecimento que ocorre no fantasma, e a fantasmática repetição do acontecimento ausente? Fantasma e acontecimento, afirmados em disjunção, são *o pensado* e *o pensamento*; eles situam, na superfície dos corpos, o extrasser que unicamente o pensamento pode pensar; e delineiam o acontecimento topológico onde se forma o próprio pensamento. O pensamento tem a pensar aquilo que o forma, e se forma do que ele pensa. A dualidade crítica-conhecimento torna-se totalmente inútil: o pensamento diz o que ele é.

Essa fórmula, no entanto, é perigosa. Ela conota a adequação e deixa imaginar uma vez mais o objeto idêntico ao sujeito. Ele não o é de forma alguma. Que o pensado forme o pensamento implica, pelo contrário, uma dupla dissociação: a de um sujeito central e fundador, ao qual ocorreriam, de uma vez por todas, os acontecimentos, enquanto ele desdobraria em torno dele significações; e a de um objeto, que seria o foco e o lugar de convergência das formas que se reconhecem e dos atributos que se afirmam. É preciso conceber a linha infinita e reta que, longe de conter em si os acontecimentos, como um fio seus nós, corta a cada instante e o recorta tantas vezes que qualquer acontecimento parece ao mesmo tempo incorpóreo e infinitamente múltiplo: é preciso conceber não o sujeito sintetizante-sintetizado, mas essa intransponível fenda; além disso, é preciso conceber a série, sem ancoramento originário dos simulacros, dos ídolos, dos fantasmas que, na dualidade temporal em que eles se constituem, estão sempre de um lado e do outro da fenda, de onde eles se fazem signo e passam a existir como signos. Fenda do Eu e série de pontos significantes não formam essa unidade que permitiria ao pensamento ser ao mesmo tempo sujeito e objeto; mas eles próprios são o acontecimento do pensamento e o incorpóreo do pensado, o pensado como problema (multiplicidade de pontos dispersos) e o pensamento como mímica (repetição sem modelo).

Eis por que *Lógica do sentido* poderia ter como subtítulo: o que é pensar? Questão que Deleuze escreve duas vezes ao longo de seu livro: no texto sobre a lógica estoica do incorpóreo e naquele sobre a análise freudiana do fantasma. O que é pensar? Ouçamos os estoicos, que nos dizem como pode haver pensamento do *pensado*; leiamos Freud, que nos diz como o *pensamento* pode pensar. Talvez alcancemos aqui, pela primeira vez, uma teoria do pensamento que esteja totalmente desvencilhada do sujeito e do objeto. Pensamento-acontecimento tão singular quanto um lance de dados; pensamento-fantasma que não procura o verdadeiro, mas repete o pensamento.

Em todo caso, se entende por que a boca retorna sem cessar, da primeira à última página de *Lógica do sentido*. Boca pela qual, como Zenon bem sabia, passavam as "carroças" da amamentação, tanto quanto as "carretas" do sentido. ("Se você diz carroça, uma carroça passa pela sua boca.") Boca, orifício,

252 Michel Foucault – Ditos e Escritos

canal por onde a criança engole* os simulacros, os membros despedaçados, os corpos sem órgão; boca onde se articulam as profundidades e as superfícies. Boca por onde também cai a voz do outro, fazendo flutuar sobre a criança os grandes ídolos, formando o superego. Boca onde os gritos se recortam em fonemas, em morfemas, em semantemas: boca onde a profundidade de um corpo oral se separa do sentido incorpóreo. Nessa boca aberta, nessa voz alimentar, a gênese da linguagem, a formação do sentido e a fulguração do pensamento fazem passar suas séries divergentes.[8] Gostaria de falar do fonocentrismo rigoroso de Deleuze, se não se tratasse de um perpétuo fonodescentramento. Que Deleuze receba a homenagem do gramático fantástico, do sombrio precursor que situou os pontos notáveis desse descentramento:

– os dentes, a boca
– os dentes a embucham
– ajudando a boca
– indecências na boca
– leite na boca etc.**

Lógica do sentido nos permite pensar aquilo que a filosofia tinha deixado em compasso de espera por tantos séculos: o acontecimento (assimilado ao conceito, do qual, a seguir, se tentava em vão extraí-lo sob as formas do *fato*, verificando uma proposição, do *vivido*, modalidade do sujeito, do *concreto*, conteúdo empírico da história) e o fantasma (reduzido ao nome do real e situado no extremo fim, na direção do polo patológico de uma sequência normativa: percepção-imagem-lembrança-ilusão). Afinal de contas, o que existirá de mais importante para se pensar, nesse século XX, do que o acontecimento e o fantasma?

---

* (N.T.) Possível jogo de palavras possibilitado pelo verbo *entonner*, que tem dois significados: entoar e entornar na boca.

8 (N.A.) Sobre esse tema, ler particularmente *Logique du sens*, p. 217-267. O que eu disse é apenas uma alusão a essas análises esplêndidas.

** (N.T.) Jogo de palavras possível em francês pela homofonia entre: *les dents*, *l'aidant* (*aider*, v.) *laides* e *lait*. E ainda entre *la bouche* e *la bouchent* (*boucher*, v.):

– *les dents, la bouche*;
– *les dents la bouchent*;
– *l'aidant la bouche*;
– *laides en la bouche*;
– *lait dans la bouche* etc.

1970 – *Theatrum Philosophicum* 253

Homenagens sejam prestadas a Deleuze. Ele não retomou o *slogan* que nos cansa: Freud com Marx, Marx com Freud, e todos os dois, se lhes agrada, conosco. Ele analisou claramente o essencial para pensar o fantasma e o acontecimento. Não procurou reconciliá-los (ampliar o limite extremo do acontecimento com qualquer consistência imaginária de um fantasma; ou preencher a flutuação do fantasma adicionando um grão de história real). Ele descobriu a filosofia que permite afirmá-los a ambos disjuntamente. Essa filosofia, antes mesmo de *Lógica do sentido*, Deleuze a havia formulado, com uma audácia totalmente desprotegida, em *Diferença e repetição*. Precisamos agora retornar a esse livro.

*

Em vez de denunciar o grande esquecimento que o Ocidente teria inaugurado, Deleuze, com uma paciência de genealogista nietzschiano, aponta todo um cortejo de pequenas impurezas, de mesquinhos compromissos.[9] Ele acua as minúsculas, as repetitivas fraquezas, todos esses traços de tolice, de vaidade, de complacência que não cessam de nutrir, nos dias de hoje, o *champignon* filosófico. "Ridículas radículas", diria Leiris. Todos temos bom-senso; podemos nos enganar, mas ninguém é imbecil (ninguém entre nós, certamente); sem boa vontade, não há pensamento; qualquer verdadeiro problema deve ter uma solução, pois pertencemos à escola de um mestre que só pergunta a partir das respostas inteiramente escritas em seu caderno; o mundo é nossa sala de aula. Ínfimas crenças... Mas quais? A tirania de uma vontade boa, a obrigação de pensar "em comum" com os outros, o domínio do modelo pedagógico, e sobretudo a exclusão da tolice, eis toda a vilania moral do pensamento, da qual seria fácil sem dúvida decifrar o jogo em nossa sociedade. É preciso nos libertarmos disso. Ora, ao perverter essa moral, é toda a filosofia que se desloca.

Tomemos a diferença. Ela é analisada habitualmente como a diferença *de* ou *em* alguma coisa; por trás dela, além dela –

---

9 (N.A.) Todo esse parágrafo percorre, em uma ordem diferente do próprio texto, alguns dos temas que se cruzam em *Diferença e repetição*. Tenho consciência de ter, sem dúvida, deslocado as ênfases, negligenciado sobretudo as inesgotáveis riquezas. Reconstruí um dos modelos possíveis. Eis por que não indicarei referências precisas.

mas para sustentá-la, situá-la, delimitá-la e, portanto, dominá-la – coloca-se, com o conceito, a unidade de um gênero que se supõe que ela fracione em espécies (domínio orgânico do conceito aristotélico); a diferença se transforma então no que deve ser especificado no interior do conceito, sem ultrapassá-lo. E, no entanto, acima das espécies, há todo um fervilhamento de indivíduos: essa diversidade incomensurável, que escapa à qualquer especificação e ultrapassa o conceito, o que ela será senão o ressurgimento da repetição? Abaixo das espécies ovinas nada mais há a fazer do que contar carneirinhos. Eis então a primeira forma de assujeitamento: a diferença como especificação (no conceito), a repetição como indiferenciação dos indivíduos (fora do conceito). Mas assujeitamento a quê? Ao senso comum que, desviando-se da transformação louca e da anárquica diferença, sabe, em todos os lugares e da mesma forma em todos, reconhecer o que é idêntico; o sentido comum extrai a generalidade de um objeto, no momento mesmo em que, por um pacto de boa vontade, ele estabelece a universalidade do sujeito do conhecimento. Mas se, justamente, deixássemos agir a vontade má? Se o pensamento ultrapassasse o senso comum e não quisesse mais pensar a não ser no ponto extremo de sua singularidade? Se, mais do que admitir complacentemente sua cidadania na *doxa*, ele praticasse cruelmente o viés do paradoxo? Se, em vez de procurar o comum sob a diferença, ele pensasse diferenciadamente a diferença? Esta, então, não seria mais uma característica relativamente geral trabalhando a generalidade do conceito; ela seria – pensamento diferente e pensamento da diferença – um puro acontecimento. Quanto à repetição, ela não mais seria a morna ondulação do idêntico, mas diferença deslocada. Desvencilhado da boa vontade e da administração de um senso comum que divide e caracteriza, o pensamento não constrói mais o conceito; ele produz um sentido-acontecimento repetindo um fantasma. A vontade moralmente boa de pensar conforme o senso comum tinha no fundo a função de proteger o pensamento de sua "genitalidade" singular.

Mas retornemos ao funcionamento do conceito. Para que ele possa domesticar a diferença, é preciso que a percepção, no cerne do que se chama o diverso, apreenda as semelhanças globais (que serão a seguir decompostas em diferenças e identidades parciais); é preciso que cada nova representação seja acompanhada de representações que revelem todas as semelhanças; e, nesse espaço da representação (sensação-imagem-lembrança), o semelhante será submetido à prova da equalização quantitativa e ao exame das quantidades graduadas; o imenso quadro das diferenças mensuráveis será constituído. E, no canto do gráfico, lá onde, em abscissas, o menor desnível das quantidades encontra a menor variação qualitativa, no ponto zero, encontramos a semelhança perfeita, a exata repetição. A repetição que, no conceito, era somente a vibração insistente do idêntico, torna-se na representação o princípio de ordenamento do semelhante. Mas *quem* reconhece o semelhante, o exatamente semelhante, depois o menos semelhante – o maior e o menor, o mais claro e o mais obscuro? O bom-senso. É ele que reconhece, estabelece as equivalências, avalia as decalagens, mede as distâncias, assimila e reparte; ele é a coisa mais compartilhada do mundo. É o bom-senso que reina na filosofia da representação. Pervertamos o bom-senso, e façamos jogar o pensamento fora do quadro ordenado das semelhanças; ele então aparece como a dimensão vertical de intensidades; pois a intensidade, bem antes de ser graduada pela representação, é em si mesma uma pura diferença, diferença que se desloca e se repete, diferença que se contrai ou se expande, ponto singular que encerra ou descerra, em seu acontecimento agudo, indefinidas repetições. É preciso pensar o pensamento como intensa irregularidade. Dissolução do eu.

Por um instante ainda, deixemos valer o quadro da representação. Na origem dos eixos, a semelhança perfeita; depois se escalonando, as diferenças, assim como tantas ínfimas semelhanças, de identidades distintas; a diferença se estabelece quando a representação efetivamente não mais apresenta o que tinha estado presente, e o teste do reconhecimento é colocado em xeque. Para ser diferente é preciso inicialmente não ser o mesmo, e é sobre esse fundo negativo, acima dessa parte sombria que delimita o mesmo, que são em seguida articulados os predicados opostos. Na filosofia da representação, a relação de dois predicados, como vermelho/verde, é meramente o nível mais elevado de uma construção complexa: no nível mais profundo reina a *contradição* entre vermelho-não vermelho (ao modo de *ser-não ser*); acima, a não identidade do vermelho e do verde (a partir da prova *negativa* da *recognição*); finalmente, a posição *exclusiva* do vermelho e do verde (no quadro em que se *especifica* o *gênero* cor). Assim, pela terceira vez,

256   Michel Foucault – Ditos e Escritos

porém mais radicalmente ainda, a diferença se encontra dominada por um sistema que é o do oposicional, do negativo e do contraditório. Para que a diferença ocorresse, foi preciso que o mesmo fosse dividido pela contradição; foi preciso que sua identidade infinita fosse limitada pelo não ser; foi preciso que sua positividade sem determinação fosse trabalhada pelo negativo. À supremacia do mesmo, a diferença só chegou por essas mediações. Quanto ao repetitivo, ele se produz justamente ali onde a mediação apenas esboçada recai sobre si mesma; quando, em vez de dizer não, ela pronuncia duas vezes o mesmo sim, e em vez de repartir as oposições em um sistema de conclusões ela retorna perpetuamente para a mesma posição. A repetição denuncia a fraqueza do mesmo no momento em que ele não é mais capaz de se negar no outro e de ali se redescobrir. Ela, que tinha sido pura exterioridade, pura figura de origem, se transforma em fraqueza interna, falha da finitude, espécie de gagueira do negativo: a neurose da dialética. Pois é à dialética que a filosofia da representação levava.

E, no entanto, como não reconhecer em Hegel o filósofo das grandes diferenças, frente a Leibniz, pensador das pequenas diferenças? Na verdade, a dialética não libera o diferente; ela garante, ao contrário, que ele será sempre recapturado. A soberania dialética do mesmo consiste em deixá-lo ser, mas sob a lei do negativo, como o momento do não ser. Acredita-se ver resplandecer a subversão do Outro, mas em segredo a contradição trabalha para a preservação do idêntico. Será preciso lembrar a origem invariavelmente pedagógica da dialética? O que sem parar a relança, fazendo renascer perpetuamente a aporia do ser e do não ser, é a tímida interrogação escolar, o diálogo fictício do aluno: "Isso é vermelho; aquilo não é vermelho. Agora é dia? Não, agora é noite." No crepúsculo da noite de outubro, o pássaro de Minerva não voa bastante alto: "Escrevam, escrevam, crocita ele, amanhã de manhã, não será mais noite."

Para liberar a diferença é preciso um pensamento sem contradição, sem dialética, sem negação: um pensamento que diga sim à divergência; um pensamento afirmativo cujo instrumento é a disjunção; um pensamento do múltiplo – da multiplicidade dispersa e nômade que não é limitada nem confinada pelas imposições do mesmo; um pensamento que não obedece ao modelo escolar (que truque a resposta pronta), mas que se dedica a insolúveis problemas; ou seja, a uma multiplicidade de pontos notáveis que se desloca à medida que se distinguem as suas condições e que insiste, subsiste em um jogo de repetições. Longe de ser a imagem ainda incompleta e embaralhada de uma Ideia que, lá de cima, eterna, deteria a resposta, o problema é a própria ideia, ou melhor, a Ideia não tem outro modo de ser senão o problemático: pluralidade distinta cuja obscuridade sempre insiste de antemão, e na qual a questão não cessa de se deslocar. Qual é a resposta para a questão? O problema. Como resolver o problema? Deslocando a questão. O problema escapa à lógica do terceiro excluído, já que ele é uma multiplicidade dispersa: ele não se resolverá pela clareza de distinção da ideia cartesiana, já que ele é uma ideia distinta-obscura; ele desobedece seriamente ao negativo hegeliano, pois é uma afirmação múltipla; ele não está submetido à contradição ser-não ser, ele é ser. É preciso antes pensar problematicamente do que interrogar e responder dialeticamente.

As condições para pensar diferença e repetição assumem, como vimos, uma amplitude cada vez maior. Tinha sido preciso abandonar, com Aristóteles, a identidade do conceito; renunciar à semelhança na percepção, libertando-se, de uma só vez, de qualquer filosofia da representação; agora é preciso desprender-se de Hegel, da oposição dos predicados, da contradição, da negação, de toda a dialética. Mas a quarta condição já se delineia, mais temível ainda. O submetimento mais tenaz da diferença é, sem dúvida, o das categorias: pois elas permitem – mostrando de que diferentes maneiras o ser pode se dizer, especificando previamente as formas de atribuição do ser, impondo de qualquer forma seu esquema de distribuições aos entes – preservar, no ápice mais alto, seu repouso sem diferença. As categorias regem o jogo de afirmações e negações, estabelecem a legitimidade das semelhanças da representação, garantem a objetividade do conceito e de seu trabalho; elas reprimem a anárquica diferença, a repartem em regiões, delimitam seus direitos e lhe prescrevem a tarefa de especificação que elas têm a cumprir entre os seres. Podem-se ler as categorias, por um lado, como as formas *a priori* do conhecimento; mas, por outro, elas aparecem como a moral arcaica, como o velho decálogo que o idêntico impôs à diferença. Para ultrapassá-la é preciso inventar um pensamento acategórico. Inventar, no entanto, não é a palavra, já que houve, pelo menos duas vezes na história da filosofia, formulações radicais da univocidade do ser: as de Duns Scot e Spinoza. Mas Duns Scot pensava que o ser era neutro, e Spinoza, substância; tanto para um como para o outro, a eliminação das categorias, a afirmação de que o ser se diz da mesma maneira que todas as coisas, sem dúvida, não tinha outra finalidade senão manter, a cada instante, a unidade do ser. Imaginemos pelo contrário uma ontologia em que o ser se diria da mesma maneira que todas as diferenças, mas apenas diria diferenças; portanto, as coisas não seriam todas recobertas, como em Duns Scot, pela grande abstração monocromática do ser, e os modos spinozistas não girariam em torno da unidade substancial; as diferenças girariam em torno delas mesmas, o ser se dizendo, da mesma maneira, em todas, o ser não sendo absolutamente a unidade que as guia e as distribui, mas sua repetição como diferenças. Em Deleuze, a univocidade não categórica do ser não vincula diretamente o múltiplo à própria unidade (neutralidade universal do ser ou força expressiva da substância); ela faz jogar o ser como aquilo que se diz repetitivamente da diferença; o ser é o retornar da diferença, sem que haja diferença na maneira de dizer o ser. Este não se distribui absolutamente em regiões: o real não se subordina ao possível; o contingente não se opõe ao necessário. De qualquer forma, tenham a batalha de Actium e a morte de Antônio sido necessárias ou não, a partir desses puros acontecimentos – lutar e morrer – o ser se diz da mesma maneira; tal como ele se conta essa castração fantasmática que ocorreu e não ocorreu. A supressão das categorias, a afirmação da univocidade do ser, a repetitiva revolução do ser em torno da diferença, eis as condições para finalmente pensar o fantasma e o acontecimento.

*

Finalmente? Não, totalmente. É preciso voltarmos a esse "retornar". Mas, inicialmente, um instante de descanso.

Pode-se dizer de Bouvard e Pécuchet que eles se enganam? Que eles cometem erros desde que a mínima ocasião lhes seja oferecida? Se eles se enganassem é porque haveria uma lei de seu fracasso e porque, sob certas condições determináveis, eles teriam podido ter sucesso. Ora, o fracasso lhes vem de qualquer forma seja lá o que eles façam, tenham eles sabido ou não, aplicado as regras ou não, o livro consultado tenha sido bom ou ruim. Diante de sua empreitada, não importa o que ocorra, o erro por certo, mas também o incêndio, o gelo, a tolice e a maldade dos homens, a cólera de um cachorro. Não era falso, era falhado. Estar no falso é tomar uma causa por outra; é não prever acidentes; é conhecer mal as substâncias, é confundir o eventual com o necessário; se está enganado quando, distraído quanto ao uso das categorias, se as aplica na hora errada. Falhar, falhar em tudo é uma coisa bem diferente; é deixar escapar toda a armadura das categorias (e não somente seu ponto de aplicação). Se Bouvard e Pécuchet tomam como verdade o que é pouco provável, não é porque eles se enganem quanto ao uso distintivo do possível, mas porque confundem todo o real com todo o possível (é porque o mais improvável também ocorre tanto quanto a mais natural de suas expectativas); eles confundem, ou melhor, se confundem através deles o necessário de seu saber e a contingência das estações, a existência das coisas e todas essas sombras que povoam os livros: o acidente para eles tem a obstinação de uma substância, e as substâncias lhes saltam diretamente pela garganta em acidentes de alambique. Tal é sua grande idiotice patética, incomparável com a pequena tolice daqueles que os circundam, que se enganam e que eles têm certamente razão de menosprezar. Nas categorias, se erra; fora delas, acima delas, abaixo delas, se é idiota. Bouvard e Pécuchet são seres acategóricos.

Isso permite situar um uso pouco aparente das categorias; fazendo nascer um espaço do verdadeiro e do falso, dando lugar ao livre suplemento do erro, elas rejeitam silenciosamente a tolice. Em voz alta, as categorias nos dizem como conhecer, e alertam solenemente para as possibilidades do engano; mas, em voz baixa, elas lhes garantem que vocês são inteligentes; elas formam o *a priori* da tolice excluída. É perigoso, portanto, querer livrar-se das categorias; apenas escapamos delas e nos confrontamos com o magma da tolice e nos arriscamos, uma vez abolidos esses princípios de distribuição, a ver crescer em torno de nós não a maravilhosa multiplicidade das diferenças, mas o equivalente, o confuso, o "tudo retorna ao mesmo", o nivelamento uniforme e o termodinamismo de todos os esforços falhados. Pensar a partir da forma das categorias é conhecer o verdadeiro para distingui-lo do falso; pensar a partir de um pensamento "acategórico" é se confrontar com a obscura tolice e, no tempo de um relâmpago, dela se distinguir. A tolice se contempla: nela mergulhamos o olhar, deixamo-nos fascinar, e ela nos transporta com doçura, a imitamos, a ela nos abando-

260 Michel Foucault – Ditos e Escritos

namos; apoiamo-nos em sua fluidez sem forma; espreitamos o primeiro sobressalto da imperceptível diferença e, com o olhar vazio, espiamos sem paixão o retorno do relâmpago. Ao erro, dizemos não, e falhamos: dizemos sim à tolice, a olhamos, a repetimos e, suavemente, clamamos pela total imersão. Grandeza de Warhol com suas latas de conserva, seus acidentes estúpidos e suas séries de sorrisos publicitários: equivalência oral e nutritiva desses lábios entreabertos, desses dentes, desses molhos de tomate, dessa higiene de detergente; equivalência entre uma morte e o oco de um carro eviscerado, a ponta de um fio telefônico no alto de um poste, os braços brilhantes e azulados da cadeira elétrica. "Isso se equivale", diz a tolice, soçobrando em si mesma, e prolongando infinitamente o que ela é pelo que ela diz de si: "Aqui ou ali, sempre a mesma coisa; que importam algumas cores variadas e luminosidades maiores ou menores; como é boba a vida, a mulher, a morte! Como é tola a tolice!" Mas, ao contemplar bem de frente essa monotonia sem limites, o que subitamente se ilumina é a própria multiplicidade – sem nada no centro, nem no ápice, nem além –, crepitação de luz que corre ainda mais rápido do que o olhar e que, a cada vez, ilumina essas etiquetas móveis, esses instantâneos cativos que, desde então, para sempre, sem nada formular, se fazem signo: subitamente, sobre o fundo da velha inércia equivalente, o rastro do acontecimento dilacera a obscuridade, e o eterno fantasma se diz a partir dessa lata, desse rosto singular, sem densidade.

A inteligência não corresponde à tolice: ela é a tolice já vencida, a arte categorial de evitar o erro. O sábio é inteligente. Mas é o pensamento que se confronta com a tolice, e é o filósofo que a olha. Há muito tempo eles estão frente a frente, seu olhar mergulhado nesse crânio sem chama. É sua caveira, a dele, sua tentação, seu desejo talvez, seu teatro catatônico. No limite, pensar seria contemplar intensamente, bem de perto, e até quase se perder, a tolice; e a lassidão, a imobilidade, uma grande fadiga, um certo mutismo obstinado, a inércia formam a outra face do pensamento – ou, antes, seu cortejo, o exercício cotidiano e ingrato que o prepara e que, de súbito, ele dissipa. O filósofo deve ter bastante má vontade para não jogar corretamente o jogo da verdade e do erro: esse malquerer, que se realiza no paradoxo, lhe permite escapar das categorias. Mas, por outro lado, ele deve ter bastante "mau humor" para permanecer diante da tolice, para contemplá-la imóvel até a estupefação, para se aproximar dela e imitá-la, para deixá-la lentamente crescer em si (talvez seja isso o que se traduz educadamente: estar absorvido em seus pensamentos), e esperar, no final jamais fixado dessa preparação cuidadosa, o impacto da diferença: a catatonia encena o teatro do pensamento, uma vez que o paradoxo conturbou o quadro da representação.

Vê-se facilmente como o LSD inverte as relações entre o mau humor, a tolice e o pensamento: de preferência, talvez ele não tenha colocado fora de circuito a soberania das categorias das quais ele arranca o fundo em sua indiferença, reduzindo a nada a morna mímica da tolice; e toda essa massa unívoca e acategórica ele a mostra não somente como multicolorida, móvel, assimétrica, descentrada, espiralada, sonora, mas a cada instante ele a faz pulular com acontecimentos-fantasmas; deslizando nessa superfície simultaneamente pontual e imensamente vibratória, o pensamento, livre de sua crisálida catatônica, contempla desde sempre a perpétua equivalência tornada acontecimento intenso e repetição suntuosamente adornada. O ópio induz outros efeitos: graças a ele, o pensamento aglutina, em seu limite, a única diferença, afastando o fundo para mais longe, e retirando da imobilidade a tarefa de contemplar, e chamar para si, imitando-a, a tolice; o ópio assegura uma imobilidade sem peso, um estupor de borboleta fora da rigidez catatônica; e, muito longe abaixo dela, ele desdobra o fundo, um fundo que não absorve mais tolamente todas as diferenças, mas as deixa surgir e cintilar como tantos acontecimentos ínfimos, distanciados, sorridentes e eternos. A droga – se pelo menos é possível empregar, de forma aceitável, essa palavra no singular – não concerne de forma alguma ao verdadeiro e ao falso; ela apenas abre aos cartomantes um mundo "mais verdadeiro do que o real". De fato, ela desloca, uma em relação ao outro, a tolice e o pensamento, suspendendo a velha necessidade do teatro do imóvel. Mas, talvez, se o pensamento se põe a olhar a tolice de frente, a droga, que a mobiliza, a colore, a agita, a sulca, a dissipa, a povoa de diferenças e substitui o raro clarão pela fosforescência contínua, talvez a droga apenas dê lugar a um quase pensamento. Talvez.[10] Pelo menos em estado de desmame o pensamento tem duas vertentes: uma que

---

10 "O que vão pensar de nós?" (nota de Gilles Deleuze).

262 Michel Foucault – Ditos e Escritos

se chama má vontade (para desbaratar as categorias), a outra, mau humor (para apontar na direção da tolice e nela se fixar). Estamos distantes do velho sábio que se põe de tão boa vontade a aguardar o verdadeiro que ele acolhe com um humor equivalente à diversidade indiferente dos acasos afortunados e das coisas; longe do mau gênio de Schopenhauer, que se irrita com as coisas que não se encaixam de forma alguma em sua indiferença; mas distantes também da "melancolia" que se torna indiferente ao mundo, cuja imobilidade assinala, ao lado dos livros e da esfera, a profundidade dos pensamentos e a diversidade do saber. Jogando com sua má vontade e com seu mau humor, com esse exercício perverso e esse teatro, o pensamento aguarda uma saída: a brusca diferença do caleidoscópio, os signos que por um instante se iluminam, a face dos dados lançados, a sorte de uma outra rodada. Pensar não consola, nem torna feliz. Pensar se arrasta languidamente como uma perversão; pensar se repete diligentemente em um teatro; pensar se joga em um lance fora do copo de dados. E, quando o acaso, o teatro e a perversão entram em ressonância, quando o acaso quer que haja entre os três uma tal ressonância, então o pensamento é um transe; e vale a pena pensar.

*

Que o ser seja unívoco, que ele só possa se dizer de uma única e mesma maneira, é paradoxalmente a condição maior para que a identidade não domine a diferença, e para que a lei do Mesmo não a fixe como simples oposição no elemento do conceito; o ser pode se dizer da mesma maneira, já que as diferenças não são reduzidas previamente pelas categorias, já que elas não se repartem em um diverso sempre reconhecível pela percepção, já que elas não se organizam conforme a hierarquia conceitual das espécies e gêneros. O ser é o que se diz sempre da diferença, é o *Voltar* da diferença.[11]

Essa palavra evita tanto *Devir* quanto *Retorno*. Pois as diferenças não são os elementos, mesmo fragmentários, mesmo misturados, mesmo monstruosamente confundidos, de um grande Devir que os conduziria em seu curso, fazendo-os em

---

11 Sobre esses temas, cf. *Différence et répétition*, p. 52-61, p. 376-384; *Logique du sens*, p. 190-197, p. 208-211.

certos momentos reaparecer, mascarados ou nus. A síntese do Devir, que se compraz em ser frouxa, mantém, no entanto, sua unidade; não somente, não tanto a de um continente infinito, mas a do fragmento, do instante que passa e repassa, e a da consciência flutuante que o reconhece. Desconfiança, portanto, em relação a Dionísio e suas Bacantes, mesmo quando eles estão bêbados. Quanto ao Retorno, será ele o círculo perfeito, a mó bem azeitada que gira em torno de seu eixo e, na hora certa, traz novamente as coisas, as imagens e os homens? Será preciso haver ali um centro e que na periferia os acontecimentos se reproduzam? O próprio Zaratustra não podia suportar tal ideia: "Toda verdade é curva, o próprio tempo é um círculo, murmura o anão com um tom de desdém. Espírito de pesadume, disse eu com ódio, não tome as coisas assim tão levianamente"; e, convalescente, ele gemerá: "Pois bem, o homem retornará eternamente, o homem mesquinho voltará eternamente." Talvez o que anuncia Zaratustra não seja o círculo; ou talvez a imagem insuportável do círculo seja o último sinal de um pensamento mais elevado; talvez seja preciso romper essa artimanha circular como o jovem pastor, como o próprio Zaratustra, cortando a cabeça da serpente, para nela cuspir logo depois.

Cronos é o tempo do devir e do recomeço. Cronos devora pedaço por pedaço o que ele fez nascer e o faz renascer em seu tempo. O devir monstruoso e sem lei, a grande devoração de cada instante, a dissipação de toda vida, a dispersão de seus membros estão ligados à exatidão do recomeço: o Devir faz entrar nesse grande labirinto interno, que não é absolutamente diferente em sua natureza do monstro que o habita; mas, do fundo mesmo dessa arquitetura totalmente conturbada e retorcida sobre si mesma, um fio sólido permite reencontrar o rastro de seus passos anteriores e rever o mesmo dia. Dionísio com Ariadne: você é meu labirinto. Mas Aïon é o próprio *voltar*, a linha reta do tempo, essa fenda mais rápida do que o pensamento, mais tênue do que qualquer instante, que, de um lado e de outro de sua flecha perpetuamente cortante, faz surgir esse mesmo presente como já tendo sido infinitamente presente e como infinitamente por vir. É importante apreender claramente que não se trata ali de uma sucessão de presentes, oferecidos por um fluxo contínuo e que, em sua plenitude, deixaria transparecer a densidade de um passado e se delinear o horizonte do futuro, do qual eles seriam por sua vez o passado.

264 Michel Foucault – Ditos e Escritos

Trata-se da linha reta do futuro que corta ainda, e ainda recorta perpetuamente a menor densidade de presente, a recorta perpetuamente a partir dela mesma: tão longe quanto se vá seguindo essa cesura, jamais se encontra o átomo indivisível que se poderia enfim pensar como a unidade minusculamente presente do tempo (o tempo é sempre mais desarticulado do que o pensamento); encontra-se sempre sobre as duas bordas da ferida que já ocorreu (e que já ocorreu, e que já ocorreu que já tinha ocorrido), e que isso ocorrerá ainda (e que ocorrerá ainda que isso ainda ocorra): menos corte do que perpétua fibrilação; o tempo é o que se repete; e o presente – fissurado por esta flecha do futuro que o traz, deportando-o sempre de um lado e de outro –, o presente não cessa de voltar. Mas de voltar como singular diferença; o que não volta é o análogo, o semelhante, o idêntico. A diferença volta; e o ser, que se diz da mesma maneira que a diferença, não é o fluxo universal do Devir, tampouco o ciclo bem centrado do Idêntico; o ser é o Retorno libertado da curvatura do círculo, é o Voltar. Três mortes: a do Devir, Pai devorador – mãe prestes a parir; a do círculo, pelo qual o dom de viver, a cada primavera, se manifesta nas flores; a do retorno: fibrilação repetitiva do presente, eterna e aleatória fissura ocorrida uma vez, e de um só golpe afirmada de uma vez por todas.

Em sua fratura, em sua repetição, o presente é um lance de dados. Não que ele faça parte de um jogo, no interior do qual deslizaria um pouco de contingência, um grão de incerteza. Ele é simultaneamente o acaso no jogo, e o próprio jogo como acaso; ao mesmo tempo são lançados os dados e as regras. Embora o acaso não seja absolutamente fragmentado e repartido aqui ou ali, mas inteiramente afirmado de um só golpe. O presente, como voltar da diferença, como repetição se dizendo da diferença, afirma de uma vez o todo do acaso. A univocidade do ser em Duns Scot remetia à imobilidade de uma abstração; em Spinoza, à necessidade da substância e à sua eternidade; aqui, ao único golpe do acaso na fenda do presente. Se o ser se diz sempre da mesma maneira, não é porque o ser é um, é porque, no único lance de dados do presente, o todo do acaso é afirmado.

Pode-se dizer então que, na história, a univocidade do ser foi pensada, uma após a outra, três vezes: por Duns Scot, por Spinoza e, finalmente, por Nietzsche – teria sido ele o primeiro que a teria pensado não como abstração, nem como substância, mas como retorno? Digamos de preferência que Nietzsche chegou mesmo a pensar o eterno Retorno; mais precisamente, ele o indicou como sendo o insuportável de pensar. Insuportável porque, apenas entrevisto através de seus primeiros sinais, ele se fixa nessa imagem do círculo que traz consigo a ameaça fatal do retorno de cada coisa – reiteração da aranha; mas se trata de pensar este insuportável, pois ele não é mais do que um signo vazio, um postigo a ultrapassar, essa voz sem forma do abismo, cuja aproximação é, indissociavelmente, a felicidade e a infelicidade. Zaratustra, em relação ao Retorno, é o *Fürsprecher*, o que fala por..., no lugar de..., marcando o lugar em que ele está ausente. Zaratustra não é a imagem, mas o signo de Nietzsche. O signo (a se distinguir bem do sintoma) da ruptura: o signo mais próximo da intolerabilidade do pensamento do retorno; Nietzsche permitiu pensar o eterno retorno. Após quase um século, a mais elevada empreitada da filosofia foi exatamente pensar esse retorno. Mas quem seria bastante insolente para dizer o que ele havia pensado? O Retorno deveria ser, como no fim da História no século XIX, o que só poderia vagar à nossa volta como uma fantasmagoria do juízo final? Seria preciso que esse signo vazio e imposto por Nietzsche como um *excesso* colocasse à disposição, a cada vez, os conteúdos místicos que o desarmam e o reduzem? Seria preciso, ao contrário, tentar burilá-lo para que ele pudesse tomar lugar e figurar sem vergonha no curso de um discurso? Ou seria preciso reabilitar esse signo em excesso, sempre deslocado, perpetuamente faltante em seu lugar, e mais do que encontrar para ele o significado arbitrário que lhe corresponde, mais do que construir para ele uma palavra, fazê-lo entrar em ressonância com o grande significado que o pensamento de hoje carrega como uma flutuação incerta e submissa; fazer ressoar o voltar com a diferença? Não se deve compreender que o retorno é a forma de um conteúdo que seria a diferença; mas sim que, de uma diferença sempre nômade, sempre anárquica, até o signo sempre em excesso, sempre deslocado do retorno, produziu-se uma fulguração que levará o nome de Deleuze: um novo pensamento é possível; o pensamento, de novo, é possível.

Ele não está por vir, prometido pelo mais longínquo dos recomeços. Ele está presente nos textos de Deleuze, pulando, dançando diante de nós, entre nós; pensamento genital, pensamento intenso, pensamento afirmativo, pensamento acategórico – todos os rostos que não conhecemos, máscaras que jamais

266 Michel Foucault – Ditos e Escritos

vimos; diferença que nada deixava prever e que, no entanto, faz voltar como máscaras de suas máscaras Platão, Duns Scot, Spinoza, Leibniz, Kant, todos os filósofos. A filosofia não como pensamento, mas como teatro: teatro de mímicas, com cenas múltiplas, fugidias e instantâneas, nas quais os gestos, sem se verem, se fazem signo; teatro em que, sob a máscara de Sócrates, subitamente explode o riso do sofista; em que os modos de Spinoza conduzem a uma ronda descentrada, enquanto a substância gira em torno deles como um planeta louco; em que Fitchte manco anuncia: "Eu dividido ≠ eu dissolvido"; em que Leibniz, tendo atingido o topo da pirâmide, distingue na escuridão que a música celeste é o *Pierrot lunaire*. Na guarita de Luxemburgo, Duns Scot enfia a cabeça na janela circular; ele tem bigodes enormes; são os de Nietzsche disfarçado em Klossowski.

1970

Crescer e Multiplicar

"Croître et multiplier", *Le monde*, n. 8.037, 15-16 de novembro de 1970, p. 13. (Sobre F. Jacob, *La logique du vivant. Une histoire de l'hérédité*, Paris, Gallimard, 1970.)

François Jacob acaba de escrever um verdadeiro e extraordinário livro de história. Ele não relata como se descobriram pouco a pouco as leis e os mecanismos da hereditariedade, mas aquilo que a genética subverteu no mais antigo saber do Ocidente: de início, silenciosamente, no curso de um lento trabalho e como por solapas subterrâneas preparadas no último século; e depois, repentinamente, com grande alarde, nos subtraindo hoje de nossas familiaridades mais cotidianas. Esse livro notável nos diz como e por que é preciso pensar de modo inteiramente diverso a vida, o tempo, o indivíduo, o acaso. E isso não nos confins do mundo, mas aqui mesmo, na pequena maquinaria de nossas células.

*

O saber não é feito para consolar: ele decepciona, inquieta, secciona, fere. François Jacob o mostra claramente: a biologia desde o final do século XVIII não foi indulgente com tudo aquilo que havíamos reunido à nossa volta para conjurar o imprevisível. Durante séculos, o homem havia refeito com dificuldade o trabalho precoce de Adão: ele havia nomeado e classificado os animais, as rochas e as plantas; havia repartido, localizado, preenchido as lacunas, ligado essa grande cadeia de seres que devia, sem ruptura, conduzir do mineral – vegetação negra no âmago quase imóvel das coisas – ao animal racional, coroado por uma alma.

Em 150 anos, quatro abalos subverteram inteiramente esse reino. François Jacob dá um nome a cada um: o do plano dos objetos que se constitui a cada vez, oferecendo à bio-

268 Michel Foucault – Ditos e Escritos

logia um novo campo de experiência e no qual se ordenam observações, conceitos, hipóteses – a *organização*, o *tempo*, o *gene* e a *molécula*.

A anatomia de Cuvier rompia a antiga cadeia dos seres e justapunha os grandes ramos. Darwin humilhava talvez o homem fazendo-o descender do macaco, mas – coisa muito mais importante – ele desapropriava o indivíduo de seus privilégios estudando as variações aleatórias de uma população ao longo do tempo. Mendel, depois os geneticistas decompunham o ser vivo em traços hereditários, conduzidos pelos cromossomos, que a reprodução sexual combina conforme probabilidades calculáveis e que apenas as mutações podem, subitamente, modificar. Enfim, a biologia molecular acaba de descobrir no núcleo da célula uma ligação, tão arbitrária quanto um código, entre ácidos nucleicos e proteínas; melhor ainda: ela localizou, na transcrição desse código, erros, esquecimentos, inversões, como mancadas ou achados involuntários de um escriba por um instante distraído. Ao longo da vida, o acaso joga com o descontínuo.

Diz-se frequentemente que, desde Copérnico, o homem sofre por saber que ele não está mais no centro do mundo: grande decepção cosmológica. A decepção biológica e celular é de outra ordem: ela nos ensina que o descontínuo não somente nos delimita, mas nos atravessa: ela nos ensina que os dados nos governam.

Porque a genética ainda nos fere de muitas outras maneiras; ela atinge alguns dos postulados fundamentais nos quais, de uma maneira confusa, se formam nossas verdades transitórias e se concentram alguns de nossos sonhos imemoriais. O livro de F. Jacob os questiona novamente.

Eu me contentarei em evocar um dos mais arraigados: aquele que subordina a reprodução ao indivíduo, ao seu crescimento e à sua morte. Por muito tempo se acreditou que reproduzir era, para o indivíduo que "atingiu" o término de seu crescimento, um meio de se prolongar de qualquer forma para além dele mesmo e de compensar a morte, transmitindo ao futuro essa duplicação longínqua de sua forma. Cinquenta anos foram necessários para saber que o metabolismo da célula e os mecanismos de crescimento do indivíduo são comandados por um código presente no ADN do núcleo e transmitido por elementos mensageiros, para saber que toda a pequena usina química de uma bactéria está destinada a produzir uma segunda (este é o seu "sonho", diz F. Jacob), para saber que as mais complexas formas de organização (com a sexualidade, a morte, sua companheira, os signos e a linguagem, seus longínquos efeitos) não passam de desvios para assegurar ainda e sempre a reprodução.

Sim, sim, o ovo é anterior à galinha. Quando se trata de um organismo relativamente tão simples como a bactéria, pode-se falar verdadeiramente de indivíduo? Pode-se dizer que ela está no início, ela que não passa antes de tudo da metade de uma célula anterior, ela própria metade de uma outra, e assim por diante até a mais remota antiguidade da mais antiga bactéria do mundo? E pode-se dizer que ela morre quando ela se divide, dando lugar a duas bactérias, que, por sua vez, logo se obstinam em se dividir? A bactéria: uma máquina de reproduzir, que reproduz seu mecanismo de reprodução, um material de hereditariedade que infinitamente prolifera por si mesmo, uma pura repetição anterior à singularidade do indivíduo. No curso da evolução, o ser vivo foi uma máquina de reduplicação, bem antes de ser um organismo individual.

Mas ocorre que, para transmitir esse material hereditário, duas células distintas sejam necessárias, cada uma trazendo seus cromossomos que entram em combinação para formar o núcleo de uma nova célula. Tal é o princípio da reprodução sexuada: por esse fato mesmo, pode-se falar da emergência de um indivíduo que, por sua vez e segundo ciclos mais ou menos longos, trará em si células sexuais capazes de se combinarem; a ele próprio então só restará desaparecer. O nascimento e a morte dos indivíduos é a solução que foi selecionada pela evolução para acompanhar a reprodução sexuada. A morte, diz F. Jacob, é "uma necessidade prescrita desde o ovo pelo próprio programa genético".

É preciso, portanto, inverter a série familiar: indivíduo (que nasce e morre), sexualidade (que lhe permite reproduzir-se), hereditariedade (ligando pouco a pouco as gerações para além do tempo). Deve-se dizer que o ser vivo é, de início e antes de tudo, um sistema hereditário; que a sexualidade, o nascimento e a morte dos indivíduos não passam de maneiras veladas de transmitir a hereditariedade. A velha lei prescrevia: "Crescei e multiplicai-vos", como se ela deixasse entender que a multiplicação vem depois do crescimento e para prolongá-lo. O Novíssimo Testamento da biologia diz de preferência: "Multiplicai, multipli-

270 Michel Foucault – Ditos e Escritos

cai: vocês acabarão crescendo, como espécie e como indivíduos; a sexualidade, a morte, dóceis, os ajudarão."

É preciso reconhecer aí uma segunda grande ferida, semelhante e, no entanto, diferente daquela que a psicanálise trouxe, quando ela fez falar o desejo, quando o homem queria fazê-lo calar ou fazê-lo falar por contrabando? Estamos agora diante da maravilhosa "desenvoltura" da biologia, que situa antes mesmo do indivíduo a obstinação em se reproduzir.

O conhecimento da hereditariedade permaneceu durante muito tempo marginal em relação às ciências da vida. Na metade do século XIX não se sabia ainda ao certo através de que lei os traços hereditários se apagavam e reapareciam no decorrer das gerações e dos cruzamentos. A formulação por Mendel dessa aritmética simples permanecerá por muito tempo letra morta, mas tudo o que tinha sido analisado durante o século XIX pelos fisiologistas no nível da célula, pelos microbiologistas sobre as bactérias, pelos químicos e bioquímicos a respeito das diástases, das enzimas e das proteínas, tudo isso permitiu finalmente mostrar que o ser vivo é um sistema hereditário, e ao mesmo tempo localizou a genética na ponta de todas as ciências biológicas. Melhor ainda, tudo isso permitiu à genética girar de alguma forma em torno de si mesma, retornar a todos esses domínios por tanto tempo preparados, definir seu lugar e se apresentar como a primeira teoria geral dos sistemas vivos.

Eis o que F. Jacob analisa e explica em seu livro. "História da hereditariedade", diz o subtítulo, muito modesto: trata-se de fato de toda a história da biologia; trata-se de sua redistribuição global em nossa época; trata-se da fundação, diante de nossos olhos, de uma teoria tão importante e revolucionária quanto puderam ser, em sua época, as de Newton ou de Maxwell (e da qual o próprio F. Jacob tomou uma parte essencial). Em suma, trata-se da grande subversão do saber que se opera à nossa volta.

E eis que surge ali, para nosso pensamento, um dos efeitos mais estranhos – o mais decepcionante à primeira vista, e no fundo o mais maravilhoso – da biologia moderna: ela nos priva precisamente daquilo que, durante muito tempo, esperávamos dela: a própria vida em seu segredo. Ela analisa efetivamente o ser vivo ao modo de um programa depositado no núcleo e que fixa para o organismo os limites de suas reações possíveis; tudo se passa como se, na presença de uma estimulação qualquer, houvesse consulta ao programa, envio de indicações por intermédio de mensageiros, tradução das palavras de ordem e a execução das ordens dadas.

Constata-se: o importante é inicialmente que o alfabeto do programa não pareça com o que ele prescreve; o ser vivo não se escreve em chinês, diz aproximadamente F. Jacob; o arbitrário atravessa as estruturas fundamentais da célula viva, e isso de um modo absolutamente universal. Mas além disso é preciso enfatizar que os intérpretes, aqui, são as próprias reações: não há leitor, não há sentido, mas um programa e uma produção. Inútil falar de uma linguagem, mesmo que fosse "da natureza".

A biologia manteve por muito tempo relações tumultuadas com a química, a física, a tecnologia das máquinas. Às tentativas de redução se opunha o princípio de irredutibilidade. Dizia-se que a química apenas estudava sobre a vida processos parciais e arbitrariamente recortados; por observar somente o minúsculo, ela negligenciava a especificidade do todo; mas, àqueles que não queriam olhar apenas o todo do indivíduo ou a massa de uma população em seu meio, se contrapunha que eles deixavam penetrar toda uma metafísica da vida. Foi no momento em que ela atingiu o nível ultramicroscópico da molécula que a biologia pôde finalmente compreender como se efetuavam, no nível das massas e na escala dos milênios, a transmissão da hereditariedade, o jogo das mutações e as leis da seleção evolutiva. São todas as pequenas maquinarias da físico-química que fundam a teoria darwiniana e explicam a complexidade crescente das espécies através da história do mundo.

Seria o retorno ao animal-máquina, o triunfo da existência-fermentação, a partir do momento em que se encontra elidida a especificidade misteriosa da vida? Questão que quase não tem mais sentido: mas se pode dizer agora em que medida a célula é um sistema de reações físico-químicas, em que medida ela funciona como uma calculadora. É a noção de programa que está agora no centro da biologia.

Uma biologia sem vida? Estamos pela terceira vez diante da necessidade de pensar de forma totalmente diversa daquela de antigamente. Pode-se comparar esse desencantamento tão fecundo com aquele que se experimenta atualmente quando se percebe que é preciso fazer economia do "homem" ou da "natureza humana" se quisermos analisar os sistemas da sociedade e do homem? Escutemos a lição luminosa de F. Jacob: "Hoje, não

272 Michel Foucault – Ditos e Escritos

se interroga mais a vida nos laboratórios. Não se busca mais apreender os seus contornos. Esforça-se somente para analisar os sistemas vivos, sua estrutura, sua função, sua história... Descrever um sistema vivo é referir-se tanto à lógica de sua organização quanto à de sua evolução. É pelos algoritmos do mundo vivo que a biologia se interessa atualmente."

É preciso não mais sonhar com a vida como a grande criação contínua e atenta dos indivíduos; é preciso pensar o ser vivo como o jogo calculável do acaso e da reprodução. O livro de F. Jacob é a mais notável história da biologia jamais escrita: mas ele convida também a uma grande reaprendizagem do pensamento. *A lógica da vida* mostra ao mesmo tempo tudo o que foi preciso para a ciência saber e tudo o que este saber custa ao pensamento.

1971

Nietzsche, a Genealogia, a História

"Nietzsche, la généalogie, l'histoire", *Hommage à Jean Hyppolite*, Paris, PUF, col. "Épiméthée", 1971, p. 145-172.

1) A genealogia é cinzenta; ela é meticulosa e pacientemente documentária. Trabalha com pergaminhos embaralhados, riscados, muitas vezes reescritos.

Paul Ree se engana, como os ingleses, ao descrever gêneses lineares – ao ordenar, por exemplo, toda a história da moral apenas através da preocupação com o útil: como se as palavras tivessem guardado seu sentido; os desejos, sua direção; as ideias, sua lógica; como se esse mundo das coisas ditas e desejadas não tivesse conhecido invasões, lutas, rapinas, disfarces, artimanhas. Daí, para a genealogia, um indispensável retardamento: para assinalar a singularidade dos acontecimentos, fora de qualquer finalidade monótona; espreitá-los lá onde menos se espera e no que passa por não ter história alguma – os sentimentos, o amor, a consciência, os instintos; apreender seu retorno, não absolutamente para traçar a lenta curva de uma evolução, mas para reencontrar as diferentes cenas em que eles desempenharam distintos papéis; definir, até o ponto de sua lacuna, o momento em que eles não ocorreram (Platão, em Siracusa, não se transformou em Maomé...).

A genealogia exige, portanto, a minúcia do saber, um grande número de materiais acumulados, paciência. Ela não deve construir seus "monumentos ciclópicos"[1] através de "grandes erros benfazejos", mas de "pequenas verdades inaparentes, estabelecidas por um método severo".[2] Em suma, uma certa obstinação na erudição. A genealogia não se opõe à história como a visão altiva e profunda do filósofo ao olhar de toupeira do

---

1 (N.A.) *Le gai savoir*, § 7.
2 (N.A.) *Humain, trop humain*, § 3.

274 Michel Foucault – Ditos e Escritos

cientista; ela se opõe, pelo contrário, ao desdobramento meta-
-histórico das significações ideais e das indefinidas teleologias.
Opõe-se à pesquisa da "origem".

2) Em Nietzsche se encontram dois empregos da palavra
Ursprung. Um não é marcado; é encontrado em alternância
com termos como *Entstehung, Herkunft, Abkunft, Geburt*. A
Genealogia da moral, por exemplo, fala, a respeito do dever
ou do sentimento da falta, tanto de sua *Entstehung* como de
sua *Ursprung*;[3] em *A gaia ciência* trata-se, a propósito da lógica e do conhecimento, seja de uma *Ursprung*, de *Entstehung*
ou de *Herkunft*.[4]

O outro emprego da palavra é marcado. Ocorre efetivamente
que Nietzsche a coloque em oposição a um outro termo: o primeiro parágrafo de *Humano, demasiado humano* coloca face a
face a origem miraculosa (*Wunderursprung*) buscada pela metafísica e as análises de uma filosofia histórica que coloca questões *über Herkunft und Anfang. Ursprung* é também utilizada
de uma maneira irônica e depreciativa. Em que, por exemplo,
consiste esse fundamento originário (*Ursprung*) da moral que
se busca desde Platão? "Em horríveis pequenas conclusões. *Pu-
denda origo*."[5] Ou ainda: onde é necessário procurar essa origem da religião (*Ursprung*) que Schopenhauer situava em um
certo sentimento metafísico do além? Simplesmente em uma
invenção (*Erfindung*), em um passe de mágica, em um artifício
(*Kunststück*), em um segredo de fabricação, em um procedimento de magia negra, no trabalho de *Schwarzkünstler*.[6]

Um dos textos mais significativos para o emprego de todas
essas palavras e para os jogos próprios do termo *Ursprung* é o
prefácio da *Genealogia*. No início do texto, o objeto de pesquisa é definido como a origem dos preconceitos morais; o termo
então utilizado é *Herkunft*. Em seguida, Nietzsche volta atrás e
faz o histórico dessa investigação em sua própria vida; relem-
bra o tempo em que ele "caligrafava" a filosofia e se perguntava
se era preciso atribuir a Deus a origem do mal. Questão que
agora o faz sorrir e sobre a qual diz justamente que era uma

---

3 (N.A.) *La généalogie de la morale*, II, §§ 6 e 8.
4 (N.A.) *Le gai savoir*, 110, 111, 300.
5 (N.A.) *Aurore*, § 102.
6 (N.A.) *Le gai savoir*, §§ 151 e 353. E também em *Aurore*, § 62; *Généalogie*,
I, § 14. *Le crépuscule des idoles*, "Les grandes erreurs", § 7.

1971 – Nietzsche, a Genealogia, a História   275

pesquisa de *Ursprung*; usa a mesma palavra para caracterizar um pouco melhor o trabalho de Paul Ree.[7] A seguir, ele evoca as análises propriamente nietzschianas iniciadas com *Humano, demasiado humano*; para caracterizá-las, ele fala de *Herkunfthypothesen*. Ora, aqui o emprego do termo *Herkunft* não é certamente arbitrário: ele serve para designar vários textos de *Humano, demasiado humano* dedicados à origem da moralidade, da ascese, da justiça e do castigo. No entanto, em todos esses desenvolvimentos, a palavra então empregada tinha sido *Ursprung*.[8] É como se, na época da *Genealogia*, e nesse ponto do texto, Nietzsche quisesse enfatizar uma oposição entre *Herkunft* e *Ursprung* com a qual ele não trabalhava 10 anos antes. Mas, logo depois do uso específico desses dois termos, Nietzsche retorna, nos últimos parágrafos do prefácio, a um uso neutro e equivalente.[9]

Por que Nietzsche genealogista recusa, pelo menos em certas ocasiões, a pesquisa da origem (*Ursprung*)? Porque, primeiramente, trata-se nesse caso de um esforço para nela captar a essência exata da coisa, sua mais pura possibilidade, sua identidade cuidadosamente guardada em si mesma, sua forma imóvel e anterior a tudo o que é externo, acidental e sucessivo. Procurar tal origem é tentar recolher o que era "antes", o "aquilo mesmo" de uma imagem exatamente adequada a si; é tomar como acidentais todas as peripécias que puderam ocorrer, todas as artimanhas, todos os disfarces; é querer tirar todas as máscaras para finalmente desvelar uma identidade primeira. Ora, se o genealogista tem o cuidado de escutar a história em vez de crer na metafísica, o que ele aprende? Que por trás das coisas há "algo completamente diferente": não absolutamente seu segredo essencial e sem data, mas o segredo de que elas são sem essência ou que sua essência foi construída peça por peça a partir de figuras que lhe eram estranhas. A razão? Mas ela nasceu, de forma inteiramente "razoável ", do acaso.[10] E o apego à verdade e o rigor dos métodos científicos? Da paixão dos cientistas, de

---

7 (N.A.) O livro de P. Ree se chamava *Ursprung der moralischen Empfindungen*.
8 (N.A.) Em *Humano, demasiado humano*, o aforismo 92 intitulava-se *Ursprung der Gerechtigkeit*.
9 (N.A.) No próprio texto da *Généalogie*, *Ursprung* e *Herkunft* são empregadas várias vezes de maneira mais ou menos equivalente (I, 2; II, 8, 11, 12, 16, 17).
10 (N.A.) *Aurore*, § 123.

276   Michel Foucault – Ditos e Escritos

seu ódio recíproco, de seus debates fanáticos e infindáveis, da necessidade de vencer a paixão – armas lentamente forjadas ao longo de lutas pessoais.[11] E seria a liberdade, na raiz do homem, o que o liga ao ser e à verdade? De fato ela não passa de uma "invenção das classes dirigentes".[12] O que se encontra no começo histórico das coisas não é a identidade ainda preservada de sua origem – é a discórdia entre as coisas, o disparate.

A história ensina também a rir das solenidades da origem. A alta origem é o "exagero metafísico que ressurge na concepção de que no começo de todas as coisas se encontra o que existe de mais precioso e de mais essencial":[13] deseja-se acreditar que, em seu início, as coisas se encontravam em seu estado de perfeição; que elas saíram resplandecentes das mãos do criador ou na luz sem sombra da primeira manhã. A origem está sempre antes da queda, antes do corpo, antes do mundo e do tempo; está do lado dos deuses e, para narrá-la, sempre se canta uma teogonia. Mas o começo histórico é baixo. Não no sentido de modesto ou de discreto, como o passo da pomba, mas de derrisório, irônico, adequado para desfazer quaisquer enfatuações: "Buscava-se despertar o sentimento de soberania do homem mostrando seu nascimento divino; isto se tornou atualmente um caminho proibido, porque em seu limiar está o macaco."[14] O homem começou pela careta do que ele iria se tornar; até mesmo Zaratustra terá seu macaco, que saltará por trás dele e arrancará o pano de sua vestimenta.

Enfim, último postulado da origem, ligado aos dois primeiros: ela seria o lugar da verdade. Ponto completamente recuado e anterior a qualquer conhecimento positivo, ela tornaria possível um saber que, no entanto, a recobre, e não cessa, em sua falação, de desconhecê-la; ela estaria nessa articulação inevitavelmente perdida em que a verdade das coisas se liga a uma verdade do discurso que logo a obscurece e a perde. Nova crueldade da história que impõe inverter a relação e abandonar a busca "adolescente": por trás da verdade, sempre recente, avara e comedida, há a proliferação milenar dos erros. Não acreditamos mais "que a verdade permaneça verdadeira quan-

---

11 (N.A.) *Humain, trop humain* § 34.
12 (N.A.) *Le voyageur et son ombre*, § 9.
13 (N.A.) *Ibid.*, § 3.
14 (N.A.) *Aurore*, § 49.

do lhe arrancamos o véu: já vivemos bastante para crer nisto".[15] A verdade, espécie de erro que tem a seu favor o fato de não poder ser refutada, sem dúvida porque a longa cocção da história a tornou inalterável.[16] E, além disso, a própria questão da verdade, o direito que ela se dá de refutar o erro ou de se opor à aparência, a maneira pela qual alternadamente ela se tornou acessível aos sábios, depois reservada apenas aos homens piedosos, a seguir retirada para um mundo fora de alcance, onde desempenhou simultaneamente o papel de consolo e de imperativo, rejeitada, enfim, como ideia inútil, supérflua, contradita em todo lugar – tudo isso não é uma história, história de um erro que tem o nome de verdade? A verdade e seu reino originário tiveram sua história na história. Mal saímos dela, "na hora da sombra mais breve", quando a luz não mais parece vir do fundo do céu e dos primeiros momentos do dia.[17]

Fazer a geneologia dos valores, da moral, do ascetismo, do conhecimento nunca será, portanto, partir em busca de sua "origem", neglicenciando como inacessíveis todos os episódios da história; será, ao contrário, deter-se nas meticulosidades e nos acasos dos começos; prestar uma atenção escrupulosa em sua derrisória maldade; esperar para vê-los surgir, máscaras finalmente retiradas, com o rosto do outro; não ter pudor de ir buscá-los lá onde eles estão, "escavando as profundezas"; dar-lhes tempo para retornarem do labirinto onde nenhuma verdade jamais os manteve sob sua proteção. O genealogista tem necessidade da história para conjurar a ilusão da origem, um pouco como o bom filósofo tem necessidade do médico para conjurar a sombra da alma. É preciso saber reconhecer os acontecimentos da história, seus abalos, suas surpresas, as vacilantes vitórias, as derrotas maldigeridas que dão conta dos começos, dos atavismos e das hereditariedades; assim como é necessário saber diagnosticar as doenças do corpo, os estados de fraqueza e energia, seus colapsos e resistências para avaliar o que é um discurso filosófico. A história, com suas intensida-

---

15 (N.A.) *Nietzsche contre Wagner*, p. 99. (*Nietzsche contre Wagner. Dossier d'un psychologue*, trad. J.-C. Hémery, *in Oeuvres philosophiques complètes*, Paris, Gallimard, 1974, t. VIII, p. 343-372 (N.E.).)

16 (N.A.) *Le gai savoir*, §§ 265 e 110.

17 (N.A.) *Le crépuscule des idoles*, "Comment le monde-vérité devient enfin une fable".

278 Michel Foucault – Ditos e Escritos

des, seus desfalecimentos, seus furores secretos, suas grandes agitações febris, assim como suas síncopes, é o próprio corpo do devir. É preciso ser metafísico para procurar sua alma na idealidade longínqua da origem.

3) Termos como *Entstehung* ou *Herkunft* indicam melhor do que *Ursprung* o objeto próprio da genealogia. São frequentemente traduzidos por "origem", mas é preciso tentar restabelecer sua utilização própria.

Herkunft: é o tronco, a *proveniência*; a antiga pertinência a um grupo – o do sangue, da tradição, o que liga aqueles da mesma altura ou da mesma baixeza. Frequentemente, a análise da *Herkunft* coloca em jogo a raça[18] ou o tipo social.[19] No entanto, não se trata tanto de reencontrar em um indivíduo, em um sentimento ou ideia as características genéricas que permitem assimilá-los a outros – e de dizer: isto é grego ou isto é inglês, mas de descobrir todas as marcas sutis, singulares, subindividuais que podem se entrecruzar nele e formar uma rede difícil de desembaralhar. Longe de ser uma categoria da semelhança, tal origem permite ordenar, para colocá-las à parte, todas as marcas diferentes: os alemães imaginam ter atingido o ápice de sua complexidade quando disseram que tinham a alma dupla; eles se enganaram redondamente ou, melhor, tentaram como podiam dominar a confusão das raças pelas quais são constituídos.[20] Ali onde a alma pretende se unificar, ali onde o Eu se inventa uma identidade ou uma coerência, o genealogista parte à procura do começo – dos inumeráveis começos que deixam essa suspeita de cor, essa marca quase apagada que não poderia enganar um olho por pouco histórico que ele fosse; a análise da proveniência permite dissociar o Eu e fazer pulular, nos lugares e recantos de sua síntese vazia, mil acontecimentos agora perdidos.

A proveniência também permite reencontrar, sob o aspecto único de uma característica ou de um conceito, a proliferação dos acontecimentos através dos quais (graças aos quais, contra os quais) eles se formaram. A genealogia não pretende recuar no tempo para estabelecer uma grande continuidade para

---

18 (N.A.) Por exemplo, *Le gai savoir*, § 135; *Par-delà le bien et le mal*, §§ 200, 242, 244; *Généalogie*, I, § 5.
19 (N.A.) *Le gai savoir*, §§ 348-349; *Par-delà...*, § 260.
20 (N.A.) *Par-delà...*, § 244.

além da dispersão do esquecimento; sua tarefa não é mostrar que o passado está ainda ali, bem vivo no presente, animando-o ainda em segredo, após ter imposto a todos os obstáculos de percurso uma forma esboçada desde o início. Nada que se assemelharia à evolução de uma espécie, ao destino de um povo. Seguir o filão complexo da proveniência é, pelo contrário, manter o que se passou na dispersão que lhe é própria; é situar os acidentes, os ínfimos desvios – ou, pelo contrário, as completas inversões –, os erros, as falhas de apreciação, os cálculos errôneos que fizeram nascer o que existe e tem valor para nós; é descobrir que, na raiz do que conhecemos e do que somos, não há absolutamente a verdade e o ser, mas a exterioridade do acidente.[21] Eis por que, sem dúvida, qualquer origem da moral, a partir do momento em que ela não é venerável – e a *Herkunft* nunca o é – é crítica.[22]

Perigosa herança, esta que nos é transmitida por tal proveniência. Nietzsche associa, em várias ocasiões, os termos *Herkunft* e *Erbschaft*. Mas não nos enganemos – essa herança não é de forma alguma adquirida, um ter que se acumula e se solidifica; é antes um conjunto de falhas, fissuras, estratos heterogêneos que a tornam instável e, do interior ou de baixo, ameaçam o frágil herdeiro: "A injustiça e a instabilidade no espírito de alguns homens, sua desordem e falta de medida são as consequências últimas de inumeráveis inexatidões lógicas, de falta de profundidade, de conclusões prematuras das quais seus ancestrais se tornaram culpados."[23] A investigação da proveniência não funda, muito pelo contrário: ela agita o que antes se percebia como imóvel, fragmenta o que se pensava unificado; mostra a heterogeneidade do que se imaginava conforme a si mesmo. Que convicção resistiria a ela? Mais ainda, que saber? Façamos um pouco a análise genealógica dos cientistas – daquele que coleciona fatos e os mantém cuidadosamente registrados, ou daquele que demonstra e refuta; sua *Herkunft* revelará rapidamente a papelada do escrivão ou as defesas do advogado – pai deles[24] – em sua atenção aparentemente desinteressada, em sua "pura" ligação com a objetividade.

---

21 (N.A.) *Généalogie*, III, 17. *Abkunft* do sentimento depressivo.
22 (N.A.) *Le crépuscule...*, "Raisons de la philosophie".
23 (N.A.) *Aurore*, § 247.
24 (N.A.) *Le gai savoir*, §§ 348-349.

280 Michel Foucault – Ditos e Escritos

Enfim, a proveniência se relaciona com o corpo.[25] Ela se inscreve no sistema nervoso, no humor, no aparelho digestivo. Má respiração, má alimentação, corpo débil e vergado daqueles cujos ancestrais cometeram erros; que os pais tomem os efeitos por causas, que acreditem na realidade do além ou coloquem o valor do eterno, é o corpo da criança que sofrerá com isso. A covardia, a hipocrisia, simples crias do erro; não no sentido socrático, não porque seja necessário se enganar para ser malvado, não absolutamente porque nos desviamos da verdade originária, mas porque é o corpo que sustenta, em sua vida e sua morte, em sua força e fraqueza, a sanção de qualquer verdade e de qualquer erro, tal como ele sustenta também, e inversamente, a origem – proveniência. Por que os homens inventaram a vida contemplativa? Por que atribuíram um valor supremo a este tipo de existência? Por que atribuíram verdade absoluta às imaginações que nela se formam? "Durante as épocas bárbaras (...) se o vigor do indivíduo decai, se ele se sente fatigado ou doente, melancólico ou saciado e, consequentemente, de forma temporária, sem desejos e sem apetites, ele se torna um homem relativamente melhor, ou seja, menos perigoso e suas ideias pessimistas se formulam apenas por palavras e reflexões. Nesse estado de espírito, ele se tornará um pensador e anunciador, ou então sua imaginação desenvolverá suas superstições."[26] O corpo – e tudo o que se refere ao corpo: a alimentação, o clima, o solo – é o lugar da *Herkunft*: no corpo se encontra o estigma dos acontecimentos passados, assim como dele nascem os desejos, os desfalecimentos e os erros; nele também se ligam e subitamente se exprimem, mas nele também se desligam, entram em luta, se apagam uns e outros e prosseguem seu insuperável conflito.

O corpo: superfície de inscrição dos acontecimentos (enquanto a linguagem os marcam e as ideias os dissolvem), lugar de dissociação do Eu (ao qual ele tenta atribuir a ilusão de uma unidade substancial), volume em perpétua pulverização. A genealogia, como análise da proveniência, está, portanto, na articulação do corpo com a história. Ela deve mostrar o corpo inteiramente marcado pela história, e a história arruinando o corpo.

---

25 (N.A.) Ibid.: *"Der Mensch aus einem Auflösungszeitalters... der die Erbschaft einer vielfältigere Herkunft im Leibe hat"* (§ 200).
26 (N.A.) *Aurore*, § 42.

4) *Entstehung* designa antes a *emergência*, o ponto de surgimento. É o princípio e a lei singular de um aparecimento. Tal como se tenta muito frequentemente buscar a proveniência em uma continuidade ininterrupta, também se estaria enganado em dar conta da emergência pelo termo final. Como se o olho tivesse surgido, desde tempos imemoriais, para a contemplação, como se o castigo sempre estivesse destinado a dar o exemplo. Esses fins, aparentemente últimos, não passam do episódio atual de uma série de submissões: o olho foi submetido de início à caça e à guerra; o castigo foi alternadamente submetido à necessidade de se vingar, de excluir o agressor, de libertar-se da vítima, de aterrorizar os outros. Localizando o presente na origem, a metafísica faz crer no trabalho obscuro de uma destinação que procuraria emergir desde o primeiro momento. A genealogia restabelece os diversos sistemas de submissão: não absolutamente a potência antecipadora de um sentido, mas o jogo casual das dominações.

A emergência sempre se produz em um determinado estado de forças. A análise da *Entstehung* deve mostrar seu jogo, o modo pelo qual elas lutam umas contra as outras, ou o combate que travam diante de circunstâncias adversas, ou ainda sua tentativa – dividindo-se contra si mesmas – de escapar à degenerescência e recobrar o vigor a partir de seu próprio enfraquecimento. Por exemplo, a emergência de uma espécie (animal ou humana) e sua solidez são asseguradas "por um longo combate contra as condições constante e essencialmente desfavoráveis". Efetivamente, "a espécie teve necessidade da espécie enquanto espécie, como de alguma coisa que, graças à sua dureza, à sua uniformidade, à simplicidade de sua forma, pôde se impor e se tornar durável na luta perpétua com os vizinhos ou os oprimidos em revolta". Em contrapartida, a emergência das variações individuais se produz em um outro estado de forças, quando a espécie triunfou, quando o perigo externo não mais a ameaça e se desenvolve a luta "dos egoísmos voltados uns contra os outros que eclodem de alguma forma, lutando juntos pelo sol e pela luz".[27] Ocorre também que a força lute contra si mesma: e não somente na embriaguez de um excesso que lhe permite dividir-se, mas no momento em que ela enfraquece. Ela reage contra sua lassidão, retirando sua força dessa própria lassi-

---

27 (N.A.) *Par-delà...*, § 262.

282 Michel Foucault – Ditos e Escritos

dão que, no entanto, não deixa de crescer e, voltando-se contra ela para abatê-la mais ainda, vai lhe impor limites, suplícios e macerações, investi-la de um alto valor moral e assim, por sua vez, ela recobrará vigor. Tal é o movimento pelo qual nasce o ideal ascético "no instinto de uma vida em degeneração que... luta pela existência".[28] Esse é também o movimento pelo qual nasceu a Reforma, ali onde precisamente a Igreja estava menos corrompida;[29] na Alemanha do século XVI, o catolicismo ainda tinha bastante força para voltar-se contra si mesmo, castigar seu próprio corpo e sua própria história e espiritualizar-se em uma pura religião da consciência.

A emergência é, portanto, a entrada em cena das forças; é sua irrupção, o salto pelo qual elas passam dos bastidores ao palco, cada uma com o vigor e a jovialidade que lhe é própria. O que Nietzsche chama da *Entstehungsherd*[30] do conceito de bom não é exatamente nem a energia dos fortes nem a reação dos fracos, mas essa cena em que eles se distribuem uns diante dos outros, uns acima dos outros; é o espaço que os divide e se abre entre eles, o vazio através do qual eles trocam suas ameaças e suas palavras. Enquanto a proveniência designa a qualidade de um instinto, sua intensidade ou seu desfalecimento e a marca que ele deixa em um corpo, a emergência designa um lugar de confrontação; ainda é preciso evitar concebê-la como um campo fechado no qual se desenrolaria uma luta, um plano em que os adversários estariam em igualdade; é antes – o exemplo dos bons e dos maus o prova – um "não lugar", uma pura distância, o fato de os adversários não pertencerem ao mesmo espaço. Ninguém é, portanto, responsável por uma emergência, ninguém pode se atribuir a glória por ela; ela sempre se produz no interstício.

Em certo sentido, a peça representada nesse teatro sem lugar é sempre a mesma: aquela que os dominadores e dominados repetem perpetuamente. Homens dominam outros homens, e assim nasce a diferenciação dos valores;[31] classes dominam outras classes, e assim nasce a ideia de liberdade.[32]

---

28 (N.A.) *Généalogie*, III, 13.
29 (N.A.) *Le gai savoir*, § 148. É também a uma anemia da vontade que é preciso atribuir a *Entstehung* do budismo e do cristianismo, § 347.
30 (N.A.) *Généalogie*, I, 2.
31 (N.A.) *Par-delà...*, § 260. Cf. também a *Généalogie*, II, 12.
32 (N.A.) *Le voyageur et son ombre*, § 9.

Os homens se apoderam das coisas de que têm necessidade para viver, impondo-lhes uma duração que elas não têm, ou eles as assimilam pela força, e é o nascimento da lógica.[33] A relação de dominação não é mais uma "relação", nem o lugar onde ela se exerce é mais um lugar. E é por isso precisamente que, em cada momento da história, ela se fixa em um ritual; ela impõe obrigações e direitos, constitui cuidadosos procedimentos. Ela estabelece marcas, grava lembranças nas coisas e até nos corpos; ela se responsabiliza por dívidas. Universo de regras que não é de forma alguma destinado a apaziguar mas, ao contrário, a satisfazer a violência. Seria um erro acreditar, segundo o esquema tradicional, que a guerra geral, esgotando-se em suas próprias contradições, acaba por renunciar à violência e aceita se suprimir nas leis da paz civil. A regra é o prazer calculado da obstinação, é o sangue prometido. Ela permite relançar ininterruptamente o jogo da dominação; ela encena uma violência minuciosamente repetida. O desejo de paz, a serenidade do compromisso, a aceitação tácita da lei, longe de serem a grande conversão moral ou o cálculo utilitário que deram nascimento à regra, são apenas seu resultado e, propriamente falando, sua perversão: "Falta, consciência, dever têm sua emergência no direito de obrigação; e em seus começos, como tudo o que é grande na terra, foi banhado de sangue."[34] A humanidade não progride lentamente, de combate em combate, até uma reciprocidade universal, na qual as regras substituiriam, para sempre, a guerra; ela instala cada uma dessas violências em um sistema de regras, e prossegue assim de dominação em dominação.

É justamente a regra que permite que seja feita violência à violência e que uma outra dominação possa dobrar aqueles mesmos que dominam. Em si mesmas, as regras são vazias, violentas, não finalizadas; são feitas para servir a isto ou àquilo; elas podem ser burladas ao sabor da vontade de uns ou de outros. O grande jogo da história será de quem se apossar das regras, de quem tomar o lugar daqueles que as utilizam, de quem se disfarçar para pervertê-las, utilizá-las pelo avesso e voltá-las contra aqueles que as tinham imposto; de quem, introduzindo-se no complexo aparelho, o fará funcionar de

---

33 (N.A.) *Le gai savoir*, § 111.
34 (N.A.) *Généalogie*, II, 6.

284 Michel Foucault – Ditos e Escritos

tal forma que os dominadores se encontrarão dominados por suas próprias regras. As diferentes emergências que podem ser destacadas não são figuras sucessivas de uma mesma significação: são efeitos de substituições, reposições e deslocamentos, de conquistas disfarçadas, de inversões sistemáticas. Se interpretar fosse focalizar lentamente uma significação oculta na origem, apenas a metafísica poderia interpretar o devir da humanidade. Mas se interpretar é apoderar-se, pela violência ou sub-repção, de um sistema de regras que não tem em si a significação essencial e impor-lhe uma direção, dobrá-lo a uma nova vontade, fazê-lo entrar em um outro jogo e submetê-lo a novas regras, então o devir da humanidade é uma série de interpretações. E a genealogia deve ser a sua história: história das morais, dos ideais, dos conceitos metafísicos, história do conceito de liberdade ou da vida ascética, como emergências de diferentes interpretações. Trata-se de fazê-las surgir como acontecimentos no teatro dos procedimentos.

5) Quais são as relações entre a genealogia, definida como pesquisa da *Herkunft* e da *Entstehung*, e o que se chama habitualmente de história? Conhecemos as célebres apóstrofes de Nietzsche contra a história e será preciso retomá-las agora. No entanto, a genealogia é às vezes designada como *wirkliche Historie*: em vários momentos ela é caracterizada pelo "espírito" ou "sentido histórico".[35] De fato o que Nietzsche não parou de criticar, desde a segunda das *Intempestivas*, é essa forma de história que reintroduz (e supõe sempre) o ponto de vista supra-histórico: uma história que teria por função recolher, em uma totalidade bem fechada em si mesma, a diversidade finalmente reduzida do tempo; uma história que permitiria nos reconhecermos em todo lugar e dar a todos os deslocamentos passados a forma da reconciliação; uma história que lançaria sobre o que está atrás dela um olhar de fim do mundo. Essa história dos historiadores constrói para si um ponto de apoio fora do tempo; ela pretende tudo julgar de acordo com uma objetividade apocalíptica; isso porque ela supôs uma verdade eterna, uma alma que não morre, uma consciência sempre idêntica a si mesma. Se o sentido histórico se deixa dominar pelo ponto de vista supra-histórico, a metafísica pode então retomá-lo por sua conta e, fixando-o sob as formas de uma

---

35 (N.A.) *Généalogie*, prefácio, § 7; e I, 2. *Par-delà...*, § 224.

ciência objetiva, impor-lhe seu próprio "egipcianismo". Em contrapartida, o sentido histórico escapará da metafísica para se tornar o instrumento privilegiado da genealogia se ele não se apoia em nenhum absoluto. Ele deve ter apenas essa acuidade de um olhar que distingue, reparte, dispersa, deixa agir as separações e as margens – uma espécie de olhar que dissocia, capaz de se dissociar dele mesmo e apagar a unidade desse ser humano que, supostamente, o conduz soberanamente na direção do seu passado.

O sentido histórico, e é nisto que ele pratica a *wirkliche Historie*, reintroduz no devir tudo aquilo que se havia acreditado imortal no homem. Cremos na perenidade dos sentimentos? Mas todos, e sobretudo aqueles que nos parecem os mais nobres e os mais desinteressados, têm uma história. Cremos na surda constância dos instintos, e imaginamos que eles estão sempre em ação, aqui e lá, agora como antigamente. Mas o saber histórico não tem dificuldade em esfacelá-los – em mostrar seus avatares, demarcar seus momentos de força e de fraqueza, identificar seus reinos alternantes, apreender sua lenta elaboração e os movimentos pelos quais, voltando-se contra eles mesmos, eles podem obstinar-se em sua própria destruição.[36] Pensamos, em todo caso, que o corpo não tem outras leis a não ser as de sua fisiologia, e que ele escapa à história. Novo erro; ele é dominado por uma série de regimes que o constroem; é destroçado por ritmos de trabalho, de repouso e de festas; é intoxicado por venenos – simultaneamente alimentos ou valores, hábitos alimentares e leis morais; ele cria resistências.[37] A história "efetiva" se distingue daquela dos historiadores por não se apoiar em nenhuma constância: nada no homem, nem seu próprio corpo, é bastante fixo para compreender os outros homens e neles se reconhecer. Tudo aquilo em que o homem se apoia para se voltar na direção da história e apreendê-la em sua totalidade, tudo aquilo que permite retraçá-la como um paciente movimento contínuo, trata-se de sistematicamente destruir tudo isso. É preciso destruir tudo aquilo que o jogo apaziguante dos reconhecimentos permitia. Saber, mesmo na ordem histórica, não significa "reencontrar" e sobretudo não significa "nos reencontrarmos". A história será "efetiva" à me-

---

36 (N.A.) *Le gai savoir*, § 7.
37 (N.A.) *Ibid.*

286 Michel Foucault – Ditos e Escritos

dida que reintroduzir o descontínuo em nosso próprio ser. Ela dividirá nossos sentimentos; dramatizará nossos instintos; multiplicará nosso corpo e o oporá a ele mesmo. Ela não deixará debaixo de si nada que tivesse a estabilidade asseguradora da vida ou da natureza; não se deixará levar por nenhuma obstinação muda na direção de um fim milenar. Ela irá esvaziar aquilo sobre o que se costuma fazê-la repousar, e se obstinará contra sua pretensa continuidade. Porque o saber não é feito para compreender; ele é feito para cortar.

A partir daí, se podem apreender os traços característicos do sentido histórico, tal como Nietzsche o entende, e que opõe à história tradicional a *wirkliche Historie*. Esta inverte a relação habitualmente estabelecida entre a irrupção do acontecimento e a necessidade contínua. Há toda uma tradição da história (teológica ou racionalista) que tende a dissolver o acontecimento singular em uma continuidade ideal – movimento teleológico ou encadeamento natural. A história "efetiva" faz surgir o acontecimento no que ele pode ter de único e agudo. Acontecimento: é preciso entendê-lo não como uma decisão, um tratado, um reino ou uma batalha, mas como uma relação de forças que se inverte, um poder confiscado, um vocabulário retomado e voltado contra seus utilizadores, uma dominação que se enfraquece, se amplia e se envenena e uma outra que faz sua entrada, mascarada. As forças que estão em jogo na história não obedecem nem a uma destinação nem a uma mecânica, mas ao acaso da luta.[38] Elas não se manifestam como as formas sucessivas de uma intenção primordial; tampouco têm a aparência de um resultado. Elas surgem sempre no aleatório singular do acontecimento. Diferentemente do mundo cristão, universalmente tecido pela aranha divina, diferentemente do mundo grego, dividido entre o reino da vontade e o da grande besteira cósmica, o mundo da história efetiva conhece apenas um reino, no qual não há providência nem causa final, mas somente "a mão de ferro da necessidade que sacode o copo de dados do acaso".[39] Ainda é preciso compreender esse acaso não como simples sorteio, mas como o risco sempre renovado da vontade de potência que, a todo surgimento do acaso, opõe, para controlá-lo, o

---

38 (N.A.) *Généalogie*, II, 12.
39 (N.A.) *Aurore*, § 130.

1971 – Nietzsche, a Genealogia, a História   287

risco de um acaso ainda maior.[40] Embora o mundo, tal como o conhecemos, não seja essa figura simples em que todos os acontecimentos se apagaram para que se apresentem pouco a pouco os traços essenciais, o sentido final, o valor primeiro e último; é, ao contrário, uma miríade de acontecimentos entrelaçados; se ele nos parece hoje "maravilhosamente matizado, profundo, pleno de sentido" é porque uma "multidão de erros e fantasmas" o fez nascer e o povoa ainda em segredo.[41] Acreditamos que nosso presente se apoia em intenções profundas, em necessidades estáveis; pedimos aos historiadores para nos convencer disso. Mas o verdadeiro sentido histórico reconhece que vivemos, sem referências nem coordenadas originárias, em miríades de acontecimentos perdidos.

Ele tem também o poder de inverter a relação entre o próximo e o longínquo tal como eles foram estabelecidos pela história tradicional, em sua fidelidade à obediência metafísica. Esta na verdade se compraz em lançar um olhar para o longínquo e para as alturas: as épocas mais nobres, as formas mais elevadas, as ideias mais abstratas, as individualidades mais puras. E, para fazê-lo, tenta se aproximar o mais possível delas, colocar-se ao pé desses cumes, em condições de ter sobre eles a famosa perspectiva das rãs. A história efetiva, ao contrário, lança seus olhares sobre o mais próximo – sobre o corpo, o sistema nervoso, a nutrição e a digestão, as energias; ela perscruta as decadências; e se ela afronta as altas épocas é com a suspeita, não rancorosa mas alegre, de uma agitação bárbara e inconfessável. Ela não teme olhar embaixo, mas olha do alto, mergulhando para apreender as perspectivas, desdobrar as dispersões e as diferenças, deixar a cada coisa sua medida e sua intensidade. Seu movimento é oposto ao dos historiadores, que operam sub-repticiamente: eles fingem olhar para mais longe de si mesmos, mas de modo baixo, rastejando, aproximam-se desse longínquo promissor (no que eles são como os metafísicos que veem, bem acima do mundo, um além, apenas para prometê-lo a si mesmos a título de recompensa); a história efetiva olha para o mais próximo, mas para dele afastar-se bruscamente e apreendê-lo a distância (olhar semelhante ao do médico que mergulha para diagnosticar e dizer a diferença). O

---

40 (N.A.) *Généalogie*, II, 12.
41 (N.A.) *Humain, trop humain*, § 16.

288 Michel Foucault – Ditos e Escritos

sentido histórico é muito mais próximo da medicina do que da filosofia. "Historicamente e fisiologicamente", diz às vezes Nietzsche.[42] Nada há nisso de espantoso, já que, na idiossincrasia do filósofo, encontra-se também a denegação sistemática do corpo e "a falta de sentido histórico, o ódio contra a ideia do devir, o egipcianismo", a obstinação em "colocar no começo o que vem no fim" e "as coisas últimas antes das primeiras".[43] A história tem mais a fazer do que ser a serva da filosofia e narrar o nascimento necessário da verdade e do valor; ela deve ser o conhecimento diferencial das energias e dos desfalecimentos, das alturas e das profundezas, dos venenos e dos antídotos. Ela deve ser a ciência dos remédios.[44]

Finalmente, a última característica dessa história efetiva. Ela não teme ser um saber perspectivo. Os historiadores buscam, na medida do possível, apagar o que pode revelar, em seu saber, o lugar de onde eles olham, o momento em que eles estão, o partido que eles tomam, o incontornável de sua paixão. O sentido histórico, tal como Nietzsche o entende, se sabe perspectiva, e não recusa o sistema de sua própria injustiça. Ele olha sob um certo ângulo, com o propósito deliberado de apreciar, de dizer sim ou não, de seguir todos os traços do veneno, de encontrar o melhor antídoto. Em vez de fingir um discreto apagamento diante daquilo que ele olha, em vez de ali buscar sua lei e de submeter a isso cada um de seus movimentos, é um olhar que sabe de onde olha, assim como o que olha. O sentido histórico dá ao saber a possibilidade de fazer, no próprio movimento de seu conhecimento, sua genealogia. A *wirkliche Historie* efetua uma genealogia da história como a projeção vertical do lugar em que ela se sustenta.

6) Nessa genealogia da história que esboça em diversas ocasiões, Nietzsche liga o sentido histórico à história dos historiadores. Um e outra têm um único começo, impuro e misturado. Saíram de um mesmo signo, no qual se podem reconhecer tanto o sintoma de uma doença como o germe de uma flor maravilhosa;[45] eles surgiram ao mesmo tempo e é em seguida que terão que se distribuir. Sigamos, ainda sem diferenciá-los, sua genealogia comum.

---

42 (N.A.) *Le crépuscule des idoles*, "Flâneries inactuelles", § 44.
43 (N.A.) *Ibid.*, "La raison dans la philosophie", §§ 1 e 4.
44 (N.A.) *Le voyageur et son ombre*, § 188.
45 (N.A.) *Le gai savoir*, § 337.

A proveniência (*Herkunft*) do historiador é inequívoca: ela é de baixa extração. Um dos traços da história é o de não escolher: ela se impõe o dever de tudo conhecer, sem hierarquia de importância; de tudo compreender, sem distinção de altura; de tudo aceitar, sem fazer diferença. Nada deve lhe escapar, mas também nada deve ser excluído. Os historiadores dirão que isso é uma prova de tato e de discrição: com que direito fariam intervir seu gosto, quando se trata dos outros, de suas preferências, quando se trata do que realmente se passou? Mas, na verdade, é uma total ausência de gosto, uma certa grosseria que tenta manter, com o que é mais elevado, ares de familiaridade, uma satisfação em encontrar o que é baixo. O historiador é insensível a todos os nojos: ou melhor, ele tem prazer com aquilo mesmo que o coração deveria afastar. Sua aparente serenidade se obstina em nada reconhecer de grande e reduzir tudo ao mais fraco denominador. Nada deve ser mais elevado do que ele. Se ele deseja tanto saber, e tudo saber, é para surpreender os segredos que rebaixam. "Baixa curiosidade." De onde vem a história? Da plebe. A quem se dirige? À plebe. E o discurso que ele lhe dirige se assemelha muito ao do demagogo: "Ninguém é maior do que vocês", diz este, "e aquele que tiver a presunção de ser superior a vocês, a vocês que são bons, é malvado"; e o historiador, que é seu duplo, lhe faz eco: "Nenhum passado é maior do que o seu presente, e de tudo o que na história pode se apresentar com o ar da grandeza, meu saber meticuloso lhes mostrará a pequenez, a crueldade e a infelicidade." O parentesco do historiador remonta a Sócrates.

Mas essa demagogia deve ser hipócrita. Ela deve esconder seu singular rancor sob a máscara do universal. E, exatamente como o demagogo deve invocar a verdade, a lei das essências e a verdade eterna, o historiador deve invocar a objetividade, a exatidão dos fatos, o passado inamovível. O demagogo é conduzido à denegação do corpo para estabelecer a soberania da ideia intemporal; o historiador é levado ao apagamento de sua própria individualidade para que os outros entrem em cena e possam tomar a palavra. Ele terá, portanto, que se obstinar contra ele mesmo: fazer calar suas preferências e superar suas aversões, embaralhar sua própria perspectiva para substituí-la por uma geometria ficticiamente universal, imitar a morte para entrar no reino dos mortos, adquirir uma quase-existência sem cara e sem nome. E, nesse mundo em que ele terá refreado sua vontade individual, ele poderá mostrar aos outros a lei inevitável de uma vontade superior. Tendo pretendido apagar de seu próprio saber todos os traços do querer, ele reencontrará, do lado do objeto a conhecer, a forma de um querer eterno. A objetividade no historiador é a interversão das relações do querer no saber e, ao mesmo tempo, a crença necessária na Providência, nas causas finais e na teleologia. O historiador pertence à família dos ascetas. "Não posso mais suportar esses eunucos concupiscentes da história, todos os parasitas do ideal ascético; não posso mais suportar esses sepulcros caiados que produzem a vida; não posso suportar esses seres fatigados e enfraquecidos que se cobrem de sabedoria e se atribuem um olhar objetivo."[46]

Passemos à *Entstehung* da história; seu lugar é a Europa do século XIX: pátria das misturas e das bastardias; época do homem-mistura. Em relação aos momentos de alta civilização, ei-nos aqui como bárbaros: temos diante dos olhos cidades em ruínas e monumentos enigmáticos; somos detidos por muralhas abertas. Perguntamo-nos que deuses puderam habitar todos esses templos vazios. As grandes épocas não tinham tais curiosidades nem tão grandes respeitos; elas não reconheciam predecessores; o classicismo ignorava Shakespeare. A decadência da Europa nos oferece um espetáculo imenso, cujos momentos mais fortes são omitidos ou dispensados. O próprio da cena em que nos encontramos hoje é representar um teatro; sem monumentos que sejam nossa obra e que nos pertençam, vivemos em uma multidão de cenários. Há mais: o europeu não sabe quem é; ignora que raças nele se misturaram; busca o papel que poderia ter sido o seu; ele não tem individualidade. Compreende-se então por que o século XIX é espontaneamente historiador: a anemia de suas forças, as misturas que apagaram todas as suas características produzem o mesmo efeito que as macerações do ascetismo; a impossibilidade em que ele se encontra de criar, sua ausência de obra, a obrigação em que ele se encontra de se apoiar no já feito e em outros lugares o constrangem à baixa curiosidade do plebeu.

Mas, se essa é a genealogia da história, como é possível que ela se torne análise genealógica? Como não permanecer um conhecimento demagógico e religioso? Como ela pode, nessa mesma cena, trocar de papel? Apenas se nos apoderarmos

---

46 (N.A.) *Généalogie*, III, 25.

dela, a dominarmos e a voltarmos contra seu nascimento. Este é de fato o próprio da *Entstehung*: não é o surgimento necessário daquilo que, durante bastante tempo, tinha sido preparado antecipadamente; é a cena em que as forças se arriscam e se confrontam, em que podem triunfar, mas na qual se pode também confiscá-las. O lugar de emergência da metafísica foi a demagogia ateniense, o rancor plebeu de Sócrates, sua crença na imortalidade. Mas Platão teria podido apoderar-se dessa filosofia socrática, teria podido voltá-la contra ela mesma, e sem dúvida mais de uma vez ele foi tentado a fazê-lo. Sua derrota foi ter conseguido fundá-la. O problema do século XIX é não fazer, pelo ascetismo popular dos historiadores, o que Platão fez pelo de Sócrates. É preciso não fundá-lo em uma filosofia da história, mas despedaçá-lo a partir do que ele produziu; tornar-se mestre da história para fazer dela um uso genealógico, ou seja, um uso rigorosamente antiplatônico. Só então o sentido histórico irá se libertar da história supra-histórica.

7) O sentido histórico comporta três usos que se opõem, termo por termo, às três modalidades platônicas da história. Um é o uso paródico e destruidor da realidade, que se opõe ao tema da história-reminiscência ou reconhecimento; outro é o uso dissociativo e destruidor da identidade, que se opõe à história-continuidade ou tradição; o terceiro é o uso sacrificial e destruidor da verdade, que se opõe à história-conhecimento. De qualquer forma, trata-se de fazer da história um uso que a liberte para sempre do modelo, simultaneamente metafísico e antropológico, da memória. Trata-se de fazer da história uma contramemória e de desdobrar, consequentemente, uma forma totalmente diferente do tempo.

Primeiramente, o uso paródico e burlesco. A esse homem confuso e anônimo que é o europeu – e que não sabe mais quem ele é, qual nome deve usar – o historiador oferece identidades sobressalentes, aparentemente mais bem individualizadas e mais reais do que a sua. Mas o homem do sentido histórico não deve se enganar a respeito desse substituto que ele oferece: este não passa de um disfarce. Alternadamente se ofereceu à Revolução o modelo romano; ao romantismo, a armadura do cavaleiro; à época wagneriana, a espada do herói germânico; mas esses são ouropéis cuja irrealidade remete à nossa própria irrealidade. Deixa-se a alguns a liberdade de venerar essas religiões e de celebrar em Bayreuth a memória desse novo além;

292 Michel Foucault – Ditos e Escritos

a eles é dada a liberdade de se fazerem vendedores ambulantes de identidades vazias. O bom historiador, o genealogista, saberá o que é preciso pensar de toda essa mascarada. Não absolutamente que ele a recuse por espírito de seriedade; ao contrário, ele quer levá-la ao extremo: quer encenar um grande carnaval do tempo em que as máscaras retornam incessantemente. Em vez de identificar nossa pálida individualidade às identidades intensamente reais do passado, trata-se de nos irrealizarmos em identidades reaparecidas; e retomando todas essas máscaras – Frederico de Hohenstaufen, César, Jesus, Dionísio e talvez Zaratustra –, recomeçando nelas a farsa da história, retomaremos em nossa irrealidade a identidade mais irreal do Deus que a traçou. "Talvez descubramos aqui o domínio em que a originalidade é ainda possível para nós, talvez como parodistas da história e como polichinelos de Deus."[47] Reconhece-se aqui o duplo paródico do que a segunda *Intempestiva* chamava de "história monumental": história que se atribuía a tarefa de restituir os grandes ápices do devir, sustentá-los em uma presença perpétua, reencontrar as obras, as ações, as criações conforme o monograma de sua íntima essência. Mas, em 1874, Nietzsche criticava essa história totalmente dedicada à veneração, por obstruir o acesso às intensidades atuais da vida e às suas criações. Trata-se, ao contrário, nos últimos textos, de parodiá-la para tornar assim evidente que ela própria não passa de uma paródia. A genealogia é a história como um carnaval orquestrado.

Outro uso da história: a dissociação sistemática de nossa identidade. Pois essa identidade, no entanto bem frágil, que tentamos assegurar e reunir sob uma máscara, não passa de uma paródia: o plural a habita, inumeráveis almas nela disputam; sistemas se entrecruzam e dominam uns aos outros. Quando estudamos a história nos sentimos "felizes, ao contrário dos metafísicos, por abrigar em nós não uma alma imortal, mas muitas almas mortais".[48] E, em cada uma dessas almas, a história não descobrirá uma identidade esquecida sempre pronta a renascer, mas um sistema complexo de elementos por sua vez múltiplos, distintos e que não é dominado por nenhum poder de síntese: "É um sinal de cultura superior manter em toda consciência certas fases da evolução que os ho-

---

47 (N.A.) *Par-delà...*, § 223.
48 (N.A.) *Le voyageur et son ombre* (*Opinions et sentences mêlées*), § 17.

mens menores atravessam sem pensar... O primeiro resultado é que compreendemos nossos semelhantes como sistemas inteiramente determinados e como representantes de culturas diversas, ou seja, como necessários e modificáveis. E, em contrapartida, que, em nossa própria evolução, somos capazes de separar pedaços e considerá-los à parte."[49] A história, genealogicamente dirigida, não tem por finalidade reencontrar as raízes de nossa identidade, mas, ao contrário, obstinar-se em dissipá-la; não busca demarcar o território único de onde viemos, essa primeira pátria à qual os metafísicos nos prometem que voltaremos; ela pretende fazer aparecer todas as descontinuidades que nos atravessam. Essa função é o oposto da que queria exercer, conforme as *Intempestivas*, a "história-antiquário". Tratava-se ali de reconhecer as continuidades nas quais se enraíza nosso presente: continuidades de solo, de língua, de cidade; tratava-se, "cultivando-se com uma mão delicada o que sempre existiu, de conservar para aqueles que virão as condições sob as quais se nasceu".[50] A tal história, as *Intempestivas* objetavam que ela corre o risco de impedir qualquer criação em nome da lei de fidelidade. Um pouco mais tarde – já em *Humano, demasiado humano* –, Nietzsche retoma a tarefa antiquária, mas na direção totalmente oposta. Se a genealogia coloca por sua vez a questão do solo que nos viu nascer, da língua que falamos ou das leis que nos regem é para evidenciar os sistemas heterogêneos que, sob a máscara de nosso eu, nos proíbem de qualquer identidade.

Terceiro uso da história: o sacrifício do sujeito do conhecimento. Aparentemente, ou melhor, conforme a máscara que ela usa, a consciência histórica é neutra, despojada de qualquer paixão, obstinada somente com a verdade. Mas, se ela se interroga e se, de uma maneira mais geral, interroga toda consciência científica em sua história, descobre as formas e as transformações da vontade de saber que é instinto, paixão, obstinação inquiridora, refinamento cruel, maldade; ela descobre a violência das opiniões preconcebidas: o preconceito contra a felicidade ignorante, contra as ilusões vigorosas pelas quais a humanidade se protege, preconceito contra tudo aquilo que

---

49 (N.A.) *Humain, trop humain*, § 274.
50 (N.A.) *Considérations intempestives*, II, 3.

há de perigoso na pesquisa e de inquietante na descoberta.[51] A análise histórica desse grande querer-saber que percorre a humanidade faz simultaneamente aparecer que não há conhecimento que não repouse na injustiça (que não há, portanto, no próprio conhecimento um direito à verdade ou um fundamento do verdadeiro) e também que o instinto de conhecimento é mau (que há nele alguma coisa de assassino e que ele não pode, que ele nada quer fazer para a felicidade dos homens). Assumindo, como o faz hoje, suas mais amplas dimensões, o querer-saber não se aproxima de uma verdade universal; ele não dá ao homem um exato e sereno domínio sobre a natureza; ao contrário, não cessa de multiplicar os riscos; por todo lado faz nascer os perigos; derruba as proteções ilusórias; desfaz a unidade do sujeito; nele libera tudo o que se obstina em dividi-lo e em destruí-lo. Em vez de o saber separar-se pouco a pouco de suas raízes empíricas, ou das primeiras necessidades que o fizeram nascer, para se tornar pura especulação submetida unicamente às exigências da razão, em vez de estar ligado, em seu desenvolvimento, à constituição e à afirmação de um sujeito livre, ele traz consigo uma obstinação cada vez maior; nele, a violência instintiva se acelera e cresce; outrora as religiões pediam o sacrifício do corpo humano; hoje, o saber conclama a fazer experiências sobre nós mesmos,[52] ao sacrifício do sujeito do conhecimento. "O conhecimento se transformou em nós em uma paixão que não se aterroriza com nenhum sacrifício, que no fundo tem apenas um só temor, o de se extinguir... A paixão do conhecimento talvez faça perecer a humanidade... Se a paixão não matar a humanidade, ela morrerá de fraqueza. Que preferimos? Eis a principal questão. Queremos que a humanidade acabe no fogo e na luz, ou na areia?"[53] Já é tempo de substituir os dois grandes problemas que dividiram o pensamento filosófico do século XIX (fundamento recíproco da verdade e da liberdade, possibilidade de um saber absoluto), os dois temas principais legados por Fichte e Hegel, pelo tema segundo o qual "morrer pela consciência absoluta certamente poderia

---

51 Cf. *Aurore*, §§ 429 e 432; *Le gai savoir*, § 333; *Par-delà le bien et le mal*, §§ 229 e 230.
52 *Aurore*, § 501.
53 *Ibid.*, § 429.

fazer parte do fundamento do ser".[54] O que não quer dizer, no sentido da crítica, que a vontade de verdade seja limitada pela finitude do conhecimento, mas que ela perde qualquer limite e qualquer intenção de verdade no sacrifício que ela deve fazer do sujeito do conhecimento. "E talvez haja uma só ideia prodigiosa que, ainda agora, poderia aniquilar qualquer outra aspiração, de modo que ela superaria as mais vitoriosas – quero dizer, a ideia da humanidade que sacrifica a si mesma. Pode-se jurar que se a constelação dessa ideia jamais aparecesse no horizonte, o conhecimento da verdade permaneceria a única grande meta à qual um sacrifício semelhante seria proporcionado, porque pelo conhecimento nenhum sacrifício é bastante grande. Esperando, o problema nunca foi colocado..."[55]

As *Intempestivas* falavam do uso crítico da história: tratava-se de colocar o passado no banco dos réus, de cortar suas raízes à faca, de apagar as venerações tradicionais a fim de libertar o homem e não lhe deixar outra origem senão aquela em que ele quer se reconhecer. Nietzsche reprovava essa história crítica por nos desligar de todas as nossas fontes reais e sacrificar o próprio movimento da vida unicamente à preocupação com a verdade. Vê-se, um pouco mais tarde, que ele retoma por conta própria o que antes recusava. Ele o retoma, mas com uma finalidade totalmente diversa: não se trata mais de julgar nosso passado em nome de uma verdade que nosso presente seria o único a deter; trata-se de arriscar a destruição do sujeito do conhecimento na vontade, infinitamente desdobrada, de saber.

Em certo sentido, a genealogia retorna às três modalidades da história que Nietzsche reconhecia em 1874. Ela as retoma superando as objeções que lhes fazia então em nome da vida, de seu poder de se afirmar e de criar. Mas retorna a elas, metamorfoseando-as: a veneração dos monumentos se torna paródia; o respeito às antigas continuidades se transforma em dissociação sistemática; a crítica das injustiças do passado pela verdade que o homem detém hoje se torna destruição do sujeito do conhecimento pela injustiça própria da vontade de saber.

---

54 (N.A.) *Par-delà le bien et le mal*, § 39.
55 (N.A.) *Aurore*, § 45.

1972

Retornar à História

"Rekishi heno kaiki" ("Revenir à l'histoire"), *Paideia*, n. 11: *Michel Foucault*, 1º de fevereiro de 1972, p. 45-60. (Conferência pronunciada na Universidade de Keio em 9 de outubro de 1970. Texto estabelecido a partir de um dactilograma revisto por M. Foucault.)

As discussões sobre as relações entre o estruturalismo e a história foram, não somente na França, mas na Europa, também na América e talvez no Japão, não sei ao certo, numerosas, densas e frequentemente confusas. E elas o foram por um certo número de razões que são simples de enumerar. A primeira é que ninguém concorda com quem quer que seja sobre o que é o estruturalismo. Em segundo lugar, a palavra "história", na França, significa duas coisas: aquilo de que falam os historiadores e o que eles fazem em sua prática. A terceira razão, a mais importante, é que muitos temas ou preocupações políticas atravessaram essa discussão sobre as relações entre a história e o estruturalismo. Não desejo de modo algum desvincular a discussão de hoje do contexto político em que ela está inserida, muito ao contrário. Em uma primeira parte, gostaria de apresentar a estratégia geral, o plano de batalha desse debate entre os estruturalistas e seus adversários a respeito da história.

A primeira coisa a constatar é que o estruturalismo, ao menos em sua forma inicial, foi uma empreitada cujo propósito era oferecer um método mais preciso e mais rigoroso às pesquisas históricas. O estruturalismo não se desviou, ao menos em seu começo, da história: ele pretendeu fazer uma história, e uma história mais rigorosa e sistemática. Tomarei simplesmente três exemplos. Pode-se considerar que o norte-americano Boas foi o fundador do método estrutural em etnologia.[1] Ora, o que

---

1 Boas (F.), *The mind of primitive man*, Nova Iorque, McMillan, 1911; *Race, language and culture*, Nova Iorque, McMillan, 1940.

1972 – Retornar a História **297**

esse método era para ele? Essencialmente, uma maneira de criticar uma determinada forma de história etnológica que era feita em sua época. Tylor havia fornecido o seu modelo.[2] Essa história pretendia que todas as sociedades humanas seguiam uma mesma curva de evolução, indo das formas mais simples às mais complexas. Essa evolução apenas variaria de uma sociedade para outra pela velocidade das transformações. Por outro lado, as grandes formas sociais, como, por exemplo, as regras de casamento ou as técnicas agrícolas, seriam no fundo tipos de espécies biológicas, e sua extensão, seu crescimento, seu desenvolvimento, sua distribuição também obedeceriam às mesmas leis e aos mesmos padrões que o crescimento e o desdobramento das espécies biológicas. De qualquer forma, o modelo que Tylor concebia para analisar o desenvolvimento e a história das sociedades era o biológico. É a Darwin, e de uma maneira mais geral ao evolucionismo, que Tylor se referia para relatar a história das sociedades.

O problema de Boas era libertar o método etnológico desse velho modelo biológico e mostrar como as sociedades humanas, fossem elas simples ou complexas, obedeciam a certas relações internas que as definiam em sua especificidade; esse processo interno a cada sociedade é o que Boas chamava de a estrutura de uma sociedade, estrutura cuja análise devia lhe permitir fazer uma história não mais biológica, mas realmente histórica das sociedades humanas. Para Boas, tratava-se, portanto, não absolutamente de uma supressão do ponto de vista histórico em proveito de um ponto de vista, digamos, anti-histórico ou a-histórico.

Tomei o exemplo de Boas, mas poderia ter usado da mesma forma o exemplo da linguística e especialmente o da fonologia. Antes de Troubetskoï, a fonética histórica enfocava a evolução de um fonema ou de um som através de uma língua.[3] Ela não tendia a dar conta da transformação de todo um estado de uma

---

2 Tylor (E. B.), *Researches into the early history of mankind and the development of civilization*, Londres, J. Murray, 1865; *Primitive culture: researches into the development of mythology, philosophy, religion, art and custom*, Londres, J. Murray, 1871, 2 vol.; *Anthropology: an introduction to the study of man and civilization*, Londres, McMillan, 1881.
3 Troubetskoï (N.), *Zur allgemeinen Theorie der phonologischen Vokalsysteme*, Trabalhos do Círculo Linguístico de Praga, Praga, 1929, t. 1, p. 39-67; *Grundzüge der Phonologie*, Trabalhos do Círculo Linguístico de Praga, Praga, 1939, t. VII (*Principes de phonologie*), trad. J. Cantineau, Paris, Klincksieck, 1949).

298 Michel Foucault – Ditos e Escritos

língua em um dado momento: o que Troubetskoï pretendeu fazer com a fonologia era criar o instrumento que permitisse passar da história de qualquer forma individual de um som à história bem mais geral do sistema fonético de toda uma língua.

Poderia tomar um terceiro exemplo que evocarei brevemente, o da aplicação do estruturalismo à literatura. Quando Roland Barthes, há alguns anos, definiu o que ele chamou de nível de escrita em oposição ao nível do estilo ou ao nível da língua, o que ele queria fazer?[4] Pois bem, isso se esclarece ao se observar qual era a situação e o estágio dos estudos de história literária na França, por volta de 1950-1955. Nessa época, fazia-se ou história individual, psicológica, eventualmente psicanalítica do escritor, do seu nascimento à conclusão de sua obra, ou uma história global, geral de uma época, de todo um conjunto cultural, de uma consciência coletiva, se quiserem.

No primeiro caso, apenas se reencontravam o indivíduo e seus problemas pessoais; no outro, atingiam-se somente níveis muitos gerais. O que Barthes quis fazer, introduzindo a noção de escrita, era descobrir um certo nível específico a partir do qual se pudesse fazer a história da literatura enquanto literatura, enquanto ela tem uma especificidade particular, enquanto ultrapassa os indivíduos e nela se situam os indivíduos e, de outro lado, na medida em que ela é, dentre todas as outras produções culturais, um elemento perfeitamente específico, tendo suas leis próprias de condicionamento e de transformação. Introduzindo essa noção de escrita, Barthes quis estabelecer uma nova possibilidade de história literária.

Creio então que o necessário a guardar na cabeça é que, em seus projetos iniciais, os diferentes empreendimentos estruturalistas (sejam eles etnológicos, linguísticos ou literários, e se poderia dizer a mesma coisa a respeito da mitologia e da história das ciências) foram sempre, em seu ponto de partida, tentativas para criar um instrumento de uma análise histórica precisa. Ora, é preciso reconhecer que essa empreitada não digo de todo que fracassou, mas que ela não foi reconhecida como tal, e a maioria dos adversários dos estruturalistas entrou em acordo pelo menos em um ponto: o estruturalismo tinha desconhecido a própria dimensão da história e ele seria de fato anti-histórico.

---

4 Barthes (R.), *Le degré zéro de l'écriture*, Paris, Ed. du Seuil, col. "Pierres vives", 1953.

Essa crítica vem de dois horizontes diferentes. Há, inicialmente, uma crítica teórica de inspiração fenomenológica ou existencial. Observou-se que, quaisquer que tenham sido suas boas intenções, o estruturalismo foi obrigado a abandoná-las; ele teria dado de fato um privilégio absoluto ao estudo das relações simultâneas ou sincrônicas em detrimento do estudo das relações evolutivas. Quando, por exemplo, os fonologistas estudam as leis fonológicas, eles estudam os estados da língua sem levar em conta sua evolução temporal. Como é possível fazer história, se não se leva em conta o tempo? Mas há mais. Como se poderia dizer que a análise estrutural é histórica, se ela privilegia não somente a simultaneidade sobre o sucessivo, mas, por outro lado, o lógico sobre o causal? Por exemplo, quando Lévi-Strauss analisa um mito, o que ele busca não é saber de onde vem esse mito, por que ele nasceu, como foi transmitido, quais as razões pelas quais uma determinada população recorreu a esse mito ou por que tal outra foi levada a transformá-lo. Ele se contenta, pelo menos em um primeiro momento, em estabelecer relações lógicas entre os diferentes elementos desse mito e, no espaço dessa lógica, é possível estabelecer determinações temporais e causais. Por fim, outra objeção: a de que o estruturalismo não leva em conta a liberdade ou a iniciativa individual. Sartre critica os linguistas, afirmando que a língua é apenas o resultado, a crista, a cristalização de uma atividade humana fundamental e primeira. Se não houvesse sujeito falante para retomar a cada instante a língua, habitá-la no seu interior, contorná-la, deformá-la, utilizá-la, se não houvesse esse elemento da atividade humana, se não houvesse a palavra no próprio cerne do sistema da língua, como a língua poderia evoluir? Ora, a partir do momento em que se deixa de lado a prática humana para considerar apenas a estrutura e as regras de coerção, é evidente que se falha novamente em relação à história.

As críticas feitas pelos fenomenologistas ou existencialistas são geralmente retomadas por um certo número de marxistas, que chamarei de marxistas sumários, ou seja, marxistas cuja referência teórica não é o próprio marxismo, mas precisamente as ideologias burguesas contemporâneas. Em contrapartida, de um marxismo mais sério, ou seja, de um marxismo realmente revolucionário, chegam críticas. Essas objeções se apoiam no fato de que os movimentos revolucionários que ocorreram, que ainda se produzem entre os estudantes e os in-

300 Michel Foucault – Ditos e Escritos

telectuais, não devem quase nada ao movimento estruturalista. Talvez haja apenas uma única exceção a esse princípio, o caso de Althusser, na França. Althusser foi um marxista que aplicou à leitura e à análise de textos de Marx um certo número de métodos que podem ser considerados como estruturalistas, e a análise de Althusser foi muito importante na história recente do marxismo europeu.[5] Essa importância está ligada ao fato de que Althusser libertou a interpretação marxista tradicional de todo humanismo, de todo hegelianismo, também de toda fenomenologia que pesavam sobre ele, e, nessa medida, Althusser tornou novamente possível uma leitura de Marx que não era mais universitária, mas efetivamente política; mas essas análises althusserianas, em que pese sua importância no começo, foram ultrapassadas muito rapidamente por um movimento revolucionário que, desenvolvendo-se inteiramente entre os estudantes e intelectuais, torna-se, como vocês sabem, um movimento essencialmente antiteórico. Além disso, a maioria dos movimentos revolucionários que se desenvolveram recentemente no mundo está mais próxima de Rosa de Luxemburgo do que de Lenin: eles dão mais crédito à espontaneidade das massas do que à análise teórica.

Parece-me que, até o século XX, a análise histórica teve essencialmente por finalidade reconstruir o passado dos grandes conjuntos nacionais, conforme os quais a sociedade industrial capitalista se dividia ou se agrupava. Após os séculos XVII e XVIII, a sociedade industrial capitalista se estabeleceu na Europa e no mundo conforme o esquema das grandes nacionalidades. A história teve por função, no interior da ideologia burguesa, mostrar como essas grandes unidades nacionais, das quais o capitalismo necessitava, vinham de longa data e tinham, através de diversas revoluções, afirmado e mantido sua unidade.

A história era uma disciplina graças à qual a burguesia mostrava, de início, que seu reino era apenas o resultado, o produto, o fruto de uma lenta maturação e que, nessa medida, esse reinado era perfeitamente justificado, já que ele vinha da bruma dos tempos; a seguir, a burguesia mostrava que, já que esse reinado vinha de tempos imemoriais, não era possível

---

5 Althusser (L.), *Pour Marx*, Paris, Maspero, 1965; *Du "Capital" à la philosophie de Marx*, in Althusser (L.), Macherey (P.), Rancière (J.), *Lire "Le Capital"*, Paris, Maspero, 1965, t. I, p. 9-89; *L'objet du "Capital"*, in Althusser (L.), Balibar (E.), Establet (R.), *ibid.*, t. II, p. 7-185.

1972 – Retornar a História 301

ameaçá-lo por uma nova revolução. A burguesia simultaneamente justificava o seu direito de ocupar o poder e conjurava as ameaças de uma revolução em ascensão, e a história era certamente o que Michelet chamava de "ressurreição do passado". A história se atribuía a tarefa de tornar viva a totalidade do passado nacional. Essa vocação e esse papel da história devem ser agora revisados se quisermos separar a história do sistema ideológico em que ela nasceu e se desenvolveu. Ela deve ser preferencialmente compreendida como a análise das transformações das quais as sociedades são efetivamente capazes. As duas noções fundamentais da história, tal como ela é praticada atualmente, não são mais o tempo e o passado, mas a mudança e o acontecimento. Citarei dois exemplos: um tomado emprestado dos métodos estruturalistas, o outro, dos métodos propriamente históricos; o primeiro tem por finalidade mostrar-lhes como o estruturalismo deu, ou, em todo caso, se esforça para dar, uma forma rigorosa à análise das mudanças; o segundo visa a mostrar como certos métodos da nova história são tentativas para dar um estatuto e um sentido novos à velha noção de acontecimento.

Como primeiro exemplo tomarei a análise feita por Dumézil da lenda romana de Horácio.[6] Ela é, creio, a primeira análise estrutural de uma lenda indo-europeia. Dumézil encontrou três versões isomorfas dessa história muito conhecida em muitos países, particularmente na Irlanda. Há de fato um relato irlandês no qual se encontra um personagem, um herói chamado Cûchulainn; esse Cûchulainn é uma criança que recebeu um poder mágico dos deuses que lhe dá uma força extraordinária. Certo dia, quando o reino em que ele vivia se encontrava ameaçado, Cûchulainn parte em expedição contra os inimigos. No portão do palácio do chefe adversário, encontra um primeiro inimigo que ele mata. A seguir, continua avançando. Encontra um segundo adversário e o mata; depois um terceiro, que também mata. Após essa tríplice vitória, Cûchulainn pode voltar para casa; mas o combate o colocou em tal estado de excitação, ou melhor, o poder mágico recebido dos deuses se encontra de tal forma exacerbado no curso da batalha ao ponto de torná-lo rubro e em brasas; se entrasse em sua cidade, ele seria um perigo para todos. É para aplacar essa força ardente e fervente

---

6 Dumézil (G.), *Horace et les Curiaces*, Paris, Gallimard, col. "Les mythes romains", 1942.

302 Michel Foucault – Ditos e Escritos

que os cidadãos decidem enviar-lhe, no caminho de volta, uma mulher. Mas ocorre que esta mulher é a esposa de seu tio e as leis contra o incesto proíbem tal relação sexual; portanto, ele não pode arrefecer seu ardor dessa maneira, e se é obrigado a mergulhá-lo em um banho de água fria. Mas ele está de tal forma quente que faz ferver a água do banho, e se é obrigado a temperá-lo sucessivamente em sete banhos até que ele adquira a temperatura normal e possa entrar em sua cidade sem constituir um perigo para os outros.

A análise de Dumézil difere das análises de mitologias comparadas feitas anteriormente. No século XIX, tinha existido toda uma escola de mitologia comparada; restringia-se a mostrar as semelhanças existentes entre tal e qual mito, e foi assim que alguns historiadores das religiões tinham chegado a encontrar o mesmo mito solar em quase todas as religiões do mundo. Dumézil, ao contrário – e é nisso que sua análise é estrutural –, apenas compara esses dois relatos para estabelecer quais são exatamente as diferenças entre o primeiro e o segundo. Ele identifica essas diferenças com bastante precisão. No caso de Cûchulainn, o irlandês, o herói é uma criança; por outro lado, ele é dotado de um poder mágico; finalmente, ele está só. Observem o lado romano: o herói, Horácio, é um adulto, está em idade de carregar as armas, não tem nenhum poder mágico – é simplesmente um pouco mais esperto do que os outros, já que ele inventa o estratagema de fingir que foge para reaparecer, simples pequena distinção no interior da estratégia, mas ele não tem poder mágico algum. Outro conjunto de diferenças no caso da lenda irlandesa: o herói tem um poder mágico muito forte e esse poder mágico é de tal forma exacerbado na batalha que ele se torna portador de um perigo para sua própria cidade. No caso do relato romano, o herói retorna vitorioso e, dentre os que ele encontra, vê alguém que em seu coração traiu sua própria pátria: sua irmã, que se aliou aos adversários de Roma. O perigo foi, portanto, deslocado do exterior da cidade para o interior. Não é mais o herói que é portador do perigo; é alguém diferente dele, apesar de pertencer à sua família. Finalmente, o terceiro conjunto de diferenças: no relato irlandês, apenas o banho mágico nas sete cubas de água fria pode chegar a apaz14uar o herói; no relato romano, é preciso um ritual, não mais mágico ou religioso, mas jurídico, ou seja, um julgamento, seguido de um procedimento de apelo e de uma absolvição, para que o herói recupere seu lugar no seio dos seus contemporâneos.

Portanto, a análise de Dumézil, e essa é a primeira de suas características, não é uma análise de uma semelhança, mas de uma diferença e de uma interação de diferenças. Por outro lado, a análise de Dumézil não se restringe a construir um quadro das diferenças; ela estabelece o sistema de diferenças, com sua hierarquia e sua subordinação. Por exemplo, Dumézil mostra que, no relato romano, a partir do momento em que o herói não é mais essa criança de tenra idade, portador de um poder mágico, mas um soldado como os outros, nesse exato momento fica claro que ele não pode enfrentar sozinho seus três adversários, pois necessariamente um homem normal frente a três adversários normais deveria perder; consequentemente, o relato romano acrescenta em torno do herói Horácio dois parceiros, os dois irmãos que vêm equilibrar, em face dos três Curiácios, o herói romano. Se o herói fosse dotado de um poder mágico, seria muito fácil vencer seus três adversários; a partir do momento em que ele é um homem como os outros, um soldado como os outros, subitamente se é obrigado a colocá-lo entre outros dois soldados, e sua vitória será obtida apenas por uma espécie de virada, enfim, de estratagema tático. O relato romano tornou natural a façanha do herói irlandês; a partir do momento em que os romanos introduziram a diferença que consiste em colocar um herói adulto no lugar de um herói criança, a partir do momento em que eles apresentaram um herói normal, e não mais um personagem dotado de poder mágico, era necessário que eles fossem três, e não mais um contra três. Temos, portanto, não somente o quadro das diferenças, mas a conexão das diferenças umas com as outras. Finalmente, a análise de Dumézil consiste em mostrar quais são as condições de tal transformação.

Através do relato irlandês, vemos se delinear o perfil de uma sociedade cuja organização militar repousa essencialmente nos indivíduos, que receberam seu poder e sua força do seu nascimento; sua força militar está ligada a um certo poder mágico e religioso. Ao contrário, no relato romano, o que se vê aparecer é uma sociedade na qual o poder militar é um poder coletivo; há três heróis Horácios; esses três heróis Horácios são, de qualquer forma, apenas funcionários, já que eles são delegados pelo poder, enquanto o próprio herói irlandês havia tomado a iniciativa de sua expedição. É no interior de uma estratégia comum que o combate se desenrola; dito de outra

304   Michel Foucault – Ditos e Escritos

forma, a transformação romana do velho mito indo-europeu é o resultado da transformação de uma sociedade essencialmente constituída, ao menos em seu estrato militar, por individualidades aristocráticas em uma sociedade cuja organização militar é coletiva, e até certo ponto democrática. Vocês veem como a análise estrutural não digo resolve os problemas da história de Roma, mas se articula muito diretamente com a história efetiva do mundo romano. Dumézil mostra como não é preciso buscar no relato dos Horácios e dos Curiácios alguma coisa como a transposição de um acontecimento real que teria ocorrido nos primeiros anos da história romana; mas, no momento mesmo em que mostra o esquema da transformação da lenda irlandesa em um relato romano, ele evidencia qual foi o princípio da transformação histórica da velha sociedade romana em uma sociedade controlada pelo Estado. Vocês veem que uma análise estrutural como a de Dumézil pode se articular com uma análise histórica. A partir desse exemplo, poderíamos dizer: uma análise é estrutural quando ela estuda um sistema transformável e as condições nas quais suas transformações se realizam.

Gostaria agora, tomando um exemplo bastante diferente, de mostrar como certos métodos utilizados atualmente pelos historiadores permitem dar um sentido novo à noção de acontecimento. Há o hábito de dizer que a história contemporânea se interessa cada vez menos pelos acontecimentos e cada vez mais por certos fenômenos amplos e gerais que atravessariam de qualquer forma o tempo e se manteriam, através dele, inalterados. Mas, já há algumas décadas, começou-se a praticar uma história dita "serial", na qual acontecimentos e conjuntos de acontecimentos constituem o tema central.

A história serial não focaliza objetos gerais e constituídos por antecipação, como o feudalismo ou o desenvolvimento industrial. A história serial define seu objeto a partir de um conjunto de documentos dos quais ela dispõe. Assim se estudaram, há uma década, os arquivos comerciais do porto de Sevilha durante o século XVI: tudo o que se relaciona com a entrada e a saída dos navios, sua quantidade, sua carga, o preço de venda de suas mercadorias, sua nacionalidade, o lugar de onde eles vinham e para onde iam. São todos esses dados, mas estes são os únicos dados que constituem o objeto de estudo. Dito de outra forma, o objeto da história não é mais dado por uma espécie de categorização prévia em períodos, épocas, nações, continentes, formas de cultura... Não se estudam mais a Espanha e a América durante o Renascimento; estudam-se, e este é o único objeto, todos os documentos que concernem à vida do porto de Sevilha de tal data a tal outra. A consequência, e esse é o segundo traço da história serial, é que essa história não tem, desde então, absolutamente por função decifrar, através desses documentos, alguma coisa como o desenvolvimento econômico da Espanha; o objeto da pesquisa histórica é estabelecer, a partir desses documentos, um certo número dc relações. Assim foi possível estabelecer – refiro-me sempre ao estudo de Chaunu sobre Sevilha[7] – estimativas estatísticas, ano a ano, das entradas e saídas dos navios, das classificações segundo os países, das divisões conforme as mercadorias; a partir das relações que puderam ser estabelecidas, foi possível também desenhar as curvas de evolução, as flutuações, os crescimentos, as paradas, os decréscimos; puderam-se descrever os ciclos, estabelecer enfim as relações entre esse conjunto de documentos que concernem ao porto de Sevilha e outros documentos do mesmo tipo relativos aos portos da América do Sul, das Antilhas, da Inglaterra, aos portos mediterrâneos. O historiador – observem – não interpreta mais o documento para apreender por trás dele uma espécie de realidade social ou espiritual que nele se esconderia; seu trabalho consiste em manipular e tratar uma série de documentos homogêneos concernindo a um objeto particular e a uma época determinada, e são as relações internas ou externas desse *corpus* de documentos que constituem o resultado do trabalho do historiador. Graças a esse método, e essa é a terceira característica da história serial, o historiador pode fazer emergir acontecimentos que, de outra forma, não teriam aparecido. Na história tradicional, considerava-se que os acontecimentos eram o que era conhecido, o que era visível, o que era identificável direta ou indiretamente, e o trabalho do historiador era buscar sua causa ou seu sentido. A causa ou o sentido estavam essencialmente escondidos. O próprio acontecimento era basicamente visível, mesmo se ocorria não se dispor de documentos para estabelecê-lo de uma forma inquestionável. A história serial

---

7 Chaunu (H.) e (P.), *Séville et l'Atlantique*, Paris, Sevpen, 1955-1960, 12 vol.

permite de qualquer forma fazer aparecer diferentes estratos de acontecimentos, dos quais uns são visíveis, imediatamente conhecidos até pelos contemporâneos, e, em seguida, debaixo desses acontecimentos que são de qualquer forma a espuma da história, há outros acontecimentos invisíveis, imperceptíveis para os contemporâneos, e que são de um tipo completamente diferente. Retomemos o exemplo do trabalho de Chaunu. Em certo sentido, a entrada e a saída de um navio do porto de Sevilha é um acontecimento que os contemporâneos habitantes de Sevilha conhecem perfeitamente e que podemos reconstituir sem muitas dificuldades. Por baixo desse estrato de acontecimentos, existe um outro tipo de acontecimentos um pouco mais difusos: acontecimentos que não são percebidos exatamente da mesma forma pelos contemporâneos, mas dos quais, no entanto, todos tinham uma certa consciência; por exemplo, uma baixa ou um aumento dos preços que vai mudar sua conduta econômica. Depois, ainda por baixo desses acontecimentos, vocês têm outros que são difíceis de localizar, que são com frequência dificilmente perceptíveis pelos contemporâneos, que não deixam de constituir rupturas decisivas. Assim, a inversão de uma tendência, o ponto a partir do qual uma curva econômica que tinha sido crescente torna-se estável ou entra em declínio, esse ponto é muito importante na história de uma cidade, de um país, eventualmente de uma civilização, mas as pessoas que lhe são contemporâneas não se dão conta dele. No nosso caso, apesar de termos uma contabilidade nacional relativamente precisa, não sabemos exatamente que ocorreu a inversão de uma tendência econômica. Os próprios economistas não sabem se um ponto de detenção em uma curva econômica assinala uma grande inversão geral da tendência ou simplesmente um ponto de parada, ou um pequeno interciclo no interior de um ciclo mais geral. Cabe ao historiador descobrir esse estrato escondido de acontecimentos difusos, "atmosféricos", policéfalos que, afinal, determinam, e profundamente, a história do mundo. Pois se sabe claramente agora que a inversão de uma tendência econômica é muito mais importante do que a morte de um rei.

Estuda-se da mesma forma, por exemplo, o crescimento populacional: o fato de que a curva demográfica da Europa, que era quase estável durante o século XVIII, tenha crescido abruptamente no fim do século XVIII e tenha continuado a crescer

1972 – Retornar a História 307

durante o século XIX foi o que tornou, em parte, possível o desenvolvimento industrial da Europa no século XIX; mas ninguém viveu este acontecimento como se puderam viver as revoluções de 1848. Iniciou-se uma pesquisa sobre os modos de alimentação das populações europeias no século XIX: percebe-se que, em um dado momento, a quantidade de proteínas absorvidas pelas populações europeias começou a crescer bruscamente. Acontecimento prodigiosamente importante para a história do consumo, da saúde, da longevidade. O aumento brusco da quantidade de proteínas ingeridas por uma população é, de certo modo, muito mais significativo do que uma mudança de Constituição e do que a passagem de uma monarquia à república, por exemplo. É um acontecimento, mas um acontecimento que não pode ser atingido pelos métodos clássicos ou tradicionais. Ele é somente atingido pela análise de séries, tão contínuas quanto possível, de documentos frequentemente negligenciados. Vemos, portanto, na história serial, não absolutamente o acontecimento se dissolver em proveito de uma análise causal ou de uma análise contínua, mas os estratos de acontecimentos se multiplicarem.

Donde duas grandes consequências, que são inter-relacionadas: a primeira é que as descontinuidades da história irão se multiplicar. Tradicionalmente, os historiadores assinalavam as descontinuidades nos acontecimentos, como a descoberta da América ou a queda de Constantinopla. É verdade que tais acontecimentos podem concernir às descontinuidades, mas, por exemplo, a grande inversão da tendência econômica, presente no crescimento na Europa do século XVI, que se estabilizou e entrou em regressão no curso do século XVII, assinala uma outra descontinuidade que não é exatamente contemporânea da primeira. A história aparece então não como uma grande continuidade sob uma descontinuidade aparente, mas como um emaranhado de descontinuidades sobrepostas. A outra consequência é que, por isso, se foi levado a descobrir, no interior da história, tipos de durações diferentes. Tomemos o exemplo dos preços. Há o que se chama de ciclos curtos: os preços sobem um pouco; depois, tendo alcançado um certo teto, eles se chocam contra o limite do consumo e, nesse momento, descem um pouco, depois tornam a subir. São ciclos curtos que podem ser perfeitamente isolados. Abaixo dessa curta duração, dessa duração de qualquer forma vibratória,

308 Michel Foucault – Ditos e Escritos

vocês têm ciclos mais importantes que atingem 25 ou 50 anos, e depois, ainda mais embaixo, há o que se chama, em inglês, de *trends* seculares (a palavra está prestes a passar para a língua francesa), ou seja, tipos de grandes ciclos de expansão ou de recessão que, em geral, em todo lugar onde eles foram observados, englobam um período de 80 a 120 anos. Por baixo ainda desses ciclos, há o que os historiadores franceses chamam de "inércias", ou seja, esses grandes fenômenos que atuam por séculos e séculos: por exemplo, a tecnologia agrícola da Europa, os modos de vida dos agricultores europeus que permaneceram em grande parte estagnados do final do século XVI ao início e mesmo à metade do século XIX – inércia do campesinato e da economia agrícola sob a qual houve grandes ciclos econômicos e, no interior desses grandes ciclos, ciclos menores e, finalmente, no ápice, as pequenas oscilações de preço, de mercado, que podem ser observadas. A história não é, portanto, uma duração; é uma multiplicidade de tempos que se emaranham e se envolvem uns nos outros. É preciso, portanto, substituir a velha noção de tempo pela noção de duração múltipla; quando os adversários dos estruturalistas lhes dizem: "Mas vocês neglicenciam o tempo", esses adversários não parecem se dar conta de que faz muito tempo, se ouso dizê-lo, que a história se desembaraçou do tempo, ou seja, que os historiadores não reconhecem mais essa grande duração única que englobava, em um só movimento, todos os fenômenos humanos: na raiz do tempo da história não há alguma coisa como uma evolução biológica que englobaria todos os fenômenos e todos os acontecimentos; há, na verdade, durações múltiplas, e cada uma delas é portadora de um certo tipo de acontecimentos. É preciso multiplicar os tipos de acontecimentos como se multiplica os tipos de duração. Eis a mutação que está em vias de se produzir atualmente nas disciplinas da história.

Chegarei finalmente à minha conclusão, me desculpando por chegar aí tão tarde. Creio que, entre as análises estruturalistas da mudança ou da transformação e as análises históricas dos tipos de acontecimentos e dos tipos de duração, há, não digo exatamente identidade nem mesmo convergência, mas um certo número de pontos importantes de contato. Para terminar, eu os assinalarei. Quando os historiadores tratam os documentos, eles não visam a interpretá-los, ou seja, não procuram por trás ou além deles um sentido escondido. Eles tratam o documento

1972 – Retornar a História 309

do ponto de vista de suas relações internas e externas. Da mesma forma, quando o estruturalista estuda os mitos ou a literatura, ele não pede a esses mitos ou a essa literatura o que eles podem traduzir ou exprimir da mentalidade de uma civilização ou da história de um indivíduo. Ele se esforça para fazer surgir as relações e o sistema das relações características desse texto ou desse mito. A rejeição da interpretação e do procedimento exegético que vai buscar por trás dos textos ou dos documentos o que eles significam é um elemento que, atualmente, se encontra tanto nos estruturalistas quanto nos historiadores.

O segundo ponto, acredito, é que os estruturalistas, assim como os historiadores, são levados, no curso do seu trabalho, a abandonar a grande e velha metáfora biológica da vida e da evolução. Desde o século XIX, a ideia da evolução e dos conceitos adjacentes foi bastante utilizada para retraçar ou analisar as diferentes mudanças nas sociedades humanas ou nas práticas e atividades do homem. A metáfora biológica que permitia pensar a história apresentava uma vantagem ideológica e uma vantagem epistemológica. A vantagem epistemológica é que se tinha na biologia um modelo explicativo que bastava transpor, termo a termo, para a história; esperava-se, através disso, que essa história, tornada evolutiva, fosse finalmente tão científica quanto a biologia. Quanto à vantagem ideológica, muito fácil de situar, se é verdade que a história é tomada em uma duração análoga à do vivente, se são os mesmos processos de evolução que estão em ação na vida e na história, então as sociedades humanas não têm uma especificidade particular, então as sociedades humanas não têm outra legalidade, não têm outra determinação ou regularidade senão a da própria vida. E, tal como não há revolução violenta na vida, mas simplesmente uma lenta acumulação de mutações minúsculas, da mesma forma a história humana não pode realmente trazer em si revolução violenta; ela apenas trará em si pequenas mudanças imperceptíveis. Metaforizando a história pelas formas de vida, garantir-se-ia assim que as sociedades humanas não seriam suscetíveis de revolução. Creio que o estruturalismo e a história permitem abandonar essa grande mitologia biológica da história e da duração. O estruturalismo, definindo as transformações, a história, descrevendo os tipos de acontecimentos e os tipos de duração diferentes, tornam possíveis simultaneamente o aparecimento das descontinuidades na história e o aparecimento de transformações regradas e coerentes. O estruturalismo e a história contemporânea são os instrumentos teóricos graças aos quais se pode, contrariamente à velha ideia da continuidade, pensar realmente a descontinuidade dos acontecimentos e a transformação das sociedades.

1975

Com o que Sonham os Filósofos?

"À quoi rêvent les philosophes?" (entrevista com E. Lossowsky), *L'imprévu*, n. 2, 28 de janeiro de 1975, p. 13.

– *Michel Foucault, você lê jornais? O que procura neles? Por onde você começa?*
– Oh, bah, você sabe, creio que minha leitura é muito banal. Minha leitura começa pelo corriqueiro, pelo mais cotidiano. Olho a crise prestes a eclodir e depois, pouco a pouco, giro em torno dos grandes núcleos, das páginas principais um pouco eternizadas, um pouco teóricas, sem dia nem data...
– *Le monde? É também a sua bíblia? Você partilha da paixão dos intelectuais de esquerda?*
– Os artigos do *Monde*, sempre bem-informado, que poderiam ter sido escritos dois meses antes ou quatro anos depois. De qualquer forma, o jornalista que chega a Manilha, ao Cairo ou a Oslo e, no aeroporto, o chofer de táxi já lhe diz em uma frase, ao mesmo tempo banal e fulgurante, o que lhe será repetido em um discurso altamente solene pelo ministro das Relações Exteriores... Seguem-se em geral muito, muito boas análises. Mas, ali então, eu tento fazer com que elas sejam lidas por algum outro que me contará de novo aproximadamente do que se trata.
– *E a televisão, sempre pronta a ser ligada?*
– O que me incomoda é a qualidade da televisão francesa. É verdade! É uma das melhores do mundo, infelizmente! Aprendi a manejar a televisão nos Estados Unidos. Até então, eu achava que era um pouco degradante oferecer ao intelecto olhar isso. Mas nos Estados Unidos, na medida em que ela é de muito má qualidade, é muito agradável conviver com a televisão o tempo todo. Há 10 canais, há de tudo, e se pode pular de um canal para o outro.
Mas o que me incomoda e irrita horrivelmente na França é que se é obrigado a consultar de antemão a programação para

312 Michel Foucault – Ditos e Escritos

saber o que é preciso não perder, e consequentemente é necessário agendar sua noite.

E, depois, haverá *Le pain noir* na segunda-feira. Resultado: todas as segundas estão ocupadas. Nesse caso, penso que pouquíssimas televisões no mundo teriam estômago e dinheiro para produzir uma série dessa ordem. É incrível! É isso que constitui a força da televisão. Todas as pessoas acabam vivendo no seu ritmo. O telejornal foi atrasado em um quarto de hora: ora, sabe-se que os restaurantes veem chegar seus clientes um quarto de hora mais tarde.

– *E quando você sai, pelo que você se interessa, com o que você sonha?*

– Com o que eu sonho? Essa agora! Não sei muito bem. Afinal, eu devo sonhar com pouquíssimas coisas, pois sou muito pouco capaz de prazer. Eu tenho uma incapacidade profunda de ter prazer.

– *Você não perde tempo?*

– Não, não dessa maneira. E não sou muito orgulhoso. Gostaria de poder dizer como um dos meus amigos: "Não estou livre antes do meio-dia; de manhã eu perco meu tempo!" Não, não sou capaz disso. E, quando saio, encontro um meio de não sonhar: ando de bicicleta, não me desloco sem ela. Esporte maravilhoso em Paris! Mas, mesmo assim, há pessoas que circulam de bicicleta e veem coisas maravilhosas. Parece que a ponte Royal às sete horas da noite, em setembro, quando há um pouco de bruma, é extraordinária. Eu não vejo absolutamente isso; luto com os engarrafamentos, com os carros, sempre a relação de forças.

– *Nos lugares em que você passa seus dias, você não presta atenção na paisagem? Você não olha a pintura, por exemplo?*

– O que me agrada justamente na pintura é que verdadeiramente se é obrigado a olhar. Nela reside então o meu repouso. É uma das raras coisas sobre a qual escrevo com prazer e sem me bater com quem quer que seja. Acredito não ter nenhuma relação tática ou estratégica com a pintura.

– *Você está sempre pronto para olhar tudo?*

– Acredito que sim; há truques que me fascinam, me intrigam completamente, como em Manet. Nele tudo me impacta. A feiura, por exemplo. A agressividade da feiura, como em *O Balcão*. E depois a inexplicabilidade, já que ele próprio nada disse sobre a sua própria pintura. Manet fez na pintura um certo número de coisas em relação às quais os "impressionistas" estavam absolutamente em atraso.

– *O que você chama de feiura? Trata-se de uma forma de vulgaridade?*

– Não, absolutamente. Como você sabe, é muito difícil definir a feiura. Pode tratar-se da destruição total, da indiferença sistemática a todos os cânones estéticos, e não somente aos de sua época. Manet foi indiferente aos cânones estéticos que estão tão enraizados em nossa sensibilidade que, mesmo atualmente, não se compreende por que ele fez isso e como o fez. Há uma feiura profunda que continua hoje a urrar, a gritar.

– *E, entre os contemporâneos, por quem você se interessa mais?*

– Essencialmente, pelos pintores americanos. No ano passado, com o dinheiro da reedição da *História da loucura* realizei o sonho da minha vida: comprei um Tobey. Depois fiquei enfurnado em casa, convencido de que não sairia mais.

E, depois, há os hiper-realistas. Eu não havia me dado conta muito bem do que me agradava neles. Estava sem dúvida ligado ao fato de eles lidarem com a restauração dos direitos da imagem. E isso após uma longa desqualificação. Por exemplo, quando, em Paris, onde se está sempre muito atrasado, surgiram as telas de alguns pintores acadêmicos como Clovis Trouille, fiquei simultaneamente surpreso com meu prazer em olhá-las e com o prazer que as pessoas tinham. Era a glória! A corrente passava corporalmente, sexualmente. Subitamente, saltava aos olhos o incrível jansenismo que a pintura nos tinha imposto por décadas e décadas.

– *Você é mais sensível ao trabalho da pintura do que ao da literatura?*

– Sim, muito nitidamente. Devo dizer que nunca gostei da mesma forma da literatura. Na pintura, há a materialidade que me fascina.

1980

O Filósofo Mascarado

"Le philosophe masqué" (entrevista com C. Delacampagne, fevereiro de 1980), *Le monde*, n. 10.945, 6 de abril de 1980: *Le monde-dimanche*, p. I e XVII.

Em janeiro de 1980, Christian Delacampagne decidiu pedir a M. Foucault uma grande entrevista para *Le monde*, cujo suplemento dominical era então amplamente dedicado aos debates de ideias. M. Foucault aceitou imediatamente, mas colocou uma condição prévia: essa entrevista deveria permanecer anônima; nela, seu nome não apareceria e todos os indícios que permitiriam adivinhá-lo deveriam ser eliminados. M. Foucault justificou sua posição da seguinte forma: estando o cenário intelectual sob o domínio da mídia, as estrelas prevalecendo sobre as ideias e o pensamento como tal não sendo mais reconhecido, o que se diz conta menos do que a personalidade daquele que fala. E mesmo esse tipo de crítica sobre o predomínio da mídia pode ser desvalorizado – pode inclusive alimentar aquilo que ele busca denunciar – se é proferido por alguém que, sem o querer, já ocupa um lugar no sistema da mídia –, o caso de M. Foucault. É preciso então, para romper com esses efeitos perversos e tentar fazer ouvir uma palavra que não possa ser banalizada em função do nome de quem ela procede, decidir-se a entrar no anonimato. A ideia agradou a C. Delacampagne. Foi combinado que a entrevista seria feita com um "filósofo mascarado", privado de identidade precisa. Restava convencer *Le monde* – que queria uma entrevista com M. Foucault – a aceitar um texto de "ninguém". Isso foi difícil, mas M. Foucault mostrou-se irredutível.

O segredo foi bem guardado até a morte de M. Foucault. Raríssimos, parece, foram aqueles que conseguiram desvendá-lo. A seguir, *Le monde* e *La découverte* decidiram republicar em um volume essa entrevista e outras que pertencem à mesma série. Como ocorre em tal situação, *Le monde* decidiu, então, unilateralmente, revelar o verdadeiro nome do "filósofo mascarado". O texto dessa entrevista retornou integralmente para Michel Foucault, que também elaborou as questões com C. Delacampagne e escreveu com extremo cuidado cada uma de suas respostas.

    – Permita-me perguntar-lhe inicialmente por que você escolheu o anonimato?
    – Você conhece a história desses psicólogos que tinham ido apresentar um pequeno filme-teste em um vilarejo nos confins da África. A seguir, eles pediram aos espectadores para relatar

a história da forma como eles a haviam compreendido. Pois bem, dessa anedota com três personagens, apenas uma coisa lhes havia interessado: a passagem das sombras e das luzes através das árvores.

Entre nós, os personagens impõem sua lei à percepção. Os olhos se lançam preferencialmente sobre as figuras que vão e vêm, surgem e desaparecem.

Por que eu lhe sugeri que utilizássemos o anonimato? Pela nostalgia do tempo em que, sendo de fato desconhecido, o que eu dizia tinha algumas chances de ser ouvido. Com o leitor eventual, a superfície de contato era sem arestas. Os efeitos do livro surgiam em lugares inesperados e delineavam formas nas quais eu não havia pensado. O nome é uma facilidade.

Vou propor uma brincadeira: a do "ano sem nome". Durante um ano, os livros seriam editados sem o nome do autor. Os críticos teriam que se virar com uma produção inteiramente anônima. Mas devo estar sonhando, pois talvez eles nada tivessem a dizer: então todos os autores esperariam o ano seguinte para publicar seus livros...

– *Você acha que, hoje, os intelectuais falam demais? Que eles nos sufocam com seus discursos a propósito de qualquer coisa e, mais frequentemente, fora de propósito?*

– A palavra intelectual me parece estranha. Intelectuais, jamais os encontrei. Encontrei pessoas que escrevem romances e outras que cuidam de doentes. Pessoas que fazem estudos econômicos e outras que compõem música eletrônica. Encontrei pessoas que ensinam, pessoas que pintam e pessoas que não compreendi bem se elas faziam seja lá o que for. Mas intelectuais, jamais.

Em contrapartida, encontrei muitas pessoas que falam do intelectual. E, por ouvi-las, construí uma ideia do que podia ser esse animal. Não é difícil – ele é aquele que é culpado. Culpado um pouco de tudo: de falar, de se calar, de nada fazer, de embaralhar tudo... Em suma, o intelectual é a matéria primeira de veredicto, de sentença, de condenação, de exclusão...

Não acho que os intelectuais falam demais, já que eles não existem para mim. Mas considero o discurso sobre os intelectuais bem invasivo, e não muito tranquilizador.

Eu tenho uma mania desagradável. Quando as pessoas falam dessa forma, jogando palavras ao vento, tento imaginar no que isso resultaria se fosse transcrito na realidade. Quan-

316 Michel Foucault – Ditos e Escritos

do eles "criticam" alguém, quando "denunciam" suas ideias, quando eles "condenam" aquele que escreve, eu os imagino em uma situação ideal na qual teriam total poder sobre essa pessoa. Deixo retornar a seu sentido primeiro as palavras que eles empregam: "demolir", "destruir", "reduzir ao silêncio", "enterrar". E vejo entreabrir-se a radiosa cidade na qual o intelectual seria posto na prisão, e enforcado certamente, se ele fosse, além do mais, um teórico. É verdade, não estamos em um regime no qual se enviam os intelectuais para "os arrozais"; mas, me diga, você ouviu falar de um tal Toni Negri? Ele não está na prisão por ser intelectual?[1]

– *Mas, então, o que fez você se entrincheirar por detrás do anonimato? Um certo uso publicitário que, hoje, os filósofos fazem ou deixam fazer de seu nome?*

– Isso não me choca absolutamente. Vi, nos corredores da escola no colegial, grandes homens de gesso. E, agora, vejo embaixo da primeira página dos jornais a fotografia de um pensador. Não sei se a estética foi melhorada. Mas a racionalidade econômica, certamente...

No fundo me toca muito uma carta que Kant escreveu quando já estava muito velho: ele se apressava, conta ele, apesar da idade e da vista cansada, das ideias que se embaralhavam, para terminar um de seus livros para a feira de Leipzig. Conto este fato para mostrar que isso não tem nenhuma importância. Publicidade ou não, feira ou não, o livro é outra coisa. Nunca me farão acreditar que um livro é ruim porque seu autor aparece na televisão. Mas tampouco que ele é bom apenas por essa razão.

Se escolhi o anonimato, não é então para criticar esse ou aquele, coisa que nunca faço. É uma maneira de me dirigir mais diretamente ao eventual leitor, o único personagem que me interessa aqui: "Já que você não sabe quem eu sou, você não terá a tentação de procurar os motivos pelos quais digo o que você lê; permita-se dizer a você mesmo simplesmente:

---

1 Filósofo italiano, professor da Universidade de Pádua, ideólogo do movimento de extrema esquerda Autonomia Operária. Cumpriu quatro anos e três meses de detenção preventiva por rebelião armada contra o Estado, associação subversiva e formação de quadrilha. Foi libertado em 8 de julho de 1983, após ter sido eleito deputado pelo Partido Radical durante sua prisão. Tendo sido suspensa sua imunidade parlamentar, foram expedidos contra ele novos mandatos de prisão, e ele se refugiou na França.

é verdadeiro, é falso. Gosto disso ou não gosto daquilo. Um ponto, é tudo."

– *Mas o público não espera da crítica que ela forneça apreciações precisas sobre o valor de uma obra?*

– Não sei se o público espera ou não que o crítico julgue as obras e os autores. Os juízes já estavam lá, antes que ele tivesse podido dizer do que precisava.

Parece que Courbet tinha um amigo que acordava à noite berrando: "Julgar, eu quero julgar." É louco isso de as pessoas adorarem julgar. Julga-se em todos os lugares, todo o tempo. Sem dúvida, é uma das coisas mais simples que podem ser dadas para a humanidade fazer. E você sabe perfeitamente que o último homem, quando, finalmente, a última radiação tiver reduzido a cinzas seu último adversário, se postará detrás de uma mesa capenga e iniciará o processo contra o culpado.

Não posso me impedir de pensar em uma crítica que não procuraria julgar, mas procuraria fazer existir uma obra, um livro, uma frase, uma ideia; ela acenderia os fogos, olharia a grama crescer, escutaria o vento e tentaria apreender o voo da espuma para semeá-la. Ela multiplicaria não os julgamentos, mas os sinais de existência; ela os provocaria, os tiraria de seu sono. Às vezes, ela os inventaria? Tanto melhor, tanto melhor. A crítica por sentença me faz dormir. Eu adoraria uma crítica por lampejos imaginativos. Ela não seria soberana, nem vestida de vermelho. Ela traria a fulguração das tempestades possíveis.

– *Então, há muitas coisas a dar a conhecer, tantos trabalhos interessantes que a mídia deveria falar o tempo todo da filosofia...*

– É verdade que existe um mal-estar tradicional entre a "crítica" e aqueles que escrevem livros. Uns se sentem mal compreendidos, ou outros creem que se quer mantê-los sob o tacão. Mas esse é o jogo.

Parece-me que hoje a situação é bastante particular. Há instituições na penúria, enquanto nos encontramos em uma situação de superabundância.

Todo mundo enfatizou a exaltação que frequentemente acompanha a publicação (ou a reedição) de obras, aliás, às vezes, interessantes. Elas nunca são menos do que a "subversão de todos os códigos" ou "o esteio da cultura contemporânea", o "questionamento radical de todas as nossas maneiras de pensar". Seu autor deve ser um marginal desconhecido.

318 Michel Foucault – Ditos e Escritos

E, inversamente, é preciso certamente que os outros sejam remetidos para a sombra da qual eles jamais deveriam ter saído; eles não passam da espuma de "uma moda ridícula", um simples produto da instituição etc.

Fenômeno parisiense, se diz, e superficial. Vejo nisso, antes, os efeitos de uma inquietação profunda. O sentimento do "não lugar", do "ou ele ou eu", "a cada um, a sua vez". Estamos em fila indiana por causa da extrema exiguidade dos lugares onde é possível se fazer ouvir ou se fazer entender.

Daí uma espécie de angústia, que se difunde em mil sintomas, divertidos ou menos engraçados. Daí, naqueles que escrevem, o sentimento de sua impotência diante da mídia, a qual eles criticam de reger o mundo dos livros e de fazer existir ou eliminar aqueles que lhe agrada ou desagrada. Daí, também, o sentimento nos críticos de que eles não se farão ouvir, a não ser que aumentem o tom e tirem um coelho da cartola, a cada semana. Daí ainda uma pseudopolitização, que mascara, sob a necessidade de fazer avançar o "combate ideológico" ou desalojar as "ideias perigosas", a profunda ansiedade de não ser lido, nem entendido. Daí também a fobia fantástica do poder: toda pessoa que escreve exerce um inquietante poder, ao qual é preciso se esforçar para colocar senão um fim, pelo menos limites. Daí igualmente a afirmação um tanto encantatória de que, atualmente, tudo é vazio, desolação, sem interesse nem importância: afirmação que vem evidentemente daqueles que, nada fazendo eles próprios, acham que os outros estão sobrando.

– *No entanto, você não acha que nossa época carece de inteligências que estejam à altura de seus problemas e de grandes escritores?*

– Não, não acredito nessa cantilena da decadência, da ausência de escritores, da esterilidade do pensamento, do horizonte fechado e morno.

Acredito, ao contrário, que há pletora. E que não padecemos do vazio, mas de muito poucos meios para pensar tudo o que ocorre. Há então uma abundância de coisas a saber: essenciais ou terríveis, ou maravilhosas, ou cômicas, ou minúsculas e capitais simultaneamente. Reclamamos sempre que os meios de comunicação de massa entopem a cabeça das pessoas. Nessa ideia, há misantropia. Creio, ao contrário, que as pessoas reagem; quanto mais se tenta convencê-las, mais elas se interrogam. A inteligência das pessoas não é uma cera moldável. É uma substância que reage. O desejo de saber mais, e melhor, e outra coisa cresce à medida que se quer entupir as cabeças das pessoas.

Se vocês admitem isso, e se acrescentam que na universidade se forma uma multidão de pessoas que podem servir de permutadores entre essa massa de coisas e essa avidez por saber, vocês deduzirão daí que o desemprego dos estudantes é a coisa mais absurda que existe. O problema é multiplicar os canais, as vias de acesso, os meios de informação, as redes de televisão e de rádio, os jornais.

A curiosidade é um vício que foi estigmatizado alternativamente pelo cristianismo, pela filosofia e mesmo por uma certa concepção da ciência. Curiosidade, futilidade. A palavra, no entanto, me agrada; ela me sugere uma coisa totalmente diferente: evoca "inquietação"; evoca a responsabilidade que se assume pelo que existe e poderia existir; um sentido agudo do real mas que jamais se imobiliza diante dele; uma prontidão para achar estranho e singular o que existe à nossa volta; uma certa obstinação em nos desfazermos de nossas familiaridades e de olhar de maneira diferente as mesmas coisas; uma paixão de apreender o que se passa e aquilo que passa; uma desenvoltura, em relação às hierarquias tradicionais, entre o importante e o essencial.

Sonho com uma nova era da curiosidade. Temos os meios técnicos; o desejo está aí; as coisas a saber são infinitas; existem as pessoas que podem empreender esse trabalho. De que se sofre? De muito pouco: de canais estreitos, afunilados, quase monopolistas, insuficientes. Não se deve adotar uma atitude protecionista para impedir que a "má" informação invada e sufoque a "boa". É preciso antes multiplicar os caminhos e as possibilidades de idas e vindas. Nada de colbertismo nesse domínio! O que não quer dizer, como se acredita frequentemente, uniformização e nivelamento por baixo. Mas, pelo contrário, diferenciação e simultaneidade de diferentes redes.

– *Imagino que, nesse nível, os meios de comunicação e a universidade, em vez de continuarem a se opor, poderiam começar a desempenhar papéis complementares.*

– Você se lembra do dito admirável de Sylvain Lévi: ensino é quando há um ouvinte; desde que haja dois, é vulgarização. Os livros, a universidade, as revistas científicas também são meios de comunicação de massa. Seria preciso evitar chamar

320 Michel Foucault – Ditos e Escritos

de mídia todo canal de informação ao qual não se pode ou não se quer ter acesso. O problema é saber como fazer agir as diferenças; é saber se é preciso instaurar uma zona reservada, um "parque cultural" para as espécies frágeis de sábios ameaçados pelos grandes predadores da informação, enquanto todo o restante do espaço seria um vasto mercado para os produtos descartáveis. Tal partilha não me parece corresponder à realidade. Pior: não é absolutamente desejável. Para que atuem as diferenciações úteis, é preciso que não haja essa partilha.

– *Arrisquemos fazer algumas propostas concretas. Se tudo vai mal, por onde começar?*

– Não, tudo não vai mal. Em todo caso, acredito que é preciso não confundir uma crítica útil contra determinadas coisas com as lamúrias repetitivas contra as pessoas. Quanto às propostas concretas, elas só podem surgir como objetos de consumo se alguns princípios gerais não são admitidos de saída. E, antes de tudo, isto: que o direito ao saber não deve ser reservado a uma etapa da vida e a certas categorias de indivíduos; mas que se deve poder exercê-lo incessantemente e sob múltiplas formas.

– *Mas esse desejo de saber não é ambíguo? No fundo, o que as pessoas farão com todo esse saber que irão adquirir? Para o que tudo isso lhes servirá?*

– Uma das principais funções do ensino era que a formação do indivíduo fosse acompanhada da determinação de seu lugar na sociedade. Seria preciso concebê-lo hoje de tal forma que ele permita ao indivíduo modificar-se a seu gosto, o que somente é possível desde que o ensino seja uma possibilidade aberta "permanentemente".

– *Em suma, você é a favor de uma sociedade sábia?*

– Digo que a distribuição das pessoas em uma cultura deve ser incessante e tão polimorfa quanto possível. Não deveria haver, por um lado, essa formação à qual nos submetemos e, por outro, essa informação à qual se é submisso.

– *Nessa sociedade sábia, o que se torna a filosofia eterna? Temos ainda necessidade dela, de suas questões sem resposta e de seus silêncios diante do incognoscível?*

– O que é a filosofia senão uma maneira de refletir, não exatamente sobre o que é verdadeiro e sobre o que é falso, mas sobre nossa relação com a verdade? Lamenta-se às vezes que não haja filosofia dominante na França. Tanto melhor.

Nenhuma filosofia soberana, é verdade, mas uma filosofia, ou melhor, a filosofia em atividade. É filosofia o movimento pelo qual, não sem esforços, hesitações, sonhos e ilusões, nos separamos daquilo que é adquirido como verdadeiro, e buscamos outras regras de jogo. É filosofia o deslocamento e a transformação dos parâmetros de pensamento, a modificação dos valores recebidos e todo o trabalho que se faz para pensar de outra maneira, para fazer outra coisa, para tornar-se diferente do que se é. Desse ponto de vista, os 30 últimos anos foram um período de intensa atividade filosófica. A interferência entre a análise, a pesquisa, a crítica "sábia" ou "teórica" e as mudanças no comportamento, na conduta real das pessoas, em sua maneira de ser, em sua relação consigo mesmas e com os outros foi constante e considerável.

Eu dizia há pouco que a filosofia era uma maneira de refletir sobre nossa relação com a verdade. É preciso acrescentar; ela é uma maneira de nos perguntarmos: se essa é a relação que temos com a verdade, como devemos nos conduzir? Acredito que se fez e que se faz atualmente um trabalho considerável e múltiplo, que modifica simultaneamente nossa relação com a verdade e nossa maneira de nos conduzirmos. E isso em uma conjunção complexa entre toda uma série de pesquisas e todo um conjunto de movimentos sociais. É a própria vida da filosofia.

Compreende-se que alguns se lamentem sobre o vazio atual e desejem, no âmbito das ideias, um pouco de monarquia. Mas aqueles que, uma vez em suas vidas, encontraram um tom novo, uma nova maneira de olhar, uma outra maneira de fazer, estes, acredito, jamais experimentarão a necessidade de se lamentarem de que o mundo é erro, a história, saturada de inexistências, e já é hora de os outros se calarem para que, finalmente, se possa ouvir a sineta de sua reprovação...

1983

Estruturalismo e Pós-Estruturalismo

"Structuralism and post-structuralism" ("Structuralisme et poststructuralisme"; entrevista com G. Raulet), *Telos*, vol. XVI, n. 55, primavera de 1983, p. 195-211.

– *Como começar? Pensei em duas perguntas: primeiramente, qual é a origem dessa denominação muito geral de pós-estruturalismo?*

– Enfatizarei inicialmente que, no fundo, no que se refere ao que foi o estruturalismo, não somente – o que é normal – nenhum dos atores desse movimento mas também nenhum daqueles que, por vontade ou à força, receberam a etiqueta de estruturalista sabiam exatamente do que se tratava. Certamente, aqueles que aplicavam o método estrutural em domínios muito precisos, como a linguística, a mitologia comparada, sabiam o que era o estruturalismo, mas, desde que se ultrapassavam esses domínios muito precisos, ninguém sabia ao certo o que isso era. Não tenho certeza de que seria muito interessante tentar redefinir o que se chamou, nessa época, de estruturalismo. O que me parece, em contrapartida, interessante – e, se eu dispusesse de tempo, adoraria fazê-lo – seria estudar o que foi o pensamento formal, o que foram os diferentes tipos de formalismo que atravessaram a cultura ocidental durante todo o século XX. Quando se pensa no extraordinário destino do formalismo na pintura e das pesquisas formais na música, na importância do formalismo na análise do folclore e das lendas, na arquitetura, em sua aplicação, em algumas de suas formas no pensamento teórico, fica patente que o formalismo em geral foi verdadeiramente uma das correntes mais fortes e, ao mesmo tempo, mais variadas que a Europa do século XX conheceu. E, a propósito do formalismo, creio que é preciso também enfatizar que ele tem sido muito frequentemente associado a situações e mesmo a movimentos políticos ao mesmo tempo precisos e, a cada vez, interessantes. As relações entre o formalismo russo e a Revolução russa deveriam certamente ser reexaminadas mais atentamente. O papel que tiveram o pensamento e a arte formais no início do século XX, seu valor ideológico, suas ligações com os diferentes movimentos políticos, tudo isso deveria ser analisado.

O que me surpreende no que se chamou de movimento estruturalista na França e na Europa Ocidental por volta dos anos 1960 é que ele era efetivamente um eco do esforço realizado em certos países do Leste, e em particular na Tchecoslováquia, para se libertar do dogmatismo marxista. E, por volta dos anos 1955 ou 1960, enquanto em um país como a Tchecoslováquia a velha tradição do formalismo europeu do pré-guerra estava renascendo, viu-se surgir quase ao mesmo tempo na Europa Ocidental o que se chamou de estruturalismo – ou seja, do meu ponto de vista, uma nova forma, uma nova modalidade desse pensamento, dessa pesquisa formalista. Eis como eu situaria o fenômeno estruturalista, relocalizando-o nessa grande corrente do pensamento formal.

– *Na Europa Ocidental, a Alemanha dispunha, para pensar o movimento estudantil que havia começado mais precocemente do que entre nós (desde 1964-1965 havia uma certa agitação universitária), da teoria crítica.*

– Sim...

– *É claro que tampouco há relações necessárias entre a teoria crítica e o movimento estudantil. Talvez tenha sido mais o movimento estudantil que utilizou a teoria crítica como um instrumento, que recorreu a ela. Da mesma maneira, talvez tampouco haja causalidade direta entre o estruturalismo e 1968...*

– Correto.

– *Você queria dizer que, de certa forma, o estruturalismo foi um preâmbulo necessário?*

– Não, nada há de necessário nessa ordem de ideias. Mas, para dizer as coisas muito, muito grosseiramente, a cultura, o pensamento e a arte formalistas no primeiro terço do século XX foram em geral associados a movimentos políticos, digamos críticos, de esquerda e mesmo, em certos casos, revolucionários, e o marxismo ocultou tudo isso; ele fez uma crítica violenta ao formalismo na arte e na teoria, que aparece claramente a partir da década de 1930. Trinta anos depois, vocês veem, em

324 Michel Foucault – Ditos e Escritos

certos países do Leste e em um país como a França, pessoas começarem a abalar o dogmatismo marxista a partir de formas de análise, de tipos de análise que são obviamente inspirados pelo formalismo. O que se passou em 1968 na França, e creio também em outros países, é ao mesmo tempo extremamente interessante e muito ambíguo; e ambíguo porque interessante: trata-se, por um lado, de movimentos que frequentemente estavam impregnados de uma forte referência ao marxismo e que, simultaneamente, exerciam uma crítica violenta ao marxismo dogmático dos partidos e das instituições. E o jogo que pôde existir de fato entre uma certa forma de pensamento não marxista e essas referências marxistas foi o espaço no qual se desenvolveram os movimentos estudantis, que levaram o discurso revolucionário marxista ao cúmulo do exagero e que eram, ao mesmo tempo, frequentemente inspirados por uma violência antidogmática contradizendo esse tipo de discurso.

– *Violência antidogmática que buscava referências...*

– ... que as buscava às vezes em um dogmatismo exasperado.

– *Do lado de Freud ou do lado do estruturalismo.*

– É isso. Então, uma vez mais, eu adoraria refazer de maneira diferente essa história do formalismo, e recolocar esse pequeno episódio do estruturalismo na França – que foi relativamente breve, com formas difusas – no interior desse grande fenômeno do formalismo do século XX, a meu ver tão importante em seu gênero quanto o romantismo ou, ainda, o positivismo do século XIX.

– *Retornaremos talvez um pouco mais tarde a este termo, positivismo, que você acaba de introduzir. Primeiramente, gostaria de seguir a trilha dessa espécie de panorama da evolução francesa que você acaba de retraçar; o das referências, ao mesmo tempo muito dogmáticas e inspiradas por uma vontade antidogmática, a Marx, a Freud, ao estruturalismo, com a esperança, às vezes, de encontrar em pessoas como Lacan aquele que poria fim ao sincretismo e conseguiria unificar essas correntes; o que inclusive valeu aos estudantes de Vincennes essa resposta magistral de Lacan, em essência: "Vocês querem combinar Freud e Marx. O que a psicanálise pode lhes ensinar é que vocês procuram um mestre. E esse mestre vocês o terão",[1] um tipo de desengajamen-*

---

1 Lacan (J.), "Analyticon. Impromptu sur la psychanalyse", Centro Universitário de Vincennes, 3 de dezembro de 1969. Reeditado em *Le magazine littéraire*, n. 121, fevereiro de 1977, p. 21-25.

to muito violento em relação a essa tentativa de combinação, que li no livro de Vincent Descombes, que você sem dúvida conhece, Le même et l'autre...[2]

– Não. Sei que esse livro existe, mas não o li.

– *... quando no fundo teria sido preciso esperar 1972 para se sair dessa vã tentativa de combinação do marxismo e do freudismo e para que essa saída tivesse sido concluída por Deleuze e Guattari, que vinham da escola lacaniana. Eu me permiti escrever em algum lugar que, certamente, se tinha saído dessa vã tentativa de combinação, mas por um meio que Hegel teria reprovado, ou seja, se tinha ido buscar o terceiro homem, Nietzsche, para* colocá-lo no lugar da síntese impossível; fazia-se referência a *Nietzsche* no lugar dessa combinação impossível do freudo-marxismo.[3] *Ora, em todo caso poderia parecer, a partir do livro de Descombes, que seria preciso datar de 1972, ou por volta disso, essa corrente que recorria a Nietzsche. O que você pensa disso?*

– Não, não creio que isso seja totalmente correto. Primeiramente, você sabe como sou: fico sempre um pouco desconfiado dessas formas de síntese nas quais se apresenta um pensamento francês que teria sido freudo-marxista em um dado momento, e que depois teria descoberto Nietzsche, em um outro. De fato, desde que se observe um pouco mais atentamente, estamos em um mundo plural, no qual os fenômenos aparecem deslocados, produzindo encontros bastante imprevistos. Tomemos o freudo-marxismo. Desde 1945, é verdade que, por toda uma série de razoes políticas e culturais, o marxismo constituía na França uma espécie de horizonte que Sartre considerou em certa época como intransponível; na época era de fato um horizonte muito fechado, em todo caso bastante dominante. É preciso também não esquecer que, na França, durante o período de 1945 a 1955, a universidade francesa como um todo – eu não diria a jovem universidade francesa, para distingui-la do que foi a tradição da universidade – esteve muito preocupada, bastante ocupada mesmo em construir alguma coisa que era não Freud-Marx, mas Husserl-Marx, a re-

---

2 Descombes (V.), *Le même et l'autre: quarante-cinq ans de philosophie française*, Paris, Ed. de Minuit, 1979.

3 Raulet (G.), *Materialien zur Kritischen Theorie*, Frankfurt, Suhrkamp Verlag, 1982.

326 Michel Foucault – Ditos e Escritos

lação fenomenologia-marxismo. Essa foi a aposta da discussão e dos esforços de uma série de pessoas; Merleau-Ponty, Sartre, indo da fenomenologia ao marxismo, tinham essa perspectiva, Desanti também...

– *Dufresne, o próprio Lyotard...*

– Ricoeur, que não era marxista, certamente, mas que era fenomenologista e estava longe de ignorar o marxismo. Então, tentou-se inicialmente casar o marxismo com a fenomenologia, e a seguir, justamente quando toda uma certa forma de pensamento estrutural, de método estrutural começou a se desenvolver, viu-se o estruturalismo substituir a fenomenologia para fazer par com o marxismo. A passagem se deu da fenomenologia para o estruturalismo e essencialmente em torno do problema da linguagem; houve ali, penso, um momento bastante importante, aquele em que Merleau-Ponty deparou com o problema da linguagem. Você sabe que os últimos esforços de Merleau-Ponty foram nessa direção; lembro-me muito bem dos cursos em que Merleau-Ponty começou a falar de Saussure que, apesar de estar morto há quase 50 anos, era de fato desconhecido, não digo dos filólogos e linguistas franceses, mas do público erudito. Então, o problema da linguagem veio à tona, e pareceu que a fenomenologia não era capaz de dar conta, tão bem quanto uma análise estrutural, dos efeitos de sentido que podiam ser produzidos por uma estrutura de tipo linguístico, estrutura em que o sujeito no sentido da fenomenologia não intervinha como aquele que confere o sentido. E, muito naturalmente, estando a esposa fenomenológica desqualificada por sua incapacidade de falar da linguagem, o estruturalismo tornou-se a nova noiva. Eis como eu contaria as coisas. Assim sendo, a psicanálise, que estava em grande parte sob a influência de Lacan, também fazia aparecer um problema que, apesar de ser muito diferente desse, não deixava de ter analogia com ele. O problema era precisamente o inconsciente, o inconsciente que não podia ser encaixado em uma análise de tipo fenomenológico. A melhor prova de que ele não podia se encaixar na fenomenologia, ao menos como os franceses a concebiam, é que Sartre ou Merleau-Ponty – não me refiro aos outros – não pararam de tentar reduzir o que era, para eles, o positivismo, o mecanicismo ou o coisismo de Freud em nome da afirmação de um sujeito constitutivo. Foi quando Lacan, aproximadamente no momento em que as questões da linguagem começaram a ser colocadas, disse: "Por mais que vocês se esforcem, o inconsciente tal como ele funciona não pode ser reduzido aos efeitos de atribuição de sentido dos quais o sujeito fenomenológico é capaz." Lacan propunha um problema absolutamente simétrico ao colocado pelos linguistas. O sujeito fenomenológico era, pela segunda vez, pela psicanálise, desqualificado, tal como o fora pela teoria linguística. E compreende-se bem por que Lacan pôde dizer nesse momento que o inconsciente era estruturado como uma linguagem: tanto para uns como para os outros, tratava-se do mesmo tipo de problema. Houve, portanto, um freudo-estruturalo-marxismo: onde a fenomenologia estava desqualificada, pelas razões que acabo de dizer, há apenas pretendentes que tomam, cada uma, a mão de Marx, e fazem uma bela roda. Só que isso não anda muito bem. Evidentemente, descrevo como se fosse um movimento absolutamente geral; o que descrevo de fato ocorreu e implicou um certo número de pessoas, mas houve da mesma forma toda uma série de pessoas que não seguiram o movimento. Penso naqueles que se interessavam pela história das ciências, que, na França, foi uma tradição muito importante, sem dúvida a partir de Comte. Particularmente em torno de Canguilhem, que foi, na universidade francesa, na jovem universidade francesa, extremamente influente. Ora, muitos de seus alunos não eram nem marxistas, nem freudianos, nem estruturalistas. E ali, se você quiser, me refiro a mim.

– *Então você se inclui entre essas pessoas.*

– Nunca fui freudiano, nunca fui marxista e jamais fui estruturalista.

– *Inclusive aqui também, em nome da verdade, e para que o leitor alemão não se engane em relação a isso, basta conferir as datas. Você começou em...*

– Escrevi meu primeiro livro quando estava terminando minha vida de estudante, por volta dos anos 1956 ou 1957. Trata-se da *História da loucura*, escrito entre 1955-1960. Ele não é um livro freudiano, nem estruturalista, nem marxista. Ora, ocorre que eu havia lido Nietzsche em 1953 e, por mais curioso que isso pareça, nessa perspectiva de interrogação sobre a história do saber, a história da razão: como é possível fazer a história de uma racionalidade. Este era o problema do século XIX.

– *Saber, razão, racionalidade.*

328 Michel Foucault – Ditos e Escritos

– Saber, razão, racionalidade, possibilidade de fazer uma história da racionalidade, e eu diria que aqui também se encontra a fenomenologia, com alguém como Koyré, historiador das ciências, de formação germânica, que se instala na França, creio, por volta de 1930-1935, e desenvolve uma análise histórica das formas de racionalidade e de saber em uma perspectiva fenomenológica. Para mim, o problema se colocou em termos análogos aos que evoquei há pouco: será que um sujeito do tipo fenomenológico, transistórico é capaz de dar conta da historicidade da razão? Eis o ponto em que a leitura de Nietzsche implicou, para mim, uma ruptura: há uma história do sujeito assim como há uma história da razão, e desta, a história da razão, não se deve exigir o desdobramento até um ato fundador e primeiro do sujeito racionalista. Eu havia lido Nietzsche um pouco por acaso, e me surpreendi ao ver que Canguilhem, o mais influente historiador das ciências da França da época, também estava bastante interessado por Nietzsche e acolheu perfeitamente bem o que eu tentava fazer.

– *Mas nele, pelo contrário, não há traços notáveis de Nietzsche...*

– Há. Muito nítidos. Existem mesmo referências explícitas, mais explícitas em seus últimos textos do que nos primeiros. A relação com Nietzsche na França, e inclusive a relação de todo o pensamento do século XX com Nietzsche, era difícil, por razões compreensíveis. Mas, se comecei a falar de mim, também seria necessário falar de Deleuze. Ele escreveu seu livro sobre Nietzsche nos anos 1960.[4] Estou quase certo de que Deleuze o deveu, ele que se interessava pelo empirismo, a Hume,[5] e justamente também a essa mesma questão: será que essa teoria do sujeito de que dispomos, com a fenomenologia, é satisfatória? – questão da qual ele escapava pelo viés do empirismo de Hume –, e estou convencido de que ele encontrou Nietzsche nas mesmas condições. Diria então que tudo o que ocorreu por volta dos anos 1960 advinha dessa insatisfação com a teoria fenomenológica do sujeito, com diferentes escapadas, diferentes escapatórias, diferentes avanços, conforme usemos um termo negativo ou positivo, na direção da linguística, da psicanálise, de Nietzsche.

---

4 Deleuze (G.), *Nietzsche et la philosophie*, Paris, PUF, 1962.
5 Deleuze (G.), *Empirisme et subjectivité. Essai sur la nature humaine selon Hume*, Paris, PUF, col. "Épiméthée", 1953.

– *Em todo caso, Nietzsche representou uma experiência determinante para abolir o ato fundador do sujeito.*

– Exato. E é nisso que escritores franceses como Blanchot e Bataille foram importantes para nós. Dizia há pouco que eu me perguntava por que havia lido Nietzsche. Mas sei muito bem por que o li: li Nietzsche por causa de Bataille, e li Bataille por causa de Blanchot. Portanto, não é totalmente verdade que Nietzsche aparece em 1972; ele aparece em 1972 nos discursos de pessoas que eram marxistas por volta dos anos 1960 e que saíram do marxismo através de Nietzsche; mas os primeiros que recorreram a Nietzsche não buscavam sair do marxismo: eles não eram marxistas. Eles procuravam escapar da fenomenologia.

– *Você falou sucessivamente dos historiadores das ciências, após descrever uma história do saber, uma história da racionalidade, uma história da razão. Seria possível precisar, resumidamente – antes de voltar a Nietzsche, que interessará, creio, aos leitores alemães –, esses quatro termos, que se poderia crer, a partir do que você acabou de dizer, serem quase sinônimos?*

– Não, eu descrevia um movimento que envolve muitos componentes e problemas diferentes. Não identifico os problemas. Falo do parentesco das pesquisas e da proximidade dos que as realizavam.

– *É possível ao menos precisar suas relações? É verdade que isso se encontra expressamente em seus livros, principalmente em A arqueologia do saber, mas seria possível, no entanto, tentar precisar as relações entre ciência, saber e razão?*

– Isso não é muito fácil em uma entrevista. Eu diria que a história das ciências desempenhou um papel muito importante na filosofia na França. Diria talvez que, se a filosofia moderna, a dos séculos XIX e XX, deriva em grande parte da questão kantiana: "Was ist Aufklärung?", ou seja, se admitimos que a filosofia moderna teve, dentre suas principais funções, a de se interrogar sobre o que foi esse momento histórico em que a razão pôde aparecer em sua forma "adulta" e "sem tutela", a função da filosofia do século XIX consiste em se perguntar o que é esse momento em que a razão conquista a autonomia, o que significa a história da razão e qual o valor que é preciso dar ao predomínio da razão no mundo moderno, através dessas três

330 Michel Foucault – Ditos e Escritos

grandes formas: do pensamento científico, do aparato técnico e da organização política.[6] Creio que uma das grandes funções da filosofia era a de se interrogar sobre esses três domínios, ou seja, fazer de alguma maneira o inventário ou inserir uma questão inquietante no reino da razão. Continuar, perseguir a questão kantiana: *"Was ist Aufklärung?"* Essa retomada, essa reiteração da questão kantiana tomou, na França, uma forma precisa e, inclusive, talvez insuficiente: "O que é a história da ciência? O que ocorreu, da matemática grega à física moderna, quando se construiu esse universo da ciência?" De Comte aos anos 1960, creio que a história das ciências teve por função filosófica retomar essa questão. Ora, acredito que, na Alemanha, a questão sobre o que tinha sido a história da razão ou a história das formas de racionalidade na Europa não se manifestou tanto na história das ciências, mas antes na corrente de pensamento que vai esquematicamente de Max Weber à teoria crítica.

– *Sim. A reflexão sobre as normas, sobre os valores.*

– De Max Weber a Habermas. Parece-me que aqui se coloca a mesma questão: o que ocorreu na história da razão, no predomínio da razão e nas diferentes formas pelas quais se exerce esse domínio da razão? Ora, o surpreendente é que a França não conheceu absolutamente – ou muito mal, muito indiretamente – a corrente do pensamento weberiano, ela conheceu muito mal a teoria crítica e praticamente ignorou totalmente a Escola de Frankfurt. Isso coloca inclusive um pequeno problema histórico que me apaixona e que ainda não consegui resolver: todos sabem que muitos representantes da Escola de Frankfurt chegaram a Paris em 1935 para buscar refúgio e que eles partiram muito rapidamente, aparentemente escorraçados – alguns o disseram –, de qualquer forma tristes, magoados por não terem encontrado mais eco. Depois chegou 1940, mas eles já tinham partido para a Grã-Bretanha e para a América, onde foram efetivamente mais bem recebidos. O entendimento, que poderia ter sido estabelecido entre a Escola de Frankfurt e um pensamento filosófico francês através da história das ciências, e portanto da questão da história da racionalidade, não se deu.

---

6 Kant (I.), "Beantwortung der Frage: Was ist Aufklärung?" (setembro de 1784), *Berlinische Monatsschrift*, IV, n. 6, dezembro de 1784, p. 491-494 (*Réponse à la question: Qu'est-ce que les Lumières?*, trad. S. Piobetta, *in* Kant (I.), *La philosophie de l'histoire (Opuscules)*, Paris, Aubier, 1947, p. 81-92).

E posso assegurar-lhes que, quando fiz meus estudos, jamais ouvi nenhum dos professores pronunciar o nome da Escola de Frankfurt.

– *É efetivamente bastante surpreendente.*

– Ora, certamente se eu tivesse podido conhecer a Escola de Frankfurt, se eu a tivesse conhecido nessa época, muito trabalho me teria sido poupado, muitas bobagens eu não teria dito e muitos desvios eu não teria feito na minha tentativa de seguir calmamente no meu caminho, pois as vias já tinham sido abertas pela Escola de Frankfurt. Há um problema curioso de não penetração entre duas formas de pensamento que eram muito próximas, e talvez a própria proximidade explique a não penetração. Nada dissimula mais a existência de um problema comum do que duas maneiras muito próximas de abordá-lo.

– *O que você acaba de dizer sobre a Escola de Frankfurt, digamos, sobre a teoria crítica, que lhe teria poupado, eventualmente, algumas hesitações, me interessa ainda mais, já que se encontram, em muitas ocasiões, seja em Habermas, seja em Negt, elogios à sua abordagem. Em uma entrevista que fiz com ele,[7] Habermas elogiava sua "descrição magistral da bifurcação da razão": a razão teria se bifurcado em um dado momento. Eu me perguntei se você estaria de acordo com essa bifurcação da razão, tal como a teoria crítica a concebe; ou seja, com a "dialética da razão", segundo a qual a razão se perverte sob o efeito de sua própria força, se transforma e se reduz a um tipo de saber, que é o saber técnico. A ideia dominante na teoria crítica é a de uma continuidade dialética da razão, com uma perversão que, em um dado momento, a modifica completamente e que hoje seria preciso retificar; essa seria a aposta da luta pela emancipação. No fundo, pelo que você escreve, a vontade de saber não parou de se bifurcar desta forma; ela se bifurcou um monte de vezes na história. A palavra bifurcar talvez não seja adequada... A razão recortou o saber em várias ocasiões...*

– Sim, sim. Creio que a chantagem que muito frequentemente se exerceu em relação a qualquer crítica da razão, ou a qualquer interrogação crítica sobre a história da racionalidade (ou você aceita a razão, ou cai no irracionalismo), faz crer que não

---

7 Para *L'express*, no qual a entrevista jamais foi publicada. Ela foi retomada em *Allemagnes d'aujourd'hui*, n. 73, 1980.

332 Michel Foucault – Ditos e Escritos

seria possível fazer uma crítica racional da racionalidade, que não seria possível fazer uma história racional de todas as ramificações e de todas as bifurcações, uma história contingente da racionalidade. Ora, creio que, desde Max Weber, na Escola de Frankfurt e, em todo caso, em muitos historiadores da ciência como Canguilhem, trata-se de destacar a forma de racionalidade que é apresentada como dominante e à qual se dá o *status* da razão para fazê-la aparecer como uma das formas possíveis do trabalho sobre a racionalidade. Nessa história das ciências francesa, que, acredito, é muito importante, o papel de Bachelard, de quem não falei até agora, foi também capital.

– *Esses elogios contêm, no entanto, um pouco de veneno. Segundo Habermas, você teria descrito magistralmente "o momento em que a razão se bifurcou". Essa bifurcação seria única; ela teria ocorrido certa vez, no momento em que a razão deu uma guinada que a teria conduzido, na direção de uma racionalidade técnica, para uma autorredução, uma autolimitação. Essa bifurcação, se ela também é uma divisão, teria ocorrido uma só e única vez na história, separando os dois domínios que são conhecidos desde Kant. Essa análise da bifurcação é kantiana: há o saber do entendimento, há o saber da razão, há a razão técnica e há a razão moral. Para julgar essa bifurcação, é preciso situar-se evidentemente do ponto de vista da razão prática, da razão moral-prática. Portanto, uma bifurcação única, um ponto de partida entre técnica e prática que continua a dominar toda a história das ideias na Alemanha; e, como você disse há pouco, é essa tradição que vem da questão: "Was ist Aufklärung?". Ora, penso que esse elogio parece reduzir a sua abordagem da história das ideias.*

– É verdade que eu não falaria de uma bifurcação da razão, mas antes sobretudo de uma bifurcação múltipla, incessante, de um tipo de ramificação abundante. Não falo do momento em que a razão se tornou técnica. Atualmente, para dar um exemplo, estou começando a estudar o problema das técnicas de si na antiguidade helenística e romana, ou seja, como o homem, a vida humana, o si foram objetos de um certo número de *tekhnai* que, em sua racionalidade exigente, eram perfeitamente comparáveis com uma técnica de produção.

– *Mas sem englobar a sociedade inteira.*

– Sim, sem englobar toda a sociedade. E o que fez se desenvolver uma *tekhnê* do si, tudo o que permitiu o desenvolvimento de uma tecnologia do si é um fenômeno histórico perfeitamente analisável, acredito, e perfeitamente localizável, que não constitui a bifurcação da razão. Nessa abundância de ramos, ramificações, cortes, cesuras, esse foi um acontecimento, um episódio importante, que teve consequências consideráveis, mas que não é um fenômeno único.

– *Mas, desde que se considere que o fenômeno de auto-perversão da razão não foi único, que ele não ocorreu uma vez na história, em um momento no qual a razão teria perdido alguma coisa de essencial, de substancial, como seria preciso dizer com Weber, você diria que seu trabalho visa a restabelecer uma razão mais rica, será que, por exemplo, haveria implicitamente em sua abordagem uma outra ideia da razão, um outro projeto de racionalidade que não essa racionalidade a que chegamos atualmente?*

– Sim, mas – e talvez aqui, mais uma vez, eu tentaria tomar distância da fenomenologia, que era meu horizonte inicial – não penso que tenha havido uma espécie de ato fundador, pelo qual a razão em sua essência teria sido descoberta ou instaurada, e que tal ou tal acontecimento teria depois conseguido desviá-la: penso de fato que há uma autocriação da razão e, por isso, o que tento analisar são formas de racionalidade: diferentes instaurações, diferentes criações, diferentes modificações pelas quais as racionalidades se engendram umas às outras, se opõem e se perseguem umas às outras, sem que, no cntanto, sc possa assinalar um momento em que se teria passado da racionalidade à irracionalidade. Ou ainda, para falar muito esquematicamente, o que eu quis fazer, nos anos 1960, era partir tanto do tema fenomenológico, segundo o qual teria havido uma fundação e um projeto essencial da razão – do qual estaríamos distanciados por um esquecimento sobre o qual é preciso retornar agora –, como do tema marxista ou lukacsiano: haveria uma racionalidade que seria a forma por excelência *da* própria razão, mas um certo número de condições sociais (o capitalismo, ou melhor, a passagem de uma forma para outra de capitalismo) introduziu uma crise nessa racionalidade, ou seja, um esquecimento da razão e uma queda no irracionalismo. Esses são os dois grandes modelos, apresentados de uma maneira muito esquemática e injusta, em relação aos quais tentei me discriminar.

334 Michel Foucault – Ditos e Escritos

– *Segundo esses modelos, existe seja uma única bifurcação, seja um esquecimento em um dado momento, após o confisco da razão por uma classe. Portanto, o movimento de emancipação através da história consistiria não somente em retomar o que tinha sido confiscado para confiscá-lo de volta, mas, ao contrário, em restituir à razão sua verdade inteira, dando-lhe um estatuto de ciência absolutamente universal. É claro que, no seu caso, não há – e você o escreveu com todas as letras – o projeto de uma ciência nova ou de uma ciência mais ampla.*

– De forma alguma.

– *Mas você mostra que, a cada vez que um tipo de racionalidade se afirma, ele o faz por recorte, ou seja, por exclusão ou se discriminando, marcando uma fronteira entre ele e um outro. Há, em seu projeto, a vontade de reabilitar esse outro? Por exemplo, ao se colocar na escuta do silêncio do louco, você pensa que nele haveria uma linguagem que teria mais a dizer sobre as condições de criação das obras?*

– Sim. O que me interessou, partindo do quadro geral evocado há pouco, eram justamente as formas de racionalidade que o sujeito humano aplicava a si mesmo. Enquanto os historiadores das ciências na França estavam interessados essencialmente no problema da constituição de um objeto científico, a questão que me coloquei foi a seguinte: como ocorre que o sujeito humano se torne ele próprio um objeto de saber possível, através de que formas de racionalidade, de que condições históricas e, finalmente, a que preço? Minha questão é a seguinte: a que preço o sujeito pode dizer a verdade sobre si mesmo, a que preço o sujeito pode dizer a verdade sobre ele mesmo enquanto louco? Ao preço de constituir o louco como o outro absoluto, e pagando não apenas esse preço teórico, mas também um preço institucional e mesmo um preço econômico, tal como determinado pela organização da psiquiatria. Um conjunto de coisas complexas, escalonadas, no qual vocês têm um jogo institucional, relações de classes, conflitos profissionais, modalidades de saber e, finalmente, toda uma história do sujeito e da razão que estão aí envolvidos. Foi isso que tentei restituir. Talvez seja um projeto totalmente louco, muito complexo, do qual eu pude evidenciar apenas, em certos momentos, alguns pontos particulares, como o problema do que é o sujeito louco: como se pode dizer a verdade sobre o sujeito doente? Como se

1983 – Estruturalismo e Pós-Estruturalismo 335

pode dizer a verdade sobre o sujeito louco? Foram meus dois primeiros livros. *As palavras e as coisas* se perguntava: a que preço se pode problematizar e analisar o que é o sujeito falante, o sujeito que trabalha, o sujeito que vive? Por isso tentei analisar o nascimento da gramática, da gramática geral, da história natural e da economia. E, depois, me coloquei o mesmo tipo de questões a respeito do criminoso e do sistema punitivo: como dizer a verdade sobre si mesmo, na medida em que se pode ser um sujeito criminoso? É o que vou fazer a respeito da sexualidade, remontando a muito mais atrás: como o sujeito pode dizer a verdade sobre ele mesmo, na medida em que ele é um sujeito de prazer sexual, e a que preço?

– *Conforme a relação do sujeito com o que ele é através, a cada vez, da constituição de uma linguagem ou da constituição de um saber.*

– É a análise das relações entre as formas de reflexividade – relação de si consigo –, portanto, as relações entre essas formas de reflexividade e o discurso da verdade, as formas de racionalidade e os efeitos de conhecimento.

– *Mas não se trata absolutamente – você vai entender por que faço essa pergunta que se relaciona muito diretamente com certas leituras feitas da corrente "nietzschiana" francesa na Alemanha – de exumar, através de uma arqueologia, um arcaico que seria pré-histórico.*

– Não, de forma alguma, de jeito nenhum. Se empreguei esse termo arqueologia, que já não uso atualmente, era para dizer que o tipo de análise que eu fazia estava deslocado, nao no tempo, mas pelo nível em que ele se situa. Meu problema não é estudar a história das ideias em sua evolução, mas sobretudo ver debaixo das ideias como puderam surgir tais ou tais objetos como objetos possíveis de conhecimento. Por que, por exemplo, a loucura tornou-se, em um dado momento, um objeto de conhecimento correspondendo a um certo tipo de conhecimento. Usando a palavra "arqueologia" em vez de "história", eu quis marcar essa decalagem entre as ideias sobre a loucura e a constituição da loucura como objeto.

– *Fiz essa pergunta porque, atualmente, se tem a tendência, sob o pretexto de que existe também a referência a Nietzsche pela nova direita alemã, de colocar tudo no mesmo saco e de considerar que o nietzscheísmo francês, se ele existe – parece-me que você confirmou há pouco que Nietz-*

336 Michel Foucault – Ditos e Escritos

sche havia desempenhado um papel determinante –, segue a
mesma inspiração. Associa-se tudo isso com a finalidade de
recriar, no fundo, frentes de uma luta de classes teórica que,
hoje, dificilmente encontramos.

– Não creio que haja, de fato, um único nietzscheísmo; não é
possível dizer que existe um nietzscheísmo verdadeiro ou que
o nosso seja mais verdadeiro do que o dos outros. Mas aqueles
que encontraram em Nietzsche, há mais de 25 anos, um meio
para se distanciar de um horizonte filosófico dominado pela
fenomenologia e pelo marxismo, estes, me parece, nada têm a
ver com os que utilizam o nietzscheísmo atualmente. Em todo
caso, se Deleuze escreveu um soberbo livro sobre Nietzsche,
no restante de sua obra a presença de Nietzsche é certamente
sensível, mas não há nela, sem dúvida, nenhuma referência
retumbante, nenhuma vontade de levantar bem alto a bandeira
nietzschiana com fins retóricos ou políticos. O surpreendente é
que alguém como Deleuze tenha tomado Nietzsche seriamente,
e ele o tomou a sério. Foi também o que eu quis fazer: que uso
sério se pode fazer de Nietzsche? Dei cursos sobre Nietzsche,
mas escrevi muito pouco sobre ele. A única homenagem um
pouco mais retumbante que lhe prestei foi intitular o primeiro
volume da *História da sexualidade* de *Vontade de saber.*

– *Justamente a propósito dessa vontade de saber, creio*
que se percebeu claramente, pelo que você acaba de dizer,
que ela era sempre uma relação. Creio que você detestaria
essa palavra, porque ela é marcada de hegelianismo. Tal-
vez fosse melhor dizer "avaliação", como diz Nietzsche, uma
maneira de avaliar a verdade e, em todo caso, uma maneira
que tem a força, que não existe como arcaísmo ou como um
fundo originário ou original, de se atualizar, portanto, uma
relação de forças e talvez mesmo uma relação de poder no
ato de constituição de qualquer saber?

– Não, eu não diria isso; é muito complicado. Meu problema
é a relação do si consigo e do dizer verdadeiro. Minha relação com Nietzsche, o que devo a ele, eu devo muito aos seus
textos do período de 1880, nos quais a questão da verdade e
a história da verdade e da vontade de verdade eram para ele
centrais. Não sei se você sabe que o primeiro escrito de Sartre,
quando era um jovem estudante, era um texto nietzschiano:
La légende de la vérité, pequeno texto que foi publicado pela
primeira vez em uma revista para colegiais por volta dos anos

1930.[8] Ele havia partido desse mesmo problema. O curioso é que sua abordagem acabou indo da história da verdade à fenomenologia, enquanto a abordagem da geração seguinte, à qual pertencemos, partiu da fenomenologia para retomar essa questão da história da verdade.

– *Creio que se pode começar a esclarecer o que você entende por vontade de saber, essa referência a Nietzsche. Parece-me que você admite de fato um certo parentesco com Deleuze, até certo ponto. Esse parentesco se estenderia à concepção do desejo deleuziano?*

– Não, nesse ponto não.

– *Explico por que coloco essa questão, o que talvez seja antecipar a resposta. Parece-me que o desejo deleuziano, que é um desejo produtivo, torna-se precisamente essa espécie de fundo originário que se põe a gerar formas.*

– Não quero tomar posição, nem dizer o que Deleuze queria dizer. As pessoas falam o que elas querem ou o que podem dizer. A partir do momento em que um pensamento se constituiu, se fixou e se identificou no interior de uma tradição cultural, é completamente normal que essa tradição cultural o retome, faça dele o que ela quiser e lhe faça dizer o que ele não disse, dizendo que ele não passa de uma outra forma do que ela quis dizer. Isso faz parte do jogo cultural, mas minha relação com Deleuze não pode ser evidentemente desse tipo; não direi, portanto, o que ele quis dizer. No entanto, parece-me que seu problema tem sido, de fato, ao menos há bastante tempo, formular a questão do desejo; e é provavelmente na teoria do desejo em que se vê, nele, os efeitos de sua relação com Nietzsche, enquanto meu problema nunca deixou de ser a verdade, o dizer verdadeiro, o *wahr-sagen* – o que é dizer verdadeiro – e a relação entre o dizer verdadeiro e formas de reflexividade, reflexividade de si sobre si.

– *Sim. Mas me parece que Nietzsche não distingue fundamentalmente a vontade de saber da vontade de potência.*

– Acredito haver um deslocamento bastante sensível nos textos de Nietzsche entre os que são amplamente dominados

---

8 Sartre (J.-P.), *La légende de la vérité*. Texto escrito em 1929, do qual um fragmento foi publicado no primeiro número de *Bifur*, n. 8, junho de 1931, p. 77-96. Reeditado *in* Contat (M.) e Rybalka (M.), Les *écrits de Sartre*, Paris, Gallimard, 1970, apêndice II, p. 531-545.

pela questão da vontade de saber e os dominados pela vontade de potência. Mas não quero entrar nesse debate por uma razão muito simples: há anos não releio Nietzsche.

– *Acho que seria muito importante tentar esclarecer esse ponto, por causa justamente desse saco de gatos que caracteriza como você é lido no estrangeiro, assim como no resto da França.*

– Diria que, de qualquer forma, minha relação com Nietzsche não foi uma relação histórica; não é tanto a própria história do pensamento de Nietzsche que me interessou, mas essa espécie de desafio que senti no dia, faz muito tempo, em que li Nietzsche pela primeira vez. Quando se abre a *Gaia ciência* ou *Aurora*, e se é formado pela grande e velha tradição universitária, Descartes, Kant, Hegel, Husserl, quando nos debruçamos sobre esses textos um tanto espirituosos, estranhos e desenvoltos, nos dizemos: pois bem, não farei como meus amigos, meus colegas ou meus professores, que tratam disso de qualquer jeito. Qual o máximo de intensidade filosófica e quais são os efeitos filosóficos atuais que podem ser tirados desses textos? Eis o que era para mim o desafio de Nietzsche.

– *Há, na leitura atual de sua obra, me parece, um segundo saco de gatos, a pós-modernidade, que um bom número de pessoas se atribui, e que desempenha na Alemanha um certo papel desde que Habermas retomou esse termo para criticá-lo, para criticar essa corrente sob todos os seus aspectos...*

– O que se chama pós-modernidade? Não estou atualizado.

– *... como a sociologia norte-americana (D. Bell), o que se chama pós-modernidade na arte e que exigiria uma outra definição (um retorno talvez a um certo formalismo). Enfim, Habermas atribui esse termo pós-modernidade à corrente francesa, à tradição, diz ele em seu texto sobre a pós-modernidade, "que vai de Bataille a Derrida, passando por Foucault". Tema importante na Alemanha, já que a reflexão sobre a modernidade existe há bastante tempo, desde Max Weber. O que seria a pós-modernidade, em relação ao ponto que nos concerne aqui, nesse fenômeno englobando pelo menos três coisas? Seria principalmente a ideia, que se acha em Lyotard, segundo a qual a modernidade, a razão, teria sido um "grande relato" do qual se seria finalmente libertado por uma espécie de despertar salutar. A pós-modernidade* seria uma fragmentação da razão, a esquizofrenia deleuziana; em todo caso, a pós-modernidade revelaria que, na história, a razão foi apenas um relato dentre outros, um grande relato, ao qual se poderia hoje fazer suceder outros relatos. Em seu vocabulário, a razão teria sido uma forma da vontade de saber. Você admite que se trata de uma corrente, você se situa nela, e como?

– Devo dizer que estou bastante embaraçado para responder. De início porque nunca entendi muito bem qual era o sentido que se dava na França à palavra modernidade; em Baudelaire, sim; mas a seguir, me parece que o sentido se perdeu um pouco. Não sei qual o sentido que os alemães dão à modernidade. Sei que os americanos programaram uma espécie de seminário do qual participaria Habermas e no qual eu também estaria. E sei que Habermas propôs como tema a modernidade. Sinto-me embaraçado porque não vejo claramente o que isso quer dizer, nem mesmo – pouco importa a palavra, sempre se pode usar uma etiqueta arbitrária – qual o tipo de problemas que é visado através dessa palavra, ou o que haveria de comum entre as pessoas chamadas pós-modernas. Enquanto percebo claramente que, atrás do que se chamou de estruturalismo, havia um certo problema, que era em geral o do sujeito e o do remanejamento do sujeito, não vejo, nos chamados pós-modernos ou pós-estruturalistas, que tipo de problema lhes seria comum.

– Evidentemente, a referência ou a oposição à modernidade não somente é ambígua, mas restringe a modernidade. Ela tem pelo menos três definições: uma definição de historiador, a definição de Weber, a definição de Adorno e o Baudelaire de Benjamin, ao qual você fez alusão.[9] Há então pelo menos três referências. A que Habermas parece privilegiar, contra o próprio Adorno, é ainda a tradição da razão, ou seja, a definição weberiana da modernidade. É a partir dela que ele vê, na pós-modernidade, a derrocada da razão, seu estilhaçamento, e que ele se autoriza a dizer que uma das formas da pós-modernidade, a que se relacionaria com

---

9 Benjamin (W.), "Über einige Motive bei Baudelaire", *Zeitschrift für Sozialforschung*, n. VIII, 1939, p. 50-89 ("Sur quelques thèmes baudelairiens", trad. J. Lacoste, *in Charles Baudelaire. Un poète lyrique à l'époque du capitalisme*, Paris, Payot, col. "Petite Bibliothèque Payot", n. 39, 1979, p. 147-208).

340 Michel Foucault – Ditos e Escritos

a definição weberiana da modernidade, seria essa corrente que considera que a razão é no fundo uma forma de vontade de saber dentre outras, que a razão é um longo relato, mas um relato dentre outros...

– Esse não pode ser meu problema, na medida em que não admito de forma alguma a identificação da razão com o conjunto de formas de racionalidade que puderam, em um dado momento, em nossa época e mais recentemente também, ser dominantes nos tipos de saber, nas formas técnicas e nas modalidades de governo ou de dominação, domínios em que se fazem as aplicações maiores da racionalidade; coloco à parte o problema da arte, que é complicado. Para mim, nenhuma forma dada de racionalidade é a razão. Portanto, não vejo por que motivo se poderia dizer que as formas de racionalidade que foram dominantes nos três setores que mencionei estão ameaçadas de sucumbir e de desaparecer; não vejo desaparecimentos desse tipo. Observo múltiplas transformações, mas não vejo por que chamar essa transformação de uma derrocada da razão; outras formas de racionalidade se criam, sem cessar; portanto, não há sentido na proposição segundo a qual a razão é um longo relato que agora terminou com um outro relato que começa.

– *Digamos que o campo está aberto a inúmeras formas de relato.*

– Creio que aqui tocamos em uma das formas, talvez fosse preciso dizer hábitos mais nocivos do pensamento contemporâneo, talvez do pensamento moderno, em todo caso, do pensamento pós-hegeliano: a análise do momento presente como sendo precisamente, na história, aquele da ruptura ou o do ápice, o da realização ou o da aurora que retorna. A solenidade com que qualquer pessoa que sustenta um discurso filosófico reflete sobre seu próprio momento me parece um estigma. Posso afirmar isso com propriedade, porque me ocorreu fazer isso; eu o digo, na medida em que, em alguém como Nietzsche, encontramos isso sem cessar, ou pelo menos de maneira bastante insistente. Creio que é preciso ter a modéstia de dizer que, por um lado, o momento em que se vive não é esse momento único, fundamental ou irruptivo da história, a partir do qual tudo se realiza ou tudo recomeça; é preciso ter a modéstia de se dizer ao mesmo tempo que – mesmo sem essa solenidade – o momento em que se vive é muito interessante e exige ser analisado, decomposto, e que de fato saibamos nos colocar a questão: o que é a atualidade? Eu me pergunto se não seria possível caracterizar um dos grandes papéis do pensamento filosófico, justamente a partir da questão kantiana "*Was ist Aufklärung?*", dizendo que a tarefa da filosofia é dizer o que é a atualidade, dizer o que é esse "nós hoje". Mas não se permitindo a facilidade um pouco dramática e teatral de afirmar que esse momento em que vivemos é, no oco da noite, aquele da maior perdição ou, ao contrário, aquele em que o sol triunfa etc. Não, é um dia como os outros, ou melhor, um dia que jamais é realmente como os outros.

– *Isso remete a inúmeras questões, em todo caso àquelas que você próprio colocou: o que é a atualidade? Será que nossa época no entanto pode ser caracterizada, apesar de tudo, por um esfacelamento maior do que o de outras, por uma "desterritorialização", por uma esquizofrenia? – sem que você tenha que tomar uma posição em relação a esses termos.*

– O que eu gostaria também de dizer, a propósito dessa função do diagnóstico sobre o que é a atualidade, é que ela não consiste simplesmente em caracterizar o que somos, mas, seguindo as linhas de vulnerabilidade da atualidade, em conseguir apreender por onde e como isso que existe hoje poderia não ser mais o que é. E é nesse sentido que a descrição deve sempre ser feita de acordo com essa espécie de fratura virtual, que abre um espaço de liberdade, entendido como espaço de liberdade concreta, ou seja, de transformaçao possível.

– *Será que é aí, no lugar dessas fissuras, que se situa o trabalho do intelectual, um trabalho evidentemente prático?*

– Creio que sim. E diria que o trabalho do intelectual é certamente, em um sentido, dizer o que existe, fazendo-o aparecer como podendo não ser, ou podendo não ser como ele é. Eis por que essa designação e essa descrição do real jamais têm valor de uma descrição, do tipo: "já que isso existe, isto existirá"; eis também por que, me parece, o recurso à história – um dos grandes fatos no pensamento filosófico da França há pelo menos duas décadas – toma seu sentido na medida em que a história tem por função mostrar que o que é jamais foi, ou seja, é sempre na confluência dos encontros, dos acasos, no curso da história frágil, precária, que são formadas as coisas que nos dão a impressão de serem as mais evidentes. O que a ra-

342 Michel Foucault – Ditos e Escritos

zão experimenta como sua necessidade, ou melhor, aquilo que as diferentes formas de racionalidade apresentam como lhes sendo necessário, podemos fazer perfeitamente a sua história e encontrar as redes de contingências de onde isso emergiu; o que, no entanto, não quer dizer que essas formas de racionalidade sejam irracionais; isso quer dizer que elas repousam em uma base de prática e de história humanas, e, já que essas coisas foram feitas, elas podem, com a condição de que se saiba como foram feitas, ser desfeitas.

– *Esse trabalho sobre as fissuras, ao mesmo tempo descritivo e prático, é um trabalho de campo.*

– Talvez um trabalho de campo e talvez um trabalho que, a partir das questões colocadas pelo campo, pode avançar bastante em termos de análise histórica.

– *O trabalho sobre esses pontos de fissuras, o trabalho de campo, é o que você chama de microfísica do poder ou de analítica do poder?*

– É um pouco isso. Pareceu-me que essas formas de racionalidade, que são as que atuam nos processos de dominação, mereceriam ser analisadas em si mesmas, sabendo-se que essas formas de racionalidade não são alheias a outras formas de poder colocadas em ação, por exemplo, no conhecimento ou na técnica. Há, ao contrário, uma troca, transmissões, transferências, interferências, mas gostaria de enfatizar que não me parece possível designar uma única e mesma forma de racionalidade nesses três domínios, que se encontram os mesmos tipos mas deslocados, e que há, simultaneamente, interconexão fechada e múltipla, mas não isomorfismo.

– *Em qualquer época ou especificamente?*

– Não há lei geral dizendo quais são os tipos de relações entre as racionalidades e os procedimentos de dominação postos em ação.

– *Fiz essa pergunta porque um esquema retorna em um certo número de críticas que lhe são feitas, ou seja, que você falaria de um momento preciso, e que você refletiria (essa é, por exemplo, a crítica de Baudrillard) sobre um momento no qual o poder se tornou "não localizável pela disseminação";*[10] *seria, no fundo, essa disseminação não identificável, essa*

---

10 Baudrillard (J.), *Oublier Foucault*, Paris, Galilée, 1977.

multiplicação necessária que a abordagem microfísica refletiria. Da mesma maneira, um alemão chamado Alexander Schubert, de um outro ponto de vista, diz que você fala de um momento em que o capitalismo dissolveu de tal forma o sujeito que é possível admitir que o sujeito sempre tenha sido apenas uma multiplicidade de posições.[11]

– Gostaria de voltar daqui a pouco a essa questão, porque eu tinha começado a dizer duas ou três coisas. A primeira é que, estudando a racionalidade das dominações, tentei estabelecer inter-relações que não são isomorfismos. Em segundo lugar, quando falo dessas relações de poder, das formas de racionalidade que podem regulá-las e regê-las, não é me referindo a um Poder (com P maiúsculo) que dominaria o conjunto do corpo social e que lhe imporia sua racionalidade. De fato, são as relações de poder, que são múltiplas e têm diferentes formas, que podem atuar nas relações familiares, no interior de uma instituição ou em uma administração, entre uma classe dominante e uma classe dominada, relações de poder que têm formas específicas de racionalidade, formas que lhes são comuns. É um campo de análise, e não absolutamente a referência a uma instância única. Em terceiro lugar, se estudo essas relações de poder, não faço de forma alguma a teoria do poder, mas, na medida em que minha questão é saber como estão ligados entre si a reflexividade do sujeito e o discurso da verdade, se minha questão é: "Como o sujeito pode dizer a verdade sobre ele mesmo?", parece-me que as relações de poder são um dos elementos determinantes nessa relação que tento analisar. Isso é evidente, por exemplo, no primeiro caso que estudei, o da loucura. É através de um certo modo de dominação exercido por alguns sobre outros que o sujeito pode tentar dizer a verdade sobre sua loucura apresentada sob as espécies do outro. Portanto, não sou de forma alguma um teórico do poder. Eu diria que o poder, em última instância, não me interessa como questão autônoma e se, em várias ocasiões, fui levado a falar da questão do poder, é na medida em que a análise política que era feita dos fenômenos do poder não me parecia ser capaz de dar conta desses fenômenos mais sutis e mais detalhados que quero evocar ao colocar a questão do dizer verdadeiro sobre

---

11 Schubert (A.), *Die Decodierung des Menschen*, Frankfurt, Focus Verlag, 1981.

344 Michel Foucault – Ditos e Escritos

si mesmo. Se digo a verdade sobre mim mesmo como eu o faço, é porque, em parte, me constituo como sujeito através de um certo número de relações de poder que são exercidas sobre mim e que exerço sobre os outros. Isso para situar o que é, para mim, a questão do poder. Retornando à questão que você evocou a pouco, reconheço que não vejo muito claramente onde está a objeção. Eu não fazia uma teoria do poder. Eu fazia história, em um momento dado, da maneira pela qual foram estabelecidos a reflexividade de si sobre si e o discurso da verdade a ela ligado. Quando falo das instituições de internação no século XVIII, falo das relações de poder tais como elas existiam naquele momento. Não compreendo de forma alguma a crítica, salvo se me atribuíram um projeto inteiramente diferente do meu e que seria fazer uma teoria geral do poder, ou ainda fazer a análise do poder tal como ele é atualmente. De forma alguma! Eu tomo a psiquiatria, de fato, como ela é agora. Vejo aparecer um certo número de problemas, no funcionamento mesmo da instituição, que me parecem remeter a uma história, a uma história relativamente longínqua; ela data de vários séculos. Tentei fazer sua história e sua arqueologia; se vocês querem, da maneira pela qual se tentou dizer a verdade sobre a loucura nos séculos XVII e XVIII, e adoraria mostrá-la tal como ela existia nessa época. A respeito dos criminosos, por exemplo, e do sistema de punições que caracteriza nosso sistema penal e que se estabeleceu no século XVIII, não descrevi absolutamente os poderes tais como eles se exerciam no século XVIII, mas busquei, em um certo número de instituições que existiam nessa época e que puderam servir de modelo, quais eram as formas de poder que se exerciam e como elas puderam atuar. Portanto, não encontro nenhuma pertinência no fato de se dizer que o poder não é, atualmente, da mesma forma.

– *Duas questões ainda um pouco descosidas, mas que, no entanto, me parecem importantes. Talvez se possa começar pelo estatuto do intelectual. Definiu-se de forma geral como você concebe o seu trabalho, inclusive a sua prática, caso deva haver uma. Você se disporia a falar aqui da situação filosófica na França, muito globalmente, por exemplo, a partir do seguinte tema: o intelectual não tem mais por função opor ao Estado uma razão universal, nem lhe fornecer sua legitimação? Isso se relacionaria com a situação tão estranha e preocupante, a que assistimos hoje: uma espécie de consen-*

so, mas muito tácito, dos intelectuais em relação à esquerda, e ao mesmo tempo um silêncio completo do pensamento de esquerda, do qual se estaria tentado dizer que ele obriga um poder de esquerda a recorrer a temas de legitimação muito arcaicos: que se pense no congresso de Valência do Partido Socialista[12] com seus excessos retóricos, a luta de classes...

– ... a proposta recente do presidente da Assembleia Nacional, dizendo que era importante substituir um modelo cultural burguês, egoísta e individualista por um novo modelo cultural de solidariedade e de sacrifício. Eu não era muito velho quando o marechal Pétain tomou o poder na França, mas reconheci esse ano, na boca desse socialista, o que havia embalado minha infância.

– *Sim. Assiste-se no fundo a esse espetáculo bastante espantoso de um poder que, privado de sua logística intelectual, recorre a temas de legitimação bastante obsoletos. Quanto a essa logística intelectual, no momento em que a esquerda chega ao poder parece que nada mais há a dizer a ela.*

– É uma pergunta muito boa. Primeiramente, lembraria o seguinte: se a esquerda existe na França – e digo "a esquerda" em um sentido geral, ou seja, se há pessoas que se sentem de esquerda, que votam na esquerda, se pode existir um grande partido de esquerda – o que se tornou o Partido Socialista –, creio que é em grande parte por causa da existência de um pensamento de esquerda, de uma reflexão de esquerda, de uma análise, de uma multiplicidade de análises que foram feitas pela esquerda, de escolhas políticas feitas pela esquerda desde, ao menos, 1960 e que foram feitas fora dos partidos. Não é de forma alguma graças ao PC, graças à antiga SFIO – que não estava morta antes de 1972, ao menos; ela levou muito tempo para morrer –, que existe uma esquerda viva na França; é porque através da guerra da Argélia, por exemplo, em todo um setor da vida intelectual também, nos setores que lidavam com os problemas da vida cotidiana, como aqueles da análise econômica e social, houve um pensamento de esquerda extraordinariamente vivo e que não foi morto, ao contrário, no momento mesmo em que os partidos de esquerda se desqualificavam por diferentes razões.

– *Não, naquele momento, não.*

---

12 Em 1981.

346 Michel Foucault – Ditos e Escritos

– E, pode-se dizer que se, durante 15 anos – os primeiros 15 anos do gaullismo e do regime que conhecemos a seguir –, a esquerda sobreviveu, foi graças a todo esse trabalho. Em segundo lugar, é preciso notar que se o Partido Socialista obteve a repercussão que o tornou um grande partido, foi em grande parte porque ele foi bastante permeável a essas novas atitudes, aos novos problemas e às novas questões. Ele estava aberto para as questões relacionadas com a vida cotidiana, a vida sexual, os casais, as questões das mulheres, ele foi sensível aos problemas relativos à autogestão, por exemplo, todos temas do pensamento de esquerda, de um pensamento de esquerda não incrustado nos partidos e não tradicional em relação ao marxismo. Novos problemas, novo pensamento, isso foi crucial. Creio que um dia, quando olharmos esse episódio da história da França, veremos a emergência de um novo pensamento de esquerda, que, sob múltiplas formas e sem unidade – talvez um de seus aspectos positivos –, mudou completamente o horizonte no qual se situam os movimentos de esquerda contemporâneos. Poderíamos pensar que essa forma de cultura de esquerda seria totalmente alérgica à organização de um partido e que ela apenas poderia encontrar sua verdadeira expressão em grupelhos ou em individualidades. E se provou que não; finalmente, tinha havido – eu o dizia a pouco – uma espécie de simbiose que fez com que o novo Partido Socialista fosse bastante impregnado por essas ideias. Houve, em todo caso – coisa suficientemente interessante e atraente para que a notemos –, um certo número de intelectuais, não muito numeroso aliás, que se aproximou do Partido Socialista. Foi certamente graças a táticas políticas, a estratégias políticas muito hábeis – e eu o digo sem conotação pejorativa – que o Partido Socialista foi alçado ao poder; mas, ainda uma vez, foi absorvendo um certo número de formas dessa cultura de esquerda que ele conquistou o poder, e é verdade que, após o congresso de Mertz,[13] e *a fortiori* do congresso de Valência – no qual se pôde ouvir coisas como as relatadas há pouco –, certamente esse pensamento de esquerda se interroga um pouco.

– *Será que ele existe ainda?*

– Não sei. É preciso levar em conta coisas muito complexas. É necessário ver, por exemplo, que no Partido Socialista esse

---

13 Em 1979.

novo pensamento de esquerda foi mais ativo em torno de alguém como Rocard. O "congelamento" de Rocard, de seu grupo e de sua corrente no PS contribuiu bastante. A situação atual é muito complexa. Mas acredito que os discursos um tanto estereotipados mantidos por muitos líderes do PS denunciam o que foi a esperança de uma grande parte desse pensamento de esquerda; eles denunciam a história recente do PS, que se beneficiou desse pensamento de esquerda; eles fizeram calar, de uma maneira bastante autoritária, correntes que existem no interior do PS. Diante desse fenômeno, os intelectuais se calaram um pouco. Digo um pouco, porque é um erro de jornalista dizer que os intelectuais se calaram. Eu conheço mais de um que reagiu, deu sua opinião a respeito de tal ou tal medida, de tal ou tal decisão, ou sobre tal ou tal problema. E acredito que, se fosse feito o inventário exato das intervenções dos intelectuais no curso desse últimos meses, elas não seriam sem dúvida menos numerosas do que em outros momentos. Em todo caso, pessoalmente, nunca escrevi tantos artigos nos jornais quanto depois que disseram que me calei. Enfim, pouco importa minha pessoa. É verdade que se trata de reações que não são da ordem de uma escolha fundamentalmente afirmada; são intervenções nuançadas, hesitantes, ligeiramente duvidosas, um pouco encorajadoras, mas que correspondem ao estado atual da situação, e, em vez de se queixar do silêncio dos intelectuais, é preciso reconhecer muito mais sua reserva refletida diante de um acontecimento recente e de um processo que não se sabe ainda muito bem para onde ele vai virar.

– *Portanto, nada de relação necessária entre essa situação política, esse tipo de discurso que é mantido e a tese que, no entanto, é largamente difundida: a razão é o poder, então, desinvistamos ao mesmo tempo o saber e o poder?*

– Não, não. É preciso compreender que isso faz parte do destino de todos os problemas colocados – serem reduzidos a *slogans*. Ninguém disse: "A razão é o poder"; creio que ninguém disse que o saber era um poder.

– *Diz-se isso.*

– Diz-se isso, mas, você compreende, quando eu leio a tese "o saber é o poder" ou "o poder é o saber" – e sei bem que ela me é atribuída – pouco importa, eu morro de rir, pois o meu problema é precisamente estudar as suas relações. Se fossem duas coisas idênticas, eu não teria que estudar suas relações e me cansaria bem menos. O simples fato de colocar a questão de suas relações prova seguramente que eu não as identifico.

348 Michel Foucault – Ditos e Escritos

– Última pergunta. O marxismo vai muito mal hoje por ter ido beber nas fontes das Luzes: no entanto – esse é um tema que dominou o pensamento, se o queira ou não, durante os anos 1970 –, ainda que fosse porque um certo número de indivíduos, de intelectuais, como são chamados os novos filósofos, vulgarizaram esse tema. Então, o marxismo anda muito mal.

– Não sei se ele anda mal ou bem. Restrinjo-me, se você quer, à fórmula: é uma ideia que dominou o pensamento ou a filosofia. Creio que você tem razão de colocar a questão, de colocá-la dessa forma. Eu diria, estaria tentado a dizer que – seria necessário deter você neste momento – o marxismo não dominou o pensamento, mas o submundo do pensamento. Mas isso seria fácil, inutilmente polêmico, e não é verdadeiramente justo. Creio que, na França, é preciso se levar em conta a seguinte situação: existiam na França, por volta da década de 1950, dois circuitos de pensamento que eram praticamente senão estranhos um ao outro, pelo menos independentes um do outro – de um lado, o que eu chamaria de um circuito universitário ou acadêmico e, de outro, de um circuito do pensamento aberto ou corrente; quando digo "corrente", não quero dizer em absoluto necessariamente de baixa qualidade, mas que um livro universitário, uma tese, um curso eram coisas que ficavam nas editoras universitárias, à disposição dos leitores universitários, quase só tendo repercussão nas universidades. Houve o caso particular de Bergson, que foi uma exceção. Do pós-guerra em diante – e, sem dúvida, o existencialismo teve sua participação nisso –, viram-se pensamentos que eram de origem, de enraizamento profundamente universitário – antes de tudo, o enraizamento de Sartre, Husserl e Heidegger, que não eram dançarinas públicas – se dirigirem para além do público universitário. Ora, esse fenômeno, mesmo se não havia mais na França alguém do porte de Sartre para sustentá-lo, democratizou-se. Apenas Sartre, ou talvez Sartre e Merleau-Ponty podiam fazê-lo, e depois se tornou um pouco ao alcance de todo mundo, por um certo número de razões, dentre as quais, primeiramente, o deslocamento da universidade, a multiplicação do número de estudantes, de professores, que constituíam, finalmente, uma espécie de massa social, o deslocamento das estruturas internas e um crescimento do público universitário, a difusão da cultura também, que está longe de ser um fenômeno negativo. O nível cultural médio da população, no entanto, aumentou consideravelmente e, seja lá o que se diga, a televisão desempenha um importante papel: as pessoas aprendem que há uma nova história etc. Acrescentemos a isso todos os fenômenos políticos, os grupos, os movimentos que estavam a cavaleiro, no interior e no exterior da universidade. Tudo isso deu repercussão ao trabalho universitário que ultrapassava amplamente a instituição universitária ou, mesmo, que ultrapassava o grupo de intelectuais especializados, profissionais. Constata-se atualmente um fenômeno característico na França: quase não temos mais revistas especializadas em filosofia, ou elas praticamente desapareceram. Quando se quer escrever alguma coisa, onde se escreve, pode-se escrever? Afinal, existem apenas semanários de grande difusão ou revistas de interesse geral em que se pode conseguir colocar alguma coisa. É um fenômeno muito importante. Então ocorreu que – o que é inevitável em situações como essas – um discurso pouco elaborado, em vez de substituído por um trabalho suplementar, que, em resposta a ele e lhe fazendo crítica o aperfeiçoa, o torna mais difícil, o refina, faça ao contrário a repercussão desabar; e, pouco a pouco, do livrinho ao artigo, do artigo ao comentário nos jornais, e dos jornais à televisão, consegue-se chegar a reduzir um livro, um trabalho, um problema a *slogans*. Essa passagem da questão filosófica ao *slogan*, essa transformação da questão do marxismo tornando-se "o marxismo acabou", não se trata de atribuir a responsabilidade disso a esse ou àquele, mas é preciso que se perceba o tobogã sobre o qual desliza o pensamento filosófico ou a questão filosófica, transformando-se assim em matéria de consumo corrente; se antigamente existiam dois circuitos diferentes, e se o circuito institucional, que tinha seus inconvenientes – seu fechamento, seu dogmatismo, seu academicismo –, não evitava todas as perdições, sofria um desperdício menor, a tendência à entropia era menor, ao passo que agora a entropia se realiza com uma rapidez espantosa. Eu poderia dar dois exemplos pessoais: 15 anos foram necessários para se transformar meu livro sobre a loucura num *slogan*: "Todos os loucos eram encarcerados no século XVIII", mas não foi preciso nem 15 meses, bastaram três semanas, para transformar meu livro sobre a vontade de saber no seguinte *slogan*: "A sexualidade jamais foi reprimida." Vi, em minha própria experiência, a aceleração desse fenômeno de entropia, em um sentido detestável para o

350   Michel Foucault – Ditos e Escritos

pensamento filosófico, mas também é preciso dizer que isso responsabiliza mais ainda aqueles que escrevem.

– Fiquei tentado, por um momento, a dizer, para concluir, mas sob a forma de pergunta e sem querer substituir um slogan *por outro: afinal, o marxismo acabou?* No sentido em que você diz, em A arqueologia do saber, *que um "Marx não falsificado ajudaria a formular uma teoria geral da descontinuidade, das séries, dos limites, das unidades, das ordens específicas, das autonomias* e das dependências diferenciadas".

– Sim. Não quero prejulgar qual será a forma de cultura que virá. Veja bem, tudo é presente, ao menos como objeto virtual, no interior de uma cultura dada; ao menos tudo o que já ocorreu uma vez. O problema dos objetos que jamais figuraram na cultura é um outro problema. Mas faz parte do funcionamento da memória e da cultura poder reatualizar qualquer dos objetos que nela figuraram uma vez; a repetição é sempre possível, a repetição com aplicação, transformação. Deus sabe que Nietzsche podia parecer em 1945 como definitivamente desqualificado... É certo que Marx, mesmo se admitamos que Marx vai desaparecer agora, reaparecerá um dia. O que desejo – e é por isso que mudei minha formulação em relação àquela que você citava – não é tanto desfazer a falsificação, a restituição de um verdadeiro Marx, mas, certamente, a diminuição do peso, a liberação de Marx em relação à dogmática de partido que simultaneamente o fechou, veiculou e brandiu durante tanto tempo. Pode-se dar à frase: "Marx está morto" um sentido conjuntural, dizer que é verdade relativamente, mas dizer que Marx vai desaparecer dessa maneira...

– Mas essa referência em A arqueologia do saber *queria dizer que, de certa forma, Marx operava em sua metodologia?*

– Sim, totalmente. Você compreende que, como na época em que eu escrevia esses livros era de bom-tom, para ser bem visto pela esquerda institucional, citar Marx no rodapé, eu evitei isso. Mas eu poderia encontrar – o que não tem nenhum interesse – várias passagens que escrevi me referindo a Marx, e se Marx não tivesse sido esse autor, funcionando dessa forma na cultura francesa e com uma tal sobrecarga política, eu o teria citado em pé de página. Não o fiz para me divertir e para preparar armadilhas para aqueles que, dentre os marxistas, pinçavam justamente essas frases. Isso fazia parte do jogo.

1984

O que São as Luzes?

"What is Enligthenment?" ("Qu'est-ce que les Lumières?") *in* Rabinow (P.), ed., *The Foucault reader*, Nova Iorque, Pantheon Books, 1984, p. 32-50.

Quando, nos dias de hoje, um jornal propõe uma pergunta aos seus leitores, é para pedir-lhes seus pontos de vista a respeito de um tema sobre o qual cada um já tem sua opinião: não nos arriscamos a aprender grande coisa. No século XVIII, se preferia interrogar o público sobre problemas para os quais justamente ainda não havia resposta. Não sei se era mais eficaz; era mais divertido.

Assim, em virtude desse hábito, um periódico alemão, a *Berlinische Monatsschrift*, publicou, em dezembro de 1784, uma resposta à pergunta: *Was ist Aufklärung?*[1] E essa resposta era de Kant.

Texto menor, talvez. Mas me parece que, com ele, entra discretamente na história do pensamento uma questão que a filosofia moderna não foi capaz de responder, mas da qual ela nunca conseguiu se desembaraçar. E há dois séculos, de formas diversas, ela a repete. De Hegel a Horkheimer ou a Habermas, passando por Nietzsche ou Max Weber, não existe quase nenhuma filosofia que, direta ou indiretamente, não tenha sido confrontada com essa mesma questão: qual é então esse acontecimento que se chama a *Aufklärung* e que determinou, pelo menos em parte, o que somos, pensamos e fazemos hoje? Imaginemos que a *Berlinische Monatsschrift* ainda existe em nossos dias e que ela coloca para seus leitores a questão: "O que é a filosofia moderna?" Poderíamos talvez responder-lhe

---

1 *In Berlinische Monatsschrift*, dezembro de 1784, vol. IV, p. 481-491 ("Qu'est-ce que les Lumières?", trad. Wismann, *in Oeuvres*, Paris, Gallimard, col. "Bibliothèque de la Pléiade", 1985, t. II).

352 Michel Foucault – Ditos e Escritos

em eco: a filosofia moderna é a que tenta responder à questão lançada, há dois séculos, com tanta imprudência: *Was ist Aufklärung?*

*

Detenhamo-nos por alguns instantes nesse texto de Kant. Por muitas razões, ele merece reter a atenção.

1) A essa mesma pergunta, o próprio Moses Mendelssohn tinha acabado de responder no mesmo jornal, dois meses antes. Mas Kant desconhecia esse texto quando havia redigido o seu. Certamente, não é desse momento que data o encontro do movimento filosófico alemão com os novos desenvolvimentos da cultura judaica. Já há uns 30 anos Mendelssohn estava nessa encruzilhada, em companhia de Lessing. Mas, até então, tratava-se de dar direito de cidadania à cultura judaica no pensamento alemão – o que Lessing havia tentado fazer em *Die Juden* –,[2] ou ainda de desembaraçar o pensamento judaico e a filosofia alemã dos problemas comuns: é o que Mendelssohn havia feito nas *Entretiens sur l'immortalité de l'âme*.[3] Com os dois textos publicados na *Berlinische Monatsschrift*, a *Aufklärung* alemã e a *Haskala* judaica reconheciam que elas pertenciam à mesma história; buscam determinar de que processo comum elas decorrem. Talvez fosse uma maneira de anunciar a aceitação de um destino comum, do qual se sabe a que drama ele devia conduzir.

2) Entretanto, há mais. Em si mesmo e no interior da tradição cristã, esse texto coloca um problema novo.

Certamente não é a primeira vez que o pensamento filosófico procura refletir sobre seu próprio presente. Mas, esquematicamente, pode-se dizer que, até então, essa reflexão tinha tomado três formas principais:

– pode-se representar o presente como pertencendo a uma certa época do mundo, distinta das outras por algumas características próprias, ou separada das outras por algum acontecimento dramático. Assim, em *O político*, de Platão, os interlocutores reconhecem que eles pertencem a uma dessas

---

2 Lessing (G.), *Die Juden*, 1749.

3 Mendelssohn (M.), *Phädon oder über die Unsterblichkeit der Seele*, Berlim, 1767, 1768, 1769.

revoluções do mundo em que este gira ao contrário, com todas as consequências negativas que isso pode ter;

– pode-se também interrogar o presente para nele tentar decifrar os sinais que anunciam um acontecimento iminente. Temos aqui o princípio de uma espécie de hermenêutica histórica, da qual Agostinho poderia dar um exemplo;

– pode-se igualmente analisar o presente como um ponto de transição na direção da aurora de um mundo novo. É isso que descreve Vico no último capítulo dos *Principes de la philosophie de l'histoire*;[4] o que ele vê "hoje" é a "mais completa civilização propagando-se entre os povos, na maioria subjugados por alguns grandes monarcas"; é também "a Europa resplandecente de uma incomparável civilização", abundante enfim "de todos os bens que compõem a felicidade da vida humana".

Ora, a maneira pela qual Kant coloca a questão da *Aufklärung* é totalmente diferente: nem uma época do mundo à qual se pertence, nem um acontecimento do qual se percebe os sinais, nem a aurora de uma realização. Kant define a *Aufklärung* de uma maneira quase inteiramente negativa, como uma *Ausgang*, uma "saída", uma "solução". Em seus outros textos sobre a história, ocorre a Kant colocar questões sobre a origem ou definir a finalidade interior de um processo histórico. No texto sobre a *Aufklärung*, a questão se refere à pura atualidade. Ele não busca compreender o presente a partir de uma totalidade ou de uma realização futura. Ele busca uma diferença: qual a diferença que ele introduz hoje em relação a ontem?

3) Não entrarei nos detalhes do texto, que não é muito claro, apesar de sua brevidade. Gostaria simplesmente de me deter em três ou quatro pontos que me parecem importantes para compreender como Kant colocou a questão filosófica do presente.

Kant indica imediatamente que a "saída" que caracteriza a *Aufklärung* é um processo que nos liberta do estado de "menoridade". E por "menoridade" ele entende um certo estado de nossa vontade que nos faz aceitar a autoridade de algum outro para nos conduzir nos domínios em que convém fazer uso da razão. Kant dá três exemplos: estamos no estado de menori-

---

4 Vico (G.), *Principii di una scienza nuova d'interno alla comune natura delle nazioni*, 1725 (*Principes de la philosophie de l'histoire*, trad. Michelet, Paris, 1835; reed., Paris, A. Colin, 1963).

354 Michel Foucault – Ditos e Escritos

dade quando um livro toma o lugar do entendimento, quando um orientador espiritual toma o lugar da consciência, quando um médico decide em nosso lugar a nossa dieta (observamos de passagem que facilmente se reconhece aí o registro das três críticas, embora o texto não o mencione explicitamente). Em todo caso, a *Aufklärung* é definida pela modificação da relação preexistente entre a vontade, a autoridade e o uso da razão.

É preciso também enfatizar que essa saída é apresentada por Kant de maneira bastante ambígua. Ele a caracteriza como um fato, um processo em vias de se desenrolar; mas a apresenta também como uma tarefa e uma obrigação. Desde o primeiro parágrafo, enfatiza que o próprio homem é responsável por seu estado de menoridade. É preciso conceber então que ele não poderá sair dele a não ser por uma mudança que ele próprio operará em si mesmo. De uma maneira significativa, Kant diz que essa *Aufklärung* tem uma "divisa" (*Wahlspruch*): ora, a divisa é um traço distintivo através do qual alguém se faz reconhecer; é também uma palavra de ordem que damos a nós mesmos e que propomos aos outros. E qual é essa palavra de ordem? *Aude saper*, "tenha coragem, a audácia de saber". Portanto, é preciso considerar que a *Aufklärung* é ao mesmo tempo um processo do qual os homens fazem parte coletivamente e um ato de coragem a realizar pessoalmente. Eles são simultaneamente elementos e agentes do mesmo processo. Podem ser seus atores à medida que fazem parte dele; e ele se produz à medida que os homens decidem ser seus atores voluntários.

Surge uma terceira dificuldade no texto de Kant. Ela reside no emprego da palavra *Menschheit*. Sabe-se a importância deste termo na concepção kantiana da história. Será preciso compreender que é o conjunto da espécie humana que está envolvido no processo da *Aufklärung*? E, nesse caso, é preciso conceber que a *Aufklärung* é uma mudança histórica que atinge a vida política e social de todos os homens sobre a superfície da Terra. Ou se deve entender que se trata de uma mudança que afeta o que constitui a humanidade do ser humano? E se coloca então a questão de saber o que é essa mudança. Ali, também, a resposta de Kant não é desprovida de certa ambiguidade. Em todo caso, sob uma aparência simples, ela é bastante complexa.

Kant define duas condições essenciais para que um homem saia de sua menoridade. E essas duas condições são simultaneamente espirituais e institucionais, éticas e políticas.

A primeira dessas condições é que seja bem discriminado o que decorre da obediência e o que decorre do uso da razão. Para caracterizar resumidamente o estado de menoridade, Kant cita uma expressão de uso corrente: "Obedeçam, não raciocinem." Tal é, segundo ele, a forma pela qual se exercem habitualmente a disciplina militar, o poder político, a autoridade religiosa. A humanidade terá adquirido maioridade não quando não tiver mais que obedecer, mas quando se disser a ela: "Obedeçam, e vocês poderão raciocinar tanto quanto quiserem." É preciso observar que a palavra alemã empregada aqui é *räzonieren;* esta palavra, que é também empregada nas *Critiques*, não se relaciona com um uso qualquer da razão, mas com um uso da razão no qual esta não tem outra finalidade senão ela mesma; *räzonieren* é raciocinar por raciocinar. E Kant dá exemplos, eles também completamente triviais, aparentemente: pagar seus impostos, mas poder raciocinar tanto quanto se queira sobre a fiscalização, eis o que caracteriza o estado de maioridade; ou ainda assegurar, quando se é pastor, o serviço de uma paróquia de acordo com os princípios da Igreja à qual se pertence, mas raciocinar como se quiser sobre o tema dos dogmas religiosos.

Seria possível pensar que nada há aí de muito diferente do que se entende, desde o século XVI, por liberdade de consciência: o direito de pensar como se queira, desde que se obedeça como é preciso. Ora, é ali que Kant faz intervir uma outra distinção e a faz intervir de uma maneira bastante surpreendente. Trata-se da distinção entre o uso privado e o uso público da razão. Mas ele acrescenta logo a seguir que a razão deve ser livre em seu uso público e que deve ser submissa em seu uso privado. O que é, palavra por palavra, o contrário do que usualmente se chama liberdade de consciência.

Mas é necessário precisar um pouco. Qual é, segundo Kant, esse uso privado da razão? Em que domínio ele se exerce? O homem, diz Kant, faz um uso privado de sua razão quando ele é "uma peça de uma máquina"; ou seja, quando ele tem um papel a desempenhar na sociedade e funções a exercer: ser soldado, ter impostos a pagar, dirigir uma paróquia, ser funcionário de um governo, tudo isso faz do ser humano um segmento particular na sociedade; por aí, ele se encontra colocado em uma posição definida, em que ele deve aplicar as regras e perseguir fins particulares. Kant não pede que se pratique

356 Michel Foucault – Ditos e Escritos

uma obediência cega e tola; mas que se faça um uso da razão adaptado a essas circunstâncias determinadas; e a razão deve submeter-se então a esses fins particulares. Não pode haver portanto, aí, uso livre da razão.

Em compensação, quando se raciocina apenas para fazer uso de sua razão, quando se raciocina como ser racional (e não como peça de uma máquina), quando se raciocina como membro da humanidade racional, então o uso da razão deve ser livre e público. A *Aufklärung* não é, portanto, somente o processo pelo qual os indivíduos procurariam garantir sua liberdade pessoal de pensamento. Há *Aufklärung* quando existe sobreposição do uso universal, do uso livre e do uso público da razão.

Ora, isso nos conduz a uma quarta questão que é preciso colocar para esse texto de Kant. Compreende-se que o uso universal da razão (fora de qualquer fim particular) é assunto do próprio sujeito como indivíduo; percebe-se também que a liberdade desse uso pode ser assegurada de maneira puramente negativa pela ausência de qualquer acusação contra ele; mas como assegurar um uso público dessa razão? A *Aufklärung* – vemos aqui – não deve ser concebida simplesmente como um processo geral afetando toda a humanidade; ela não deve ser concebida somente como uma obrigação prescrita aos indivíduos: ela aparece agora como um problema político. Em todo caso, coloca-se a questão de saber como o uso da razão pode tomar a forma pública que lhe é necessária, como a audácia de saber pode se exercer plenamente, enquanto os indivíduos obedecerão tão exatamente quanto possível. E Kant, para terminar, propõe a Frederico II, em termos pouco velados, uma espécie de contrato. O que poderíamos chamar de contrato do despotismo racional com a livre razão: o uso público e livre da razão autônoma será a melhor garantia da obediência, desde que, no entanto, o próprio princípio político ao qual é preciso obedecer esteja de acordo com a razão universal.

*

Deixemos de lado esse texto. Não pretendo absolutamente considerá-lo como podendo constituir uma descrição adequada da *Aufklärung*; e nenhum historiador, penso, poderia se satisfazer com ele para analisar as transformações sociais, políticas e culturais produzidas no fim do século XVIII.

Contudo, apesar de seu caráter circunstancial e sem querer lhe dar um lugar exagerado na obra de Kant, creio que é preciso enfatizar a ligação existente entre esse pequeno artigo e as três *Critiques*. Ele descreve de fato a *Aufklärung* como o momento em que a humanidade fará uso de sua própria razão, sem se submeter a nenhuma autoridade; ora, é precisamente neste momento que a Crítica é necessária, já que ela tem o papel de definir as condições nas quais o uso da razão é legítimo para determinar o que se pode conhecer, o que é preciso fazer e o que é permitido esperar. É um uso ilegítimo da razão que faz nascer, com a ilusão, o dogmatismo e a heteronomia; ao contrário, é quando o uso legítimo da razão foi claramente definido em seus princípios que sua autonomia pode ser assegurada. A Crítica é, de qualquer maneira, o livro de bordo da razão tornada maior na *Aufklärung*; e, inversamente, a *Aufklärung* é a era da Crítica.

É preciso também, creio, enfatizar a relação entre esse texto de Kant e os outros textos consagrados à história. Estes, em sua maioria, buscam definir a finalidade interna do tempo e o ponto para o qual se encaminha a história da humanidade. Ora, a análise da *Aufklärung*, definindo-a como a passagem da humanidade para seu estado de maioridade, situa a atualidade em relação a esse movimento do conjunto e suas direções fundamentais. Mas, simultaneamente, ela mostra como, nesse momento atual, cada um é responsável de uma certa maneira por esse processo do conjunto.

A hipótese que eu gostaria de sustentar é de que esse pequeno texto se encontra de qualquer forma na charneira entre a reflexão crítica e a reflexão sobre a história. É uma reflexão de Kant sobre a atualidade de seu trabalho. Sem dúvida, não é a primeira vez que um filósofo expõe as razões que ele tem para empreender sua obra em tal ou tal momento. Mas me parece que é a primeira vez que um filósofo liga assim, de maneira estreita e do interior, a significação de sua obra em relação ao conhecimento, uma reflexão sobre a história e uma análise particular do momento singular em que ele escreve e em função do qual ele escreve. A reflexão sobre "a atualidade" como diferença na história e como motivo para uma tarefa filosófica particular me parece ser a novidade desse texto.

E, encarando-o assim, me parece que se pode reconhecer nele um ponto de partida: o esboço do que se poderia chamar de atitude de modernidade.

358 Michel Foucault – Ditos e Escritos

Sei que se fala frequentemente da modernidade como uma época ou, em todo caso, como um conjunto de traços característicos de uma época; ela é situada em um calendário, no qual seria precedida de uma pré-modernidade, mais ou menos ingênua ou arcaica, e seguida de uma enigmática e inquietante "pós-modernidade". E nos interrogamos então para saber se a modernidade constitui a consequência da *Aufklärung* e seu desenvolvimento, ou se é preciso ver nela uma ruptura ou um desvio em relação aos princípios fundamentais do século XVIII.

Referindo-me ao texto de Kant, pergunto-me se não podemos encarar a modernidade mais como uma atitude do que como um período da história. Por atitude, quero dizer um modo de relação que concerne à atualidade; uma escolha voluntária que é feita por alguns; enfim, uma maneira de pensar e de sentir, uma maneira também de agir e de se conduzir que, tudo ao mesmo tempo, marca uma pertinência e se apresenta como uma tarefa. Um pouco, sem dúvida, como aquilo que os gregos chamavam de *êthos*. Consequentemente, mais do que querer distinguir o "período moderno" das épocas "pré" ou "pós-modernas", creio que seria melhor procurar entender como a atitude de modernidade, desde que se formou, pôs-se em luta com as atitudes de "contramodernidade".

Para caracterizar resumidamente essa atitude de modernidade, tomarei um exemplo que é quase obrigatório: trata-se de Baudelaire, já que em geral se reconhece nele uma das consciências mais agudas da modernidade do século XIX.

1) Tenta-se frequentemente caracterizar a modernidade pela consciência da descontinuidade do tempo: ruptura da tradição, sentimento de novidade, vertigem do que passa. É certamente isso que Baudelaire parece dizer quando ele define a modernidade como "o transitório, o fugidio, o contingente".[5] Mas, para ele, ser moderno não é reconhecer e aceitar esse movimento perpétuo; é, ao contrário, assumir uma determinada atitude em relação a esse movimento; e essa atitude voluntária, difícil, consiste em recuperar alguma coisa de eterno que não está além do instante presente, nem por trás dele, mas nele. A modernidade se distingue da moda que apenas segue o curso do tempo; é essa atitude que permite apreender o que há de

---

5 Baudelaire (C.), *Le peintre de la vie moderne*, *in Oeuvres complètes*, Paris, Gallimard, col. "Bibliothèque de la Pléiade", 1976, t. II, p. 695.

"heroico" no momento presente. A modernidade não é um fato de sensibilidade frente ao presente fugidio; é uma vontade de "heroificar" o presente.

Eu me contentarei em citar o que diz Baudelaire da pintura dos personagens contemporâneos. Baudelaire ridiculariza esses pintores que, achando muito antiestética a maneira de se vestir dos homens do século XIX, só querem representá-los com togas antigas. Mas, para ele, a modernidade da pintura não consistirá apenas em introduzir vestes negras em um quadro. O pintor moderno será aquele que mostrará essa escura sobrecasaca como "a vestimenta necessária de nossa época". É aquele que saberá fazer valer, nessa última moda, a relação essencial, permanente, obsedante que nossa época mantém com a morte. "A vestimenta negra e a sobrecasaca têm não somente sua beleza poética, que é a expressão da igualdade universal, mas ainda sua poética, que é a expressão do espírito público; um imenso desfile de coveiros, políticos, amantes, burgueses. Celebramos todos algum enterro."[6] Para designar essa atitude de modernidade, Baudelaire utiliza, às vezes, uma lítotes que é muito significativa, porque ela se apresenta sob a forma de um preceito: "Vocês não têm o direito de menosprezar o presente."

2) Essa heroificação é irônica, bem entendido. Não se trata absolutamente, na atitude de modernidade, de sacralizar o momento que passa para tentar mantê-lo ou perpetuá-lo. Não se trata sobretudo de recolhê-lo como uma curiosidade fugidia e interessante: isso seria o que Baudelaire chama de uma atitude de "flanar". Aquele que flana se contenta em abrir os olhos, prestar atenção e colecionar na lembrança. Ao homem que flana, Baudelaire opõe o homem de modernidade: "Ele vai, corre, procura. Seguramente, esse homem, esse solitário dotado de uma imaginação ativa, sempre viajando através do grande deserto de homens, tem um objetivo mais elevado do que o daquele que flana, um objetivo mais geral, diferente do prazer fugidio da circunstância. Ele busca essa alguma coisa que nos permitirão chamar de modernidade. Trata-se para ele de destacar da moda o que ela pode conter de poético no histórico." E, como exemplo de modernidade, Baudelaire cita o desenhista Constantin Guys. Aparentemente, ele é um sujeito que flana, um colecionador de curiosidades: ele é sempre "o último

---

6 Id., "De l'héroïsme de la vie moderne", *op. cit.*, p. 494.

360 Michel Foucault – Ditos e Escritos

em todos os lugares onde pode resplandecer a luz, ressoar a poesia, fervilhar a vida, vibrar a música, em todos os lugares onde uma paixão pode pousar seu olhar, em todos os lugares onde o homem natural e o homem convencional se mostram em uma beleza bizarra, em todos os lugares onde o sol clareia as joias fugidias do animal depravado".[7]

Mas não devemos nos enganar. Constantin Guys não é um sujeito que flana; de fato, aos olhos de Baudelaire, o pintor moderno por excelência é aquele que, na hora em que o mundo inteiro vai dormir, se põe ao trabalho, e o transfigura. Transfiguração que não é anulação do real, mas o difícil jogo entre a verdade do real e o exercício da liberdade; as coisas "naturais" tornam-se então "mais do que naturais", as coisas "belas" tornam-se "mais do que belas", e as coisas singulares aparecem "dotadas de uma vida entusiasta como a alma do autor".[8] Para a atitude de modernidade, o alto valor do presente é indissociável da obstinação de imaginar, imaginá-lo de modo diferente do que ele não é, e transformá-lo não o destruindo, mas captando-o no que ele é. A modernidade baudelairiana é um exercício em que a extrema atenção para com o real é confrontada com a prática de uma liberdade que, simultaneamente, respeita esse real e o viola.

3) No entanto, para Baudelaire, a modernidade não é simplesmente forma de relação com o presente; é também um modo de relação que é preciso estabelecer consigo mesmo. A atitude voluntária de modernidade está ligada a um ascetismo indispensável. Ser moderno não é aceitar a si mesmo tal como se é no fluxo dos momentos que passam; é tomar a si mesmo como objeto de uma elaboração complexa e dura: é o que Baudelaire chama, de acordo com o vocabulário da época, de "dandismo". Não lembrarei as páginas muito conhecidas: aquelas sobre a natureza "grosseira, terrestre, imunda"; aquelas sobre a indispensável revolta do homem em relação a ele mesmo; aquelas sobre a "doutrina da elegância", que impõe "a esses ambiciosos e apagados sectários" uma disciplina mais despótica do que a das mais terríveis religiões; as páginas, enfim, sobre o ascetismo do dândi que faz de seu corpo, de seu comportamento, de seus sentimentos e paixões, de sua existência,

---

7 Baudelaire (C.), *Le peintre de la vie moderne*, op. cit., p. 693-694.
8 *Ibid.*, p. 694.

uma obra de arte. O homem moderno, para Baudelaire, não é aquele que parte para descobrir a si mesmo, seus segredos e sua verdade escondida; ele é aquele que busca inventar-se a si mesmo. Essa modernidade não liberta o homem em seu ser próprio; ela lhe impõe a tarefa de elaborar a si mesmo.

4) Finalmente, acrescentarei apenas uma palavra. Essa heroificação irônica do presente, esse jogo da liberdade com o real para sua transfiguração, essa elaboração ascética de si, Baudelaire não concebe que possam ocorrer na própria sociedade ou no corpo político. Eles só podem produzir-se em um lugar outro que Baudelaire chama de arte.

*

Não pretendo resumir nesses poucos traços o acontecimento histórico complexo que foi a *Aufklärung* no fim do século XVIII, nem tampouco as diferentes formas que a atitude de modernidade pôde assumir durante os dois últimos séculos.

Gostaria, por um lado, de enfatizar o enraizamento na *Aufklärung* de um tipo de interrogação filosófica que problematiza simultaneamente a relação com o presente, o modo de ser histórico e a constituição de si próprio como sujeito autônomo; gostaria de enfatizar, por outro lado, que o fio que pode nos atar dessa maneira à *Aufklärung* não é a fidelidade aos elementos de doutrina, mas, antes, a reativação permanente de uma atitude; ou seja, um *éthos* filosófico que seria possível caracterizar como crítica permanente de nosso ser histórico. É esse *éthos* que eu gostaria de caracterizar muito resumidamente.

A. *Negativamente.* 1) Esse *éthos* implica inicialmente que se recuse o que chamarei de boa vontade de "chantagem" em relação à *Aufklärung*. Penso que a *Aufklärung,* como conjunto de acontecimentos políticos, econômicos, sociais, institucionais, culturais dos quais somos ainda em grande parte dependentes, constitui um domínio de análise privilegiado. Penso também que, como empreendimento para ligar por um laço de relação direta o progresso da verdade e a história da liberdade, ela formulou uma questão filosófica que ainda permanece colocada para nós. Penso, enfim – tentei mostrá-lo a propósito do texto de Kant –, que ela definiu uma certa maneira de filosofar.

Mas isso não quer dizer que é preciso ser a favor ou contra a *Aufklärung*. Isso quer dizer precisamente que é neces-

362 Michel Foucault – Ditos e Escritos

sário recusar tudo o que poderia se apresentar sob a forma de uma alternativa simplista e autoritária: ou vocês aceitam a *Aufklärung*, e permanecem na tradição de seu racionalismo (o que é considerado por alguns como positivo e, por outros, ao contrário, como uma censura); ou vocês criticam a *Aufklärung*, e tentam escapar desses princípios de racionalidade (o que pode ser ainda uma vez tomado como positivo ou como negativo). E não escaparemos dessa chantagem introduzindo nuanças "dialéticas", buscando determinar o que poderia haver de bom ou de mau na *Aufklärung*.

É preciso tentar fazer a análise de nós mesmos como seres historicamente determinados, até certo ponto, pela *Aufklärung*. O que implica uma série de pesquisas históricas tão precisas quanto possível; e essas pesquisas não serão orientadas retrospectivamente na direção do "núcleo essencial da racionalidade" que se pode encontrar na *Aufklärung* e que se poderia salvar inteiramente no estado de causa; elas seriam orientadas na direção dos "limites atuais do necessário": ou seja, na direção do que não é, ou não é mais, indispensável para a constituição de nós mesmos como sujeitos autônomos.

2) Essa crítica permanente de nós mesmos deve evitar as confusões sempre muito fáceis entre o humanismo e a *Aufklärung*. É preciso jamais esquecer que a *Aufklärung* é um acontecimento ou um conjunto de acontecimentos e de processos históricos complexos, que se situaram em um determinado momento do desenvolvimento das sociedades europeias. Esse conjunto inclui elementos de transformações sociais, tipos de instituições políticas, formas de saber, projetos de racionalização dos conhecimentos e das práticas, mutações tecnológicas, que são muito difíceis de resumir em uma palavra, embora muitos desses fenômenos sejam ainda importantes no momento atual. Aquele que eu já destaquei, e que me parece ter sido fundador de toda uma forma de reflexão filosófica, concerne somente ao modo de relação de reflexão com o presente.

O humanismo é uma coisa completamente diferente: é um tema, ou melhor, um conjunto de temas que reapareceram em várias ocasiões através do tempo, nas sociedades europeias; esses temas, permanentemente ligados a julgamentos de valor, tiveram evidentemente sempre muitas variações em seu conteúdo, assim como nos valores que eles mantiveram. Mais ainda, serviram de princípio crítico de diferenciação: houve um humanismo que se apresentava como crítica ao cristianismo ou à religião em geral; houve um humanismo cristão em oposição a um humanismo ascético e muito mais teocêntrico (no século XVII). No século XIX, houve um humanismo desconfiado, hostil e crítico em relação à ciência; e um outro que colocava (ao contrário) sua esperança nessa mesma ciência. O marxismo foi um humanismo; o existencialismo, o personalismo também o foram; houve um tempo em que se sustentavam os valores humanistas representados pelo nacional-socialismo, e no qual os próprios stalinistas se diziam humanistas.

Não se deve concluir daí que tudo aquilo que se reivindicou como humanismo deva ser rejeitado, mas que a temática humanista é em si mesma muito maleável, muito diversa, muito inconsistente para servir de eixo à reflexão. E é verdade que, ao menos desde o século XVII, o que se chama de humanismo foi sempre obrigado a se apoiar em certas concepções do homem que são tomadas emprestadas da religião, das ciências, da política. O humanismo serve para colorir e justificar as concepções do homem às quais ele foi certamente obrigado a recorrer.

Ora, creio que justamente se pode opor a essa temática, tão frequentemente recorrente e sempre dependente do humanismo, o princípio de uma crítica e de uma criação permanente de nós mesmos em nossa autonomia; ou seja, um princípio que está no cerne da consciência histórica que a *Aufklärung* tinha tido dela mesma. Deste ponto de vista, eu veria mais uma tensão entre a *Aufklärung* e o humanismo do que uma identidade.

Em todo caso, confundi-los me parece perigoso; e, além disso, historicamente inexato. Se a questão do homem, da espécie humana, do humanista foi muito importante ao longo do século XVIII, muito raramente, creio, a própria *Aufklärung* se considerou como um humanismo. Vale a pena notar também que, ao longo do século XIX, a historiografia do humanismo no século XVI, que tinha sido tão importante em pessoas como Sainte-Beuve ou Burckhardt, sempre foi distinta e, às vezes, explicitamente oposta às Luzes e ao século XVIII. O século XIX teve a tendência a opô-los, ao menos tanto quanto a confundi-los.

Em todo caso, creio que é preciso escapar tanto da chantagem intelectual e política de "ser a favor ou contra a *Aufklärung*", como também da confusão histórica e moral que mistura o tema do humanismo com a questão da *Aufklärung*. Uma análise de suas relações complexas ao longo dos dois úl-

364 Michel Foucault – Ditos e Escritos

timos séculos deveria ser feita, e esse seria um trabalho importante para desembaralhar um pouco a consciência que temos de nós mesmos e de nosso passado.

B. *Positivamente*. Mas, levando em conta essas precauções, é preciso evidentemente dar um conteúdo mais positivo ao que pode ser um *êthos* filosófico consistente em uma crítica do que dizemos, pensamos e fazemos, através de uma ontologia histórica de nós mesmos.

1) Esse *êthos* filosófico pode ser caracterizado como uma *atitude-limite*. Não se trata de um comportamento de rejeição. Deve-se escapar à alternativa do fora e do dentro; é preciso situar-se nas fronteiras. A crítica é certamente a análise dos limites e a reflexão sobre eles. Mas, se a questão kantiana era saber a que limites o conhecimento deve renunciar a transpor, parece-me que, atualmente, a questão crítica deve ser revertida em uma questão positiva: no que nos é apresentado como universal, necessário, obrigatório, qual é a parte do que é singular, contingente e fruto das imposições arbitrárias. Trata-se, em suma, de transformar a crítica exercida sob a forma de limitação necessária em uma crítica prática sob a forma de ultrapassagem possível.

Aquilo que, nós o vemos, traz como consequência que a crítica vai se exercer não mais na pesquisa das estruturas formais que têm valor universal, mas como pesquisa histórica através dos acontecimentos que nos levaram a nos constituir e a nos reconhecer como sujeitos do que fazemos, pensamos, dizemos. Nesse sentido, essa crítica não é transcendental e não tem por finalidade tornar possível uma metafísica: ela é genealógica em sua finalidade e arqueológica em seu método. Arqueológica – e não transcendental – no sentido de que ela não procurará depreender as estruturas universais de qualquer conhecimento ou de qualquer ação moral possível; mas tratar tanto os discursos que articulam o que pensamos, dizemos e fazemos como os acontecimentos históricos. E essa crítica será genealógica no sentido de que ela não deduzirá da forma do que somos o que para nós é impossível fazer ou conhecer; mas ela deduzirá da contingência que nos fez ser o que somos a possibilidade de não mais ser, fazer ou pensar o que somos, fazemos ou pensamos.

Ela não busca tornar possível a metafísica tornada enfim ciência; ela procura fazer avançar para tão longe e tão amplamente quanto possível o trabalho infinito da liberdade.

2) Mas, para que não se trate simplesmente da afirmação e do sonho vazio de liberdade, parece-me que essa atitude histórico-crítica deve ser também uma atitude experimental. Quero dizer que esse trabalho realizado nos limites de nós mesmos deve, por um lado, abrir um domínio de pesquisas históricas e, por outro, colocar-se à prova da realidade e da atualidade, para simultaneamente apreender os pontos em que a mudança é possível e desejável e para determinar a forma precisa a dar a essa mudança. O que quer dizer que essa ontologia histórica de nós mesmos deve desviar-se de todos esses projetos que pretendem ser globais e radicais. De fato, sabe-se pela experiência que a pretensão de escapar ao sistema da atualidade para oferecer programas de conjunto de uma outra sociedade, de um outro modo de pensar, de uma outra cultura, de uma outra visão do mundo apenas conseguiu reconduzir às mais perigosas tradições.

Prefiro as transformações muito precisas que puderam ocorrer, há 20 anos, em um certo número de domínios que concernem a nossos modos de ser e de pensar, às relações de autoridade, às relações de sexos, à maneira pela qual percebemos a loucura ou a doença, prefiro essas transformações mesmo parciais, que foram feitas na correlação da análise histórica e da atitude prática, às promessas do novo homem que os piores sistemas políticos repetiram ao longo do século XX.

Caracterizarei então o *êthos* filosófico próprio à antologia crítica de nós mesmos como uma prova histórico-prática dos limites que podemos transpor, portanto, como o nosso trabalho sobre nós mesmos como seres livres.

3) Mas, sem dúvida, seria totalmente legítimo fazer a seguinte objeção: limitando-se a esse tipo de pesquisas e de provas sempre parciais e locais, não há o risco de nos deixarmos determinar por estruturas mais gerais, sobre as quais tendemos a não ter nem consciência nem domínio?

Sobre isso, duas respostas. É verdade que é preciso renunciar à esperança de jamais atingir um ponto de vista que poderia nos dar acesso ao conhecimento completo e definitivo do que pode constituir nossos limites históricos. E, desse ponto de vista, a experiência teórica e prática que fazemos de nossos limites e de sua ultrapassagem possível é sempre limitada, determinada e, portanto, a ser recomeçada.

Mas isso não quer dizer que qualquer trabalho só pode ser feito na desordem e na contingência. Esse trabalho tem sua generalidade, sua sistematização, sua homogeneidade e sua aposta.

366 Michel Foucault – Ditos e Escritos

Sua aposta. É indicada pelo que poderíamos chamar de "o paradoxo (das relações) da capacidade e do poder". Sabe-se que a grande promessa ou a grande esperança do século XVIII, ou de uma parte do século XVIII, estava depositada no crescimento simultâneo e proporcional da capacidade técnica de agir sobre as coisas e da liberdade dos indivíduos uns em relação aos outros. Além disso, podemos ver que, através de toda a história das sociedades ocidentais (talvez ali se encontre a raiz de seu singular destino histórico – tão particular, tão diferente (dos outros) em sua trajetória e tão universalizante, dominante em relação aos outros), a aquisição de capacidades e a luta pela liberdade constituíram os elementos permanentes. Ora, as relações entre crescimento das capacidades e crescimento da autonomia não são tão simples para que o século XVIII pudesse acreditar nelas. Pode-se ver que formas de relações de poder eram veiculadas pelas diversas tecnologias (quer se tratasse de produções com finalidades econômicas, de instituições visando a regulações sociais, de técnicas de comunicação): como exemplo, as disciplinas simultaneamente coletivas e individuais, os procedimentos de normalização exercidos em nome do poder do Estado, as exigências da sociedade ou de faixas da população. A aposta é então: como desvincular o crescimento das capacidades e a intensificação das relações de poder?

Homogeneidade. Conduz ao estudo do que poderíamos chamar de "conjuntos práticos". Trata-se de tomar como domínio homogêneo de referência não as representações que os homens se dão deles mesmos, não as condições que os determinam sem que eles o saibam, mas o que eles fazem e a maneira pela qual o fazem. Ou seja, as formas de racionalidade que organizam as maneiras de fazer (o que poderíamos chamar de seu aspecto tecnológico), e a liberdade com a qual eles agem nesses sistemas práticos, reagindo ao que os outros fazem, modificando até certo ponto as regras do jogo (é o que poderíamos chamar de versão estratégica dessas práticas). A homogeneidade dessas análises histórico-críticas é assegurada, portanto, por esse domínio das práticas, com sua versão tecnológica e sua versão estratégica.

Sistematização. Esses conjuntos práticos decorrem de três grandes domínios: o das relações de domínio sobre as coisas, o das relações de ação sobre os outros, o das relações consigo mesmo. O que não quer dizer que esses três domínios sejam

1984 – O que São as Luzes? 367

completamente estranhos uns aos outros. Sabemos que o domínio sobre as coisas passa pela relação com os outros; e esta implica sempre as relações consigo mesmo; e vice-versa. Mas trata-se de três eixos dos quais é preciso analisar a especificidade e o intricamento: o eixo do saber, o eixo do poder e o eixo da ética. Em outros termos, a ontologia histórica de nós mesmos deve responder a uma série aberta de questões; ela se relaciona com um número não definido de pesquisas que é possível multiplicar e precisar tanto quanto se queira; mas elas responderão todas à seguinte sistematização: como nos constituímos como sujeitos de nosso saber; como nos constituímos como sujeitos que exercem ou sofrem as relações de poder; como nos constituímos como sujeitos morais de nossas ações.

Generalidade. Finalmente, essas pesquisas histórico-críticas são bem particulares no sentido de se referirem sempre a um material, a uma época, a um corpo de práticas e a discursos determinados. Mas, ao menos na escala das sociedades ocidentais da qual derivamos, elas têm sua generalidade: no sentido de que, até agora, elas têm sido recorrentes; assim, o problema das relações entre razão e loucura, entre doença e saúde, crime e lei, ou o problema do lugar a dar às relações sexuais etc.

Mas, se evoco essa generalidade não é para dizer que é preciso retraçá-la em sua continuidade meta-histórica através do tempo, nem tampouco acompanhar suas variações. O que é preciso apreender é em que medida o que sabemos, as formas de poder que aí se exercem e a experiência que fazemos de nós mesmos constituem apenas figuras históricas determinadas por uma certa forma de problematização, que definiu objetos, regras de ação, modos de relação consigo mesmo. O estudo (dos modos) de *problematizações* (ou seja, do que não é constante antropológica nem variação cronológica) é, portanto, a maneira de analisar, em sua forma historicamente singular, as questões de alcance geral.

*

Um pequeno resumo para terminar e retornar a Kant. Não sei se algum dia nos tornaremos maiores. Muitas coisas em nossa experiência nos convencem de que o acontecimento histórico da *Aufklärung* não nos tornou maiores; e que nós não o somos ainda. Entretanto, parece-me que se pode dar um sentido a essa interrogação crítica sobre o presente e sobre nós mesmos formulada por Kant ao refletir sobre a *Aufklärung*. Parece-me que esta é, inclusive, uma maneira de filosofar que não foi sem importância nem eficácia nesses dois últimos séculos. É preciso considerar a ontologia crítica de nós mesmos não certamente como uma teoria, uma doutrina, nem mesmo como um corpo permanente de saber que se acumula; é preciso concebê-la como uma atitude, um *éthos*, uma via filosófica em que a crítica do que somos é simultaneamente análise histórica dos limites que nos são colocados e prova de sua ultrapassagem possível.

Essa atitude filosófica deve se traduzir em um trabalho de pesquisas diversas: estas têm sua coerência metodológica no estudo tanto arqueológico quanto genealógico de práticas enfocadas simultaneamente como tipo tecnológico de racionalidade e jogos estratégicos de liberdades; elas têm sua coerência teórica na definição das formas historicamente singulares nas quais têm sido problematizadas as generalidades de nossa relação com as coisas, com os outros e conosco. Elas têm sua coerência prática no cuidado dedicado em colocar a reflexão histórico-crítica à prova das práticas concretas. Não sei se é preciso dizer hoje que o trabalho crítico também implica a fé nas Luzes; ele sempre implica, penso, o trabalho sobre nossos limites, ou seja, um trabalho paciente que dá forma à impaciência da liberdade.

1985

A Vida: a Experiência e a Ciência

"La vie: l'expérience et al science", *Revue de métaphysique et de morale*, 90º ano, n. 1: *Canguilhem*, janeiro-março de 1985, p. 3-14.

M. Foucault desejava oferecer um texto inédito à *Revue de métaphysique et de morale*, que dedicava um número especial ao seu mestre, Georges Canguilhem. Esgotado, ele pôde apenas modificar o prefácio que havia escrito para a tradução americana de *O normal e o patológico* (ver n. 219, vol. III da edição francesa desta obra). Ele enviou esse texto no final de abril de 1984; foi, portanto, o último ao qual deu seu imprimátur.

Todos sabem que, na França, há poucos lógicos, mas que houve um número razoável de historiadores das ciências. Sabe-se também que eles ocuparam na instituição filosófica – ensino ou pesquisa – um lugar considerável. Mas talvez se saiba com menos clareza o que foi ao certo, durante esses últimos 20 ou 30 anos, e até para além das fronteiras da instituição, um trabalho como o de G. Canguilhem. Houve, sem dúvida, espetáculos bem mais ruidosos: psicanálise, marxismo, linguística, etnologia. Mas não esqueçamos esse fato que se destaca, como se queira, da sociologia dos meios intelectuais franceses, do funcionamento de nossas instituições universitárias ou de nosso sistema de valores culturais: em todas as discussões políticas ou científicas desses estranhos anos 1960, o papel da filosofia – não quero dizer simplesmente daqueles que tinham recebido sua formação universitária nos departamentos de filosofia – foi importante. Demasiadamente importante, talvez, na opinião de alguns. Ora, direta ou indiretamente, todos ou quase todos esses filósofos tinham relação com o ensino ou com os livros de G. Canguilhem.

Donde um paradoxo: esse homem, cuja obra é austera, deliberadamente bem delimitada e cuidadosamente dedicada a um domínio particular em uma história das ciências que, de qualquer forma, não se apresenta como uma

370 Michel Foucault – Ditos e Escritos

disciplina dada a grandes exibicionismos, esteve de certa forma presente nos debates dos quais ele próprio sempre evitou participar. Mas suprimam Canguilhem e vocês não compreenderão mais grande coisa de toda uma série de discussões que ocorreram entre os marxistas franceses; vocês não mais apreenderão o que há de específico em sociólogos como Bourdieu, Castel, Passeron, e que os marca tão intensamente no campo da sociologia; vocês negligenciarão todo um aspecto do trabalho teórico feito pelos psicanalistas, especialmente os lacanianos. Mais: em todo o debate de ideias que precedeu ou sucedeu o movimento de 1968, é fácil reencontrar o lugar daqueles que, direta ou indiretamente, haviam sido formados por Canguilhem.

Sem desconhecer as dissensões que puderam, durante esses últimos anos e desde o final da guerra, opor marxistas e não marxistas, freudianos e não freudianos, especialistas de uma disciplina e filósofos, universitários e não universitários, teóricos e políticos, me parece que se poderia reencontrar uma outra linha divisória que atravessa todas essas oposições. É a que separa uma filosofia da experiência, do sentido, do sujeito e uma filosofia do saber, da racionalidade e do conceito. De um lado, uma filiação que é a de Sartre e de Merleau-Ponty; e depois uma outra, a de Cavaillès, Bachelard, Koyré e Canguilhem. Sem dúvida, essa divisão vem de longe, e se poderia restabelecer seu rastro através do século XIX: Bergson e Poincaré, Lachelier e Couturat, Maine de Biran e Comte. E, em todo caso, foi através desse ponto estabelecido no século XX que a fenomenologia foi aceita na França. Pronunciadas em 1929, modificadas, traduzidas e publicadas pouco depois, as *Meditações cartesianas*[1] foram precocemente o que esteve em jogo em duas leituras possíveis: uma que, na direção de uma filosofia do sujeito, procurava radicalizar Husserl e não devia tardar a reencontrar as questões de *Sein und Zeit*;[2] trata-se do artigo de Sartre sobre

---

1 Husserl (E.), *Cartesianische Meditationen. Eine Einleitung in die Phänomenologie*, 1931, *in Gesammelte Werke*, t. I, La Haye, Martin Nijhoff, 1950 (*Méditations cartésiennes. Introduction à la phénoménologie*, trad. G. Peiffer e E. Levinas, Paris, Vrin, 1953).

2 Heidegger (M.), *Sein und Zeit*, Tubingen, Max Niemeyer, 1927 (*L'être et le temps*, trad. R. Boehm e A. de Waelhens, Paris, Gallimard, 1964).

a "Transcendance de l'ego",[3] em 1935; a outra que vai remontar aos problemas fundadores do pensamento de Husserl, os do formalismo e do intuicionismo; e que redundará, em 1938, nas duas teses de Cavaillès sobre o *Méthode axiomatique* e sobre *La formation de la théorie des ensembles*.[4] Quaisquer que tenham sido, a seguir, as ramificações, as interferências, as aproximações, essas duas formas de pensamento constituíram, na França, duas tramas que permaneceram, ao menos durante um certo tempo, profundamente heterogêneas.

Aparentemente, a segunda permaneceu ao mesmo tempo a mais teórica, a mais regrada em relação às tarefas especulativas, também a mais afastada das interrogações políticas imediatas. E, no entanto, foi ela que, durante a guerra, tomou parte de maneira muito direta no combate, como se a questão do fundamento da racionalidade não pudesse ser dissociada da interrogação sobre as condições atuais de sua existência. Foi ela também que desempenhou no curso dos anos 1960 um papel decisivo em uma crise que não era simplesmente a da universidade, mas a do *status* e do papel do saber. Podemos nos perguntar por que tal tipo de reflexão pôde, seguindo sua lógica própria, encontrar-se tão profundamente ligado ao presente.

*

Uma das principais razões reside, sem dúvida, nisto: a história das ciências deve sua dignidade filosófica ao fato de ela colocar em ação um dos temas que foi introduzido, de maneira sem dúvida um pouco sub-reptícia e como por acidente, na filosofia do século XVIII. Pela primeira vez, nessa época, questionou-se o pensamento racional não somente sobre sua natureza, seu fundamento, seus poderes e direitos, mas sobre sua história e sua geografia, sobre seu passado imediato e suas condições de exercício, sobre seu momento, lugar e atualidade. Dessa questão pela qual a filosofia fez, de sua forma presente e de sua ligação com seu contexto, uma interrogação essencial,

---

3 Sartre (J.-P.), "La transcendance de l'ego. Esquisse d'une description phénomélogique", *Recherches philosophiques*, n. 6, 1935; reed., Paris, Vrin, 1988.
4 Cavaillès (J.), *Méthode axiomatique et formalisme. Essai sur le problème du fondement des mathématiques*, Paris, Hermann, 1937; *Remarques sur la formation de la théorie abstraite des ensembles. Étude historique et critique*, Paris, Hermann, 1937.

372 Michel Foucault – Ditos e Escritos

pode-se tomar como símbolo o debate associado à *Berlinische Monatsschrift* e que tinha por tema: *Was ist Aufklärung?* A essa questão, Mendelssohn e depois Kant, cada um por seu lado, deram uma resposta.[5]

Essa questão foi, sem dúvida, entendida inicialmente como uma interrogação relativamente acessória: através dela, questionava-se a filosofia sobre a forma que ela podia assumir, sobre seu aspecto naquele momento e sobre os efeitos que se devia esperar dela. Mas rapidamente se revelou que a resposta dada tendia a ir bem mais longe. Fazia-se da *Aufklärung* o momento em que a filosofia encontrava a possibilidade de se constituir como a figura determinante de uma época, e em que essa época se tornava a forma de realização dessa filosofia. A filosofia podia ser lida também como sendo apenas a composição dos traços particulares do período em que ela aparecia, sendo dele a figura coerente, sua sistematização e sua forma conceitual; mas, por outro lado, a época aparecia como sendo apenas a emergência e a manifestação, em seus traços fundamentais, do que era em sua essência a filosofia. A filosofia também aparece como um elemento mais ou menos revelador das significações de uma época ou, ao contrário, como a lei geral que fixava a forma que cada época devia assumir. A leitura da filosofia no contexto de uma história geral e sua interpretação como princípio de decifração de qualquer sucessão histórica se tornam, então, simultaneamente possíveis. E, consequentemente, a questão do "momento presente" se transforma, para a filosofia, em uma interrogação da qual ela não pode mais se separar: até que ponto esse "momento" decorre de um processo histórico geral e em que medida a filosofia é o ponto em que a própria história deve se decifrar em suas condições?

A história se transforma, então, em um dos problemas maiores da filosofia. Seria sem dúvida necessário tentar verificar por que essa questão da *Aufklärung* teve, sem jamais desaparecer, um destino tão diferente nas tradições da Alemanha, da França e dos países anglo-saxões; por que, aqui e ali, ela é investida

---

5 Meldelssohn (M.), "Ueber die Frage: Was heisst Aufklären?", *Berlinische Monatsschrift*, IV, n. 3, setembro de 1784, p. 193-200. Kant (I.), "Beantwortung der Frage: Was ist Aufklärung?", *Berlinische Monatsschrift*, IV, n. 6, dezembro de 1784, p. 491-494 (*Réponse à la question: Qu'est-ce que les Lumières?*, trad. S. Piobetta, *in* Kant (I.), *La philosophie de l'histoire* (*Opuscules*), Paris, Aubier, 1947, p. 81-92).

em domínios tão diversos e segundo cronologias tão variadas. Digamos, em todo caso, que a filosofia alemã lhe deu corpo sobretudo em uma reflexão histórica e política sobre a sociedade (com um problema central: a experiência religiosa, em sua relação com a economia e o Estado); dos pós-hegelianos à Escola de Frankfurt e a Lukács, passando por Feuerbach, Marx, Nietzsche e Max Weber, todos deram testemunho disso. Na França, é sobretudo a história das ciências que serviu de suporte para a questão filosófica sobre o que tinha sido a *Aufklärung*; as críticas de Saint-Simon, o positivismo de Comte e seus sucessores foram, de certa forma, uma maneira de retomar a interrogação de Mendelssohn e a de Kant na dimensão de uma história geral das sociedades. Saber e crença, forma científica do conhecimento e conteúdos religiosos da representação, ou passagem do pré-científico ao científico, constituição de um poder racional sobre um fundo de uma experiência tradicional, aparecimento, no seio da história, das ideias e das crenças, de um tipo de história característica do conhecimento científico, origem e limiar da racionalidade: é sob essa forma que, através do positivismo – e daqueles que se opuseram a ele –, através dos debates acalorados sobre o cientificismo e das discussões sobre a ciência medieval, a questão da *Aufklärung* foi transmitida na França. E se a fenomenologia, após um período bem longo em que ela se manteve à margem, acabou por sua vez por penetrar, foi sem dúvida a partir do dia em que Husserl, nas *Meditações cartesianas* e na *Krisis*,[6] colocou a questão das relações entre o projeto ocidental de um desdobramento universal da razão, a positividade das ciências e a radicalidade da filosofia.

Há um século e meio, a história das ciências traz em seu bojo as apostas filosóficas que são facilmente reconhecidas. Obras como as de Koyré, Bachelard, Cavaillès ou Canguilhem podem ter como centro de referência domínios bem precisos, "regionais", cronologicamente bem determinados da história das ciências, e elas funcionaram como focos importantes de elaboração filosófica, à medida que faziam atuar, sob diferentes facetas, essa questão da *Aufklärung*, essencial para a filosofia contemporânea.

---

6 Husserl (E.), *Die Krisis der europäischen Wissenschaften und die transzendentale Phänomenologie. Einleitung in die Phänomenologie*, Belgrado, Philosophia, t. I, 1936, p. 77-176 (*La crise des sciences européennes et la phénoménologie transcendantale*, trad. G. Granel, Paris, Gallimard, 1976).

374 Michel Foucault – Ditos e Escritos

Se fosse preciso buscar fora da França alguma coisa que correspondesse ao trabalho de Koyré, Bachelard, Cavaillès ou Canguilhem, é sem dúvida do lado da Escola de Frankfurt que se a encontraria. E, no entanto, os estilos são bem diferentes, assim como as maneiras de fazer e os domínios tratados. Mas uns e outros colocam finalmente o mesmo tipo de questões, mesmo se, aqui, eles são obcecados pela lembrança de Descartes, e, ali, pela sombra de Lutero. Essas interrogações são aquelas que é preciso dirigir a uma racionalidade que aspira ao universal desenvolvendo-se inteiramente na contingência, que afirma sua unidade e que, no entanto, procede apenas por modificações parciais; que valida a si mesma através de sua própria soberania, mas que não pode ser dissociada, em sua história, das inércias, dos embotamentos ou das coerções que a submetem. Na história das ciências na França, assim como na teoria crítica alemã, o que se trata no fundo de examinar é uma razão, cuja autonomia de estrutura traz consigo a história dos dogmatismos e dos despotismos – consequentemente, uma razão que só tem efeito de libertação desde que ela consiga libertar-se de si mesma.

Vários processos que marcam a segunda metade do século XX reconduziram a questão das Luzes ao âmago das preocupações contemporâneas. O primeiro é a importância assumida pela racionalidade científica e técnica no desenvolvimento das forças produtivas e no jogo das decisões políticas. O segundo é a própria história de uma "revolução" cuja esperança havia sido conduzida, após o fim do século XVIII, por todo um racionalismo, ao qual se tem o direito de perguntar que participação ele pode ter tido nos efeitos de despotismo onde essa esperança foi perdida. O terceiro, enfim, é o movimento pelo qual se começou a perguntar, no Ocidente e ao Ocidente, que títulos sua cultura, sua ciência, sua organização social e, finalmente, sua própria racionalidade podiam deter para reivindicar uma validade universal: ela não é apenas uma miragem ligada a uma dominação e a uma hegemonia política? Dois séculos após sua aparição, a *Aufklärung* retorna: ao mesmo tempo como uma maneira de o Ocidente tomar consciência de suas possibilidades atuais e das liberdades às quais ele pode ter acesso, mas também como uma maneira de se interrogar sobre seus limites e os poderes que ele usou. A razão ao mesmo tempo como despotismo e como esclarecimento.

1985 – A Vida: a Experiência e a Ciência   375

Não nos surpreendemos de que a história das ciências, sobretudo na forma particular que lhe deu Canguilhem, tenha podido ocupar na França, nos debates contemporâneos, um lugar tão central.

*

Dizendo as coisas de forma muito grosseira, a história das ciências ocupou-se por muito tempo (de preferência, senão exclusivamente) de algumas disciplinas "nobres" e que sustentavam sua dignidade na antiguidade de sua fundação, em seu elevado grau de formalização, em sua aptidão para matematizar-se e no lugar privilegiado que elas ocupavam na hierarquia positivista das ciências. Por permanecer muito próxima desses conhecimentos que, dos gregos a Leibniz, tinham, em suma, sido incorporados à filosofia, a história das ciências evitava a questão, central para ela, e que concernia à sua relação com a filosofia. G. Canguilhem reverteu o problema; centrou o essencial de seu trabalho na história da biologia e na da medicina, sabendo claramente que a importância teórica dos problemas levantados pelo desenvolvimento de uma ciência não é necessariamente diretamente proporcional ao grau de formalização por ela atingido. Ele fez a história das ciências descer dos pontos culminantes (matemática, astronomia, mecânica galileana, física de Newton, teoria da relatividade) para regiões em que os conhecimentos são muito menos dedutíveis, onde eles permaneceram associados, durante muito mais tempo, aos fascínios da imaginação, e onde colocaram uma série de questões muito mais alheias aos hábitos filosóficos.

Mas, operando este deslocamento, G. Canguilhem fez bem mais do que assegurar a revalorização de um domínio relativamente negligenciado. Ele não ampliou simplesmente o campo da história das ciências; remanejou a própria disciplina em relação a um determinado número de pontos essenciais.

1) Inicialmente, ele retomou o tema da "descontinuidade". Velho tema que se delineou precocemente, ao ponto de ser contemporâneo, ou quase, do nascimento de uma história das ciências. O que marca tal história, já dizia Fontenelle, é a súbita formação de certas ciências "a partir do nada", a extrema rapidez de certos progressos que quase não eram esperados, também a distância que separa os conhecimentos científicos

376 Michel Foucault – Ditos e Escritos

do "uso comum" e dos motivos que puderam incitar os cientistas; é ainda a forma polêmica dessa história que não cessa de relatar os combates contra os "preconceitos", as "resistências" e os "obstáculos".[7] Retomando esse mesmo tema, elaborado por Koyré e por Bachelard, Georges Canguilhem insiste no fato de que a identificação das descontinuidades não é, para ele, nem um postulado nem um resultado; é, antes, uma "maneira de fazer", um procedimento que se integrou à história das ciências, porque ele é requisitado pelo próprio objeto do qual ela deve tratar. A história das ciências não é a história do verdadeiro, de sua lenta epifania; ela não poderia pretender relatar a descoberta progressiva de uma verdade inscrita desde sempre nas coisas e no intelecto, salvo se se pensasse que o saber atual a possui finalmente de maneira tão completa e definitiva que ele pode usá-la como um padrão para mensurar o passado. E, no entanto, a história das ciências não é uma pura e simples história das ideias e das condições em que elas surgiram antes de se apagarem. Na história das ciências, não se pode conceber a verdade como adquirida, mas tampouco se pode fazer economia de uma relação com o verdadeiro e da oposição do verdadeiro e do falso. É essa referência à ordem do verdadeiro e do falso que dá a essa história sua especificidade e sua importância. De que forma? Concebendo que ela se relaciona com a história dos "discursos verídicos", ou seja, com os discursos que se retificam, se corrigem, e que operam em si mesmos todo um trabalho de elaboração finalizado pela tarefa do "dizer verdadeiro". As ligações históricas, que os diferentes momentos de uma ciência podem ter uns com os outros, têm, necessariamente, essa forma de descontinuidade que constituem os remanejamentos, as reorganizações, a revelação de novos fundamentos, as mudanças de nível, a passagem para um novo tipo de objetos – "a perpétua revisão dos conteúdos pelo aprofundamento e pelo cancelamento", como dizia Cavaillès. O erro não é eliminado pela força surda de uma verdade que, pouco a pouco, sairia da sombra, mas pela

---

7 (N.A.) Fontenelle (B. Le Bovier de), *Préface à l'histoire de l'Académie*, in *Oeuvres*, ed. de 1790, t. VI, p. 73-74. Georges Canguilhem cita esse texto na *Introduction à l'histoire des sciences*, Paris, 1970, t. I. *Éléments et instruments*, p. 7-8.

formação de uma nova forma de "dizer verdadeiro".[8] Umas das condições de possibilidade para que se forme, no início do século XVIII, uma história das ciências, foi, observa Georges Canguilhem, a consciência que se havia adquirido das recentes "revoluções científicas" – a da geometria algébrica e do cálculo infinitesimal, a da cosmologia copernicana e newtoniana.[9]

2) Quem diz "história do discurso verídico" diz também método recorrente. Não no sentido de que a história das ciências diria: dada a verdade, finalmente reconhecida hoje, a partir de que momento ela foi pressentida, que caminhos foi preciso percorrer, que grupos conjurar para descobri-la e demonstrá-la? Mas no sentido de que as transformações sucessivas desse discurso verídico produzem, ininterruptamente, remanejamentos em sua própria história; o que, por muito tempo, tinha se mantido como impasse se torna um dia solução; um experimento lateral se transforma em um problema central em torno do qual todos os outros passam a gravitar; um procedimento ligeiramente divergente torna-se uma ruptura fundamental: a descoberta da fermentação não celular – fenômeno acessório no reino da microbiologia pasteuriana – só marcou uma ruptura essencial no dia em que a fisiologia das enzimas foi desenvolvida.[10] Em suma, a história das descontinuidades não é adquirida de uma vez por todas; ela é "impermanente" por si mesma, ela é descontínua; deve ser ininterruptamente retomada através de novos esforços.

Seria preciso concluirmos daí que a ciência faz e refaz a cada instante, de uma maneira espontânea, sua própria história, ao ponto de que o único historiador autorizado de uma ciência apenas poderia ser o próprio cientista reconstituindo o passado do que ele está fazendo? Para Georges Canguilhem, o problema não é de profissão: é de ponto de vista. A história das ciências não pode se contentar em reunir o que os cientistas do passado puderam pensar ou demonstrar; não se descreve uma história da fisiologia vegetal reexaminando "tudo aquilo

---

8 (N.A.) Sobre esse tema, ver *Idéologie et rationalité dans l'histoire des sciences de la vie*, Paris, Vrin, 1977, p. 21.

9 (N.A.) Cf. *Études d'histoire et de philosophie des sciences*, Paris, Vrin, 1968, p. 17.

10 (N.A.) G. Canguilhem retoma o exemplo tratado por M. Florkin em *A history of biochemistry*, Amsterdam, Elsevier, partes I e II, 1972, parte III, 1975; cf. *Idéologie et rationalité, op. cit.*, p. 15.

378   Michel Foucault – Ditos e Escritos

que os chamados botânicos, médicos, químicos, horticultores, agrônomos, economistas puderam escrever, a respeito de suas conjecturas, observações ou experiências quanto às relações entre estrutura e função sobre objetos chamados tanto de ervas como de plantas ou vegetais".[11] Mas tampouco se faz história das ciências filtrando novamente o passado através do conjunto de enunciados ou das teorias atualmente válidas, detectando assim no que era "falso" o verdadeiro a advir, e no que era verdadeiro o erro ulteriormente manifesto. Eis um dos pontos fundamentais do método de G. Canguilhem.

A história das ciências só pode se constituir no que ela tem de específico levando em conta, entre o puro historiador e o próprio cientista, o ponto de vista do epistemólogo. Esse ponto de vista é o que faz aparecer, através dos diversos episódios de um saber científico, "um encaminhamento ordenado latente": o que quer dizer que os processos de eliminação e de seleção dos enunciados, das teorias, dos objetos se fazem a cada instante em função de uma certa norma; e esta não pode ser identificada a uma estrutura teórica ou a um paradigma atual, porque a própria verdade científica de hoje não passa de um episódio; digamos ainda mais: o resultado provisório. Não é se apoiando em uma "ciência normal" que se pode retornar ao passado e traçar validamente sua história; é reencontrando o processo "normativo", do qual o saber atual não passa de um momento, sem que se possa, salvo profetismo, predizer o futuro. A história das ciências, diz Canguilhem citando Suzanne, Bachelard, não poderia construir seu objeto em nenhum outro lugar a não ser em um "espaço-tempo ideal".[12] E esse espaço-tempo não lhe é dado pelo tempo "realista" acumulado pela erudição histórica, nem pelo espaço de idealismo que a ciência de hoje recorta autoritariamente, mas pelo ponto de vista da epistemologia. Esta não é a teoria geral de qualquer ciência e de qualquer enunciado científico possível; ela é a pesquisa da normatividade interna às diferentes atividades científicas, tais como foram efetivamente operadas. Trata-se, portanto, de uma

---

11 (N.A.) *Idéologie et rationalité dans l'histoire des sciences de la vie*, *op. cit.*, p. 14.

12 Bachelard (S.), "Épistémologie et histoire des sciences" (XII Congresso Internacional de História das Ciências, Paris, 1968), *Revue de synthèse*, III série, n. 49-52, janeiro-dezembro de 1968, p. 51.

1985 – A Vida: a Experiência e a Ciência   379

reflexão teórica indispensável que permite à história das ciências constituir-se de uma maneira diferente da história em geral; e, inversamente, a história das ciências abre o domínio de análise indispensável para que a epistemologia seja outra coisa que a simples reprodução dos esquemas internos de uma ciência em um dado momento.[13] No método utilizado por Georges Canguilhem, a elaboração das análises "descontinuístas" e a elucidação da relação histórica entre as ciências e a epistemologia seguem lado a lado.

3) Ora, recolocando as ciências da vida nessa perspectiva histórico-epistemológica, Georges Canguilhem faz aparecer um certo número de traços essenciais, que singularizam seu desenvolvimento em relação ao das outras ciências e que colocam problemas específicos para os seus historiadores. Acreditou-se de fato que, no fim do século XVIII, entre uma fisiologia estudando os fenômenos da vida e uma patologia dedicada à análise das doenças, poder-se-ia encontrar o elemento comum que permitiria pensar como uma unidade os processos normais e aqueles que marcam as modificações mórbidas. De Bichat a Claude Bernard, da análise das febres à patologia do fígado e de suas funções, estava aberto um imenso domínio que parecia prometer a unidade de uma fisiopatologia e um acesso à compreensão dos fenômenos mórbidos a partir da análise dos processos normais. Do organismo sadio se esperava que ele oferecesse o quadro geral em que os fenômenos patológicos se enraizariam e assumiriam, por um período, sua forma própria. Essa patologia baseada na normalidade caracterizou, parece, durante muito tempo, todo o pensamento médico.

Mas há, no conhecimento da vida, fenômenos que a mantêm afastada de qualquer conhecimento que pode se referir aos domínios físico-químicos; porque ela só pode encontrar o princípio de seu desenvolvimento na interrogação sobre os fenômenos patológicos. Foi impossível constituir uma ciência do vivente sem que fosse levada em conta, como essencial ao seu objeto, a possibilidade da doença, da morte, da monstruosidade, da anomalia e do erro. Podem-se conhecer, cada vez com mais precisão, os mecanismos físico-químicos que os determinam; eles também encontram seu lugar em uma especificidade

---

13 (N.A.) Sobre a relação entre epistemologia e história, ver em particular a Introdução à *Idéologie et rationalité...*, *op. cit.*, p. 11-29.

380 Michel Foucault – Ditos e Escritos

que as ciências da vida tiveram que levar em conta, salvo para elas próprias apagarem o que justamente constitui seu objeto e seu domínio próprio.

Daí, nas ciências da vida, um fato paradoxal. Porque, se o processo de sua constituição se realizou pelo esclarecimento dos mecanismos físicos e químicos, pela constituição de domínios como a química das células e das moléculas, pela utilização de modelos matemáticos etc., em contrapartida, ele apenas pôde se desenvolver à medida que era ininterruptamente relançado, como um desafio, o problema da especificidade da doença e do limiar que ela determina para todos os seres naturais.[14] Isso não quer dizer que o vitalismo seja verdadeiro, ele que fez circular tantas imagens e perpetuou tantos mitos. Isso não quer dizer tampouco que ele deva constituir a insuperável filosofia dos biólogos, ele que tão frequentemente se enraizou nas filosofias menos rigorosas. Mas que ele teve, e ainda continua tendo na história da biologia, um papel essencial como "indicador". E isso de duas maneiras: indicador teórico de problemas a resolver (ou seja, de forma geral o que constitui a originalidade da vida, sem que ela constitua de maneira alguma um império independente na natureza); indicador crítico das reduções a evitar (ou seja, todas aquelas que tendem a fazer desconhecer que as ciências da vida não podem se abster de uma certa posição de valor que marca a conservação, a regulação, a adaptação, a reprodução etc.); "mais uma exigência do que um método, mais uma moral do que uma teoria".[15]

4) As ciências da vida exigem uma certa maneira de fazer sua história. Elas colocam também, de uma maneira singular, a questão filosófica do conhecimento.

A vida e a morte jamais são em si mesmas problemas de física, embora o físico, em seu trabalho, possa arriscar sua própria vida ou a de outros; trata-se, para ele, de uma questão moral ou política, não de uma questão científica. Como diz A. Lwoff, letal ou não, uma mutação genética não é, para o físico, nem mais nem menos do que a substituição de uma base nucleica por uma outra. Mas, nessa diferença, o biólogo reconhece a marca de seu próprio objeto. E um tipo de objeto ao qual ele próprio pertence, já que ele vive e essa natureza de vivo ele a

---

14 (N.A.) *Études d'histoire et de philosophie des sciences*, op. cit., p. 239.
15 (N.A.) *La connaissance de la vie*, 1952, 2. ed., Paris, Vrin, 1965, p. 88.

manifesta, a exerce, a desenvolve em uma atividade de conhecimento que é preciso entender como "um método geral para a resolução direta ou indireta das tensões entre o homem e o meio". O biólogo busca apreender o que faz da vida um objeto específico de conhecimento e, portanto, o que faz com que existam, no seio dos vivos, seres que, por estarem vivos, são capazes de conhecer, e de conhecer afinal de contas a própria vida.

A fenomenologia solicitou ao "vivido" o sentido originário de qualquer ato de conhecimento. Mas não se pode ou não é preciso buscá-lo do lado do próprio "vivente"?

G. Canguilhem quer reencontrar, pela elucidação do saber sobre a vida e dos conceitos que articulam esse saber, o que foi feito do *conceito na vida*. Ou seja, do conceito enquanto ele é um dos modos dessa informação que todo vivente extrai de seu meio e pela qual, inversamente, ele estrutura seu meio. O fato de o homem viver em um meio conceitualmente arquitetado não prova que ele se desviou da vida por qualquer esquecimento ou que um drama histórico o separou dela; mas somente que ele vive de uma certa maneira, que ele tem, com seu meio, uma tal relação que ele não tem sobre ele um ponto de vista fixo, que ele é móvel sobre um território indefinido ou muito amplamente definido, que ele tem que se deslocar para recolher informações, que tem que mover as coisas, umas em relação às outras, para torná-las úteis. Formar conceitos é uma maneira de viver, e não de matar a vida; é uma maneira de viver cm uma relativa mobilidade e não uma tentativa de imobilizar a vida; é mostrar, entre esses milhares de seres vivos que informam seu meio e se informam a partir dele, uma inovação que se poderá julgar como se queira, ínfima ou considerável: um tipo bem particular de informação.

Donde a importância que G. Canguilhem concede ao encontro, nas ciências da vida, da velha questão do normal e do patológico com o conjunto das noções que a biologia, durante as últimas décadas, tomou emprestado da teoria da informação: códigos, mensagens, mensageiros etc. Desse ponto de vista, *O normal e o patológico*,* do qual uma parte foi escrita em 1943 e a outra no período entre 1963-1966, constitui, sem ne-

---

* (N.R.) A tradução brasileira desta obra foi publicada pela Editora Forense Universitária, na Coleção Campo Teórico, com Posfácios de L. Althusser e P. Macherey.

382 Michel Foucault – Ditos e Escritos

nhuma dúvida, a mais significativa obra de G. Canguilhem. Ela mostra como o problema da especificidade da vida foi recentemente desviado em uma direção, na qual se encontram alguns dos problemas que se acreditava pertencerem propriamente às formas mais desenvolvidas da evolução.

No centro desses problemas, há o do erro. Pois, no nível mais fundamental da vida, os jogos do código e da decodificação abrem lugar para um acaso que, antes de ser doença, déficit ou monstruosidade, é alguma coisa como uma perturbação no sistema informativo, algo como um "equívoco". No limite, a vida – daí seu caráter radical – é o que é capaz de erro. E é talvez a esse dado, ou melhor, a essa eventualidade fundamental, que é preciso pedir explicações sobre o fato de a questão da anomalia atravessar de ponta a ponta toda a biologia. A ela é preciso pedir explicações sobre as mutações e os processos evolutivos que elas induzem. Também é preciso interrogá-la sobre esse erro singular, mas hereditário, que faz com que a vida desemboque, com o homem, em um vivente que nunca se encontra completamente adaptado, em um vivente condenado a "errar" e a "se enganar".

Se admitimos que o conceito é a resposta que a própria vida dá a esse acaso, é preciso convir que o erro é a raiz do que constituiu o pensamento humano e sua história. A oposição do verdadeiro e do falso, os valores que são abribuídos a um e a outro, os efeitos de poder que as diferentes sociedades e instituições associam a essa partilha, tudo isso talvez seja apenas a resposta mais tardia a essa possibilidade de erro intrínseca à vida. Se a história das ciências é descontínua, ou seja, se ela só pode ser analisada com uma série de "correções", como uma nova distribuição que nunca libera finalmente e para sempre o momento terminal da verdade, é que ainda ali o "erro" constitui não o esquecimento ou o atraso da realização prometida, mas a dimensão peculiar da vida dos homens e indispensável ao tempo da espécie.

Nietzsche dizia da verdade que ela era a mais profunda mentira. Canguilhem diria talvez, ele que estava ao mesmo tempo afastado e próximo de Nietzsche, que ela é, no enorme calendário da vida, o mais recente erro; ou, mais exatamente, ele diria que a dicotomia verdadeiro-falso, assim como o valor atribuído à verdade, constitui a maneira mais singular de viver que foi inventada por uma vida, que do âmago de sua origem trazia em si a potencialidade do erro. Para Canguilhem, o erro é a contingência permanente em torno da qual se desenrola a história da vida e o futuro dos homens. É essa noção de erro que lhe permite ligar o que ele sabe da biologia e a maneira pela qual ele faz sua história, sem que jamais ele tenha querido, como se fazia no tempo do evolucionismo, deduzir esta daquela. É ela que lhe permite enfatizar a relação entre a vida e o conhecimento da vida e seguir, como um fio vermelho, a presença do valor e da norma.

Esse historiador das racionalidades, ele mesmo tão "racionalista", é um filósofo do erro; quero dizer que é a partir do erro que ele coloca os problemas filosóficos, digamos mais exatamente o problema da verdade e da vida. Toca-se aí, sem dúvida, em um dos acontecimentos fundamentais da história da filosofia moderna: se a grande ruptura cartesiana questionou as relações entre a verdade e o sujeito, o século XVIII introduziu, quanto às relações da verdade e da vida, uma série de questões das quais *Crítica da faculdade do juízo*[16] e *Fenomenologia do espírito*[17] foram as primeiras grandes formulações. E, após esse momento, foi essa uma das apostas da discussão filosófica: será que o conhecimento da vida deve ser considerado apenas como uma das regiões que decorrem da questão geral da verdade, do sujeito e do conhecimento? Ou será que ele obriga a colocar de outra forma essa questão? Será que toda a teoria do sujeito não deve ser reformulada, já que o conhecimento, mais do que se abrir à verdade do mundo, se enraíza nos "erros" da vida?

Compreende-se por que o pensamento de G. Canguilhem, seu trabalho de historiador e de filósofo, pôde ter uma importância tão decisiva na França para todos aqueles que, a partir de pontos de vista tão diferentes, tentaram repensar a questão do sujeito. A fenomenologia podia introduzir, no campo de análise, o corpo, a sexualidade, a morte, o mundo percebido; o *Cogito* aí permaneceria central; nem a racionalidade da ciên-

---

16 Kant (I.), *Kritik der Urteilskraft*, 1790, *Gesammelte Schriften*, t. V, Berlim, Königlich Preussichen Akademie der Wissenschaften, 1902, p. 165-486 (*Critique de la faculté de juger*, trad. Alexis Philonenko, Paris, Vrin, 1965).
(N.R.) Traduzido e publicado pela Editora Forense Universitária.
17 Hegel (G. W. F.), *Phänomenologie des Geistes*, Wurtzbourg, Anton Goebhardt, 1807 (*La phénoménologie de l'esprit*, trad. Jean Hyppolite, Paris, Aubier-Montaigne, col. "Philosophie de l'esprit", t. I, 1939, t. II, 1941).

cia nem a especificidade das ciências da vida podiam comprometer seu papel fundador. A essa filosofia do sentido, do sujeito e do vivido G. Canguilhem opôs uma filosofia do erro, do conceito do vivente, como uma outra maneira de abordar a noção de vida.

Índice de Obras

A arqueologia do saber, 69, 122, 151, 155, 156, 157, 158, 178, 329, 350

A gaia ciência, 32, 39, 274, 338

A genealogia da moral, 54, 55, 274

Além do bem e do mal, 40, 47

Anthropologie structurale, 167

Antropologia, 4, 35

As palavras e as coisas, 10, 34, 64, 69, 70, 78, 79, 85, 99, 112, 155, 156, 157, 158, 215-216, 233, 335

Assim falou Zaratustra, 31, 33, 40, 45, 93, 148, 263, 265, 276, 292

Aurora, 32, 61, 338, 340, 353

Considerações intempestivas, 284, 293, 295

Cours de linguistique générale, 124

Crítica da faculdade do juízo, 383

Critique de l'économie politique, 43, 50

Die traumdeutung, 43, 47

Diferença e repetição, 149, 240, 253, 257

Ecce homo, 38, 40, 47, 93

Encyclopédie, 168

Essais d'iconologie, 81, 83

Fenomenologia da percepção, 244

Fenomenologia do espírito, 171, 383

Grammaire générale et raisonnée, 124, 126

Grammaire latine, 126

História da loucura, 69, 70, 79, 85, 99, 112, 157, 158, 313, 327

Humano, demasiado humano, 32, 274, 275, 293

La logique ou l'art de penser, 132, 133, 135, 136, 137

La magie naturelle, 13, 18, 19

La religion romaine archaïque, 62

Le conflit des facultés, 7, 8

Les origines de la langue française, 130

L'espace littéraire, 247

Les révolutions du globe, 205

Lógica da vida, 272, 309

Lógica do sentido, 240, 244, 249, 250, 251, 252, 253

Logique et existence, 166

L'origine des espèces, 206

Meditações, 33, 76

Meditações cartesianas, 370, 373

Méthode axiomatique et formalisme, 371

O anticristo, 38, 40

O capital, 43, 46, 50

O nascimento da clínica, 69, 70, 85, 99, 113

O nascimento da tragédia, 39, 43

O normal e o patológico, 369

O político, 352

Par-delà bien et mal, 47, 278, 281, 282, 284, 292, 294, 295

Pensées, 32, 45

Phénoménologie de l'esprit, 160, 383

Principes de la philosophie de l'histoire, 353

Vontade de potência, 31, 37

Índice Onomástico

Abel (N.-H.), 73, 118
Adanson, 193, 210, 211
Aldrovandi (V.), 13, 14, 17
Alembert (J. d'), 168
Althusser (L.), 66, 300
Aristóteles, 2, 135, 136, 137, 148, 150, 216, 238, 240, 257
Arnauld (A.), 124, 126, 129, 132, 133, 145, 196
Artaud (A.), 94, 245

Bacon (F.), 10, 24
Bachelard (G.), 85, 87, 332, 370, 373, 374, 376, 378
Balan (B.), 215, 220, 221, 224, 235
Barthes (R.), 62, 298
Bataille (G.), 245, 329, 338
Baudelaire (C.), 339, 358, 359, 360, 361
Beauzée (N.), 105, 106, 145
Belon (P.), 17
Bellour (R.), 64, 80
Benoît de Maillet (Saint), 108
Bergson (A.), 150, 348, 370
Bernard (C.), 81, 214, 217, 379
Bichat (X.), 104, 199, 230, 379
Biran (M. de), 370
Blanchot (M.), 72, 73, 76, 247, 329
Bleuler (E.), 102
Bloch (M.), 152
Boas (F.), 296, 297
Boissier de Sauvages, 230
Bopp (F.), 115, 124, 145, 233
Bou Aroudj (N.), 167, 185

Bourbaki, 77
Braudel (F.), 64, 66, 152
Broussais (F.), 199
Buffier (C.), 145
Buffon (G.), 73, 85, 108, 191, 211, 238
Burckhardt, 363

Caillois (R.), 10
Campanella (T.), 13, 29
Canguilhem (G.), 85, 87, 99, 225, 226, 239, 327, 328, 332, 369, 370, 373, 374, 375, 376, 377, 378, 379, 381, 382, 383, 384
Cantillon, 191
Castel (R.), 370
Cavaillès, 370, 371, 373, 374, 376
Cesalpino (A.), 16
Chaunu (H. et P.), 305, 306
Chomsky (N.), 125
Cocteau (J.), 123
Comte (A.), 118, 169, 192, 327, 330, 370, 373
Condillac (E. de), 145
Conry (Y.), 214, 226, 228
Copérnico (N.), 1, 2, 44, 268
Crollius (O.), 15, 17, 18, 22, 23
Cuvier (G.), 197, 198, 199, 200, 201, 203, 204, 205, 206, 207, 208, 209, 210, 211, 212, 213, 214, 215, 216, 217, 218, 219, 220, 221, 222, 223, 224, 225, 226, 227, 228, 229, 230, 231, 232, 233, 234, 235, 238, 239, 268

Dagognet (F.), 197, 198, 199, 207, 208, 210, 233, 239
Darwin (C.), 1, 44, 85, 108, 200, 201, 203, 206, 207, 214, 215, 216, 226, 227, 228, 230, 231, 232, 238, 268, 297
Daubenton (L.), 235
Daudin (H.), 210, 219
Delacampagne (C.), 314
Deleuze (G.), 31, 37, 50, 147, 148, 149, 150, 155, 240, 241, 242, 243, 244, 245, 246, 249, 251, 252, 253, 258, 261, 265, 325, 328, 336, 337
Delorme (S.), 226, 228, 239
Demonbynes (M.), 56
Derrida (J.), 338
Desanti, 326
Descartes (R.), 10, 35, 76
Despautère, 126, 127
Destutt de Tracy (A.), 191
Diderot (D.), 108
Dilthey (W.), 155
Diógenes Laércio, 243
Dionísio, 40, 147, 263, 292
Dionysos, 93
Dostoiévski, 92
Dumézil (G.), 62, 64, 70, 168, 301, 302, 303, 304
Duns Scot, 148, 257, 258, 264, 266
Durkheim (E.), 118, 169

El-Ayed (A.), 167, 182
Esquirol, 102, 199

Fantar (E.), 167, 182, 186
Febvre (L.), 152
Fechner (T. G.), 118
Fellous (G.), 58

Feuerbach (I.), 35, 373
Fichte (J.-G.), 165, 294
Ficino (M.), 2
Fontenelle (B.), 375, 376
Fourcroy (A. F.), 215, 216
Foy (M.-G.), 35
Freud (S.), 1, 41, 43, 44, 45, 46, 47, 48, 49, 50, 52, 53, 54, 55, 56, 57, 58, 154, 166, 245, 251, 253, 324, 325, 326
Furet (F.), 64

Galileu (G.), 68, 85
Galois (É.), 118
Gandillac (M. de), 31
Garmadi (S.), 167, 174, 176, 188
Geoffroy Saint-Hilaire, 85, 211, 212, 213, 214, 217, 218, 220, 227
Goethe (W.), 39, 219
Goldmann (L.), 155
Grimm (W.), 145, 169
Grmek (M.-D.), 229, 231, 232, 238
Guattari (F.), 325
Guéroult (M.), 163, 164
Guys (C.), 359, 360

Habermas, 330, 331, 332, 338, 339, 351
Hegel (G. W. F.), 33, 35, 52, 60, 148, 150, 160, 162, 164, 165, 166, 256, 257, 294, 325, 338, 351, 383
Heidegger (M.), 33, 36, 60, 78, 148, 150, 348, 370
Hölderlin (F.), 56, 148
Horkheimer (M.), 351
Hume (D.), 328

388 Michel Foucault – Ditos e Escritos

Husserl (E.), 60, 150, 325, 338, 348, 370, 371, 373
Hyppolite (J.), 160, 161, 162, 163, 164, 165, 166, 273, 383

Irson (C.), 128, 130, 131, 133

Jacob (F.), 239, 267, 268, 269, 270, 271, 272
Jaspers (K.), 33
Joyce (J.), 92
Jung (C.), 54, 55
Jussieu (A. de), 201, 207, 208, 210, 221, 229, 231, 234, 235
Kafka (F.), 247
Kant (I.), 4, 5, 6, 7, 8, 9, 35, 162, 225, 266, 316, 330, 332, 338, 351, 352, 353, 354, 355, 356, 357, 358, 361, 367, 368, 372, 383
Kelkel (M.), 56
Kepler (J.), 1, 2, 3
Kierkegaard (S.), 60, 148
Klossowski (P.), 32, 94, 240, 266
Koyré (A.), 1, 2, 328, 370, 373, 374, 376

Lacan (J.), 64, 159, 166, 324, 326, 327
Lachelier, 370
Laënnec, 104
Lagrange (J.-L.), 73, 118
Lamarck (J.-B.), 201, 207, 208, 209, 211, 221
Lamy (R. P. B.), 130, 131, 137
Lancelot (C.), 105, 106, 124, 126, 127, 129, 133, 145
Lavoisier (A.-L. de), 85, 215, 216, 220, 221

Le Roy Ladurie (E.), 64
Leibniz (G.-W.), 148, 256, 266, 375
Leiris (M.), 240, 253
Lenin, 300
Leroy (J. F.), 208, 210, 233, 238
Lessing (G.), 352
Lévi-Strauss, 62, 64, 76, 77, 159, 167, 178, 181, 186, 299
Limoges (C.), 215, 228, 239
Locke (J.), 33
Lossowsky (E.), 311
Lukács, 155, 373
Lyotard (J.-F.), 326, 338

Magendie (F.), 214
Mâle (E.), 82
Mallarmé (S.), 93, 150, 166
Manet (E.), 312, 313
Marsais (C. du), 145
Martinet (A.), 176
Marx (K.), 33, 41, 43, 44, 45, 46, 48, 50, 51, 52, 53, 54, 55, 57, 66, 67, 154, 165, 171, 253, 300, 324, 325, 327, 350, 373
Maxwell, 85, 270
Meillet (L.), 124
Ménage (G.), 130
Mendel (J. G.), 85, 268, 270
Mendelssohn, 352, 372, 373
Merleau-Ponty (M.), 163, 164, 248, 326, 348, 370
Michelet (J.), 301, 353
Montaigne (M. de), 2
Morgan (T.), 85

Naccache (M.), 167, 184
Negri Toni, 316
Nerval (G. de), 56
Newton (I.), 68, 85, 233, 270, 375

Nietzsche (F.), 31, 32, 33, 34, 35, 36, 37, 38, 39, 40, 41, 43, 44, 45, 46, 47, 48, 49, 50, 51, 52, 53, 54, 55, 56, 57, 79, 80, 93, 148, 150, 154, 264, 265, 266, 273, 274, 275, 277, 279, 282, 284, 286, 288, 292, 293, 295, 325, 327, 328, 329, 335, 336, 337, 338, 340, 350, 351, 373, 382
Noland, 150
Nussbaum, 237

Owen (R.), 218

Panofsky (E.), 81, 82, 83, 84
Paracelso (P. T.), 14, 15, 21, 28, 29
Péguy (C.), 148
Pinel (P.), 102
Piveteau (J.), 197, 198, 207, 210, 214, 226
Platão, 148, 150, 240, 241, 242, 243, 266, 273, 274, 291, 352
Poe (E.), 93
Poincaré (H.), 370
Porta (G. Della), 12, 13, 18, 19, 24, 42

Quesnay (F.), 109

Racine (J.), 62
Ramnoux (C.), 55, 56
Rancière (J.), 66, 300
Rask (K.), 145, 169
Raulet (G.), 322, 325
Régnier-Desmarais (F.), 145
Ricardo, 66, 108, 233
Richet (D.), 64
Ricoeur (P.), 326

Rothko, 150
Rousseau (J.-J.), 191
Russel (B.), 75, 94

Sade (D. A. F. de), 245
Saint-Sernin (B.), 228, 229
Saint-Simon, 373
Sainte-Beuve (C.-A.), 363
Salomon (C.), 234
Sartre (J.-P.), 33, 148, 155, 248, 299, 325, 326, 336, 337, 348, 370, 371
Saussure (F. de), 124, 167, 171, 182, 326
Schlegel (W. von), 168, 169
Schopenhauer (A.), 33, 262, 274
Seklani (M.), 167, 178
Serres (M.), 197
Shakespeare (W.), 92, 290
Skik (H.), 167, 176
Sócrates, 35, 148, 240, 242, 266, 289, 291
Spencer (H.), 192
Spinoza (B.), 257, 258, 264, 266
Stambouli (F.), 167, 177, 181, 184, 185, 188

Tarde (G.), 172
Taubes (M.), 52
Tournefort, 85, 208, 209
Troubetskoï (N.), 297, 298
Trouille (C.), 313
Turgot (A.-R.-J.), 193
Tylor (G. B.), 297

Vattimo, 53

Wahl (F.), 53, 54
Warhol (A.), 260
Weber (M.), 330, 332, 333, 338, 339, 351, 373

Webern, 150
Weissmann, 237
Wittgenstein (L.), 75, 94

Zamiti (M.), 167, 186
Zaratustra, 31, 33, 40, 45, 93, 148, 263, 265, 276, 292
Zghal (A.), 167, 183, 184, 189

Índice de Lugares

África – 63, 314
Alemanha – 32, 282, 323, 330, 332, 335, 338, 372
América – 63, 296, 305, 307, 330
Argélia – 28, 60, 345

Brasil – 63

Europa – 82, 290, 296, 300, 306, 307, 308, 322, 330, 353
Europa Ocidental – 187, 323

França – 40, 60, 311, 323, 324, 325, 328, 330, 334, 339, 341, 345, 348, 372, 374, 383

Grã-Bretanha – 187, 330

Inglaterra – 305

Leste – 323, 324

Polônia – 63

Suécia – 28, 63

Tchecoslováquia – 323
Tunísia – 63, 167, 183, 184, 187

Índice de Períodos Históricos

1. Séculos

XII – 82

XV – 6, 184

XVI – 17, 25, 26, 27, 28, 29, 42, 43, 44, 46, 49, 54, 57, 67, 79, 82, 83, 184, 282, 304, 307, 308, 355, 363

XVII – 2, 10, 29, 33, 42, 43, 74, 78, 79, 80, 85, 91, 101, 112, 124, 126, 128, 144, 146, 156, 158, 171, 191, 192, 201, 208, 209, 210, 237, 238, 239, 300, 307, 344, 363

XVIII – 43, 52, 68, 74, 78, 85, 91, 101, 105, 106, 108, 109, 112, 115, 129, 144, 146, 152, 153, 156, 157, 158, 168, 171, 192, 201, 207, 209, 212, 215, 216, 218, 219, 222, 227, 230, 233, 237, 238, 267, 300, 306, 344, 349, 351, 356, 358, 361, 363, 366, 371, 374, 377, 379, 383

XIX – 17, 34, 35, 42, 43, 45, 46, 50, 52, 57, 65, 66, 67, 68, 77, 78, 79, 80, 83, 84, 88, 91, 103, 104, 109, 115, 122, 124, 146, 155, 157, 168, 169, 171, 176, 191, 192, 194, 199, 209, 227, 236, 237, 238, 265, 270, 290, 291, 294, 302, 307, 308, 309, 324, 327, 329, 358, 359, 363, 370

XX – 42, 58, 59, 78, 167, 187, 237, 252, 300, 322, 323, 324, 328, 329, 365, 370, 374

2. Eras, períodos

Época Clássica – 10, 11, 79, 112, 113, 124, 130, 145, 192, 193, 207, 227, 230, 236

Idade Média –26, 81, 82, 152

Idade Moderna – 79

Ocidente – 2, 67, 150, 253, 267, 374

Período Clássico – 178, 192

Período Moderno – 178, 358

Renascença – 81, 145, 178

Renascimento – 26, 50, 305

Revolução Francesa – 32

Organização da Obra
Ditos e Escritos

Volume I

1954 – Introdução (*in* Binswanger)
1957 – A Psicologia de 1850 a 1950
1961 – Prefácio (*Folie et déraison*)
       A Loucura Só Existe em uma Sociedade
1962 – Introdução (*in* Rousseau)
       O "Não" do Pai
       O Ciclo das Rãs
1963 – A Água e a Loucura
1964 – A Loucura, a Ausência da Obra
1965 – Filosofia e Psicologia
1970 – Loucura, Literatura, Sociedade
       A Loucura e a Sociedade
1972 – Resposta a Derrida
       O Grande Internamento
1974 – Mesa-redonda sobre a *Expertise* Psiquiátrica
1975 – A Casa dos Loucos
       Bancar os Loucos
1976 – Bruxaria e Loucura
1977 – O Asilo Ilimitado
1981 – Lacan, o "Libertador" da Psicanálise
1984 – Entrevista com Michel Foucault

Volume II

1961 – "Alexandre Koyré: a Revolução Astronômica, Copérnico,
       Kepler, Borelli"
1964 – Informe Histórico
1966 – A Prosa do Mundo
       Michel Foucault e Gilles Deleuze Querem Devolver a
       Nietzsche sua Verdadeira Cara
       O que É um Filósofo?
1967 – Introdução Geral (às Obras Filosóficas Completas de
       Nietzsche)
       Nietzsche, Freud, Marx
       A Filosofia Estruturalista Permite Diagnosticar o que É
       "a Atualidade"

394 Michel Foucault – Ditos e Escritos

Sobre as Maneiras de Escrever a História
As Palavras e as Imagens
1968 – Sobre a Arqueologia das Ciências. Resposta ao Círculo de
  Epistemologia
1969 – Introdução (*in* Arnauld e Lancelot)
  Ariadne Enforcou-se
  Michel Foucault Explica seu Último Livro
  Jean Hyppolite. 1907-1968
  Linguística e Ciências Sociais
1970 – Prefácio à Edição Inglesa
  (Discussão)
  A Posição de Cuvier na História da Biologia
  Theatrum Philosophicum
  Crescer e Multiplicar
1971 – Nietzsche, a Genealogia, a História
1972 – Retornar à História
1975 – Com o que Sonham os Filósofos?
1980 – O Filósofo Mascarado
1983 – Estruturalismo e Pós-Estruturalismo
1984 – O que São as Luzes?
1985 – A Vida: a Experiência e a Ciência

Volume III

1962 – Dizer e Ver em Raymond Roussel
  Um Saber Tão Cruel
1963 – Prefácio à Transgressão
  A Linguagem ao Infinito
  Distância, Aspecto, Origem
1964 – Posfácio a Flaubert (*A Tentação de Santo Antão*)
  A Prosa de Acteão
  Debate sobre o Romance
  Por que se Reedita a Obra de Raymond Roussel?
    Um Precursor de Nossa Literatura Moderna
  O *Mallarmé* de J.-P. Richard
1965 – "As Damas de Companhia"
1966 – Por Trás da Fábula
  O Pensamento do Exterior
  Um Nadador entre Duas Palavras
1968 – Isto Não É um Cachimbo
1969 – O que É um Autor?
1970 – Sete Proposições sobre o Sétimo Anjo
  Haverá Escândalo, Mas...

Organização da Obra Ditos e Escritos   395

1971 – As Monstruosidades da Crítica
1974 – (Sobre D. Byzantios)
Antirretro
1975 – A Pintura Fotogênica
Sobre Marguerite Duras
Sade, Sargento do Sexo
1977 – As Manhãs Cinzentas da Tolerância
1978 – Eugène Sue que Eu Amo
1980 – Os Quatro Cavaleiros do Apocalipse e os Vermes Cotidianos
A Imaginação do Século XIX
1982 – Pierre Boulez, a Tela Atravessada
1983 – Michel Foucault/Pierre Boulez – a Música Contemporânea e
o Público
1984 – Arqueologia de uma Paixão
Outros Espaços

Volume IV

1971 – (Manifesto do GIP)
(Sobre as Prisões)
Inquirição sobre as Prisões: Quebremos a Barreira
do Silêncio
Conversação com Michel Foucault
A Prisão em Toda Parte
Prefácio a *Enquête dans Vingt Prisons*
Um Problema que me Interessa Há Muito Tempo
É o do Sistema Penal
1972 – Os Intelectuais e o Poder
1973 – Da Arqueologia à Dinástica
Prisões e Revoltas nas Prisões
Sobre o Internamento Penitenciário
Arrancados por Intervenções Enérgicas de Nossa
Permanência Eufórica na História, Pomos as
"Categorias Lógicas" a Trabalhar
1974 – Da Natureza Humana: Justiça contra Poder
Sobre a Prisão de Attica
1975 – Prefácio (*in* Jackson)
A Prisão Vista por um Filósofo Francês
Entrevista sobre a Prisão: o Livro e o Seu Método
1976 – Perguntas a Michel Foucault sobre Geografia

396 Michel Foucault – Ditos e Escritos

Michel Foucault: Crimes e Castigos na URSS e em Outros Lugares...
1977 – A Vida dos Homens Infames
Poder e Saber
Poderes e Estratégias
1978 – Diálogo sobre o Poder
A Sociedade Disciplinar em Crise
Precisões sobre o Poder. Resposta a Certas Críticas
A "Governamentalidade"
M. Foucault. Conversação sem Complexos com um Filósofo que Analisa as "Estruturas do Poder"
1979 – Foucault Estuda a Razão de Estado
1980 – A Poeira e a Nuvem
Mesa-redonda em 20 de Maio de 1978
Posfácio de *L'impossible Prison*
1981 – *"Omnes et Singulatim"*: uma Crítica da Razão Política

Volume V

1978 – A Evolução do Conceito de "Indivíduo Perigoso" na Psiquiatria Legal do Século XIX
Sexualidade e Política
A Filosofia Analítica da Política
Sexualidade e Poder
1979 – É Inútil Revoltar-se?
1980 – O Verdadeiro Sexo
1981 – Sexualidade e Solidão
1982 – O Combate da Castidade
O Triunfo Social do Prazer Sexual: uma Conversação com Michel Foucault
1983 – Um Sistema Finito Diante de um Questionamento Infinito
A Escrita de Si
Sonhar com Seus Prazeres. Sobre a "Onirocrítica" de Artemidoro
O Uso dos Prazeres e as Técnicas de Si
1984 – Política e Ética: uma Entrevista
Polêmica, Política e Problematizações
Foucault
O Cuidado com a Verdade
O Retorno da Moral
A Ética do Cuidado de Si como Prática da Liberdade
Uma Estética da Existência

Organização da Obra Ditos e Escritos **397**

1988 – Verdade, Poder e Si Mesmo
A Tecnologia Política dos Indivíduos

Volume VI

1968 – Resposta a uma Questão
1971 – O Artigo 15
Relatórios da Comissão de Informação sobre o Caso Jaubert
Eu Capto o Intolerável
1972 – Sobre a Justiça Popular. Debate com os Maoístas
Encontro Verdade-Justiça. 1.500 Grenoblenses Acusam
Um Esguicho de Sangue ou um Incêndio
Os Dois Mortos de Pompidou
1973 – Prefácio (*De la prison à la revolte*)
Por uma Crônica da Memória Operária
A Força de Fugir
O Intelectual Serve para Reunir as Ideias, Mas Seu Saber
É Parcial em Relação ao Saber Operário
1974 – Sobre a "*A Segunda Revolução Chinesa*"
"*A Segunda Revolução Chinesa*"
1975 – A Morte do Pai
1977 – Prefácio (*Anti-Édipo*)
O Olho do Poder
Confinamento, Psiquiatria, Prisão
O Poder, uma Besta Magnífica
Michel Foucault: a Segurança e o Estado
Carta a Alguns Líderes da Esquerda
"Nós nos Sentimos como uma Espécie Suja"
1978 – Alain Peyrefitte se Explica... e Michel Foucault lhe Responde
A grande Política Tradicional
Metodologia para o Conhecimento do Mundo: como se
Desembaraçar do Marxismo
O Exército, Quando a Terra Treme
O Xá Tem Cem Anos de Atraso
Teerã: a Fé contra o Xá
Com o que Sonham os Iranianos?
O Limão e o Leite
Uma Revolta a Mãos Nuas
A Revolta Iraniana se Propaga em Fitas Cassetes
O Chefe Mítico da Revolta do Irã
Carta de Foucault à "Unità"

398 Michel Foucault – Ditos e Escritos

1979 – O Espírito de um Mundo sem Espírito
 Um Paiol de Pólvora Chamado Islã
 Michel Foucault e o Irã
 Carta Aberta a Mehdi Bazargan
 Para uma Moral do Desconforto
 "O problema dos refugiados é um presságio da grande
 migração do século XXI"
1980 – Conversa com Michel Foucault
1981 – Da Amizade como Modo de Vida
 É Importante Pensar?
 Contra as Penas de Substituição
 Punir É a Coisa Mais Difícil que Há
1983 – A Propósito Daqueles que Fazem a História
1984 – Os Direitos do Homem em Face dos Governos
 O Intelectual e os Poderes

Volume VII

1 – Estética da existência
1963 – Vigia da Noite dos Homens
 Espreitar o Dia que Chega
 Um "Novo Romance" de Terror
1964 – Debate sobre a Poesia
 A Linguagem do Espaço
 Palavras que Sangram
 Obrigação de Escrever
1969 – Maxime Defert
1973 – Foucault, o Filósofo, Está Falando. Pense
1975 – A Festa da Escritura
1976 – Sobre "História de Paul"
 O Saber como Crime
 Entrevista com Michel Foucault
 Por que o Crime de Pierre Rivière?
 Eles Disseram sobre Malraux
 O Retorno de Pierre Rivière
1977 – Apresentação
1978 – Uma Enorme Surpresa
1982 – O Pensamento, a Emoção
 Conversa com Werner Schroeter

2 – Epistemologia, genealogia
1957 – A Pesquisa Científica e a Psicologia

Organização da Obra Ditos e Escritos 399

1966 – Michel Foucault, *As palavras e as coisas*
       Entrevista com Madeleine Chapsal
       O Homem Está Morto?
1968 – Entrevista com Michel Foucault
       Foucault Responde a Sartre
       Uma Precisão de Michel Foucault
       Carta de Michel Foucault a Jacques Proust
1970 – Apresentação
       A Armadilha de Vincennes
1971 – Entrevista com Michel Foucault
1975 – Carta
1976 – A Função Política do Intelectual
       O Discurso Não Deve Ser Considerado Como...
1978 – A Cena da Filosofia
1981 – A Roger Caillois
1983 – Trabalhos
1984 – O Estilo da História
       O que São as Luzes?

3 – Filosofia e história da medicina

1968 – Os Desvios Religiosos e o Saber Médico
1969 – Médicos, Juízes e Bruxos no Século XVII
       Títulos e Trabalhos
1972 – As Grandes Funções da Medicina em Nossa Sociedade
1973 – O Mundo É um Grande Hospício
1975 – Hospícios. Sexualidade. Prisões
       Radioscopia de Michel Foucault
       Michel Foucault, as Respostas do Filósofo
1976 – A Política da Saúde no Século XVIII
       Crise da Medicina ou Crise da Antimedicina?
       A Extensão Social da Norma
       Bio-história e Biopolítica
1977 – O Nascimento da Medicina Social
1978 – Introdução por Michel Foucault
       Uma Erudição Estonteante
       A Incorporação do Hospital na Tecnologia Moderna
1979 – Nascimento da Biopolítica
1983 – Troca de Cartas com Michel Foucault
1984 – A Preocupação com a Verdade

400 Michel Foucault – Ditos e Escritos

Volume VIII

1972 – Armadilhar Sua Própria Cultura
    Teorias e Instituições Penais
1973 – À Guisa de Conclusão
    Um Novo Jornal?
    Convocados à PJ
    Primeiras Discussões, Primeiros Balbucios: a Cidade É uma
    Força Produtiva ou de Antiprodução?
1974 – Loucura, uma Questão de Poder
1975 – Um Bombeiro Abre o Jogo
    A Política É a Continuação da Guerra por Outros Meios
    Dos Suplícios às Celas
    Na Berlinda
    Ir a Madri
1976 – Uma Morte Inaceitável
    As Cabeças da Política
    Michel Foucault, o Ilegalismo e a Arte de Punir
    Pontos de Vista
1977 – Prefácio
    O Pôster do Inimigo Público n. 1
    A Grande Cólera dos Fatos
    A Angústia de Julgar
    Uma Mobilização Cultural
    O Suplício da Verdade
    Vão Extraditar Klaus Croissant?
    Michel Foucault: "Doravante a segurança está acima das leis"
    A Tortura É a Razão
1978 – Atenção: Perigo
    Do Bom Uso do Criminoso
    Desafio à Oposição
    As "Reportagens" de Ideias
1979 – Prefácio de Michel Foucault
    Maneiras de Justiça
    A Estratégia do Contorno
    Lutas em Torno das Prisões
1980 – Prefácio
    Sempre as Prisões
    Le Nouvel Observateur e a União da Esquerda (Entrevista)
1981 – Prefácio à Segunda Edição
    O Dossiê "Pena de Morte". Eles Escreveram Contra

Organização da Obra Ditos e Escritos **401**

As Malhas do Poder (Conferência)
Michel Foucault: É Preciso Repensar Tudo, a Lei e a Prisão
As Respostas de Pierre Vidal-Naquet e de Michel Foucault
Notas sobre o que se Lê e se Ouve

1982 – O Primeiro Passo da Colonização do Ocidente
Espaço, Saber e Poder
O Terrorismo Aqui e Ali
Michel Foucault: "Não há neutralidade possível"
"Ao abandonar os poloneses, renunciamos a uma parte de nós mesmos"
Michel Foucault: "A experiência moral e social dos poloneses não pode mais ser apagada"
A Idade de Ouro da *Lettre de Cachet*

1983 – Isso Não me Interessa
A Polônia, e Depois?
"O senhor é perigoso"
...eles declararam... sobre o pacifismo: sua natureza, seus perigos, suas ilusões

1984 – *O que Chamamos Punir?*

Volume IX

1976 – O Ocidente e a Verdade do Sexo

1977 – Prefácio
Sexualidade e Verdade
Entrevista com Michel Foucault
As Relações de Poder Passam para o Interior dos Corpos
O Jogo de Michel Foucault

1978 – Apresentação
Michel Foucault e o Zen: uma Estada em um Templo Zen
O Misterioso Hermafrodita

1979 – A Lei do Pudor
Um Prazer Tão Simples
Michel Foucault: o Momento de Verdade
Viver de Outra Maneira o Tempo

1980 – Roland Barthes
Do Governo dos Vivos

1982 – O Sujeito e o Poder
Entrevista com M. Foucault
Carícias de Homens Consideradas como uma Arte
Escolha Sexual, Ato Sexual

402 Michel Foucault – Ditos e Escritos

Foucault: Não aos Compromissos

A Hermenêutica do Sujeito

1983 – Uma Entrevista de Michel Foucault por Stephen Riggins

1984 – Prefácio à *História da sexualidade*

Sobre a Genealogia da Ética: um Resumo do Trabalho em Curso

Entrevista de Michel Foucault

Michel Foucault, uma Entrevista: Sexo, Poder e a Política da Identidade

1988 – As Técnicas de Si